新史料で読むロシア史

中嶋 毅
Nakashima Takeshi
編

山川出版社

新史料で読むロシア史　目次

新史料で読むロシア史

序

中嶋　毅

ソ連解体後のロシア史研究

ソ連解体からすでに二〇年以上が経過し、ロシア史研究は大きく変容した。情報統制社会であったかつてのソ連では、歴史叙述のあり方についてのみならず、実証的な歴史研究に利用できる未公刊文書や同時代史料の利用に関しても、長らく大きな制約が課されていた。この状況を大きく変えたのが、ソ連共産党書記長ゴルバチョフが打ち出した「歴史の見直し」の方針であった。当初は徐々に、ある時期からは急速に、従来は秘匿されていた史料の公開が進められた。多くの歴史家は史料公開の進展を歓迎し、歴史家のあいだでは真摯な論争がおこなわれるようになった。

ソ連解体前後の時期には、ソ連体制の「暗部」を明るみに出すべく、以前には機密扱いとされていた多様な史料が公表されて、ソ連体制を全面的に否定する目的で利用された。しかし旧ソ連の劇的な脱社会主義化をめざした「ショック療法」は挫折し、資本主義への期待は急速に後退した。こうした情勢変化はロシア史研究のあり方にも影響をおよぼし、ソヴィエト時代の全否定にかわって、ソヴィエトの過去についての歴史論争が再び現れた。のみならずロシア史のあらゆる領域が再検討の対象となり、歴史学は新たな学問的展開を遂げることになった。

こうした曲折をへたロシア史研究は、ソヴィエト時代のさまざまな制約から脱して、着実に進展してきた。ソヴィエト時代のロシア史研究と現在のそれとのあいだには、当然のことながら大きな相違がみられる。第一に、一九八九年から本格的に始まったアルヒーフ（公文書館）史料の公開が進み、ソヴィエト時代のさまざまなテーマについて未公刊文書を利用した実証的な研究が可能になったことである。かつては外国人研究者による利用の道が閉ざされていたのみならず自国の研究者にもその利用に大きな制約が課されていたソ連共産党の未公刊文書をはじめ、多種多様なアルヒーフ史料が利用可能となり、外国人研究者も容易にアクセスが可能になった。さらに、さまざまなアルヒーフ史料が歴史雑誌に発表されたり史料集として編纂されたりすることで、広く歴史家の利用に供されるようになった。このように、歴史像の再構成に利用できる情報量が飛躍的に増大したことが、実証的なロシア史研究の進展に大いに寄与したのである。

第二に、ソ連解体の結果、新たに独立した旧ソ連構成共和国がそれぞれに新しい歴史学を形成しはじめただけでなく、現在のロシア連邦においても連邦内諸民族・諸地域が独自の歴史像を追究するようになった。新興独立諸国やロシア連邦各地のアルヒーフにおいても、モスクワやサンクト・ペテルブルクのアルヒーフのように史料公開が進められ、諸民族・諸地域の過去についての新たな情報が得られるようになった。新興独立諸国の新しい歴史学の多くは、ロシア帝国やソ連による支配に対する諸民族の抵抗を高く評価する傾向を示しており、ロシア国家やロシア民族を中心に叙述されてきた従来の歴史叙述は相対化されざるをえなくなった。さらにはソ連時代の正統イデオロギーからの解放により、ソ連体制下で故郷からの離脱を余儀なくされた「亡命ロシア人」の世界の歴史にも、新たなまなざしが向けられた。

ソ連解体後の歴史研究にみられる特徴の第三点として、ソヴィエト時代には見られなかった新しい視角や方法が歴史研究に用いられるようになったことがあげられる。ソ連体制の解体による国外移動の制限の撤廃は、旧ソ連圏の歴史家と国外の歴史家との交流を活性化し、ヨーロッパやアメリカなど諸外国の歴史研究で用いられる多様なアプローチを旧ソ連圏の歴史学にもたらした。こうして、西欧で開拓された社会史や日常史、心性史の方法論を用いてロシアとソ連の歴史を再検討した研究や、個人や家族の歴史を個人文書やインタビューに基づいて再構成することを通じたミクロヒストリーやオーラルヒストリーの研究など、斬新な研究成果が次々に発表されている。

もとよりソ連解体後のロシア史研究がつねに順調な展開をみたわけではない。旧ソ連圏の歴史研究者をとりまく経済的環境は良好とはいえず、また研究成果を発表する媒体である出版をめぐる事情も厳しい状況にある。歴史研究にとって何より重要な史料公開についても、あらゆる領域の史料が利用可能となったわけではなかった。スターリンをはじめ歴代の共産党書記長に関する未公刊文書を所蔵するロシア連邦大統領アルヒーフは、一九九〇年代に雑誌『イストーチニク(史料)』に「大統領アルヒーフ通報」として公表されたり、ときどきの政治的思惑に応じて部分的に公表されたりした以外には、ごく一部の特権的歴史家を除いて今なおその門戸を固く閉ざしている。また、旧国家保安委員会(KGB《カ・ゲ・ベ》)の史料を所蔵するロシア連邦保安庁アルヒーフや、軍事や外交の機密にかかわる未公刊文書などへのアクセスは、現在でも厳しい制約のもとにおかれている。それでもこの二〇年間で利用可能となった史料は文字通り膨大な量にのぼっており、それがロシア史研究の飛躍的な前進に計りしれない貢献をなしたことは疑いない。

この二〇年間で、日本のロシア史研究のあり方もまた大きく変化してきた。この変化は、研究対象である旧ソ連圏での変化におおむね対応しているように思われる。第一に、日本のロシア史研究者も、旧ソ連圏のアルヒーフ史料を渉《しょう》猟《りょう》して実証的な歴史研究を進めることが可能になった。しかしこのことによって日本のロシア史研究者もまた、研究対象地域に住む歴史家と同じ土俵の上で競わなければならないという深刻な課題に直面することになったのである。この点でみれば、ロシア史・ソ連史もまた、政治的・イデオロギー的制約を受けていたソヴィエト時代の特殊性から脱して、ほかの外国史研究と同じ条件のもとにおかれるようになったといえるかもしれない。

第二に、この二〇年間で日本のロシア史研究は、それが対象とする時代や地域を飛躍的に拡大させてきた。かつては史料や先行研究の乏しさのため研究に大きな困難をともなうと考えられたテーマや、従来は関心が向けられることの少なかった領域での研究が始まった。それとともに、ロシア帝国・ソ連の非ロシア人地域の歴史に対する関心が高まり、非ロシア語史料を用いた本格的な実証研究が展開されるようになった。第三に、日本のロシア史研究もまた、歴史研究の多様な方法論を積極的に吸収して新しい視角からロシア史を再検討してきたことを、近年の顕著な傾向として指摘できる。こうして社会史やジェンダー研究、家族史、文化史などさまざまな領域で、数多くの成果が発表されるようになったのである。

本書の構成

本書は、これまでのロシア史研究の蓄積を踏まえて、私たち日本のロシア史研究者が今日どのような史料を利用し、どのような視角を用いて新たな歴史像を構築しているのかを、歴史に関心をもつ幅広い読者に提供することをめざしている。本書の各章が扱っている具体的なテーマは多岐にわたっているが、いずれの章も以下の諸点を念頭におきながら執筆された点で、共通の問題関心を有している。

その第一は、ソヴィエト時代には日の目を見ることのなかった新史料を紹介し、それらを読み解くことを通じて、これまで知られることの少なかった歴史の新局面を切り開くことである。しかしこのことは、従来から利用されてきた既存の史料を軽視することを意味しない。本書はまた、既存の基礎史料や同時代刊行物を現在の問題意識から読み直す作業を通じて、これまでとは異なる新鮮な歴史像を提示することをめざしている。実際、本書の執筆者の多くは、未公刊のアルヒーフ史料とともに従来から利用可能であった史料を組み合わせて利用している。さらに本書では、これまでの研究で十分には展開されてこなかった新たな研究方法の開拓を追求し、その方法を実践することを試みている。

本書は、時系列に沿った六つの部から構成されている。第Ⅰ部は、ロシア帝国期のロシア史を扱っている。帝政期に関する研究は、ソヴィエト時代からアルヒーフ史料の利用が一定の程度許容されており、未公刊文書に基づいた実証研究がソヴィエト期に比べて進んでいた領域であった。田中良英「戦時体制から平時体制へ——嘆願書と事務文書から探る十八世紀ロシア陸軍の再編」は、近衛武官であった軍人たちがツァーリ宛てに送った嘆願書を素材に、それが果たした機能の分析を通じてエリート層とツァーリ政府との関係性を考察している。青島陽子「大改革とグラスノスチ——十九世紀中葉の教育制度改革における『批評集』」は、十九世紀中葉の「大改革」時代におこなわれた教育改革のなかで教育の実践を担った中等学校教員たちが改革に何を求めていたのかを、国民教育省の編集になる文書集を読み解きながら明らかにする。巽由樹子「帝政期ロシアの定期刊行物と科学、宗教、革命——ソイキン出版社の事例から」は、近代印刷メディアのなかでもユニークな絵入り雑誌に着目し、それが帝政ロシア社会においていかなる役割を果たしたのかを考察している。いずれの論考も、従来から利用されてきた史料を今日の問題関心から読み直すにとどまらず、田中論文はロシア史におけるミクロヒストリーの可能性を探求し、青島論文は知識社会史の視点から国家と知識人集団との関係を再検討し、巽論文はヨーロッパ文化史の方法論をロシア史に応用することで、ロシア史研究の新たな方向性を示すものである。

第Ⅱ部は、ロシア帝国末期の民族地域の諸問題に焦点をあてる。宇山智彦「セミパラチンスク州知事トロイニツキーとカザフ知識人弾圧——帝国統治における属人的要素」は、ロシア帝国官僚である一州知事のカザフ民族統治のあり方を通じて、異民族に対する抑圧的統治がかえって民族運動の成長を促すことになったパラドクスを、行政文書や私信、報告書など多様な史料を用いて描き出している。長縄宣博「ロシア・ムスリムがみた二十世紀初頭のオスマン帝国——ファーティフ・ケリミー『イスタンブルの手紙』を読む」は、これまでもよく知られてはいるものの今日の研究状況のなかでは十分に活用されていないタタール語文献を新たな視点から読み直して、ロシア帝国統治下のムスリム知識人がバルカン戦争をどのようにとらえたかを考察する。両論文ともに、ロシア語史料と非ロシア語史料との双方を組み合わせて用いることで多くの成果を生み出してきた、現在のロシア帝国論の最前線を示している。

第Ⅲ部は、二十世紀前半のロシア・ソ連の「社会主義」とさまざまな形でかかわった人々をとりあげている。佐藤正則「二十世紀初頭ロシア・マルクス主義者の思考様式と世界観――プレハーノフとボグダーノフの哲学論争を読み直す」は、プレハーノフとボグダーノフという二人のロシア・マルクス主義者によって繰り広げられた論争を現在の研究状況のなかでとらえ直し、両者による哲学論争がじつは一定の思考様式や論理性を共有していたことを明らかにしている。池田嘉郎「敗北後のジノヴィエフ――『ヴェ・イ・レーニン』構想メモ」は、コミンテルン議長として著名な共産党指導者ジノヴィエフが一九三三年に執筆し長らく未発表であった回想とメモの分析を通じて、スターリンとの政治闘争に敗北した彼のレーニン観を考察した、本格的なジノヴィエフ論の嚆矢《こうし》である。神長英輔「樺太の「ロシア人」――異郷に生きた人々のつながりと助け合い」は、サハリン州国立文書館の日本語史料という未開拓の史料群に分け入って、日本統治下の樺太ロシア人の生活実態を明らかにするとともに、彼らがつねに日本当局による監視対象であったことを指摘する。中嶋毅「ある亡命ロシア人の半生――「ハルビン・フォンド」にみる在満白系ロシア人の世界」は、共産党政権に反対して国外に脱出した人々が形成した「在外ロシア」世界とソ連との錯綜した関係の一端を、ハバロフスク地方国立文書館史料に基づいて提示する。

第Ⅳ部は、第二次世界大戦後のソ連社会の変容と文化のあり方にかかわる論考からなる。長尾広視「党の指導と批判・自己批判の相克――一九四〇年代後半の『文学新聞』編集部の実践に着目して」は、戦後のスターリン時代にソ連作家同盟機関紙『文学新聞』が展開したさまざまな「批判」を共産党中央委員会やソ連作家同盟の未公刊文書を用いて分析することを通じて、スターリン体制を全体主義ととらえる見方に修正を迫っている。スターリンの死がソ連の歴史学におよぼした影響に着目した立石洋子「「雪解け」と歴史学――A・M・パンクラートヴァの活動を中心に」は、科学アカデミー文書館史料を用いて当時の代表的歴史家であるパンクラートヴァの社会的立場の変化を分析し、そこからソ連における歴史学と政治との複雑な関係を考察する。半谷史郎「昭和三十年代の日ソ文化交流――林広吉と東京バレエ学校」は、一九六〇年に開校した東京バレエ学校の設立経緯とその活動をソ連共産党および文化省の未公刊文書から明らかにし、日ソ文化交流が日本側とソ連側双方のさまざまな思惑のなかで動いていたことを明らかにしている。

第Ⅴ部は、スターリン死後のソ連においてどのような変化が生じたかを考察している。松戸清裕「一九五〇〜六〇年代のソ連——ある自警団員殺害犯の特赦申請をめぐる議論からみえてくるもの」は、ある殺人事件の被告人に対する特赦申請を手がかりに、そこからみえてくる当時のソ連社会の実相をロシア共和国最高会議幹部会の速記録などを用いて浮彫りにする。河本和子「国家と未成年の子の扶養——扶養料未払いへの措置にみるソヴィエト体制の特徴」は、両親の離婚にともなう子の扶養という世界共通の問題にソ連がどのように対処したかを、家族基本法の制定にかかわる文書群の分析を通じて考察し、社会主義体制下の家族と政治を考えるうえでの新たな視角とともに国際比較のための素材を提示している。一九六五年のアルメニア人虐殺五十周年記念集会を分析した吉村貴之「パンドラの箱——アルメニア人虐殺五十周年記念集会に関する史料公開」は、アルメニア共産党当局による官製集会が当局の思惑を超えて体制批判にエスカレートした過程を、機密解除されて公開された文書から再構成する。

第Ⅵ部は、近年のロシア史研究において進展著しい新たな研究方法論に立った成果を提示する。地田徹朗「地域環境史研究の可能性——ソ連時代のバルハシ湖流域での水利開発と史資料」は、カザフスタンのバルハシ湖流域での水利開発を事例として、旧ソ連圏の地域環境史という文理融合的研究の可能性を切り開く意欲的な試みである。今後、環境史のみならず災害史など多くの領域においても、歴史研究における文理融合的な視座が求められるようになるであろう。松里公孝「政治学者のインタビュー」は、政治学の手法としてのインタビューを開拓してきた著者自身の実践を紹介することを通じてロシア政治研究におけるインタビューの有効性を提示するとともに、そのノウハウを惜しみなく開示する。本章は、ロシア現代史におけるオーラルヒストリーの方法を考えるうえでも、多くの示唆を与えてくれる。

本書の各章は、学術論文としての主張を検証できるよう典拠を明示するとともに、ロシア史の専門家以外の読者にも読みやすいものとなるよう、平易な表現を心がけた。本書のこの試みがどの程度成功しているかは読者の判断に委ねるほかないが、広く歴史に興味を抱く人々が本書を手にとって、ロシア史の面白さや奥深さを感じ取っていただければ幸いである。

第Ⅰ部

帝政ロシアの国家と社会

戦時体制から平時体制へ

嘆願書と事務文書から探る十八世紀ロシア陸軍の再編

田中良英

「嘆願書」とは

本章が扱う史料は、一七二〇年代に臣下・臣民がツァーリ政府に宛てた「嘆願書（челобитье, челобитная）」、およびそれに関連して中央官庁で作成された事務文書である。嘆願書の語源が「叩頭する（бить челом）」にあるように、これは十七世紀の全国会議代表やエカチェリーナ二世期の立法委員会議員が出身母体の総意として持参した草案などとは異なり、君主権力との対等の関係に基づくものではなく、むしろ少なくとも文面上は君主の慈悲を一身に懇請する形式をとる。ただし後述するように、この文書がロシア政府の政策決定に一定の影響を与えたことも事実であり、その意味では、近世ヨーロッパ国家のポリツァイにおける政府と臣民のあいだのコミュニケーション装置の役割［池田 2008］を果たしていた可能性を考慮することも可能だろう。

まずはこの嘆願書をめぐる研究状況について確認しておきたい。こうした君主宛ての要望書が具体的にどの時期から活用されたのか、必ずしも明確ではない。ただしファスメルの語源辞典によれば、十四世紀後半の時点で「嘆願書」という用語の存在が確認される［Фасмер 1973: 328］。また、イヴァン三世期に編纂された『一四九七年法典』（邦語訳としては、

［石戸谷 1959］）に登場する「告訴人（жалобник）」という語を嘆願書の提出者と解釈し、遅くとも十五世紀末には実際に用いられていたとする見解もある［Крестьянские 1994: 4］。じつのところ、史料として嘆願書を活用した研究成果はすでにソ連解体前から存在する。ソ連史学においては階級闘争の先駆として「農民戦争」に多大な関心が寄せられ、それら運動の実態を探る材料の一つとして嘆願書を用いる状況がみられた。その一方で、十八世紀中葉の修道院領農民による嘆願書を分析したラスキンの論文は、農民の社会的・政治的意識の追究を図るとともに、ツァーリ権力と農民とのあいだの関係性に着目する点で、近年の研究動向とも重なる性格をもつ意義深い例といえる［Раскин 1979］。

　これに対し相対的に低調だったエリート研究においては、ペレストロイカ以降にようやく使用例が現れはじめたものの［Высоцкий 1989］、むしろソ連解体以降、とりわけキヴェルソンの地方貴族研究を契機に関心が高まり、最近もラプチエヴァの大著の一章が嘆願書の分析に割かれている［Kivelson 1996: 210–240; Лаптева 2010: 422–479］。わが国でも一六四九年法典における農奴制の確立への影響を論じた浅野明の業績があるが［浅野 2003］、これらは総じて、十七世紀士族がモスクワ大公宛てに共同で提出した「集団嘆願書」を対象としている。十八世紀ロシア・エリートによる嘆願書については、クルキンによる言及なども一部みられるとはいえ［Курукин 2003: 103–104］、具体的な研究は管見のかぎり拙稿を除いてはほとんどない。

　筆者はかつて、ピョートル一世の後継者エカチェリーナ一世の政府に一七二五～二七年に寄せられた嘆願書八〇〇通余りを対象に、その要望の内容や根拠などを数量的に整理し包括的分析を試みるとともに、当時のエリート層の心性に関し考察したことがある［田中 2004］。ただし本章では単に嘆願書のみをとりあげるのではなく、一七〇四年に設立され、ツァーリの公私の文書を管轄する機関となっていた官房（カビネット、以下「君主官房」と表記）へと集積された事務文書にも着目することにより、むしろ十八世紀ロシア政府とエリート層とのコミュニケーションの性格、そして当時の日常的な勤務環境の実態を探りうる可能性について論じることにしたい。

具体的な対象とするのは、エカチェリーナ期に元近衛連隊武官から提出された嘆願書である。ちなみに、十七世紀末からのピョートル改革により全面的な再編を経験し常備軍として確立されたロシア陸軍は、大きくは前線勤務を主要な任務とする近衛連隊および野戦連隊、国境地帯や国内の防衛的機能を担う守備連隊、そしてオスマン帝国やクリミア＝ハン国からの侵入を警戒し南方に配備された民兵に分けられる［土肥 2009:121–131］。一六八二年にツァーリに即位した直後、異母姉ソフィヤのクーデタによりクレムリンを追われたピョートルが、モスクワ郊外の離宮で設立した通称「遊戯連隊」を前身とするプレオブラジェンスキー、そしてセミョノフスキーの両連隊は、一七〇〇年の北方戦争の開始にともない「近衛連隊」の名称を付され、以後ロシア陸軍の中核として、軍事のみならず各種の国家事業の推進においても重要な職務を委ねられた。ただし一七二一年まで続いた北方戦争の終結後も、二二年にペルシア遠征が遂行されるなど戦争に明け暮れたピョートル期とは異なり、二五年のピョートルの死にともない、いわゆる「ピョートル後のロシア」が始まると、ロシア政府は戦時体制から平時体制への転換を模索せざるをえなくなる。その結果、近衛連隊も一定の変化を余儀なくされ、そこには嘆願書提出にいたる各種の不満が発生した。本章は近衛連隊に関するケーススタディ、すなわち一種のミクロストーリアに着目しつつも、それと国家体制の全般的な変化、ツァーリ権力とエリートとの関係性といったマクロな議論への接合を意図する。

ロシア陸軍の組織化と近衛連隊の特権的地位

革命前の大歴史家クリュチェフスキーも指摘するように、ピョートル改革の順序とテンポは戦争により規定されたといえるが［Ключевский 1989:57–58］、一七〇九年のポルタヴァの戦勝により北方戦争の形勢が大きくロシア側に傾くと、ピョートル一世は軍事・行政機構の組織化の動きを大幅に加速させる。その一端として、陸軍については一七一一年二月十九日付けで野戦連隊および守備連隊、次いで各部隊に付置される砲兵隊についても一二年二月八日付けで定員と俸給

	階級		1711年	1720年
総司令部	陸軍元帥		7000	7000
総司令部	陸軍大将	ロシア人	3120	3600
総司令部	陸軍大将	外国人	2600	
総司令部	陸軍中将	ロシア人	1800	2160
総司令部	陸軍中将	外国人	2160	
総司令部	陸軍少将	ロシア人	1080	1800
総司令部	陸軍少将	外国人	1800	
総司令部	陸軍准将		840	840
野戦連隊	陸軍大佐	ロシア人	300	600
野戦連隊	陸軍大佐	外国人	600	
野戦連隊	陸軍中佐	ロシア人	150	360
野戦連隊	陸軍中佐	外国人	360	
野戦連隊	陸軍少佐	ロシア人	140	300
野戦連隊	陸軍少佐	外国人	300	
野戦連隊	陸軍大尉	ロシア人	100	180
野戦連隊	陸軍大尉	外国人	216	
野戦連隊	陸軍中尉	ロシア人	80	120
野戦連隊	陸軍中尉	外国人	120	
野戦連隊	陸軍少尉	ロシア人	50	84
野戦連隊	陸軍少尉	外国人	84	
野戦連隊	陸軍准尉	ロシア人	50	84
野戦連隊	陸軍准尉	外国人	84	
野戦連隊	曹長		14.40	14.40
野戦連隊	軍曹		14.40	14.40
野戦連隊	伍長		12	12
野戦連隊	竜騎兵		12	12
野戦連隊	兵士		10.98	10.98

	階級	1711年	1720年
モスクワ守備歩兵連隊	陸軍大佐	150	200
モスクワ守備歩兵連隊	陸軍中佐	75	120
モスクワ守備歩兵連隊	陸軍少佐	70	100
モスクワ守備歩兵連隊	陸軍大尉	50	60
モスクワ守備歩兵連隊	陸軍中尉	40	40
モスクワ守備歩兵連隊	陸軍少尉	25	—
モスクワ守備歩兵連隊	陸軍准尉	25	27
モスクワ守備歩兵連隊	軍曹	7.20	7
モスクワ守備歩兵連隊	伍長	6	6
モスクワ守備歩兵連隊	兵士	4	5
ペテルブルク守備歩兵連隊	陸軍大佐	200	400
ペテルブルク守備歩兵連隊	陸軍中佐	100	240
ペテルブルク守備歩兵連隊	陸軍少佐	93	200
ペテルブルク守備歩兵連隊	陸軍大尉	66.675	120
ペテルブルク守備歩兵連隊	陸軍中尉	53.345	80
ペテルブルク守備歩兵連隊	陸軍少尉	33.345	—
ペテルブルク守備歩兵連隊	陸軍准尉	33.345	56
ペテルブルク守備歩兵連隊	軍曹	9.60	9.12
ペテルブルク守備歩兵連隊	伍長	8	8
ペテルブルク守備歩兵連隊	兵士	6	7

表1　1711年の定員表と1720年の定員表における主要階級の給金の比較
（単位はルーブリ）
［出典］ПС3：43-1：1-6, 15-21. をもとに筆者が作成。

額を定めた「定員表」が作成され、ピョートルの裁可を受けた[ПС3:43-1/1-12]。この陸軍に関する定員表はさらに一七二〇年二月九日に改定される。詳細については踏み込まないが、これら一七一一年と二〇年の定員表の比較にみえる大きな変化としては、従来におけるロシア人と外国人の区別が廃止された点、野戦連隊の総員が四万三八二四名から三万七八五一名に縮小される一方で、各人の給金が総じて増加傾向を示した点があげられる[ПС3:43-1/15-38]。たとえば野戦竜騎兵一個連隊に充当される給金は、約一万八七五四から一万九三七〇ルーブリに増加し、一人当りの額も平均一四・一二から一六・九二ルーブリへとおよそ一・二倍に増えた。一七一一年の定員表では飼料代や従卒代といった追加給付の予算が計上されていないために、それらを含む二〇年の定員表との単純な比較はできないが、支出総額の想定が約二一〇万ルーブリから四〇〇万ルーブリに上がっている点は注目される。また少なくともロシア政府を構成する高官の側では、一七二〇年の定員表のほうが国家財政にとって負担増加を意味するものと認識してもいた[Записка 1860]。

なぜこのような改変が試みられたのか、必ずしも明言されてはいないが、北方戦争の終結にともない、「国家存亡の危機」をモティーフにした過酷な動員・運用が困難になる状況を想定し、武官からの不満をより喚起しにくい制度への移行が試みられた可能性は否定できない。一七一四年四月十四日付けの「一子相続令」において、貴族の大多数に対し国家勤務以外の生計手段を原則的に否定し国家への奉仕を要求したからには、それに見合う保障が必要とされたのである[Законодательство 1997:698-703]。

ただしこれら定員表では、近衛連隊に関し、モスクワ県からの収入による給養の原則以外、具体的な員数・俸給などの規定はなされていない。革命前の研究によれば、もともとピョートルとの個人的親交を基盤に設立された近衛連隊では、彼の個人的評価に従い俸給額が定められる状況が存在したが、一七一一年前後に一定の原則が導入されたとされる。とはいえ、それは厳密な法制度として規定されたわけではなく、のちに本章でも試みるように、各種の事務文書から実態を明らかにせざるをえない。その一つとして残されている一七一六年の数字によれば、近衛大佐の給金が年に一三八〇、中佐九〇〇、少佐六六〇、大尉二一六（この大尉以下は擲弾兵《てきだんたい》・火打ち石銃兵中隊の金額）、中尉一四四、少尉九七、軍曹二二、伍長一八、古参兵一七、平兵士一二ルーブリとなる［История 1883:1/513–516］。表1における一般の野戦連隊の給金額と比較すれば、近衛連隊への厚遇は一目瞭然だろう。のちに、一七二二年一月二十四日付けの官等表において階級間の上下関係が明確化された際、近衛連隊の佐官と尉官には一般連隊の同階級の士官より二官等高い地位が認められているが［Законодательство 1997:393–396］、微妙な差はあるにせよ一六年の数字はこうした原則とほぼ一致するものといえる。

ちなみに、一七二〇年の定員表において一般の野戦歩兵連隊の定員が一四三二名とされていたのに対し、ソ連期における近衛連隊研究の専門家Ю・Н・スミルノフによれば、二三年の時点でプレオブラジェンスキー連隊の隊員数が一九六八名、セミョノフスキー連隊が二三六七名、さらに二五年初頭にはそれぞれ三三一五名ずつと、両連隊は規模の点でも異彩を放っていた［Смирнов 1989:90; 1981:188］。

ピョートル死後における近衛連隊の再編

以前より体調不良の兆候もみられたとはいえ、一七二五年一月十七日に体調を崩したピョートルがわずか一〇日余りの同月二十八日早朝に死去した事実は、まさに急変と呼んでもよいように思われる。彼の皇后にして、その後継者として即位したエカチェリーナ一世は、科学アカデミーの設立やV・ベーリング探検隊の派遣、さらにはロシア皇女とホルシュタイン゠ゴットープ公爵家との婚姻政策に象徴されるように、当初ピョートルが生前に果たせなかった構想を実現に移す方向で諸政策を遂行した。C・ウィタカーは十八世紀ロシア君主の正当化の論拠として、前任者による指名、王朝的正統性、適性、「人民」による選出、の四つをあげているが［Whittaker 2003］、このエカチェリーナ政府の動きには、来歴・性別の点で不利な立場にあった彼女が「適性」の要素を追求し、ピョートルのつくりだした「改革者ツァーリ」

像の顕示を意図した側面もうかがえる。

とはいえ、すでに一七二五年の段階から、エカチェリーナ政府はピョートル期の諸政策の再検討を開始していた。その例の一つが、同年十月十三日付けで当時の最高行政・司法機関であった元老院が作成した報告書「現在の平時における軍隊の給養について。いかにして農民の状態を改善すべきか」である。そこでは、本来平時における臣民の負担削減を意図して導入された人頭税が、数年来の不作もあり必ずしも生活の安定化に寄与していないこと、官吏や現地駐屯の部隊による租税の徴収が困難であり、場合によっては家財道具や家畜を売ったり逃亡したりする農民が現れていることなど、ロシア農村の荒廃が強調されていた[О содержании 1897]。

一七二六年二月にツァーリ権力を補完する最高行政機関として新設された最高枢密院を構成する高官らは、このような地方からの情報に基づく現状認識を背景に、同年秋に各自がエカチェリーナへの建白書を提出する形で、ピョートル改革の修正を協議する。その成果は一七二七年一月九日付けの勅令をへて、最終的に二月二十四日付けの勅令に結実した[Указ 1872:98–108 : ПС3:7/744–750]。ただしこうした協議と並行して、たとえば所領をもつ陸軍武官に対し半数ずつ一年おきの休暇を認めた一七二四年十一月十三日付けの勅令のように、すでにピョートル存命中からも平時体制への移行と経費削減の具体的な動きは進展していた[ПС3:7/368]。近衛連隊の再編もその一端として位置づけられる。

近衛連隊からの異動者による「モスクワ大隊」の創設については、一七二六年三月十九日の動きとする記述もあるものの[История 1883:2/288]、以下にとりあげる嘆願書の頻度やテクストから判断するところ、現実には同年七月以降に本格化したと推測される。この年の後半、近衛連隊を舞台とした大規模な人事に関連し、多数の嘆願書がエカチェリーナ政府に寄せられた。やや煩瑣ながら、プレオブラジェンスキー連隊関係者から提出され、現在ロシア国立古文書館の第九フォンド第二部に保管されているものについて、嘆願者の肩書・氏名と要望をひととおりあげておきたい(なお多くが一七二六年九月の文書のため、それ以外のもののみ年月を記す)。

①モスクワ大隊軍曹Ф・リヴォフ。官等昇進の嘆願［РГАДА:9-2/83/346-346об. 以下同文書からの引用は、本文中の括弧内に順に巻／リスト番号のみを示す］
②プレオブラジェンスキー連隊軍曹В・ペロフ。モスクワ大隊への異動と昇進［83/347-348］
③モスクワ大隊軍曹С・ジハレフ。昇進［83/349-349об.］
④モスクワ大隊伍長И・ズボフ。昇進［83/350］
⑤モスクワ大隊兵士И・シシュコフ。他連隊への異動と昇進［83/351-352］
⑥モスクワ大隊准尉А・ズプコフ。褒賞と制服代支給［83/388］
⑦モスクワ大隊准尉В・コチェトフ。褒賞と制服代支給（一七二六年七月）［83/389］
⑧モスクワ大隊主計И・ゴルシュコフ。褒賞［83/390］
⑨モスクワ大隊伍長И・ズボフ。褒賞［83/391］
⑩モスクワ大隊軍曹Ф・リヴォフら八名。褒賞［83/407-407об.］
⑪モスクワ大隊主計П・コロムニャチンら一三名。制服代支給（二通）［83/410-411об.］
⑫モスクワ大隊下士官・兵士（内訳は記載なし）。遅滞俸給支給［83/421-421об.］
⑬モスクワ大隊軍曹Я・スィズロフスキーら一二名。褒賞（一七二六年十月）［84/58］
⑭退役軍曹Я・グシコフら六名。褒賞（一七二六年十月）［84/59］
⑮退役准尉К・カドィシェフと主計В・アブホフ。褒賞（一七二六年十月）［84/60］
⑯退役下級准尉ヴォエイコフ。褒賞（一七二六年十月）［84/61］
⑰モスクワ大隊下級准尉М・イサエフら四名。褒賞（一七二六年十月）［84/62］
⑱モスクワ大隊主計И・ヴァンドリホフら五名。褒賞（一七二六年十月）［84/63-63об.］

⑲退役設営給養下士官И・ドミトリエフら四名。褒賞(一七二六年十月)[84/95]

⑳モスクワ大隊軍曹Я・スィズロフスキー。昇進(一七二六年十月)[84/111]

㉑砲兵中尉A・ドゥロフら二一名。従来と同額の俸給(一七二七年一月)[84/153-154]

㉒モスクワ大隊下級准尉P・サルタコフ。褒賞(一七二七年二月)[84/172]

これとほぼ似た形で、セミョノフスキー連隊の関係者からも、連隊再編に関連し一七二六年九月から十二月にかけて一一通の嘆願書が提出されている。やや異なる特徴として、ほぼ同じ文面で九月、十月、十二月に昇進と褒賞の嘆願を繰り返したモスクワ大隊准尉Я・グリゴリエフの例[83/417,418-418об.,419]、同じく九月と十月に昇進と褒賞を嘆願したモスクワ大隊中尉A・シシェトニョフの例など[84/101-102об.]、同一人物が同じ内容を要望するパターンの存在も指摘できるが、④と⑨、⑬と⑳など、内容こそ異なれど同一人物が短期間に嘆願を続ける事例はプレオブラジェンスキー連隊にもみられ、その貪欲ぶりには基本的に大差はない。

これらにおける興味深い性格として、当時には珍しく、⑩〜⑭、⑰〜⑲、そしてセミョノフスキー連隊退役兵士(人数・内訳は記載なし、日付も不明)による遅滞俸給支給の嘆願のように[84/21-21об.]、複数による嘆願書提出の例が多く存在する点があげられよう。とはいえ、十七世紀の集団嘆願書とは異なり、貴族領主身分の水平的な連帯に基づき、地方全体の利益や制度そのものの変革を要求するような性質は見受けられない。

そうした変化の背景としては、M・ラエフが指摘するように、ピョートル改革をへて、出身階層よりむしろ勤務先こそが主要なアイデンティティ形成の場となっていた可能性も考えられる[Raeff 1966:70-80]。またスミルノフの研究によれば、一七二三年の時点でプレオブラジェンスキーおよびセミョノフスキー連隊内で出自のわかる隊員に占める世襲貴族の割合は四四・九と四二・四パーセント、その一方で担税民の割合はそれぞれ三四・七と三三・一パーセントであり[Смирнов 1989:90]、さまざまな社会層の混在する当時の近衛連隊では、身分的特権を根拠とした立論自体が困難だったとも考えうる。本来こうした問題を厳密に検討する際には、各嘆願者の社会的出自を踏まえる必要があろうが、残念ながら、嘆願者自身によるテクストにその種の情報が記載されているケースはほとんどなく、むしろそのような自己表現が乏しい点に、近衛連隊員における新たなアイデンティティの萌芽を見出せるのかもしれない。

このように嘆願書そのものでは限定的な隊員の個人情報を追究する手段として、以下では、それに付随して作成された事務文書の分析を試みるとともに、嘆願書への政府の対応を探ることにしたい。

連隊事務局の事務文書にみる近衛連隊員の実像

嘆願書とともに綴じられている、一七二六年九月十六日付けのプレオブラジェンスキー近衛連隊少佐А・И・ウシャコフ[83/375]、および同月二十一日付けの近衛少佐Г・Д・ユスポフの報告書[83/376-386]によれば、同連隊の下士官や兵士ら四一七名が九月八日に女帝の査閲を受けて隊を離れることになり、そのうち二五〇名は同月十五日、モスクワ大隊への配属のため、陸軍の統括機関たる陸軍参議会へと送られた。ほかにも同月十九日付けで二八名が守備連隊所属の砲兵隊に異動となっている。これら除隊者の処遇と階級別の人数を整理したのが表2である。

これら除隊後の処遇の違いがなぜ生じたのか。この問題を考えるうえで、先述のユスポフの報告書はきわめて示唆的な情報を提供してくれる。そこには九月に近衛連隊を離れた四四五名の階級と氏名、国家勤務の開始年、連隊での勤務開始年が一覧となっているからである。輜重兵《しちょうへい》二名と憲兵一名を「兵士」の区分に含める一方で、准尉、軍曹、設営給養下士官、砲術下士官、伍長の四七名を「下士官」とする形で、モスクワ大隊への異動者、退役し女帝の扶養にあずかる者、自身の生計手段に委ねられた者の三様について、勤務開始年と勤務期間の平均をとった数字が表3となる。なお砲兵隊への異動者については、砲術という特殊な分野での経験・技能が重視された結果である可能性を考慮し、ここでは除外した。

一見して目立つのは、カテゴリーAとB、DとEのあいだの差異が微小なのに対し、それらとCおよびFの相違が大きい点だろう。兵士や下士官の階級にとどまっているという事実は、当人が国家勤務の過程で昇進に見合う軍功をあげ、所領の下賜などにあずかった可能性が乏しい点を示唆するが、それでも独自の生計手段をもつ者と認定されていることを考慮すると、カテゴリーCとFに属する者たちは勤務前から村落や屋敷を所有する伝統的な貴族層の出身が多いと推定される。この推測を裏づける傍証として、一七二六年十月五日の君主官房からの照会に応じ、プレオブラジェンスキー連隊事務局より送られた通知書がある。それによると、自己給養を命じられた下級准尉И・ヴォエイコフは農民七世帯と屋敷付き使用人八名、設営給養下士官К・サフォノフは土地四〇チェトヴェルチ(約六四ヘクタール)、伍長については一人が農民七世帯と使用人一五名、他の二人はそれぞれ使用人五〜六名を所有しているとされる[84/67–67об.]。また同月二十四日の照会に対する回答では、同じく自己給養とされた設営給養下士官И・ドミトリエフに農民三世帯と使用人四名、伍長A・ベスペルストフに土地二五チェトヴェルチ(約四〇ヘクタール)、輜重兵И・マチュシュキンに使用人四名が属すると記された。もう一人の輜重兵К・ヴィボロフについて商人出身との記述があるのは、出自を明示した珍しくも貴重な情報である。農民および使用人の不在にもかかわらず彼が自己給養に割り当てられたのも、その家業を見越してのことと考えられる[84/96–97об.]。

その一方でモスクワ大隊や砲兵隊への異動者、女帝による扶養対象者に関しては、妻帯の有無は照会されているものの、村落の所有の情報は基本的に考慮されていない(なお嘆願者自身は村落の不在を自己申告している場合が多い)[84/69–71об.]。異動者については退役時の将来的な問題として棚上げされていた可能性もあるが、以上から少なくとも退役者の処遇に関しては、自己資産の有無が配慮されていた状況がみえてくる。ただし彼らに財産があった場合でも、あくまで零細領主に区分されるだけの財力にすぎず、十八世紀貴族の多様性と多数の困窮ぶりをうかがわせるデータといえよう。

ところで他のカテゴリーと比較し、CとFの勤務開始年が相対的に遅く、それゆえに勤務期間も短い点は注目すべき

階　級		モスクワ大隊に異動	女帝による扶養	自身による給養	守備砲兵隊に異動	合計
准尉		2	0	0	0	2
軍曹	昇進なし	0	0	0	1	1
	砲術下士官から昇進	1	0	0	1	2
	マスケット銃兵から昇進	6	0	2	1	9
下級准尉		6	2	4	0	12
主計		7	1	1	3	12
設営給養下士官		0	0	2	0	2
砲術下士官		0	0	2	2	4
文書係		1	0	0	0	1
伍長		3	0	8	3	14
砲手		0	0	0	12	12
砲術学生		0	0	1	1	2
兵士		220	30	100	4	354
ドラム奏者		3	0	0	0	3
医学助手・医学生		1	0	1	0	2
輜重兵		0	0	2	0	2
憲兵		0	0	1	0	1
ハンダづけ工		0	1	0	0	1
鍛冶工		0	0	1	0	1
大工		0	1	0	0	1
従卒		0	0	2	0	2
御者		0	1	4	0	5
合計		250	36	131	28	445

表2　1726年9月8日および19日付けのプレオブラジェンスキー近衛連隊除隊者の処遇
［出典］83:375, 377–386. をもとに筆者が作成。

階級	処遇	人数（人）	他連隊からの異動者数（人）	勤務開始年（西暦）	全体の勤務期間（年）	近衛連隊での勤務開始年（西暦）	近衛連隊での勤務期間（年）
兵士	A　モスクワ大隊	220	107	1702.2	23.8	1705.2	20.8
	B　女帝の扶養	30	17	1702.2	23.8	1705.6	20.4
	C　自己給養	103	67	1707.3	18.7	1713.3	12.7
下士官	D　モスクワ大隊	25	4	1700.7	25.3	1701.6	24.4
	E　女帝の扶養	3	3	1701.3	24.7	1707.7	18.3
	F　自己給養	19	3	1704.7	21.7	1705.5	20.5

表3　1726年9月8日および19日付けのプレオブラジェンスキー近衛連隊除隊者の勤務情報
［出典］83:377–385об. をもとに筆者が作成。ただしカテゴリーDの1名については，勤務開始年の情報が記載されていない。

特徴といえる。勤務の開始年齢に関する当時の法規定をみてみると、はじめて全国的に徴兵を実施した一七〇五年二月二十日付けの勅令では、十五〜二十歳の担税民からの徴募が命じられている[ПСЗ:4/291-298]。また一七一四年二月二十八日付けの勅令では十三歳以上の貴族の子弟に対し、将来の配属先を決めるための査閲への出頭が要求された[ПСЗ:5/86-87]。その後、一七一六年一月十六日付けで未出頭者に関する密告を奨励する勅令が出されたり[ПСЗ:5/195]、一七二一年一月十一日付けの勅令では、前年後半に四度にわたり出頭を求める指示が出されたものの依然応じていない者があると指摘されたり[ПСЗ:6/478]、さらにはピョートル臨終間際の一七二五年一月二十七日に皇帝の健康回復を祈る目的での未出頭者への処罰赦免が約束されたり[ПСЗ:7/409]、といった状況もみられるため、とりわけ貴族への査閲出頭命令が遵守されていたか非常に疑わしいが、実情を確認するための具体的材料はない。そこでその点を意識に残しつつも、近衛連隊員の勤務開始年齢を十五歳と仮定するなら、一七二六年の除隊時にカテゴリーAの平均が三十八・八歳を迎えていたのに対し、カテゴリーCは三十三・七歳にすぎず、両者のあいだに大きな差を見出せる。またカテゴリーCの多くが貴族身分出身者であり、彼らが勤務開始年齢を厳守していたとすれば、後者の年齢はさらに下がることになる。

この仮定がある程度正しいのだとすれば、カテゴリーCの兵士はAやBに比べまだ若年であり、それゆえに身体能力も総じて高いものと推測される。兵士ほど顕著ではないにせよ、下士官のカテゴリーFもDやEに比べれば若年である可能性が高い。単純に戦闘力の維持の原則を考慮するのであれば、彼らは本来最も退役に適していない人材のはずである。先述のようにツァーリ政府が資産状況の有無を確認している点も考え合わせると、これら近衛連隊からの退役者・異動者の処遇の相違は、勤務そのものへの適格性というより、勤務報酬を断たれた場合の生計手段の有無が大きな要因になっているものといえよう。

表3から導かれるもう一つの特徴として、下士官の勤続年数が兵士よりも長く、さらに他部隊からの異動者の割合がきわめて低い点がある(兵士が五四・一に対し、下士官は二一・三パーセント)。あくまで除隊者に限定したデータであり、

一定の傾向性を完全には否定できないものの、近衛連隊の下士官においては同連隊での一貫した勤続の結果として昇進を果たすパターンが存在したといえる。一七一九年一月一日付けの勅令において、空席の補充に際しては「二、三人の候補者のうちから〔部署内の〕票決によって選出するよう」命じられるまで［ПС3:5/607］、ロシア軍の昇進人事は基本的に先任権を考慮して決定されており、二六年六月一日付けの勅令で再度この原則への回帰が指示されることになった［ПС3:7/655-656］。個人の能力を厳密に算定するための基準が導入されない状況において、結局は勤続年数と経験が各人の資質の指標とされたのである。とはいえ、表3に登場する兵士のなかには、一六九二年や九四年といった早い時期から三〇年以上にわたり近衛連隊で勤務を続けながら、同じ階級にとどまった者も複数存在した。そこからは、勤続年数が重要な要素とされながら、それがつねに絶対的な尺度と見なされたわけではなかった点もうかがえる。

なおセミョノフスキー連隊からの除隊者についても、一七二六年九月十二日付けの近衛少佐Л・В・イズマイロフ［83/355］、および同月十七日付けの近衛少佐И・И・ドミトリエフ＝マモノフの報告書があるが［83/356-363］。これらによれば同時期の除隊者は中尉二名、准尉二名を除くと、軍曹二名、下級准尉二名、設営給養下士官二名、主計二名、伍長五名、兵士三二二名ら、計三七一名、そのうちモスクワ大隊への異動者は中尉二名、准尉二名を除くと、軍曹二名、下級准尉一名、設営給養下士官二名、主計一名、伍長一名、兵士二二〇名ら、計二五四名だった。表2の数字と比較すると、除隊者の総数ではやや劣るものの、ほぼ同数がモスクワ大隊に異動となったことがわかる。この除隊者から異動者を除いた一一七名が退役後に女帝あるいは自己の給養に処された者と推測されるが、きわめて残念なことに、こちらでは階級・氏名の一覧のみで勤務情報が記載されておらず、差異の要因を考察する材料はない。

嘆願書へのツァーリ政府の対応

一七二二年三月七日付けの勅令では「近衛隊所属で他の連隊、さらには諸業務や自宅休暇につけられる士官があれば、それらの者たちについては官等を昇進させて連隊より送り出すべし。たとえば近衛准尉を近衛少尉とし、他の者たちについても同様の原則に従うべし」と命じられた[ПС3:6/368–369]。じつのところモスクワ大隊が「他の連隊」にあたるのか否か、ツァーリ政府の側でもやや曖昧《あいまい》に扱っていた印象があり、表2にみられるように昇進の対象とならなかった者がむしろ多数派だった。ただし一部ながら異動・退役に際し昇進に浴した軍曹が存在するうえに、たとえば元マスケット銃兵の①リヴォフ、元砲術下士官の⑳スィズロフスキーのように、すでに昇進を経験しながらさらなる昇進を求める事例もみられた(後者は⑬にも名を連ねている)。このように手を替え品を替え執拗に善処を求める当時の武官の貪欲な態度に対しエカチェリーナ政府が示したのは、完全な黙殺でも受容でもなく、正確な情報の確認と、それに基づく一定の恩寵だった。これまでに整理してきた除隊者に関する近衛連隊事務局からの複数の報告書も、まずは現状の把握に尽力する君主官房からの照会が起因となっている。

重複しての申請も含め、昇進に関する一連の嘆願が裁可を得ることはなかった。その一方で金銭的な補償については、とりわけ一時的なものを中心に政府は寛容な傾向をみせる。一七二六年九月に提出された⑥⑧⑨の嘆願書では、自身の窮乏を大きな理由として褒賞が求められたが、同月二十日付けの君主官房議事録によれば、これらを契機とし、とりわけ前年の異動者・退役者に対する処遇を根拠とした⑨に応じるかのように、君主官房で過去の褒賞に際しての具体的な金額の確認がなされた[83/392–392об.]。この結果、准尉二名と軍曹九名に三ずつ、下級准尉・主計・設営給養下士官・砲術下士官・伍長の三六名に二ずつ、文書係一名に一・五、その他三六九名に一ルーブリずつ、計四一七名に四七五・五ルーブリを支給する決定がくだされた。ちなみにこれら追加給付の支出は製塩局に連絡されており、人頭税の枠外のイレギュラーな収入からの供給対象となっていた点は注目される[83/375об.]。

さらに⑥〜⑨の形で個別に嘆願書を提出した四名に対しては、九月二十四日付けで准尉コチェトフに一二、軍曹ズプコフに一七、主計ゴルシュコフに一三、伍長ズボフに八ルーブリの追加支給が命じられた。これはペテルブルクからモ

官等	現在の砲兵隊での階級	人数	現在の俸給	近衛連隊より異動時の階級	近衛連隊での俸給	近衛連隊勤務時の備考
10	砲兵中尉	1	48	軍曹	154.445	砲術下士官から。准尉待遇
12	砲兵少尉	1	36	軍曹	87.145	
		3		主計	81.52	
13	大砲ユンカー(砲兵小隊長を担当)	1	20	砲術下士官	64.545	
		1		伍長	37.395	砲手から
		2				マスケット銃兵から
	軍曹	4	16	砲手	37.395	
		2		兵士		
		5		砲手	34.145	
		1		砲術学生		
	砲手	1	4.40	兵士	34.145	

表4　元近衛連隊軍曹の砲兵中尉ドゥロフらの俸給額の比較(俸給の単位はルーブリ)
［出典］83:385об.–386;87:154. をもとに筆者が作成。近衛連隊での俸給は，穀物・塩・飼料代を含む。

スクワへの移動旅費の名目をとっており、同階級の者同士の差額は妻帯の有無によるものと考えられる[83/393]。また⑩の嘆願書に名を連ねた軍曹五名にも一七ずつ、下級准尉二名と主計一名に一三ルーブリずつの支給が九月三十日付けで決定されており[83/408–409об.]、嘆願書の提出が一定の効果を果たした事実がみてとれる。同様に⑬〜⑯、そして同時期にセミョノフスキー連隊関係者から提出された嘆願書二通[84/64–65]についても、農民を所有する二名を除いた計三六名に対し十月十日付けで追加支給が認められた[84/66–71об.,96–97об.]。たとえば妻帯の軍曹への支給額が一二ルーブリなど、九月時点での嘆願者に比べ金額が下げられている点は、「便乗者」に対する一定の差別化の措置によるものか、支出増に対する政府側の危機意識の高まりによるものか定かではない。ただし一七二五年の退役者・異動者に対する支給額が、軍曹について三〇〜二〇ルーブリ、兵士については五〜三ルーブリずつとやや高額であった点を考えれば、支出減の意図による可能性はやはり否定できない。

　この政府側の意図の問題を考えるうえで、異動の前後における俸給額の変化は一つの材料となるだろう。残念ながらモスクワ大隊への異動者のデータは不明だが、砲兵隊への異動者については㉑に添付された一覧表が存在する。それをもとに官等などの情報を加えたのが表4となる。

表の備考欄に記したように、四名は近衛連隊を離れる時点で昇進にあずかっており、さらに一般連隊への異動に際して階級の上昇が生じている。この昇進の幅は、先述の官等表に規定された原則を官等外官にも適用したものといえる。やはり目立つのは、俸給額の大幅な低下である。これらの数字に関しては、一七二七年二月十六日付けで君主官房からプレオブラジェンスキー連隊事務局に照会があり、誤りや誇張がない点が確認されている[87/155–155об.]。近衛連隊のなかでも砲兵中隊の俸給額は相対的に高く設定されており、表4の近衛連隊勤務時の数字は、現物支給分を除けば一七一六年の給金とされるものと極端な差はない[История 1883: 1/515–516]。むしろ表4の数字のほうが総じて高い傾向にある。

これに対し砲兵隊異動後の数字を表1と比較すると、軍曹をやや例外として一七一一年の定員表におけるモスクワ守備歩兵連隊の給金とほぼ等しいことがわかる(官等上は砲兵中尉は陸軍大尉補、砲兵少尉は陸軍中尉、大砲ユンカーは陸軍少尉と同格のため)。つまり近衛連隊からの異動は、階級それ自体の上昇に通じるケースもあったにせよ、一般の連隊ですでに回帰に向かいつつあった一七一一年の定員表の給与基準を適用されることにより、身体的負担の軽減を別にすると、総体的には勤務条件の悪化を意味したといえる。逆にツァーリ政府の側からすれば、従来経済的にも特権的地位を享受していた近衛連隊の縮小、すなわち一七二五年と比べてプレオブラジェンスキー連隊で四四五名(一三・四パーセント)、セミョノフスキー連隊で三七五名(一一・三パーセント)という人員削減は、おそらく一時的な褒賞による負担を考慮しても、財政上大きな利益を生む政策だった。この政策遂行の意図を直接的に物語る史料は見つからないものの、㉑、あるいは俸給額の恒常的増加を意味する官等昇進に関する嘆願についてはエカチェリーナ政府が必ずしも積極的な対応をみせていない点は、政府の主たる目的がどこにあったのか示唆する傍証となるように思われる。

十八世紀ロシアにおけるツァーリとエリートとの関係性

本章は嘆願書とそれに付された事務文書を結合することにより、ピョートル改革直後のエリート層とツァーリ政府との関係性の考察を試みた。十八世紀を通じロシア政府は嘆願の制限の方向に向かうが、本章でみたように嘆願書は完全な排除の対象ではなく、むしろ臣下・臣民の要望を伝達し、政策決定の情報源の働きを果たす重要なコミュニケーション装置として、一定の機能を保ち続けた。十七世紀の集団嘆願書と異なり、エリートが個別に君主の恩寵を求める様式は、エリート層内部の水平的連帯よりもむしろ君主との垂直的紐帯《ちゅうたい》を重視する意識の変化を意味するものかもしれない。近衛連隊を舞台とする新旧エリートの融合も、出自ではなく勤務先を基盤とする新種のアイデンティティの形成に寄与した可能性がある。

本章では触れなかったものの、ツァーリ政府による対応は臣下・臣民すべての階層に均質にみられたわけではない。高官や近衛連隊、宮内官らツァーリ権力に近接する者ほど、嘆願に対する厚遇を期待できる傾向が存在した。しかしその近衛連隊でさえも聖域ではなかった。政府は一定の譲歩を示しつつも、近衛連隊の縮小を通じ各人の勤務条件の悪化を強いる形で、ピョートル改革後の平時体制への移行と財政状況の改善という大きな課題を追求し続けたのである。ただし自己資産の有無の確認や一時的褒賞といったミクロなレベルの譲歩こそが、政府とエリートとの協働意識の維持、ひいてはそれに基づく国家の統合と発展に寄与した構図も否定できない。この問題を検討するには、ケーススタディの蓄積とエリートの日常史の解明がさらに必要となるだろう。

参考文献

浅野明（二〇〇三）「十七世紀前半モスクワ国家の法廷年限と士族の集団嘆願」平成一〇〜一三年度科学研究費補助金研究成果報告書『前近代ロシアにおける都市と地方の社会的結合の諸形態に関する研究』。

池田利昭（二〇〇八）「十八世紀後半ドイツ・リッペ伯領のポリツァイとコミュニケーション——婚前交渉規制を例に」『歴史学研究』第八三六号。

石戸谷重郎（一九五九）「イワン三世の一四九七年法典——本文試訳ならびに註解」『奈良学芸大学紀要』第八巻第一号。

田中良英（二〇〇四）「エカチェリーナ一世時代におけるロシア勤務貴族層の動向」『ロシア史研究』第七四号。

土肥恒之（二〇〇九）「国境警備・戦争・入植——近世ロシアの軍隊と社会」阪口修平・丸畠宏太編『軍隊』ミネルヴァ書房。

Kivelson, V. A. (1996). *Autocracy in the Provinces: The Muscovite Gentry and Political Culture in the Seventeenth Century*, Stanford: Stanford University Press.

Raeff, M. (1966). *Origins of the Russian Intelligentsia: The Eighteenth-Century Nobility*, New York: Harcourt Brace.

Whittaker, C. H. (2003). *Russian Monarchy: Eighteenth-Century Rulers and Writers in Political Dialogue*, DeKalb: Northern Illinois University Press.

Высоцкий Д. А. (1989). Коллективные дворянские челобитные XVII в. как исторический источник // Вспомогательные исторические дисциплины. Вып. 19.〔ヴィソツキー「歴史史料としての十七世紀士族の集団嘆願書」『歴史補助学』誌〕

Законодательство (1997). Законодательство Петра I. Москва: Юридическая литература.〔『ピョートル一世の立法』〕

Записка (1860). Записка П. И. Ягужинского о состоянии России // Чтения в Императорском обществе истории и древностей российских при Московском университете (ЧОИДР). Кн. 4, Смесь.〔「ロシアの現状に関するП・И・ヤグジンスキーの覚書」『モスクワ大学付属帝国ロシア歴史・古代協会読本』誌〕

История (1883). История лейб-гвардии Преображенского полка. 1683–1883 гг. В 4 томах. Санкт-Петербург: тип. А. А. Краевского.〔『プレオブラジェンスキー近衛連隊の歴史　一六八三〜一八八三年』四巻本〕（引用数字は順に巻／引用頁を示す）

Ключевский В. О. (1989). Сочинения в девяти томах. Т. 4. Москва: Мысль.〔クリュチェフスキー『全集』第四巻〕

Крестьянские (1994). Крестьянские челобитные XVII в.: Из собраний Государственного исторического музея. Москва: Наука.〔『十七世紀の農民嘆願書　国立歴史博物館コレクションより』〕

Курукин И. В. (2003). Эпоха «дворских бурь»: Очерки политической истории послепетровской России, 1725–1762 гг. Рязань.〔クルキン『「宮廷騒乱」の時代——ピョートル後のロシア政治史概説、一七二五〜六二年』〕

Лаптева Т. А. (2010). Провинциальное дворянство России в XVII веке. Москва: Древлехранилище.〔ラプチェヴァ『十七世紀ロシア

の地方士族』〕
О содержании (1897). «О содержании в нынешнее мирное время армии и каким образом крестьян в лучшее состояние привести.» 1725 г. // ЧОИДР. Кн. 2, Смесь.〔「現在の平時における軍隊の給養について——いかにして農民の状態を改善すべきか」『モスクワ大学付属帝国ロシア歴史・古代協会読本』誌〕
ПСЗ: Полное Собрание Законов Российской Империи. Собрание 1-е.〔『ロシア帝国法令全書』第一集〕(引用数字は順に巻/引用頁を示す)
Раскин Д. И. (1979). Использование законодательных актов в крестьянских челобитных середины XVIII века // История СССР. No. 4.〔ラスキン「十八世紀中葉の農民嘆願書における法令の利用」『ソ連邦史』誌〕
РГАДА: Российский Государственный Архив Древних Актов.〔『ロシア国立古文書館』〕
Смирнов Ю. Н. (1981). Русская гвардия в первой половине XVIII в. (Социальный состав, принципы комплектования и участие в системе государственного управления). Диссертация на соискание ученой степени кандитата исторических наук. Москва.〔スミルノフ『十八世紀前半におけるロシア近衛隊』〕
———(1989). Особенности социального состава и комплектования русской гвардии в первой половине XVIII века // Классы и сословия России в период абсолютизма. Куйбышев.〔スミルノフ「十八世紀前半におけるロシア近衛隊の社会編成と定員充足の特徴」『絶対主義期ロシアの階級と身分』〕
Указ (1872). Указ Екатерины I об улучшении внутренних дел государства 9 января 1727 года и меры, принятые верховным тайным советом по выслушании этого указа // Сборник отделения русского языка и словесности Императорской академии наук. Т. 9.〔「国内諸事業の改善に関する一七二七年一月九日のエカチェリーナ一世の指令　およびその聴取に基づき最高枢密院が採用した諸措置」『帝国科学アカデミーロシア語学・文学部門集成』誌〕
Фасмер М. (1973). Этимологический словарь русского языка. Т. 4. Москва: Прогресс.〔ファスメル『ロシア語語源辞典』第四巻〕

大改革とグラスノスチ

十九世紀中葉の教育制度改革における『批評集』

青島陽子

ロシア史における「大改革」期

クリミア戦争の敗北を契機に、ツァーリ政府は国家・社会制度の近代的な改編に踏み切った。一八六一年のいわゆる農奴解放をはじめとして、地方自治制度改革、司法制度改革、教育制度改革、軍制度改革など、あらゆる分野で改革が次々におこなわれた。この時代のことを、帝政末期の自由主義的な歴史家は、敬意をこめて「大改革」の時代と呼んだ。現在、大改革期は、「市民社会と法治国家の価値に基づくヨーロッパ型国家」へ向かう「リベラルな改革」の時代と理解されるようになった[Медушевский 2011:4:Захарова 2005:164]。とくに強調されているのは、「市民社会」の発生という点であろう。大改革研究の第一人者であるアメリカのW・ブルース・リンカンは、大改革が「旧体制のロシアを刷新し、厳格に定義された諸身分の社会に代わって、市民の社会のための枠組みを創出した」と述べている[Lincoln 1990:xvi]。さらに、ソ連崩壊後に出版されたロシア・ソ連の通史『権力と改革』(ボリス・アナニッチ編)は、この時期につくられようとした「市民社会」を、「自らの利害を認識し、自らの計画を練り、政治に対して影響を与えるようなメカニズムをつくろうとする社会」と説明した。そして、こうした新しい社会からは、やがて一群の「改革者」たち、すなわち、農奴解放を実施した調停吏、法律家、新しい地方自治体の議員、治安判事、教師、都市自治体の活動家が輩出されたというでは、この市民社会は、大改革のなかからどのように生まれたのだろうか。そして、それは本当に市民社会と呼びうるものであったのだろうか。

かつて十九世紀のロシアは、「二重革命」の時代にあっても専制体制を護持し、諸革命に対抗する反動的な国家として描かれてきた。そして、こうした抑圧的な国家のもとで、ロシアでは安定した市民社会の発達が阻害されたととらえられてきたのである。これに対して一九七〇年代からは、じつは国家こそが後進的な社会を改革し、近代化を先導したのだという見方が主流となった。リンカンによれば、大改革直前のニコライ一世(在位一八二五〜五五)期に、下層貴族出身で土地も農奴ももたず、文官勤務のみで生計を立てる官僚貴族が登場した、という。こうした、国家の目的を自らの目的とする一群の新しい官僚を、リンカンは「開明官僚」と呼ぶ[Lincoln 1982]。厳格なニコライ治世下では彼らの活動は限定されていたが、一八五五年に皇帝が死去すると、この開明官僚が政治の表舞台に登場し、改革の推進力となっていった。こうした開明官僚論は本国ロシアでも受け入れられ、大改革期に「リベラル官僚」が西欧型社会への改革を先導した、と論じられるようになった(たとえば[Захарова 1984])。現在では、各改革プロセスの実態も詳細に解明されつつあるといえるであろう。

しかし未だ、大改革が総括されたとはいいがたい側面もある。その理由は、大改革自体の多元性にある。従来、農民蜂起や経済危機、クリミア戦争の敗北によって引き起こされた国家の「上層の危機」などが改革の動因となった、と説明されてきた。しかし、リンカンによれば、こうした要因によって、ロシアの政治家が改革の必要性をより強く意識したのは確かだが、一方で、「彼らが、劇的な変更の計画に着手する鋭い緊迫感を感じていたことを示す証拠はあまりない」という[Lincoln 1990:xvi]。さらに、『権力と改革』の著者は、大改革に統一的な改革プログラムが存在したと想定することはできない、と指摘する。帝政ロシアには、ヨーロッパ的な意味における内閣が存在せず、政府の構成員は皇帝に直接責任を負っており相互に分断されていたからである[Ананьич 1996:306–307]。したがって、開明官僚が改革の中心となったことは確かだとしても、一群の改革指導者が、明確な改革目的をもち、その青写真に従って諸改革を先導したという構図で大改革をとらえることはできない。実際に大改革は、改革に向けた多様な動きが同時に発生し、それらが相互に複雑に関連し合いながら進む、複合的・多層的なものだったのである。

改革への動きは、皇帝の交代とクリミア戦争の敗北が重なり、皇帝の権力が弛緩していたことと、それを機に、ニコライ期に養成された開明官僚が活動を活性化させたことによって誘発された。ただし、開明官僚たちの活動は各部署の管轄範囲に限定されており、新帝アレクサンドル二世(在位一八五五~八一)もまた、彼らを分断してコントロールする専制的権力をある程度保持していた。こうした状況のなかで、国家の多様な分野において変化への動きがランダムに始まったのだと考えられよう。農奴解放が中心的な課題であったことは間違いないが、必ずしも農奴解放が他のすべての改革を導いたともいえないのである。

こうした複合的なプロセスは、市民社会の萌芽に影響を与えたともいいうる。大改革の諸改革では、ロシア史上稀なことに、「社会」からの意見を募りながら法案作成が進められた。その理由としては、改革をめざす官僚が、皇帝や対立する他部局の官僚を説得するために、各社会集団からの情報やその支持を必要としたことが考えられる。このように、官僚たちの政治的な活性化にともなって、官僚集団と多様な社会集団とのあいだの複雑な対話もまた喚起されることになった。こうしたことを考慮に入れると、市民社会は、大改革の諸立法の結果のみならず、諸改革への社会集団の参画のなかにも、その契機が存在したといえるのかもしれない。

こうした論点を念頭におきながら本章が紹介する史料は、『一般教育機関法案と国民学校制度一般計画案への批評集』(全六巻。以下、本史料を『批評集』と記す)である。この史料は、政府の教育制度改革案に対する教員の意見を集録したもので、改革のさなかの一八六二年に出版された。この史料からは、社会集団が大改革にどう参加したのかという点について、その内実の一端を理解することができる。

教育制度改革は、大改革期の多層的な諸改革の一つである。しかし、この改革を分析することには、いくつかの固有の意味がある。まず、教育制度は将来の教養ある市民や開明的官僚を育成するシステムであり、市民社会の成立を考えるのであれば、決定的な役割を果たす分野であるということがあげられる。橋本伸也によれば、大改革期の一連の教育改革では、身分制そのものは温存しながらも、「財産および知識・教養をメルクマールとして編成された西欧の市民社会的階層構造」を組み込んだ社会への転換がめざされた、という［橋本 2010:183］。たとえば、本章が扱う中等教育改革では、従来の身分制限が緩和され、中等教育の門戸は、より多様な社会層に開かれることになった［青島 2007］。『批評集』は、こうした大きな社会変化を引き起こした教育制度改革がどう生じたのかを明らかにする必須の史料である。

それだけではない。他方でこの史料は、政府と知識人の対立関係という伝統的な見方を再検討する材料ともなる。教員は長く、反体制的な知識人として分析されてきたが、実際には、彼ら自身が生まれつつある市民社会や官僚層の構成員の一員でもあった。史料からは、こうした誕生しつつあった市民層の一部としての教員たちが、大改革に際して、どう行動したか、どういった社会を構想し、何を望んだかが理解しうる。

最後にもう一点付け加えるならば、本史料が出版されたときの大臣は、リベラル官僚として知られるアレクサンドル・ゴロヴニン（在任一八六二〜六六）であった。開明官僚の戦略を知るうえでも、本史料は興味深い題材であろう。したがって、この『批評集』を分析することは、開明官僚の動向とともに、将来「市民」となっていく社会集団が改革にどうかかわり、どのような変化を引き起こしたのか、また、彼ら自身がそれによってどう変化したのかを理解することが可能となろう。本章では、教育制度改革自体の中身には深く立ち入らず、『批評集』からみえてくる、開明官僚と教養ある階層との対話のメカニズムに焦点をあてる。それではまず、本史料の概略をみてみよう。

『一般教育機関法案と国民学校制度一般計画案への批評集』の性格

本史料は、一八六二年までに準備された二つの教育制度改革法案に対して集められた意見を、同年に集成して出版したものである。二つの法案は「一般教育機関法案」と「国民学校制度一般計画案」で、双方とも初等・中等教育に関するものである。本章では、このなかでも、とくに中等教育(ギムナジヤ・プロギムナジヤ)制度に関連した部分に着目して論じる。

まず、この『批評集』が作成された経緯から確認しよう。国民教育省は、一八五六年三月五日に大臣アヴラーム・ノロフ(在任一八五三〜五八)が提出した上奏書を契機として、初等教育から大学にいたる管下の全分野の改革に着手した。このとき国民教育省は、中等教育制度改革の必要性について、旧一八二八年法令が「現代の必要性を満たさない」時代遅れなものになってしまったため、と説明している。授業内容の過重やカリキュラムの不備などとともに、最後に「学校と社会の強固な精神的つながり」の不足が、現行制度の大きな欠点としてあげられている[Проект 1860:83–84]。とくに初期の段階で国民教育省が力を入れたのは、ニコライ一世末期に制限されていたギムナジヤでのラテン語・ギリシア語教育の復活と強化であった。このように、この頃は、農奴解放の可能性やそこから派生する初等教育問題などは念頭におかれておらず、喫緊《きっきん》の必要性や大きな社会変化のヴィジョンに従って改革が始められたわけではなかった(初等教育制度改革については、[青島 2012])。

こうした方針に従い、一八六〇年二月には第一法案が作成され、国民教育省が発行する『国民教育省雑誌』に公開された。それと並行して、ノロフの跡を継いだエヴグラフ・コヴァレフスキー(在任一八五八〜六一)は、各教育管区監督官に指示して、各ギムナジヤの教員評議会でこの法案の審議をさせた。その際、「法案の枝葉末節だけではなく、国民教育システム全体にかかわる」問題について、「教育者の意見」を提起するよう要請した。このように教員たちに法案の議論を求めた理由は、「教育一般の必要性と地方の必要性に適合した形で」法案を補足、変更することができるようにするためである、と説明されている[Проект 1860:83–84]。つまり、国民教育省は、現場で働く実務家からの正確な情報に基づいた法案を作成しようとして、教員に意見を求めたのである。

この翌年、日本に来航したことでも知られる海軍提督のエヴフィミー・プチャーチン(在任一八六一年七月〜六二年一月)が大臣に就任した。この時期、ペテルブルク大学を中心に学生の騒擾《そうじょう》が激化しており、その沈静化を期待した人選であった。しかし逆に、強硬なプチャーチンのもとで、大学の混乱は最終的に数百人ほどの学生の逮捕者がでる事態にまで発展した[青島 2004]。この責任をとる形で、プチャーチンは、たった半年で大臣職を辞職することになった。その後任を任されたのが、ゴロヴニンであった。

ゴロヴニンは、一八六二年初頭に大臣に就任すると、コヴァレフスキーのとった方法を、より大規模な形で繰り返した。一八六二年に第二法案を公表し、大学評議会やギムナジヤの教員評議会での議論を再度求めたのである。さらにゴロヴニンは、こうして集められた意見を集成し、全六巻にまとめて出版した。これが、本章が紹介しようとする『批評集』である。ゴロヴニンは、この方法を「きわめて広範なグラスノスチ(情報公開)」と呼んだ。そして、単に法案を公開するにとどまらず、省が「自らの計画の狙い」までも「社会」に知らせるものであった、と喧伝《けんでん》したのである[Обзор 1864:117]。実際、第一巻の冒頭には、二つの法案に続いて、付帯説明書も公開され、改正点の意図が解説された。

具体的に全六巻の内容をみてみよう。集められた三九〇近い意見のうち、約九割が国民教育省の関係者から出されたものであり、なかでも中等教育教員からの意見が四分の三近くを占めた。大半の意見は、各大学評議会、各ギムナジヤ教員評議会、各郡学校教員評議会での議論をもとに、各評議会の名前で出されている。他方で、評議会組織をもたない初等学校の教員や、意見を求められた聖俗の高官らは個人名で記載された。

この「評議会」とは、それぞれの大学・ギムナジヤ・郡学校の全教授・教員で構成される学内の審議機関である。各評議会には、学内の行政・教育問題についての決定権が与えられるとともに、教育管区監督官や大臣への報告義務も課されていた。通常、少なくとも月に一度開かれ、教授や教員の活動の場となっていた。法案への意見の収集は、こうした日常的な行政的ルートに沿っておこなわれた。とはいえ、そのことで自由な意見の表明が抑制されたわけではなかった。意見は形式も内容も多岐にわたっており、なかには、かなり辛辣な政策への批判も含まれていた。したがって、「最大限の率直さ」で意見を述べるように、という政府の呼びかけに応える内容となっているといえよう。また、評議会として意見を提出したといっても、集団の意見が優先され、個々人の意見が抑圧されたわけでもなかった。たとえば、評議会の結論と個人の意見が合わない場合や、特別な意見がある場合は、評議会の意見のあとに、「特別意見」として個人の意見が列挙されたからである。

こうして集められた意見は、実際にどのように利用されたのだろうか。国民教育省の審議機関である学識者委員会は、ギムナジヤ・プロギムナジヤに関する諸問題を一八のテーマに分類し、それぞれの担当者を決めた。そして各担当者が、自分が担当するテーマに沿って、収集された意見を網羅的に検討し、レポートを作成した。さらに一八六三年四月から五月にかけて、テーマごとに、そのレポートをもとにして学識者委員会で審議がなされ、第三法案が作成された。

一八六三年の秋までに、国民教育省の事務局である国民教育局が、多少修正を施して第四法案を作成し、この法案が国民教育省の案として政府全体の審議にかけられた。皇帝はこの第四法案をすぐに国家評議会にかけることはせず、一八六三年十一月から皇帝直属官房第二部長官モデスト・コルフに審査をさせた。ここで微調整を受けたあと、国民教育省は一八六四年二月から、大蔵省と予算の折衝に入った。最終的に、一八六四年五月十二日と六月四日に国家評議会の予備会議にかけられ、七月二十二日の総会で審議がなされた。同年九月五日に、国民教育省は最終法案を提出し、この法案が皇帝の裁可を受け、九月十九日に「ギムナジヤ・プロギムナジヤ令」として発布された。

先にも述べたように、こうした方法は、現場の具体的な必要性を把握し、的確な法令を作成することをめざしたものであった。しかし、それだけではなく、法案を公開して議論をすること自体に、「社会」との対話と協働というシンボリックな意味が込められていた。この『批評集』を「省の予算で」印刷して配布した理由について、ゴロヴニンは次のように述べている。「教育身分に属する者だけではなく、局外の者も含む何千人もの人々が、法令の審議に直接参加をすることになった。この審議を通じて、教育問題に関する全般的な関心が喚起され、そうした諸問題の解決が少なからず促進された」[Обзор 1864:117–118]。次に、この「グラスノスチ」という手法について、さらに詳しく検討してみよう。

開明官僚とグラスノスチ

グラスノスチという用語は、ペレストロイカ期に使用されたことで知られるが、大改革期のリベラル官僚たちが多用した言葉でもある。リンカンによれば、グラスノスチの手法は、すでに先帝の時代から追求されてきたものであったという[Lincoln 1982]。従来、ニコライ一世期は、抑圧的・反動的体制であったと考えられてきたが、この時期に、効率的な官僚制が拡大し、その専門分化が進んだことも注目されるようになった。ツァールスコエ・セロー・リツェイ(アレクサンドル・リツェイ)や帝立法学校などの文官養成のためのエリート校が整備されるとともに、大学・ギムナジヤも拡充され、専門的に文官の職に就く官吏が増加した。さらに『ロシア帝国法律集成』『ロシア帝国法律全書』が整備され、官吏の思考様式や戦略において「法意識」が著しく発展したといわれる[Wortman 1976]。

しかし一方で、ロシアには全国的な政策審議機関が存在しなかったため、皇帝の政策に対して意見を述べたり、計画実行の支援をしたりするような集団が存在しないことが、大きな問題とされた。そのため、教養ある階層との対話をおこなうメカニズムを構築することが課題だと考えられるようになった。こうして、グラスノスチ、すなわち、政策の公開とその議論の必要性が認識されるようになったが、同時に、それは政府によって統制されたものでなければならないとも考えられていた。したがって、この時代のグラスノスチは、ある特定の行政問題について、関係する地方官吏に意見を問う程度の限定されたものとなった。一八四〇年代には、グラスノスチをより広い文脈でとらえ、官僚の腐敗を抑止する方法や、皇帝・教養ある階層・大衆をつなぐ手段として、その必要性を論ずる者もいたが、実現可能な議論ではなかった［Lincoln 1982:173］。

グラスノスチが本格的に実践されたのは、一八五〇年代の海軍省である。この方策の主導者こそが、のちの国民教育大臣ゴロヴニンであった。ゴロヴニンは、当時からリベラルな思想傾向でよく知られ、文官勤務に生活のすべてを捧げる典型的な開明官僚であった。父親は日本で捕虜になった経験をもつ海軍中将ヴァシーリー・ゴロヴニンであるが、この父を十歳のときに亡くすと、そのあとには抵当に入った農奴と六万ルーブリにものぼる借財が残された。一八三四年には、母親の再三にわたる請願によって海軍省から奨学金を得て、ペテルブルク第一ギムナジヤの寄宿学校に入学した。そして、すぐ翌年には、ツァールスコエ・セロー・リツェイに転校した［Головнин 1996:85］。卒業時に金メダルと九等官の官位を得て勤務を始めると、その杓子定規なまでの几帳面さと卓越した文書処理能力によって頭角を現し、順調に出世街道を歩んでいった。最初は皇后の官房で勤務に就き、内務省の大臣官房に移ると、さらに帝立ロシア地理学協会で書記として活躍した。その後、一八四八年には、海軍省で勤務を始めた。一八五〇年から、この海軍省の改革を先導したのが、皇帝の弟で、リベラルな傾向で知られる野心家のコンスタンチン・ニコラエヴィチ大公であった。ゴロヴニンは大公に能力を認められ、そのブレインとして海軍省の諸改革を大公の背後から指揮した。さらに、のちの大蔵大臣ミハイル・レイテルン、司法大臣ドミトリー・ナボコフ、国民教育大臣ドミトリー・トルストイなどの若い有望な官僚を海軍省に引き入れ、「コンスタンチノフツィ」と呼ばれるリベラル官僚の集団を形成したのである［Стаферова 2007:30–69］。

海軍省の改革では、正確な情報の収集が可能な、効率的な行政組織への改編がめざされた。こうした組織改編に際してゴロヴニンは、海軍省が発行する『海軍論叢』を、「すべての海軍将校身分に対して良い影響を与える道具」として議論のフォーラムに変えるなど、積極的に政策を公開し、議論を喚起する方法をとった［Стаферова 2007:52］。ゴロヴニンはこうした方策の必要性について、「立法作業のためには、いわば「人工的グラスノスチ」を創出し、法律が関係するすべての身分の多様な意見のあいだに議論や闘争を強く喚起しなければならない」と述べている［Шевырев 1990:60］。このときゴロヴニンが議論を喚起したのが、社会全体というよりは、法律が関係する「身分」に限定されていたことに注意を払う必要があるだろう。ここでいう「身分」とは、関連する専門の職能集団（この場合「海軍将校身分」）のことを指している。ゴロヴニンと大公は、こうしたグラスノスチを用いた行政機構改革が他省の改革のモデルになり、ひいてはロシア全体の改革を先導する役割を果たすことを望んでいたといわれる。

ゴロヴニンは、一八六二年一月に、国民教育大臣として念願の大臣職を手に入れた。この人事に大公の力添えがあったのは、周知の事実であった。ゴロヴニンは教育分野に明るくなく、彼が国民教育大臣の地位を利用して、自らのリベラルな政策を推進しようとしていることを批判的にみる向きもあった。背が低く、大きな瘤《こぶ》をもち、病弱で貧相な外見は、同時代人からの高い評判を得るのに必ずしも有利ではなかった［Стаферова 2007:69-76］。

それに加えて、ゴロヴニンが大臣に任命されたときの国民教育省は、非常に難しい状況におかれていた。というのも、先に述べたように、一八六一年に大学で学生の騒擾が激化し、皇帝をはじめとして高官のあいだでその対応策が喫緊の課題と認識されていたからである。上層部では大学に関する議論が繰り返され、一八六一年十二月六日には、大臣評議会のあとに、高官ドミトリー・ブルードフが内務大臣ピョートル・ヴァルーエフに対して、大学解体のみならず、国民教育省それ自体を廃止するという考えまで囁いたほど、事態は悪化していた［Валуев 1961:131］。ゴロヴニンは、こうした状況のなかで、管下の教授たちや中等教育の「教育身分」の者を中心に教養ある階層の支持をとりつけ、国民教育省を立て直さねばならなかったのである。

ゴロヴニンは、就任早々、主要な雑誌編集部を単独で訪問したり、閉鎖中のペテルブルク大学の教授に制服を着ずに面談したりするなど、知識人層の雰囲気の緊張緩和をめざした。そして、そのための主要な戦略として採用したのが、グラスノスチであった。ゴロヴニンは、次のように述べている。かつて、法案は官房でつくられ、大臣委員会で審議され、国家評議会で承認されるものであった。しかし、「私は、この仕事に社会を参加させ、その意見や希望を知ろうとした。国民的な事業案に社会が参加するのはまったく正当なことだと考え、多様な法案を言論の審判に預けようとした」[Стаферова 2007:56,76–80]。こうして、初等・中等教育改革について、『批評集』が出版されることとなった。[1]

このように、ゴロヴニンの戦略は、コヴァレフスキーの場合と異なり、実践的な意味で現場の情報が必要であったというよりは、「デモンストレーション的性格」が強く、当時から、単なる人気取りとの批判もあった。しかし、この「きわめて広範なグラスノスチ」によって、多くの教員が公開の場で法案の作成に関与することになった。次に、その内容をより詳細に検討してみよう。

教員の言論空間の広がり

国民教育省の求めに応じて意見を提出したのは、多くは国民教育省関連の教員であったことはすでに述べた。[2] まさにこの教員が、ゴロヴニンが「教育身分」と呼んだ、教育制度関連法案に関係のある集団である。では具体的には、どういう集団であったのだろうか。

国民教育省が管轄する中等教育機関（ギムナジヤ・プロギムナジヤ）の数は、一八六三年の段階で、法令の対象となったペテルブルク、モスクワ、カザン、ハリコフ、オデッサ、キエフ、ヴィリノ、シベリア教育管区で八九校であり、教員数は一七九二名であった。彼らは、役職によって官位を得た官吏でもあった。たとえば、一八五九年の段階で、校長は官位六等、ギムナジヤ視学官は官位七等、ギムナジヤ・プロギムナジヤ教員は官位九〜一〇等が与えられ、官位に応じて、国庫から支出される給与・年金の額が決められていた。のみならず彼らには、官位の取得に従って、一代貴族の身分が与えられた（ただし、出自のうえでそれ以上の身分ではなかった場合である）。こうした中等教育機関の教員のうち、首都のペテルブルクと学制導入時から存在する地方の教育管区であるハリコフをとりあげて、より詳しい内訳を検討してみよう（統計データは[Сборник 1864]の各所より作成）。

ペテルブルク教育管区には、一七校のギムナジヤ・プロギムナジヤが存在し、そこで三七三名の教員が勤務していた。彼らの社会的出自（父親の身分）をみてみると、三七三名中、世襲貴族が七五名で最大のグループとなる。しかし、一代貴族七〇名、名誉市民・商人三〇名、町人・他六〇名であり、農民ですら一〇名にのぼる。[3] したがって、身分的には、かなりのばらつきがあり、平均的にどの社会層からも教員が輩出されていたことが理解されよう。

その一方で、学歴をみると、高等教育機関の卒業者が二〇五名にのぼり、中等教育機関の卒業者六四名と合わせると半数をはるかに超える。学士の学位保持者も一〇〇名を数える。逆にそのほかの学歴保持者は、郡学校卒業者九名、教区学校卒業者一名、家庭教育三七名と、いずれも少数にとどまる。[4] ギムナジヤ教員の採用要件として、大学卒業資格が求められているが、実態としてもそれがかなりの程度守られていたことが示されているといえるであろう。

ハリコフ教育管区のデータもあわせてみてみよう。ここではギムナジヤ・プロギムナジヤ数は七校と少なく、教員も一七四名とペテルブルクの半数にも満たない。しかし、データの示す傾向は同じである。世襲貴族出身者は五六名、一代貴族三三名、名誉市民・商人一二名、町人・他一七名、農民八名であり、世襲貴族の割合が若干高いが、それでも各身分集団から比較的まんべんなく教員が輩出されていることがわかる。他方で、学歴をみると、高等教育機関の卒業者が九二名、中等教育機関の卒業者が一八名、郡学校卒業者が九名である。[5] ハリコフ教育管区は、他の教育管区に比べて家庭教育しか受けていない者が四三名と比較的多いが、それでも、高等教育・中等教育を受けた高学歴の保持者が大多数を占めることがわかる。

このようにみると、ギムナジヤの教員が、身分的な出自ではなく、学歴に共通性をもつ集団であり、現在の職によって社会的地位や生活を成り立たせている人々であったことが理解されよう。

次に、どういった内容の意見が出されていたのかを具体的にみてみよう。教育管区やギムナジヤによって意見の傾向が若干異なるところもあるが、ここではその偏差には踏み込まず、意見の一般的な傾向を概観してみたい。再び、ペテルブルク教育管区とハリコフ教育管区の第一ギムナジヤをとりあげてみよう。ペテルブルク第一ギムナジヤは、一八一七年に設立されたペテルブルク中央教育大学附属の寄宿学校が、三一年に改組されてできたギムナジヤであり、ゴロヴニン自身が三四年に一年だけ通った学校でもある。他方、ハリコフ第一ギムナジヤは、ハリコフ教育管区のなかで最も古く(一八〇五年)に設立されたギムナジヤである。

ペテルブルク第一ギムナジヤは、それぞれの条文に対して註釈をつける形で評議会の意見をまとめている。ペテルブルク第二ギムナジヤのように、意見を文章にまとめる場合もあるが、こうした個々の条文への註釈形式が一般的である[Замечания 1862: 4/1–7]。

主要な意見を列挙すると、(1)私立のプロギムナジヤ・ギムナジヤについて(規制を緩めて、法律に縛られる国立学校とは異なる独自の発展を可能にすべき)、(2)プロギムナジヤ視学官とギムナジヤ校長になるための教育界での最低勤務年限について(ギムナジヤよりもプロギムナジヤの管理者のほうがより長い教育経験が必要)、(3)教員の人事について、校長が選出した候補者を拒否する権限を教員評議会に与えるべき、(4)ラテン語や数学の授業数の多寡《たか》について、(5)財政的に維持が困難なので、寄宿学校を廃止すべき、などである。これに加えて、補足として、ある上級教員(プロギムナジヤのラテン語教育を充実すべき)、ある講師(おそらくフランス人。フランス人の場合でも、ロシアの大学でギムナジヤ教員の資格試験に通っていたら、正規の大学卒の教員と同じ資格が与えられるべき)の意見が加えられている。

ハリコフ第一ギムナジヤの意見もみてみよう[Замечания 1862: 5/1–50]。このギムナジヤの場合は、いくつかの項目に分けて(国民学校、教師養成学校、ギムナジヤなど)、最初に総論を文章でまとめ、続いて各条文に対して註釈形式で意見を述べるという形をとった。このなかから、とくにギムナジヤに関連した主要なポイントを列挙してみよう。

まず、ギムナジヤの教育方針や授業内容に関していくつかの意見があがっている。ギムナジヤ教育全般については、古典ギムナジヤと実科ギムナジヤの分化は、一般教育の理念に反するので反対であるという意見が出された。また、数学の授業数や教育内容、自然科学をギムナジヤで教える必要性、古典語の必修化の必要性など、授業内容にかかわる細かい意見もあった。さらに、担税身分の生徒でギムナジヤを良い成績で卒業した者は、徴兵免除のみならず、官吏への入り口も閉ざすことなく、「完全な職業選択の自由」が認められるべきである、といったことも主張された。

ギムナジヤの組織面についても多くの意見が述べられた。地方名士からなる教育推進員評議会の構成員には、貴族のみならず、その他の身分の者も含まれるべきであるといった意見や、教員評議会に同僚への忠告や訓告の権限が与えられたことについて、少人数の教員の人間関係を維持するためには、そのような権限はないほうがよい、といった意見である。また、寄宿学校は閉鎖的で特権意識を高めるため有害であると非難され、その廃止が主張された。私学に関しては、設立者の裁量に完全に任せ、監督については政府がおこなうのではなく、報告書を出版したうえで「社会」にその審査を任せるべきである、と述べられた。

意見は、教員自らの特権の問題にもおよんだ。評議会は、国民教育省が指定する教員の制服については廃止を求めたものの、その一方で、給与の増額については熱を入れて主張した。評議会は、一八五九年にいったん給与が上げられたが、それでも、急激な物価高のために相変わらず個人授業などの心身を損なうような副業を強いられている、と訴えた。そして、「教員の給与が劇的に増額されなかったならば、まもなく国民教育省から一人残らず逃げ出すであろう」と述べ、最低でも一八〇〇ルーブリの給与を保証するよう、強く要求したのであった。

さらに、評議会全体の意見に続き、四人の教員が、計三〇ページ以上にわたり、プロギムナジヤ・ギムナジヤの授業内容、さらに、国民教育の問題、女子教育の問題、私学の問題などに関して、幅広く個人の意見を述べた。

このように、中等教育教員は、教育制度全体に目を配りながら、とくに自らがかかわるギムナジヤの諸問題に積極的に意見を出した。彼らは一方で、教育を専門とする者の立場から、教育内容や科目の構成などについて意見を提起したが、のみならず、学内の組織形態や教員の権限・社会経済的地位の問題など、自らの利害にかかわる問題についても熱心に発言していることがわかる。

このようにみると、ロシアの教員は、法案の審議に参加する過程で職業意識を高め、教員集団としての利益を守るために政府と交渉をするまでにいたった、ととらえることも可能であろう。たしかに、教員評議会は法律で定められた学内の行政機関であり、独立した専門職組織とはいえない。しかしこの評議会が、改革の審議に際して局地的な言論空間を構成し、それが『批評集』の出版によって、より広域に結びつけられていったことは、重要な意味があったといえるであろう。

実際この時期には教員たちは学外での自律的な活動を活性化させていた。一八五九年にはペテルブルク教師会議が結成され、ハリコフやキエフなど地方でも、さまざまなレベルの教師たちが地域的に集まって集会を開くようになった。また、ゴロヴニン大臣期の『国民教育省雑誌』には、毎号、ペテルブルク教師会議の議事録、各教師集会の報告、各大学評議会の議事録が掲載された。さらに、『訓育』(一八五七〜六一年)、『教師』(一八六一〜七〇年)、『教育報知』(一八五七〜六一年)などの専門雑誌も公刊された。こうして、教員たちの議論を大きく広げる言論空間が形成されていったのである。

世論の発生か、利益集団政治か

最後に、こうしたグラスノスチの諸問題を、大改革全体の動きのなかで再検討してみよう。グラスノスチの手法は、海軍省と国民教育省のみでとられたわけではない。よく知られているように、農奴解放の改革過程では、一八五七年から五八年にかけて各県で、農奴を所有する貴族から選出された議員で構成される県委員会が設立され、農奴制の廃止に向けた議論が求められた[ザイオンチコフスキー 1983]。また、地方制度改革に際しても、県知事や地方貴族に意見が求められ、その意見が政策を大きく左右したといわれる[Starr 1972]。さらに司法改革においても、各種の草案が「実務法曹」に送付され、彼らの見解が収集され、一八六二年には国民教育省の場合と同様に、全六巻の『司法部改造大綱批評集』としてまとめられ、出版されている[高橋 2001:92-113]。このようにみると、海軍省での先駆的事例を筆頭に、グラスノスチの手法は、大改革期の諸改革で広く用いられていたといえるであろう。

グラスノスチが広く用いられた理由はどこにあったのだろうか。一八五五年二月、父帝ニコライが急死すると、新帝アレクサンドルは、五五年八月末にセヴァストーポリの陥落を経験し、五六年三月にクリミア戦争敗北の責任を負うことになった。ロシアの教養ある階層は、ニコライ一世末期の統制強化と戦時体制の緊張感から解放され、変化への期待感で高揚していた。新帝は、なんらかの新しい方針を示さねばならない状況におかれたものの、統治の経験も浅く、まだ官界の動向や知識人層の雰囲気に左右されやすい状態にあった。他方で、政策形成のプロセスは、社会の複雑化にともない、宮廷から省庁の官房のなかへと完全に移動していた。そこでは、ニコライ期に養成され、法と行政手続きに習熟した実務系の官吏が実働部隊となっていた。彼らにとっては、この状況は変化を生み、発言権を確保するまたとないチャンスであった。しかし彼らは、各部署に分断されており、権限内での改革構想を皇帝や同僚に納得させるためには、実際に法令がかかわることになる社会集団からの情報と支持が必要不可欠であった。こうして、改革にかかわる集団の範囲は、省ごとに区切られつつ、放射状に広がっていった。

こうした動きに対して皇帝は、開明官僚たちの案を唯々諾々と受け入れることをせず、彼らを分断して対抗させていた。たとえば国民教育省に関していえば、先にも述べたように、一八六三年秋に提出されたギムナジヤ・プロギムナジヤ法案は、高官のコルフに審査をさせた。大学令に関しても、一八六三年の初頭にセルゲイ・ストロガノフを議長とする特別委員会を組織させ、国民教育省から提出された法案を改めて審議させている。しかし、にもかかわらず、国民教育省の決定が根本的に改変されることはなかった。専門外の高官や皇帝が、現場の意見を反映した専門性の高い法案の方針を覆すことは困難だったのである。

このように、社会集団の意見は、政策決定のプロセスで一定の影響力をもつことになった。しかし、こうした諸意見は、「世論」と呼びうるであろうか。たとえば、農奴解放の改革過程における貴族の動向を分析したテレンス・エモンズは、一八五七年から六二年までの時期に、「世論」が発生したと論じた［Emmons 1968］。事実、雑誌メディアの発達や改革議論の活性化を考えると、専制から自律的で、その政策を批判的に議論する「世論」が発展したと考えることは可能であろう。

しかし、これに対してリーバーは、やや異なる観点を提示した。大改革期の政治のメカニズムを、「利益集団政治」の発生と論じたのである。リーバーによれば、利益集団とは、「職能集団あるいはオピニオン集団」であり、「自分たちのイデオロギー的な希求や物質的な必要性を満たすような公共政策を擁護したり、促進したりするために協調して活動」するような集団である。とくに職能集団は、専門職者としての誇りや奉仕の価値観と深く結びついた独自のエートスをもちながら、「特定の省庁のまわりに密集」していた、という［Rieber 1994:59］。

たしかに、『批評集』の意見からわかるように、現場の教員の意見のなかには、自らの利益にかかわることも多く含まれていた。そのため国民教育省は、上層の意思決定プロセスで省の改革方針を擁護するとき、こうした現場の教員の利益もあわせて表出する傾向があった。その結果、中等教育教員の官位は九～一〇等官だったのが八等官に引き上げられ、給与は一八五九年に増額されたときのさらに倍程度にまで引き上げられることになった。もともと、ゴロヴニンのめざした「人工的グラスノスチ」自体が、法令にかかわる集団を対象にしたことを思い起こすならば、国民教育省の改革は「利益集団政治」モデルに近いものであったことが理解されよう。

こうした大改革期の「利益集団政治」は、専制権力を制限するというよりは、それを強化する役割を果たした側面もある。キップとリンカンによれば、十九世紀前半の最大の官僚ミハイル・スペランスキーは、ロシア専制の究極的な政治目的は、各種の社会集団の活動範囲を限定し、相互に対立させ、その競争を国益の増大に結びつけるために調停することであるととらえていた。アレクサンドル二世もまた、ある特定の方向に改革全体を先導するよりは、複雑化する利益集団のあいだの「調停者」として振る舞うことを優先した、という[Kipp and Lincoln 1979]。このように、この時期、省庁組織を整備し、関連する社会集団の意見をとりいれることで、大臣の政策形成の能力や政治的な発言権が強められたのは事実である。しかし他方で、そのことは、上層の意思決定プロセスにおける省庁間の対立をむしろ激化させ、それを「調停」する皇帝の権威を高めることにもつながったのである。

しかし、このことは、ロシアにおいて公論が発生しなかったことを示すわけではない。教育制度改革を振り返ってみると、改革過程において教員たちは、自らの意見を反映させ、物質的にも組織的にも一定の自律性を得て、専門職者として成長しはじめた。彼らは、限定されたグラスノスチのなかではあったが、自らが携わる公的問題の審議にかかわった。さらに、狭い評議会での議論は、『批評集』や総合誌・専門誌によって、より広い言論空間へと結びつけられていくことにもなった。十九世紀後半にかけて教員たちは、自己の利益を認識しつつ、職業倫理を向上させ、教育分野における公的な活動を推進していった。その意味で、たしかに、大改革は市民社会の発生への契機であったと考えることができるのではないだろうか。

大改革の「利益集団政治」のプロセスをとらえることは、十九世紀後半にかけて専制と官僚制の特殊な器のなかで広がった、ロシア型の市民社会の構造を理解する大きな鍵となる。全六巻におよぶ官僚と「社会」の対話の記録は、まさにこの問題を考えるための、きわめて重要な史料の一つとなるであろう。

註

1　このとき、大学制度改革でも同様にグラスノスチが適用され、一八六二年に『ロシア帝国大学一般法案批評集』が出版された。

2 「教員」には、校長や視学官などの役職者も含まれる。校長や視学官も、学位、教育界での勤務歴、教育者としての資質などを要件とする職であり、一八六四年の新法のもとでは、場合によっては授業をおこなうこともあった。

3 このほか、聖職者身分の出身者が八〇名、外国人が四八名にのぼるが、彼らはそれぞれ神の法や外国語などを教えるために雇われていた教員である場合が多いと考えられる。

4 聖職者教育機関の卒業者三三名、海外での教育経験をもつ者二四名がこれに加えられる。

5 出自では、このほか、聖職者身分の出身者が二七名、外国人が二一名である。また学歴では、このほか、聖職者教育機関の卒業者が一二名である。ハリコフでは、海外で教育を受けた者はいない。

参考文献

青島陽子(二〇〇四)「一八六三年大学令の制定過程——教授団の自律性の問題に着目して」『ロシア史研究』第七五号。

——(二〇〇七)「帝政期ロシアの教育制度における身分制原理の弛緩——国民教育省管下の中等教育改革(1862–1864)」『史学雑誌』第一一六編第一号。

——(二〇一二)「農奴解放と国民教育——大改革期ロシアにおける国民学校のあり方をめぐって」『ロシア史研究』第九〇号。

ザイオンチコフスキー、ペ・ア(一九八三) 増田冨壽・鈴木健夫訳『ロシヤにおける農奴制の廃止』早稲田大学出版部。

高橋一彦(二〇〇一)『帝政ロシア司法制度史研究——司法改革とその時代』名古屋大学出版会。

竹中浩(一九九九)『近代ロシアへの転換——大改革時代の自由主義思想』東京大学出版会。

橋本伸也(二〇一〇)『帝国・身分・学校——帝制期ロシアにおける教育の社会文化史』名古屋大学出版会。

Emmons, T. (1968). *The Russian Landed Gentry and the Peasant Emancipation of 1861,* London: Cambridge University Press.

Kipp, J. W. and Lincoln, W. B. (1979). Autocracy and Reform: Bureaucratic Absolutism and Political Modernization in Nineteenth-Century Russia, *Russian History* Vol. 6. Part 1.

Lincoln, W. B. (1982). *In the Vanguard of Reform: Russia's Enlightened Bureaucrats 1825–1861*, DeKalb: Northern Illinois University Press.

——(1990). *The Great Reforms: Autocracy, Bureaucracy, and the Politics of Change in Imperial Russia*, DeKalb: Northern Illinois

University Press.

Rieber, A. J. (1994). Interest-Group Politics in the Era of the Great Reforms, in B. Eklof, J. Bushnell and L. Zakharova (eds.), *Russia's Great Reforms, 1855–1881*, Bloomington: Indiana University Press.

Starr, S. F. (1972). *Decentralization and Self-Government in Russia, 1830–1870*, Princeton: Princeton University Press.

Wortman, R. S. (1976). *The Development of a Russian Legal Consciousness*, Chicago: University of Chicago Press.

Ананьич Б. В. (отв, ред.) (1996). Власть и реформы: от самодержавной к советской России. СПб. 〔アナニッチ編『権力と改革』〕

Валуев П. А. (1961). Дневник. Т. 1. 1861–1864 гг. Москва. 〔ヴァルーエフ『日記』〕

Головнин А. В. (1996). Записки для немногих// Вопросы истории. No. 1. 〔ゴロヴニン『わずかな人のための手記』〕

Замечания (1862). Замечания на проект устава общеобразовательных учебных заведений и на проект общего плана устройства народных училищ. Ч. 1–6. СПб. 〔『一般教育機関法案と国民学校制度一般計画案への批評集』〕（引用数字は順に巻／引用頁を示す）

Захарова Л. Г. (1984). Самодержавие и отмена крепостного права в России 1856–1861. Москва. 〔ザハーロヴァ『一八五六〜一八六一年ロシアにおける専制と農奴解放』〕

———(2005). Великие реформы 1860–1870-х годов: поворотный пункт российской истории?// Отечественная история. No. 4. 〔ザハーロヴァ「一八六〇年代から一八七〇年代の大改革——ロシア史の転換点?」『祖国史』誌〕

Медушевский А. Н. (2011). Великая реформа и модернизация России// Российская история. No. 1. 〔メドゥシェフスキー「大改革とロシアの近代化」『ロシア史』誌〕

Обзор (1864). Обзор деятельности министерства народного просвещения и подведомственных ему учреждении, в 1862, 1863 и 1864 годах. СПб. 〔『一八六二年、一八六三年、一八六四年における国民教育省とその管轄下の機関の活動報告』〕

Проект (1860). Проект устава низших и средних училищ, состоящих в ведомстве министерства народного просвещения// Журнал министерства народного просвещения. Ч. CV. 〔「国民教育省管轄下の初等・中等学校法案」『国民教育省雑誌』誌〕

Сборник (1864). Сборник справочных сведений по министерству народного просвещения за 1862 и, частью, за 1863 и 1864 годы. СПб. 〔『一八六二年、部分的には一八六三年、一八六四年における国民教育省関係情報便覧』〕

Стаферова Е. Л. (2007). А. В. Головнин и либеральные реформы в лросвещении (лервая лоловина 1860 гг.). Москва. 〔スタフョーロ

ヴァ『ゴロヴニンと教育におけるリベラル改革（一八六〇年代前半）』〕
Шевырев А. П.（1990）. Русский флот после Крымской войны: либеральная бюрократия и морские реформы. Москва.〔シェヴィリョーフ『クリミア戦争後のロシア海軍』〕

帝政期ロシアの定期刊行物と科学、宗教、革命

ソイキン出版社の事例から

巽由樹子

帝政期ロシアの定期刊行物

十九世紀半ば以降のロシアでは、新聞、週刊誌、月刊誌が数多く発行された。それゆえ、この時代を研究する歴史家たちは、史料として、そうした定期刊行物にも目を向けてきた。

従来、そのような先行研究で重視されたのは、ロシアの定期刊行物が科学知を普及し、読者を啓蒙したことである。たとえば高田和夫は、一八六〇年代には科学主義的な思考が尊重され、急進派インテリゲンツィヤがそうした精神に基づき、各種の出版物を用いて民衆啓蒙活動に取り組んだことを指摘した[高田 2004]。また、ジョーゼフ・ブラッドリーは、帝国地理学協会や考古学協会などのヴォランタリー・アソシエーションが、二十世紀初頭のロシア諸都市で一万近く設立され、それらの定期刊行物もまた科学知の普及に貢献したと論じた[Bradley 2009]。あるいはジェームス・アンドリュースは、革命前から一九三〇年代にいたるロシア・ソ連の科学知の大衆化の進展を、各時代の科学雑誌を分析することで詳述した[Andrews 2003]。

しかし十九世紀後半のロシアでは、一見すると科学とは対立する分野の定期刊行物も出版されていた。それは、ロシ

ア正教会の関係者らによって刊行された宗教雑誌である。

十九世紀半ばの「大改革」期以降、ロシア正教会の内部には、近代化に適応した宗教道徳を社会に普及することを、教会の使命と見なす動きが現れた。その結果、聖職者が、教区民に対していかなる社会的・教育的役割を果たすべきかが論じられた。そして、教区司祭の知的水準を上げる目的で教育改革がおこなわれるとともに、信者への効果的な説教の方法を模索する司牧神学という領域が形成され、また、各地の教会が世俗知識人と協働あるいは競合しながら、地域での福祉活動に取り組んだ［Hedda 2008:31–105; Freeze 1983:319–329; 橋本 2010:243–271］。このように社会に働きかける活動の一環として、教会、神学校、修道会などの諸団体や、聖職者身分出身の文筆家が出版事業にも取り組み、多数の定期刊行物を発行したのだった。

ロシア正教がこのように「生きた」宗教としての側面を有したことは、近年の諸研究が、帝政期における宗教、社会、政治の相互関係に関心を向けたために明らかになりつつある［Hedda 2008; Heretz 2008; Manchester 2008］。そうした分析視角は、現在の世界的な研究潮流において、近代歴史学が世俗化・合理化された現象を専ら分析対象とし、宗教を副次的な研究課題としたことが批判されている状況とも呼応する。すなわちそこでは、思想史的な教義研究や政治還元主義的な教会制度研究を脱し、同時代人の信仰心から当時の価値体系を明らかにする、宗教社会史研究への展開がめざされているのである［深沢 2010:13–47］。

ただし、ロシアの正教系定期刊行物の書誌研究もまた、二〇〇〇年代に入ってようやく本格的に取り組まれはじめたものであり、未解明の部分が大きい［Нетужилов 2008:3］（正教系定期刊行物については他に［Журналистика 2002; Кашеваров 2004; Легенков 2005 など］）。前述したような、近代ロシアの正教会と社会・国家との相互関係についての研究を進展させるには、こうした正教系定期刊行物の出版状況が明らかにされ、史料として参照される必要がある。そしてそこから得られた知見と、おもに科学啓蒙を論じた先行研究の成果とを擦り合わせることは、出版という領域から、帝政期ロシア史の理解を深化させることにつながるだろう。

以上のような問題意識のもと、本章は帝政期の出版企業ソイキン社を事例としてとりあげ、その主要定期刊行物がいかなるものだったかを明らかにする。一八八〇年代末にこの会社を創立し、一九三〇年代まで操業を続けたピョートル・ソイキンは、「十九世紀末から二十世紀初頭においては民主的・科学的思想のプロパガンダに、そして十月革命のあとには、ソ連人の最初の世代の啓蒙に大きな役割を果たした」と評価された出版人である[Белов 1973:3](ソイキンについての著作は他に[Адмиральский 1970: Великий подвижник 2002]などがある)。だが実際にはソイキン社は、科学雑誌だけでなく、宗教雑誌をも発行していた。以下では、この出版社が創業十周年(一八九五年)、二十五周年(一九一〇年)、四十周年(一九二六年)を記念して発行した書籍三点と、同社の主要刊行雑誌のうちから『自然と人間』『ロシアの巡礼者』『科学時評』をとりあげて、関連する他の出版物にも触れながら、十九世紀末から二十世紀初頭のロシア出版事業において、科学と宗教とが並存した具体相を明らかにする。

帝政期ロシア出版史におけるソイキンの位置づけ

まず、帝政期ロシアの出版史を概観し、そこにおける出版人ピョートル・ソイキンの位置づけを確認しよう。

十九世紀初頭のロシアでは、文壇はサロンを主たる活動の場とし、文集は内輪向けの刊行物だったため、読者は文学者と交際のある一〇〇人程度に限られた。それが一八三〇年代、首都サンクト・ペテルブルクにアレクサンドル・スミルディンという大書店主が現れ、プーシキンの月刊文芸雑誌『現代人』や、文学者たちの作品を印刷刊行して自らの書店で販売すると同時に、地方の顧客にも配送するようになった。これによって、首都外の居住者をも含む、二〇〇〜三〇〇〇人規模の新しい読者が現れた。そうした状況と並行して、ニコライ一世治下では検閲体制が整備されたが、一八五五年にアレクサンドル二世が即位して「大改革」が開始されると、出版活動への規制は大幅に緩和された。その結果、チェルヌィシェフスキーが『現代人』で農奴制廃止を論じたのをはじめとして、インテリゲンツィヤが文芸雑誌を政治化し、また、ニコライ・セルノ＝ソロヴィヨーヴィチのような支援者が、印刷・出版を請け負って流通に尽力した。「厚い雑誌」とも呼ばれた、このような定期刊行物における政治的言論は、一八六五年に事後検閲制度が導入されたあとは厳しく取り締まられた。だが、すでにロシア社会には「定期刊行物がロシア中で売り切れる」[Писарев 1955:97]といわれる状況が生じ、最有力誌『現代人』は、教養層を主要読者として六六〇〇部を売り上げるにいたった[Remnek 2011:54–107; Ruud 1982:52–149; Рейтблат 1991:32–45]。

他方でペテルブルクには、西欧の書籍取引業界で経験を積んだドイツ人あるいはポーランド人出版者が移住し、一八七〇年前後に相次いで出版社を起こした。彼らは、イギリスの『イラストレイティッド・ロンドン・ニュース』、フランスの『イリュストラシオン』、ドイツの『イルストリールテ・ツァイトゥング』などを模倣して、週刊の絵入り雑誌を発行した[Белов 1986:54; Воронкевич 1984:32–39]。それが、ゲルマン・ゴッペの『全世界画報』、アルヴィン・カスパリの『ロージナ(祖国)』、そして、最も人気を集めたアドルフ・マルクスの『ニーヴァ(畑)』などである。これらの雑誌は、一号当り一六〜二〇ページ前後、年間購読料は廉価なもので四ルーブリ、高級志向のもので一三ルーブリであり、小説や詩、有名人の伝記、歴史や考古学、自然科学や医学、美術やファッションなど、多彩な内容を大量の挿絵付きで紹介した。こうした出版物はそれまでのロシアになかったため、『ニーヴァ』編集部は一八六九年の創刊以来、新しい読者集団をつくりだすことを意識し[Нива 1904/50/1006]、新興中間層を主たる対象として、一九〇〇年に二三万五〇〇〇部の売上げを達成した[Нива 1904/50/997]。「厚い雑誌」と対比して「薄い雑誌」とも呼ばれた絵入り雑誌は、ロシアにおける主要メディアの一つとなったのである。

このような西欧出身者に追随して、商業的な定期刊行物を発行するロシア出身の出版人も現れた。たとえばヴォロネジ県出身のアレクセイ・スヴォーリンは、ジャーナリストから出版社主に転身し、一八七六年から新聞『新時代』を発行した。また、コストロマー県出身のイヴァン・スイチンは、当初はモスクワで木版出版物ルボークを行商人に供給する印刷所を経営し、一八八三年に出版社を設立して、各種の廉価本や小新聞『ロシアの言葉』、民衆向け読本を刊行した。

ピョートル・ソイキンは、以上のような歴史をたどったロシア出版界で、十九世紀末から活動したロシア出身の企業家である。ソイキン社の創業十周年記念刊行物によれば、彼は一八六二年、正教徒で解放農奴の父のもと、ペテルブルク県北部の農村部に生まれた。実家は貧しかったが、彼はペテルブルクの第三古典ギムナジヤに入学し、中等教育を受ける。しかし卒業後は高等教育機関には進学せず、私立の会計学校に学び、鉄道会社・銀行からの注文を受けるレヴィ印刷所に経理係として就職した。ソイキンはここで印刷・出版に強い関心を抱くと、一八八五年、退職してスプレドヴァ印刷所を買い取り従業員六人で操業を開始する。そして一八九二年には、『ニーヴァ』『全世界画報』『新時代』などの印刷を請け負っていたトランシェリ印刷所をも買収し、二年後には従業員三二〇人を抱える首都で最大級の印刷所とした[Краткий очерк 1895:3–7,11]。

このように印刷事業で資金を蓄えながら、一八八九年、ソイキンは出版業にも進出した。彼は雑誌を「わが子」と呼び、「自身の雑誌を愛する出版人は、自らの生涯を捨て、雑誌のなかに生きることとなる。個人としての生活は後景に退き、出版物のたどる行く末が自らの人生となるのだ」と述べるほど、雑誌の刊行に力を注いだ[40-летний юбилей 1926:16–17]。一九〇五年には、第一次革命の発生を受けて、言論・結社・信教の自由を宣言した十月詔書が発布され、十一月に検閲が廃止される。その結果、定期刊行物の創刊数が急増して出版界が活況を呈すなかで、ソイキン社の雑誌は大きな人気を博した。こうしてソイキン社は、先行するマルクス社、スヴォーリン社、スイチン社などと比肩する大手出版社の一つとなった。

ソイキン社が操業した十九世紀末から二十世紀初頭にかけては、読者の規模がさらに拡大した時期だった。一八九七年には、九歳以上のロシア語使用者の識字率は三〇・一パーセントだったが、一九一七年には四二・八パーセントにいたった。そうした増大の一因となったのは、農村から都市へと出稼ぎに来た労働者が、読書によって知識や情報を得るために自学したという事情である。たとえば一九〇〇年のペテルブルクでは、男子労働者の約三分の一、女子労働者の一割が新聞を読んだという[Книга в России 2008: 635,646]。そのような読者向けに、挿絵入りで読みやすい「薄い雑誌」が一層必要とされた。

それでは、ソイキン社が発行した定期刊行物がいかなるものだったかをみていこう。

科学雑誌『自然と人間』

「民主的・科学的思想のプロパガンダに大きな役割を果たした」と評価されたことが示すように、ソイキン社の主力雑誌は科学誌であった。すなわち一八八九年に出版業へと進出した際に創刊された、週刊誌『自然と人間』(図1)である。ソイキンは後発の出版社として、それまでにないタイプの絵入り雑誌で読者を獲得することを狙い、一号当り一六ページ前後、年間購読料五ルーブリで、「家族向けの廉価な絵入りポピュラー・サイエンス雑誌」を刊行した[Двадцатипятилетие 1910: 5](ただし、ソイキン社は部数を公表していない)。その目論見は当たり、『自然と人間』は同社の看板雑誌となって、一九一〇年に発行されたソイキン社二十五周年記念刊行物では、自社刊行物の筆頭に紹介された。

編集部の分類に従えば、この雑誌の記事内容は、(1)偉大な科学者、著名な探検家、発明家たちの「伝記」、(2)世界中の自然と人間、最新の発明、地底・海底・天空の神秘などを読者に知らしめる「冒険小説」、(3)昔と現代の旅行記、地震・嵐・噴火のような自然現象、滝・高山・洞窟のような自然の驚異、多様な民族の生活や慣習についての解説・挿絵などからなる「地誌」、(4)物理学、化学、植物学、動物学、鉱物学、地質学、天文学などの「自然科学の諸分野についての一般向け概説」、そして(5)近年の旅行や冒険、発見、発明についての「最新情報」の五分野からなった

Минист. Народн. Просв. разрѣшенъ къ выпискѣ въ безплатныя библіотеки и читальни.

Природа и Люди

52 нум., 12 кн. „БИБЛІОТЕКА РОМАНОВЪ“, 12 вып. „БИБЛІОТЕКА для САМООБРАЗОВАНІЯ“ и 12 кн. соч. В. И. НЕМИРОВИЧА-ДАНЧЕНКО.

№ 10 — XIV ГОДЪ ИЗДАНІЯ. Подписной годъ съ 1 Ноября. — 9 ЯНВАРЯ 1903 г. — ГОДЪ ИЗДАНІЯ XIV. Подписной годъ съ 1 Ноября. — № 10

Объявленія для напечатанія въ журналѣ принимаются съ платою по 40 коп. за мѣсто, занимаемое одною строкою нонпарель въ 1/4 ширины страницы. За разсылку объявленій, вѣсомъ до одного лота, по 10 руб. съ тысячи.

ВЫХОДИТЪ ЕЖЕНЕДѢЛЬНО ПО ЧЕТВЕРГАМЪ.
ПОДПИСНАЯ ЦѢНА:
За годъ 5 р. безъ дост. въ Спб.; 6 р. съ дост. и перес. За 6 мѣс. 3 руб., за 3 мѣс. 1 руб. 50 коп., за 1 мѣс. 50 к.

За перемѣну адреса городск. на иногородній, или иногородн. на городской взимается 50 к., городск. на городской или иногородняго на иногородній 20 к. (можно почт. марками). Необходимо прилаг. прежн. печатн. адресъ.

РЕДАКЦІЯ: С.-Петербургъ, Стремянная 12, собств. д.—Телефонъ редакціи № 1264.—КОНТОРА: Невскій пр. 96 (Уг. Надеждинской).

図１　『自然と人間』の題字

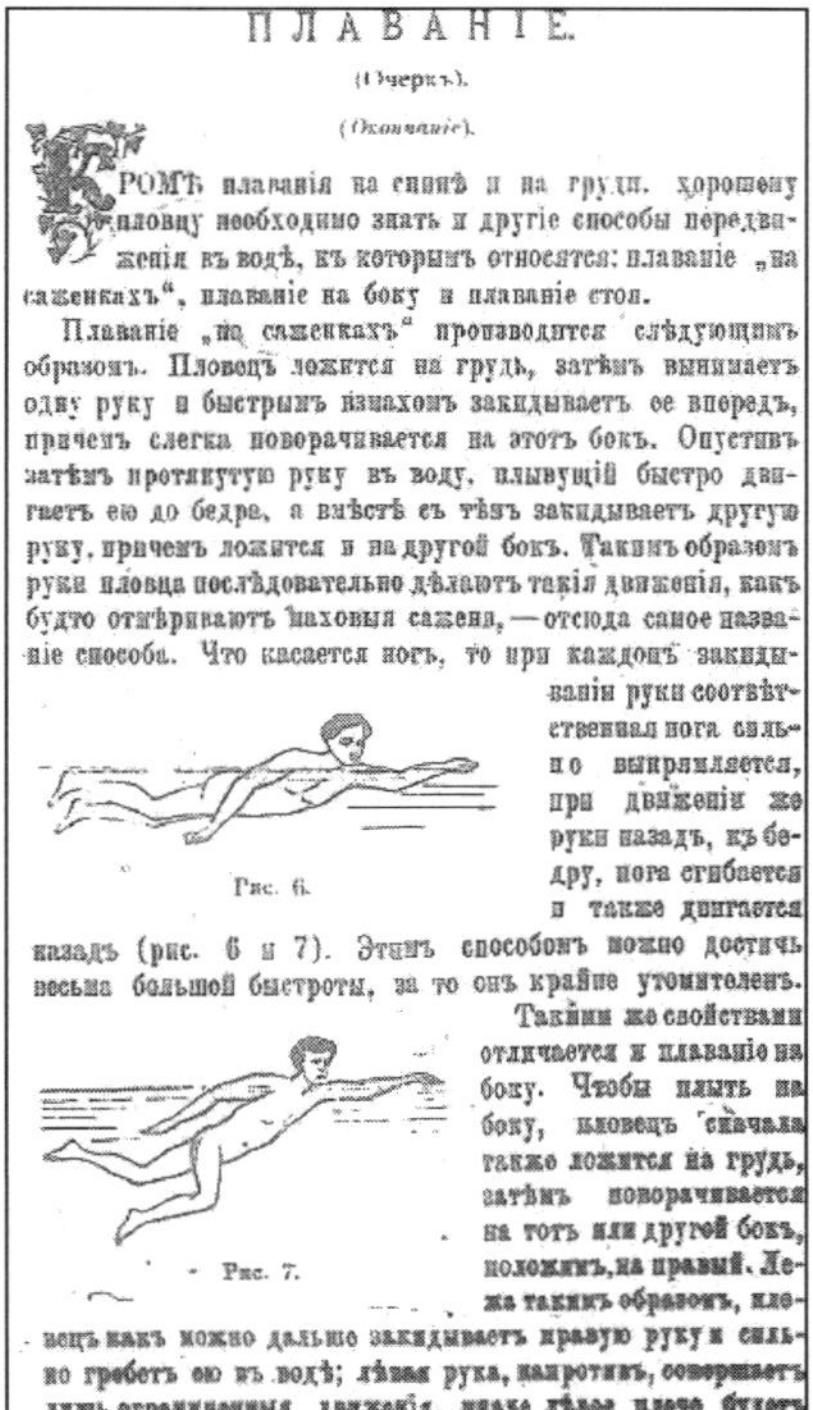

ПЛАВАНІЕ.

(Очеркъ).

(Окончаніе).

Кромѣ плаванія на спинѣ и на груди, хорошему пловцу необходимо знать и другіе способы передвиженія въ водѣ, къ которымъ относятся: плаваніе „на саженкахъ“, плаваніе на боку и плаваніе стоя.

Плаваніе „на саженкахъ“ производится слѣдующимъ образомъ. Пловецъ ложится на грудь, затѣмъ вынимаетъ одну руку и быстрымъ взмахомъ закидываетъ ее впередъ, причемъ слегка поворачивается на этотъ бокъ. Опустивъ затѣмъ протянутую руку въ воду, плывущій быстро двигаетъ ею до бедра, а вмѣстѣ съ тѣмъ закидываетъ другую руку, причемъ ложится и на другой бокъ. Такимъ образомъ руки пловца послѣдовательно дѣлаютъ такія движенія, какъ будто отмѣриваютъ маховыя сажени, — отсюда самое названіе способа. Что касается ногъ, то при каждомъ закидываніи руки соотвѣтственная нога сильно выпрямляется, при движеніи же руки назадъ, къ бедру, нога сгибается и также двигается назадъ (рис. 6 и 7). Этимъ способомъ можно достичь весьма большой быстроты, за то онъ крайне утомителенъ.

Рис. 6.

Такими же свойствами отличается и плаваніе на боку. Чтобы плыть на боку, пловецъ сначала также ложится на грудь, затѣмъ поворачивается на тотъ или другой бокъ, положимъ, на правый. Лежа такимъ образомъ, пловецъ какъ можно дальше закидываетъ правую руку и сильно гребетъ ею въ водѣ; лѣвая рука, напротивъ, совершаетъ лишь ограниченныя движенія, иначе лѣвое плечо будетъ слишкомъ высовываться изъ воды; движенія ногъ при

Рис. 7.

図２　「水泳」

図３　「器具のいらない物理——７本の指による人の持上げ方」

ФИЗИКА БЕЗЪ ПРИБОРОВЪ: Поднятіе человѣка семью пальцами.

[Двадцатипятилетие 1910:21–24]。こうした編集方針に基づき、記事は「生存競争、ダーウィン説による」[Природа и люди 1890/17/269–271: 1890/18/286–287]、「電気とは何か」[Природа и люди 1890/21/334–336]、「科学と生活」[Природа и люди 1897/14/227–229]、「トンガ人の類型」[Природа и люди 1905/21/340]、「諸列強の軍事費」[Природа и люди 1906/3/42–45]、「癌の治療とヴァッセルマン博士の発見」[Природа и люди 1912/20/318–319]などの多彩な題材をとりあげ、新奇な科学知を紹介、解説した。

ただし、「水泳」と題して各種の泳法を詳解した記事(図2)[Природа и люди 1890/33/526]にみられるように、誌面には多くの挿絵が配され、読みやすさが心がけられた。また、「科学の楽しみ」と題して、たとえば「器具のいらない物理——七本の指による人の持上げ方」(図3)[Природа и люди 1889/3/46]を紹介する、娯楽的な欄も存在した。そのほかに、この雑誌の付録冊子『冒険世界』は、冒険小説やSF小説を収録して人気を博した。

他方でソイキン社は、これ以外にも科学雑誌を刊行していた。それは、週刊誌『科学時評』である。これはもともと、一八五八年キエフ県生まれの科学ジャーナリスト、ミハイル・フィリッポフが九四年に創刊し、自然科学を中心とした論文や翻訳を掲載した雑誌だった[根村 2004]。それを一八九八年、おそらく経営難のために、フィリッポフを編集人としたままソイキンが発行者となり、印刷・販売業務を引き受けたものである。この雑誌は、フィリッポフが一九〇三年に実験室の事故で死去したのち、休刊となった。そしてソイキン社の二十五周年記念刊行物では、前述の『自然と人間』は独立した章が設けられ、最初に紹介されたのに対して、『科学時評』は社史を述べた文中で、わずかにその誌名とフィリッポフの名前とに触れられただけだった[Двадцатипятилетие 1910:8]。しかし、この雑誌についてはまたあとで述べよう。

宗教雑誌『ロシアの巡礼者』

このように科学雑誌で有名になったソイキン社だったが、『自然と人間』に次ぐ売上げを記録し[Двадцатипятилетие 1910:

12]、二十五周年記念刊行物で二番目に紹介されたのは宗教雑誌だった。それが、聖職者の子息アレクサンドル・ポポヴィツキーを編集人とする、絵入り宗教週刊誌『ロシアの巡礼者』である。以下、ポポヴィツキーの略歴、『ロシアの巡礼者』の特色、そして、それがソイキン社によって刊行されることになった経緯について述べよう。

ポポヴィツキーは一八二六年、アストラハン県の農村部で司祭を務める父のもとに生まれ、県都アストラハンの神学校を卒業した。当時の教区司祭の例にもれず、一家はきわめて貧しかったが、彼は学業を続けることを望んで一八四五~四九年にペテルブルク神学アカデミーに学び、卒業後、ロシア語教師としてパリのロシア大使館に四年間勤務した。すでに一八四五年、最初の論考が『アストラハン県報』に掲載される機会を得ていたが、パリ在住時にソルボンヌとコレージュ・ド・フランスで講義を聴いて文筆活動への意欲をさらに強めると、帰国後、ペテルブルクのさまざまな「厚い雑誌」に寄稿を続けた。その後、より自由に自身の見解を著述するべく、一八六三~七四年には新聞『現代リストーク』を発行した。他方で一八六六~七五年には、ペテルブルクの第三古典ギムナジヤに、フランス語教師として勤めてもいる。そして一八七四年に、『現代リストーク』を休刊して、週三回刊の新聞『教会=社会通報』を創刊した[Для друзей 1895:5–6,34,42,65]。

本章の冒頭で述べたように、十九世紀後半のロシア正教会は、近代化のなかで宗教道徳を普及することを重要な使命と見なし、その実践の一つとして出版活動に取り組んだ。たとえば宗務院は、各県の『県報』を模倣して、一八六〇年以降、全国の主教管区に新聞『主教管区報』を順次創刊させた。また、宗務院の週刊誌『教会通報』(一八八八~一九一八年)や、ペテルブルク神学アカデミーの週刊誌『教会報知』(一八七五~一九一七年)をはじめ、正教会に関係する行政機関や教育機関、修道会や宗教協会などの諸団体、さらに、聖職者身分出身の俗人の発行する新聞・雑誌が現れた。前述したように、一八六〇年代以降、ロシアでは定期刊行物が多様化して読者規模も拡大したが、そうした動向のなかで、正教系定期刊行物の発行も活発化していたのである。正教系定期刊行物の創刊数は、アレクサンドル一世の末期からニコライ一世の時代(一八二一~五五年)においては六誌だったが、アレクサンドル二世時代(一八五五~八一年)には六四誌、アレクサンドル三世時代からニコライ二世治下、第一次革命まで(一八八一~一九〇五年)は九三誌、第一次革命を契機とした検閲の廃止後(一九〇五~一七年)は二〇一誌へと増加している[Нетужилов 2008:46]。ポポヴィツキー『教会=社会通報』の創刊も、このように正教系定期刊行物が増大しつつあった潮流のなかに位置づけることができよう。『教会=社会通報』が刊行されていた期間中、一八七五年には、正教系定期刊行物はロシアの全定期刊行物四〇六誌中五六誌(一三・八パーセント)、一八八〇年には四八三誌中六四誌(一三・三パーセント)を占めていた[Нетужилов 2008:110]。

ただし、こうしたなかで、誌名に「社会」という語が入った宗教雑誌は稀であった。このような命名からうかがえるように、ポポヴィツキーは、聖職者身分の出身者が自ら世俗社会に溶け込み、人々のあいだに宗教的道徳心を涵養《かんよう》することに、きわめて強い使命感をもっていた。『教会=社会通報』創刊の辞で、彼は次のように述べる。「残念ながら、社会は聖職者に対して一層懐疑的になり、避けるようになっている。こうした現象は、きわめて悲しいことだ。……どうして聖職者が、社会の心配事から離れていることが許されようか」[Церковно-общественный вестник 1874/1/2]。そして、聖職者が社会と緊密な関係を築き、積極的に宗教道徳を普及していかれるよう、神学校の教育改革、教会行政への選挙制度の導入、聖職者の生活水準の向上などの諸課題を誌上で論じるとした[Церковно-общественный вестник 1874/2/1–2]。

しかし、『教会=社会通報』は一八八三年にとくに事前検閲の対象誌となり、内容に制約が課されるようになった。また、宗教雑誌は誌数が増えたとはいえ、その多くは聖職者を主な対象としていたため、通常は読者が数百人という規模にとどまった[Для друзей 1895:7]。この結果、『教会=社会通報』は経営難に陥り、一八八六年、ポポヴィツキーは休刊を決めた。最終号で、彼は次のように述べる。「最近の三年間で、編集部は、『教会=社会通報』がもはや必要とされていないという悲しい確信にいたった。……購読者の三分の二がいなくなり、編集部のもとには、ごくわずかな人々しか残らなかった。彼らはわれわれを熱心に支持してはくれるが、物質的に支えるには無力であった」。そこで彼が選択したのが、「政治・社会評論ではない、別の出版物の刊行に完全に集中する」ことだった[Церковно-общественный вестник 1886/26/1]。その出版物が、前年に創刊されていた『ロシアの巡礼者』（図4）である。『ロシアの巡礼者』は、それまでのロシアに類例のない絵入り宗教週刊誌だった[Для друзей 1895:7]。すなわち、ポポヴィツキーは世俗社会に溶け込むことを追求して、当時のロシアで多くの一般読者に読まれた絵入り雑誌という形式をとりいれたのである。ポポヴィツキーのこうした発想は周囲を驚かせ[Нетужилов 2008:186]、彼自身も創刊の年の誌上で、「宗教的・道徳的内容の挿絵入り出版物というはじめての試みがどの程度成功したかは、読者が判断してくださるだろう」と述べている[Русский паломник 1885/17/129]。もっとも、創刊当初は定期購読者約六〇〇〇名を得ており[Для друзей 1895:7]、翌一八八六年には編集部から、「それまで三カ月分のバックナンバーが完売しているため、新規購読者にすぐには提供できない」という旨の告知が出ていることからすると[Русский паломник 1886/18/164]、同誌の滑り出しは順調だったといえるだろう。この雑誌もまた、一号当りおおむね一六ページ前後、年間購読料五ルーブリであり、おそらくはポポヴィツキーがそう望んだとおり、「宗教雑誌の『ニーヴァ』」と呼ばれるようになった[Двадцатипятилетие 1910:28]。

編集部の分類によれば、掲載記事は、(1)聖者伝、伝記、追悼記事、(2)中短編小説、(3)詩、(4)聖物や聖地の旅の紹介、(5)キリスト教の教義と説教、(6)教会史、地理、民族誌、(7)最近の出来事、(8)文献紹介、(9)雑報の九分野から成り立っていた[Русский паломник 1898/Оглавление/III–VII]。そして、「宗務院長コンスタンチン・ペトローヴィチ・ポベドノスツェフ」[Русский паломник 1889/21/245–247]や「総主教ニーコン」（図5）[Русский паломник 1889/22/257–259 : 1889/23/269–270. 挿絵は1889/22/257]といった評伝記事、「イエス・キリスト時代のパレスチナ」[Русский паломник 1885/2/9–11]、「人生における宗教の意義」[Русский паломник 1885/14/109–111]、「宗務院　創設一七五周年について」[Русский паломник 1896/9/140–142 : 1896/10/154–156]などの解説記事、ならびに、「ユダの最後の夜」[Русский паломник 1896/10/156]や「ヴァシーリーの日」[Русский паломник 1890/1/8]などと題した小説が誌上に現れた。また、「聖母のイコン」[Русский паломник 1885/14/108]、「絵で見る聖書、ソロモンの裁き」（図6）

[Русский паломник 1896/18/277]などの挿画が多く掲載され、ロシア様式の枠飾りも頻用された。その結果、『ロシアの巡礼者』は、ロシアにおける大量複製メディア向け宗教イラストの発達に寄与することとなった[Двадцатипятилетие 1910:27]。

だが、滑り出しは好調だった『ロシアの巡礼者』もまた、次第に購読者を減らし、経営が難しくなった。そこでフィリッポフ『科学時評』と同様に、一八九六年、ソイキンがポポヴィツキーを編集人としたままこの雑誌を買い取って発行人となった[Русский паломник 1896/46/734]。ソイキンは、ペテルブルク第三古典ギムナジヤでのポポヴィツキーの教え子であり[Двадцатипятилетие 1910:8,28]、両者の関係は良好だったようである。ソイキン社が発行するようになって以降、『ロシアの巡礼者』は紙、活字、挿絵の品質が改善し、付録も増加して、安定した売上げを示した[Двадцатипятилетие 1910:28]（ただしこの雑誌についても、ソイキン社は部数を公表していない）。

ソイキン社は、一九〇四年にポポヴィツキーが死去したのちも、この雑誌の刊行を継続した。同年、『ロシアの巡礼者』は、著名な司祭だったクロンシタットのイオアンの七十五歳を祝うメッセージを掲載したが[Русский паломник 1904/43/737]、その末尾には、ポポヴィツキーの後任編集者二名に加えて、正教徒であるソイキンも自ら署名している。また、ソイキン社の看板雑誌『自然と人間』には、『ロシアの巡礼者』の購読者を募る広告が掲載された[Природа и люди 1907/35/535]。ここからは、科学雑誌と宗教雑誌の読者が重なっていた可能性を想定できよう。

このようにソイキン社は第二の主要刊行物として、社会との関わり方においてきわめてユニークな宗教雑誌をも発行していた。ではなぜ、ソイキン社は専ら、科学雑誌の出版社として名を残すことになったのか。

十月革命と『科学時評』

その理由となったのは、一九一七年の十月革命を契機とした政治・社会状況の変化だった。ボリシェヴィキ政権は、科学を尊重する一方で宗教を排除した。この新政権のもと、出版界の再編がおこなわれたのである。まず、民間出版社

図４　『ロシアの巡礼者』の題字

図５　「総主教ニーコン」

図６　「絵で見る聖書，ソロモンの裁き」

が閉鎖され、その資産は国有化された。たとえば、新聞『新時代』を発行したスヴォーリン社の社屋は『プラウダ』編集部に転用され、また、同社がロシア全国に構築した販売網は、一九一八年に設置された全国的な書籍取次機関(ツェントロペチャーチ)に引き継がれた。そして、教育人民委員部の管轄下、国内の全出版所を統括する国家出版局(ゴスイズダート、一九一九年創設)と、検閲機関である文書・出版問題総局(グラヴリト、一九二二年創設)とを中心とする、新たな出版・検閲体制が構築された[Kenez 1985:29-49]。

こうした状況下で多くの出版社主が亡命したが、ソイキンは出国せず、ボリシェヴィキを支持する姿勢を表明した。そして、ペトログラード調達・後送中央参事会の出版部長を務めたあと、黒海沿岸の都市ゲレンジークで複数のソヴィエト機関に勤務した。一九二一年になると、人民委員会議書記ニコライ・ゴルブノフの推挙により、国家出版局での勤務が認められた。その後、ペトログラード国民経済会議の出版部長と、最高国民経済会議の印刷部長とを務め、一九二二年、ペトログラード地区文学委員会によって、「П・П・ソイキン」の名称で出版活動することが許可された。その際、委員会はソイキンを、「革命のためにつくした、公正で尊敬すべき市民」と評価した[Белов 1973:12-13]。

このようにソイキンが、いったんは自身の事業から離れながらも、最終的に有利な評価を引き出す材料の一つとなったのは、彼がかつてフィリッポフを編集者とした『科学時評』に、レーニンの論文を掲載していたことだった。ソイキン社は帝政下の検閲機関と衝突しながらも、一八九五年に論文集『わが国の経済発展の評価のための諸資料』を刊行し、そこにレーニンの最初の合法的論文「ナロードニキ主義の経済的内容とストルーヴェ氏の著書における批判」を収録した。そして『科学時評』には、一八九九年はヴラジーミル・イリイン名義の「市場理論に関する問題への覚書」を、一九〇〇年は同「無批判な批判」を掲載していたのである[Научное обозрение 1899/1/37-45:1899/8/1564-79:1900/5/945-954:1900/6/1061-67:Белов 1973:9-10]。

世紀転換期にソイキンやフィリッポフがこうした著作を掲載した動機は、マルクス主義思想に共鳴したというよりは、その当時に流行した思潮をとりあげたという性格が強かった［Белов 1973:10］。しかし、一九二六年に発行されたソイキン社四十周年記念刊行物では、同社が「科学の大衆化」に貢献した『自然と人間』と並んで、「ロシアではじめてのマルクス主義雑誌」である『科学時評』を発行していたことが強調された［40-летний юбилей 1926:1–2］。他方、同じ四十周年記念刊行物では、『ロシアの巡礼者』が出版されていたことはまったく言及されなかった。ソ連期の書誌研究もまた、ソイキンが宗教雑誌を刊行していたことを、「農奴制廃止の翌年に生まれた人物として、当時の矛盾を反映した」行為だったと評し、それ以上詳しくは触れなかった［Белов 1973:11］。

このように、ソイキン社は時代の状況に応じて、「わが子」とも呼んだ刊行雑誌のあるものを前面に出し、あるものは後景に隠した。ソイキンの出版活動四十周年記念にあたり、同業の出版人たちは、彼に寄せた祝辞のなかで次のように述べている。「すべてが変わり、すべてがつくり変えられ、この世界のあらゆるところで新しい人々の顔が見られるようになった。そんな今、新しいロシアで、今日のようなお祝いがおこなわれるのは稀なことである。なぜなら実際、どうしたら旧世界と新世界とを結びつけ、どうしたら一八八五年と一九二五年という、二つの極端に異なる時代に活動を続けることができようか」［40-летний юбилей 1926:9］。ここからは、革命の時代を生き抜く難しさを思わざるをえない。こののち、ソイキンは科学雑誌やＳＦ小説を中心に出版事業を続け、一九三八年にペテルブルク近郊の街プーシキンで没した。書簡など個人的な文書は、第二次世界大戦中、この街がドイツ軍に攻撃された際に焼失したため現存しない［Великий подвижник 2002:13］。

科学主義と信仰心のはざまで

以上述べてきたソイキン社の事例からは、帝政期ロシアの出版大手が、科学雑誌と宗教雑誌の双方を主要な刊行物としていたことがわかる。ソイキンは、科学啓蒙的な雑誌の発行に情熱を傾ける出版人だったと同時に、聖職者家系出身の文筆家を支援する正教徒でもあった。また、廉価で挿絵をともなった同社の科学雑誌と宗教雑誌のいずれもが、農村から都市に来た出稼ぎ労働者を含む多くの読者を得ており、おそらく両誌とも購読した人々が存在した。このような形で、十九世紀末から二十世紀初頭ロシアの出版事業においては、科学と宗教とが並存していた。

また、ソイキン社の事例からは、革命後の時代状況により、正教系定期刊行物の存在が隠されたことが確認できる。先行研究が指摘してきたように、帝政期ロシアの定期刊行物は、たしかに科学的啓蒙に大きな役割を果たした。だがそれは、宗教雑誌という史料が隠蔽された環境により、帝政期の出版活動の世俗的側面のみが強調された結果だったともいえるだろう。

こうしたことを考えるならば、帝政期ロシア史研究においては、今後、より多様な正教系定期刊行物の事例が集積され、その出版状況や記事内容が解明される必要がある。そのような作業によって、近代ロシア社会で科学主義と信仰心とがどのように絡み合い、そのはざまでいかなる価値観の体系が形成されたかが明らかになるからである。そして、そうした分析は帝政期ロシア史研究を、世俗化、ライシテ、宗派主義など、近代における信仰と社会、国家との関係についての世界史的な議論とも結びつけるだろう。

以上のように帝政期ロシアの定期刊行物は、未だ開拓されるべき領域を残し、そしてまた、ロシア史研究に新たな展望をもたらしうる史料なのである。

参考文献

高田和夫(二〇〇四)『近代ロシア社会史研究――「科学と文化」の時代における労働者』山川出版社。

根村亮(二〇〇四)「フィリッポフについて――ロシアにおけるダーウィニズムの一つの受容」『ロシア思想史研究』第一号。

橋本伸也(二〇一〇)「ロシア正教会聖職者身分の学校」同『帝国・身分・学校――帝制期ロシアにおける教育の社会文化史』名古屋大学出版会。

深沢克己(二〇一〇)「他者の受容と排除をめぐる比較宗教史——ヨーロッパ史の視点から」同編『ユーラシア諸宗教の関係史論——他者の受容，他者の排除』勉誠出版。
Andrews, James T. (2003). *Science for the Masses: the Bolshevik State, Public Science, and the Popular Imagination in Soviet Russia, 1917–1934*, College Station: Texas A&M University Press.
Bradley, Joseph (2009). *Voluntary Associations in Tsarist Russia: Science, Patriotism, and Civil Society*, Cambridge/London: Harvard University Press.
Freeze, Gregory L. (1983). *Parish Clergy in 19th Century Russia*, Princeton: Princeton University Press.
Hedda, Jennifer (2008). *His Kingdom Come: Orthodox Pastorship and Social Activism in Revolutionary Russia*, DeKalb: Northern Illinois University Press.
Heretz, Leonid (2008). *Russia on the Eve of Modernity: Popular Religion and Traditional Culture under the Last Tsars*, Cambridge: Cambridge University Press.
Kenez, Peter (1985). *The Birth of the Propaganda State: Soviet Method of Mass Mobilization, 1917–1929*, Cambridge: Cambridge University Press.
Manchester, Laurie (2008). *Holy Fathers, Secular Sons: Clergy, Intelligentsia, and the Modern Self in Revolutionary Russia*, DeKalb: Northern Illinois University Press.
Remnek, Miranda (ed.) (2011). *The Space of the Book: Print Culture in the Russian Social Imagination*, Toronto: University of Toronto Press.
Ruud, Charles A. (1982). *Fighting Words: Imperial Censorship and the Russian Press, 1804–1906*, Toronro/Buffalo/London: University of Toronto Press.
40-летний юбилей (1926). 40-летний юбилей издательской деятельности П. П. Сойкина. Ленинград: Гутенберг.〔『П・П・ソイキンの出版活動四十周年記念』〕
Адмиральский А., Белов С. (1970). Рыцарь книги: Очерки жизни и деятельности П. П. Сойкина. Ленинград: Лениздат.〔アドミラリスキー／ベロフ『本の騎士——П・П・ソイキンの生涯と活動の概説』〕
Белов С. В. (1973). Издательская деятельность П. П. Сойкина. Автореферат диссертации на соискание ученой степени кандидата

филологических наук. Москва.〔ベロフ『П・П・ソイキンの出版活動』〕
———(1986). Издательство Г. Д. Гоппе // Книга: Исследование и материалы. Сб.53. С.52–69.〔ベロフ「Г・Д・ゴッペの出版社」『本——研究と資料』〕
Великий подвижник (2002). Великий подвижник русского книгоиздания П. П. Сойкин. издание Национальной библиотеки им. А. С. Пушкина Республики Мордавия. Саранск: Национальная бибриотека им. А. С. Пушкина республиki Мордовия.〔『ロシア出版の偉大なる功労者П・П・ソイキン』〕
Воронкевич А. С. (1984). Русские иллюстрированные еженедельники в XIX веке // Вестник Московского университета. Сер. 10 Журналистика. 1984. No. 1.〔ヴォロンケヴィチ「十九世紀におけるロシアの絵入り週刊誌」『モスクワ大学紀要第一〇シリーズ（ジャーナリズム）』〕
Двадцатипятилетие (1910). Двадцатипятилетие типографско-издательской деятельности Петра Петровича Сойкина 1885–1910. СПб: П. П. Сойкин〔『ピョートル・ペトローヴィチ・ソイキンによる印刷・出版活動の二五年　一八八五〜一九一〇年』〕
Для друзей. (1895). Для друзей. Александр Иванович Поповицкий. Два юбилея его литературной деятельности 1845–1885–1895. Издание сотрудников Церковно- Общественного Вестника и Русского Паломника. СПб: излательство сотрудников церковно-общественного вестника и русского паломника.〔『友のために——アレクサンドル・イヴァノヴィチ・ポポヴィツキーの文筆活動の二つの記念日　一八四五〜一八八五〜一八九五年』〕
Журналистика (2002). Журналистика. Церковь. Просвещение. Под ред. Г. В. Жиркова. СПб: Санкт-Петербургский университет〔ジルコフ編『ジャーナリズム、教会、啓蒙』〕
Кашеваров А. Н. (2004). Печать русской православной церкви в XX в. СПб: Роза мира.〔カシェヴァロフ『二十世紀におけるロシア正教会の出版』〕
Книга в России (2008). Книга в России 1895–1917. СПб: РНБ.〔『ロシアにおける書物　一八九五〜一九一七年』〕
Краткий очерк (1895). Краткий очерк развития и деятельности типографии П. П. Сойкина за десять лет ее существования 1885–1895. СПб: П. П. Сойкин〔『П・П・ソイキン出版所の十年間の成長と活動の短観　一八八五〜一八九五年』〕
Летенков Э. В. (2005). Губернские, областные, войсковые, епархиальные ведомости. 1838–1917. СПб: Санкт-Петербургский университет.〔レテンコフ『県報、州報、軍管区報、主教管区報　一八三八〜一九一七年』〕

Научное обозрение.〔『科学時評』〕（引用数字は順に刊行年／号／引用頁を示す）
Нетужилов К. Е. (2008). Церковная периодическая печать в России XIX столетия. СПб: Санкт-Петербургский университет.〔ネトゥジロフ『十九世紀ロシアにおける教会定期刊行物』〕
Нива.〔『ニーヴァ』〕（引用数字は順に発行年／号／引用頁を示す）
Писарев Д. И. (1955). Сочинения. Москва: Художественная литература. Т. 1.〔ピーサレフ『著作集』第一巻〕
Природа и люди.〔『自然と人間』〕（引用数字は順に刊行年／号／引用頁を示す）
Рейтблат А. И. (1991). От Бовы к Бальмонту: очерки по истории чтения в России во второй половине XIX века. Москва.: МПИ〔レイトブラト『ボーヴァからバリモントまで』〕
Русский паломник.〔『ロシアの巡礼者』〕（引用数字は順に刊行年／号／引用頁を示す）
Церковно-общественный вестник.〔『教会＝社会通報』〕（引用数字は順に刊行年／号／引用頁を示す）

第Ⅱ部

帝国統治と民族

セミパラチンスク州知事トロイニツキーとカザフ知識人弾圧

帝国統治における属人的要素

宇山智彦

一　知事の任期中に集中的におこなわれたカザフ知識人弾圧

ウェーバー流にいえば、近代官僚制は抽象的規則に基づく非人格的・合理主義的な支配ということになるが、実際には、担当者によって行政方針が大きく変わることは現在の官僚制でも珍しくない。ましてロシア帝国、とくにそのなかでも地方の統治においては、属人的な要素は顕著であった。県設置法は、知事を皇帝の意志により県・州における専制の主権の護持を委ねられた者と位置づけ、とくに総督（いわゆる辺境の複数の県・州を束ねる立場であることが多い）は皇帝の特別な信頼によって任命されるとし、皇帝と総督・知事個人のつながりを強調していた［Свод законов 1913: 617,626］。実態としても、皇帝や中央の有力政治家の信頼に支えられた総督・知事は、自分の個性を統治に反映させ、名を残そうとすることがしばしばあった。たとえば初代トルキスタン総督コンスタンチン・フォン・カウフマン（在任一八六七〜八二）が、現地民とその慣習を一定程度保護しつつ家父長的な支配者として君臨し、「半皇帝」と呼ばれていたことはよく知られている。

ロシア帝国の専制体制の特徴とされる抑圧的な政治・行政も、地方では総督・知事の個性に由来する部分があった。

本章ではそのような例の一つをとりあげ、弾圧する側・される側の個性や情念を浮彫りにしつつ、ロシア帝国末期の異民族統治の特徴と、権力と地域社会の関係のありさまの一端を明らかにしたい。そのために、カザフスタン共和国中央文書館第六四フォンド(ステップ総督官房)などに収められた行政文書・請願、ロシア国立歴史文書館に保存されている私信や皇帝宛て年次報告書、カザフスタン大統領文書館が所蔵する回想録、および新聞などの多様な史料を組み合わせて用いる。

さて、二十世紀初めのカザフ知識人史を研究していると、不思議な事実に気づく。アフメト・バイトゥルスノフ(一八七三〜一九三七)、ヤクブ・アクバエフ(一八七六〜一九三四)、コルバイ・トギソフ(一八七八〜一九一九)、ミルヤクブ・ドゥラトフ(一八八五〜一九三五)ら指導的な知識人を含むかなり多くのカザフ人が、一九一〇年前後にセミパラチンスク州で逮捕・投獄ないし追放されているのである。カザフ知識人の弾圧は帝政末期にあちこちでおこなわれていたとはいえ、この時期・この州にとくに集中しているのはなぜなのか。背景を探っていくと、当時のセミパラチンスク州知事、アレクサンドル・トロイニツキーに行きあたる。[1]

彼自身は歴史上の有名人ではない。しかし彼の父、ニコライ・トロイニツキーの名は、ロシア史研究者であれば、意識せずとも目にしたことがあるだろう。というのは、ロシア帝国期唯一の本格的な国勢調査であった一八九七年国勢調査の結果をまとめた各巻に、内務省附属中央統計委員会委員長だったニコライの名が、編纂者として載っているからである。祖父アレクサンドル(つまり、本章の主人公は祖父と同じ名をつけられたのである)も、内務次官を務めた有名な統計学者であった。このような家系に一八六九年に生まれたアレクサンドル・トロイニツキーは、ペテルブルク大学法学部を九一年に卒業後内務官僚となり、トボリスク県で副知事を務めたのち、一九〇八年にセミパラチンスク州知事に就任した。[2]従来、同州には現地の軍の長を兼ねる軍務知事として軍人が任命されていたが、彼ははじめての文官の知事であった。軍人統治から文官統治に移行したというと、支配が緩やかになったようなイメージがもたれるかもしれないが、事実は逆であった。

執拗に追放を求める知事、請願する知識人

それでは、トロイニツキー知事時代のカザフ知識人弾圧の経緯と、それに対する知識人側の対応をみていこう。先に名前をあげた四人のなかで最初に弾圧の対象となったのは、アクバエフである。ペテルブルク大学法学部を卒業してオムスクの裁判所で働いていた彼は、一九〇五年革命の際に、セミパラチンスク州北部のパヴロダルや南部のカルカラルなどで開かれた集会で熱狂的な演説をし[Букейханов 1916: 44–45; Кул-Мухаммед 1995: 147–148]、政治活動家として有名になった。同じ頃裁判所を辞め、一九〇六年には裁判にかけられたが無罪となり、その後弁護士補佐として地域住民の役所に対する請願の手伝いなどをしていた。

一九〇八年十一月、トロイニツキーはステップ総督エヴゲニー・シュミットに対し、アクバエフが住民に権力への不服従を呼びかけ、ステップのミニ・ツァーリとして振る舞っている、これは中国と国境を接する州にとって危険であり、「半野蛮」な住民の目に権力の弱さのしるしとして映る、と訴えた。そして、まず総督の権限でアクバエフをアクモリンスク州の辺鄙《へんぴ》な片隅に追放し、さらに内務大臣に働きかけて彼をシベリアの遠方に五年間追放するよう要望した。総督はこれを受けて、アクバエフをアクモリンスク州オムスク郡(辺鄙な場所とはいえない)に追放するとともに、内相に彼のヤクート州への追放を要望した。これに対し内相は、アクバエフを両首都・首都県とステップ総督府以外で自ら選んだ場所に二年間住まわせることを決め、彼は一九〇九年二月にオムスクを出てセミレチエ州カパル市に向かった[ЦГА РК: 64/1/5832/1–17; 369/1/1005/13]。

ロシアの法に通じ政治意識の高いアクバエフは、追放をただ甘受していたわけではなかった。ちょうどこのとき、トルキスタン地方の統治改革を目的とした、元老院議員パーレン伯による査察がおこなわれていた(セミレチエ州は一八九

九年にステップ総督府からトルキスタン総督府に移管）。アクバエフはこれを好機とし、四月にパーレンに宛てて七三ページにおよぶ長大な請願書を送った。彼は、自分が追放されたのは、不正を暴かれたことを恨んでいる元農民長官、郡農民長官会議書記、警察通訳、郷長らの密告のためだと考えた。そして郷長選挙の際に候補者たちが、選挙結果の認証権限を握るロシア人の役人に賄賂《わいろ》を送り、当選するとさらにお礼として役人にとって不都合な人間に関する密告を総督・知事に送るという腐敗の構図と、これらの人々の放埒《ほうらつ》な生活ぶりを、冗長ともいえる筆致で赤裸々に描いた。同時に、密告は知事にとっては自分を追放する口実であり、中心的な理由は、腐敗した農民長官の後任としてトロイニツキーがトボリスクから呼び寄せた人物についての苦情を自分が総督らに送ったことと、自分が地域社会で影響力をもっていることだろうとアクバエフは考えた。「セミパラチンスク州知事がガルキン参謀本部少将〔前任の知事〕だったら、私はもちろん、カルカラルの自宅で平穏に暮らし、ヤクート州への〔追放の〕候補には夢のなかでもならなかったろう」という言葉は、彼が事態の核心を見抜いていたことを示している。そして、カザフ人のあいだでの犯罪的煽動の廉《かど》で追放された自分が、カパルというカザフ人の中核地域、しかも中国国境という危険な地域にいることから、自分が権力の威光を保とうというフェティシズムの犠牲になったのは明らかだと皮肉った［ЦГА РК:64/1/5832/150–186］[3]。

アクバエフが役人らの不正・腐敗について書いたことが事実なのか否かは不明である。知事の調べに対し、請願書で名指しされた役人たちは、アクバエフは証拠となる事実を示していない、むしろ彼のほうが不当に選挙に介入している、などと述べた。ただしその際、元カルカラル郡長カメンシチコフは興味深い告白をしている。アクバエフの敵視する郡警察通訳アブドゥルアジー・ベクメテフ（アクバエフの妻の親戚でもあるタタール人）は、政治問題に関する自分の秘密エージェントだというのである。ベクメテフはかつて政治活動をおこなってカデット（立憲民主）党に入ろうとしたが、同党の勧誘活動を阻止したカメンシチコフにより追放されるのを恐れてエージェントとなり、アクバエフの起訴や追放の理由となる情報を提供するようになったという［ЦГА РК:64/1/5832/187–204］。弾圧への恐怖と現地社会の複雑な人間関係を利用して役人が情報を集め、政治犯をつくりだすのに利用していた様子がうかがえる。

アクバエフがラテン語の単語を含む豊富な語彙《ごい》を駆使し、「イエス・キリストの教えに基づく人類の精神的統一の最終的勝利を信じる」といった大げさな表現を使って、ロシア国家の正義を引き出そうとしたパーレン宛て請願は、結局ステップ総督を通してトロイニツキーの処理に委ねられることになったため、効果を発揮しなかった。しかしアクバエフと家族はあきらめなかった。母や妻らは当初から、一家の唯一の働き手で病気の彼を追放しないよう総督に請願し、却下されていたが［ЦГА РК：64/1/5832/13–16］、母はその後内務省本省に、自分が瀕死の病気だから息子を帰してほしいと訴えた。その知らせを受けたステップ総督代行（シュミット総督は不在だったとみられる）は一九〇九年十月、セミレチエ州知事に彼の帰郷を要請した。しかしトロイニツキーは、アクバエフは反政府活動をやめておらず、カルカラルに来るのはきわめて望ましくない、彼の母も健康だと総督に伝え、いったん帰郷していたアクバエフはカパルに戻らされた［ЦГА РК：64/1/5832/28–41］。

一九一〇年一月には、アクバエフ本人の請願を受けたカパル郡長が、彼の行動には非の打ちどころがないとして追放期間短縮を執りなそうとし、セミレチエ州知事もこれを支持したが［ЦГА РК：369/1/1005/19］、結局二月に内相は、アクバエフを含む九人のカザフ人に、ステップ総督府管内とセミレチエ州、トルガイ州での居住を二年間禁止する決定をくだした［ЦГА РК：64/1/5832/83］。カパルのようなカザフ人地域に追放するのは危険だというトロイニツキーの訴え（七九～八〇頁参照）が実ったともいえよう。もっとも、アクバエフが新たな居住地として選んだのは、カザフ人地域に隣接するオレンブルク県トロイツク市であった［ЦГА РК：64/1/5832/232］。

アクバエフがカパルで帰郷を望んでいた頃、カルカラルでは新たな弾圧が起きた。一九〇九年七月に、文学者で元学校長のバイトゥルスノフが、反政府宣伝・分離主義の罪で逮捕されたのである。彼の妻はステップ総督に、夫はカザフ人の派閥争いによる密告で逮捕されたのだろう、彼が犯罪者なのならきちんと裁判にかけてほしい、そうでないなら釈放してほしいと訴えた。しかしトロイニツキーは、釈放は不可とする意見を総督に送った。なぜならバイトゥルスノフはアクバエフを帰還させる運動をしていたし、カザフ人が立ち上がれば中国とアフガニスタンが助けてくれる、ツァーリに忠実なのはコサックだけだから恐れることはない、などと言ってロシア人とカザフ人のあいだに敵意を植えつけようとしていた、というのである。十一月には国会のスカロズボフ議員(トボリスク県選出、無党派)が内務省にバイトゥルスノフの釈放を求め、ペテルブルクのカデット系新聞『ソヴレメンノエ・スローヴォ(現代の言葉)』が「獄中のカザフ民族詩人」という記事を載せるなど、釈放運動は帝国中央にもおよんだ[ЦГА РК:64/1/5832/47–61]。結局起訴もされないまま翌年二月まで獄中で過ごしたのち、バイトゥルスノフはアクバエフと同様ステップ総督府管内などでの居住を禁じられ、オレンブルクに住むことになる。

セミパラチンスク州東部に位置するウスチ・カメノゴルスク郡では、一九〇九年八月に、隣のザイサン郡に住むコルバイ・テレングトフ(のちにトギソフという姓を名乗る)が逮捕された。[4] 彼は一九〇五年革命時にカルカラルでの集会で活躍し、仲裁判事通訳・書記の職を解かれたのち非公式の弁護士業を営んでいたといい、アクバエフと少し経歴が似ている。彼は逮捕後すぐにステップ総督に請願を送り、なぜ逮捕されたかわからないが、総督がザイサン郡に来たときの自分の訴えによりチェルナヴィンという農民長官が解任されたことに対する郡長らの仕返しではないかと述べ、釈放を求めた。他方トロイニツキーは総督に、テレングトフは土地問題での対立を煽り、税の不払い、ロシア系農民移住の妨害、中国国籍の取得を住民に勧めている、と伝えた。とくに総督に訴えて農民長官を解任させたあとに彼の威光が高まった、また左翼的言辞を使って役人に関する嘘の暴露記事を新聞に書いている、と付け加える。そして村長たちやコサックが彼の追放を決議している、彼の行動は移民の定着とカザフ人の定住化を阻害し国境州において危険である、セミレチエ州やアクモリンスク州に追放するのは無益だから、ヤクート州への五年間の追放を内相に働きかけてほしい、と求めた[ЦГА РК:64/1/5927/5,19–25,38–41]。

トロイニツキーがテレングトフについて求めた措置はアクバエフの場合と同様であり、なおかつ前回の教訓を踏まえてカザフ人地域への追放を防ごうとするものだったが、総督の対応は前回と異なっていた。テレングトフの罪状の根拠となる事実が示されていないとし、一九〇九年十一月に釈放を命じたのである。この背景には、彼の追放を決議したコサックの一人が、あれはホルムスキーという農民長官にだまされておこなったものだから撤回したいと内相宛てに申し出たことがあると思われる。テレングトフも内相に、「ホルムスキー農民長官がコサックたちにしゃべっている、トロイニツキー知事が仲良しの友人でいつも言うことを聞いてくれるという話が真実なのであれば、私はトロイニツキー氏から何の容赦も期待しません。ですから、私をすぐにセミパラチンスク州から追放するよう閣下にお願いします」と、知事には正義を期待できないことを示唆しつつ、「私は無実です」と繰り返す請願書を送った。トロイニツキーは、このコサックとテレングトフは同じ刑務所で服役中であり、示し合わせているのだと言ったが、効果はなかった[ЦГА РК: 64/1/5927/44–57]。

その後テレングトフは再び逮捕・投獄され、その刑期終了を翌月に控えた一九一二年七月、彼をどこに住まわせるかという問題がまたしても浮上した。本人はカパルでの居住を希望した。トロイニツキーはシュミット総督に対し、カパルはセミパラチンスク州からのいくつもの道が交差する場所にあり危険である、アクバエフもカパルに追放中何度もカルカラル郡に戻ってきたが警察は把握できなかったと指摘し、ヤクート州が無理ならせめてエニセイ県に五年間追放してほしいと要請した。しかし総督は、一九〇九年の内務省通達は裁判所に起訴できない例外的な場合にのみ行政的流刑措置を用いることを推奨していると指摘し、総督としてはテレングトフをヤクート州やエニセイ県に追放するよう内相に働きかけることはできない、彼がカパルに住むのは構わない、と回答した[ЦГА РК: 64/1/5927/64–64об., 68–68об.]。

ドゥラトフが詩集『めざめよ、カザフ!』[5](ウファ、一九一〇年)で政府に対するカザフ人の不満を煽り、皇帝を侮辱したとして逮捕されたのは、他の三人より遅く一九一一年六月のことである。彼が当時、隣のアクモリンスク州のペトロパヴロフスク市に住んでいたにもかかわらず、短期間セミパラチンスクに来たときに逮捕されたことは、同地での監視が厳しかったことを示していよう。トロイニツキーと、オムスク憲兵局長補佐(セミパラチンスク駐在)としてドゥラトフを逮捕したレヴァネフスキーによれば、ステップ総督官房の通訳は『めざめよ、カザフ!』を合法的とし、セミパラチンスク州の通訳がこの本の内容を歪曲して訳したと非難していたが、カザン出版問題臨時委員会が同書を犯罪的と認め発禁処分にしたという。トロイニツキーはまた、知人たちが払った保釈金でいったん保釈されたドゥラトフをペトロパヴロフスクから連れ戻させている[ЦГА РК:15/2/408/12–19]。ドゥラトフはセミパラチンスク州の住民ではなく、州内の密告・陰謀の網に巻き込まれていなかったせいか、トロイニツキーが彼の処遇についてそれ以上強硬な要求をした形跡はない。しかし『めざめよ、カザフ!』のカザフ社会全体での反響が大きかっただけに、迫害は免れなかった。ドゥラトフは裁判で有罪となり、一九一二年に出所したのち、バイトゥルスノフとともに新聞を創刊するためオレンブルクに住んだ[Эбсемет 1995:21–28]。

以上の事例から、トロイニツキーが繰り返し、カザフ知識人を裁判にかけず行政措置として長期間拘留したり、ヤクート州方面に追放するよう求めたりしていたことがわかる。彼の要請にステップ総督は当初同調していたが、次第にその無根拠さ・無理さを認識するようになり、内務省本省も抑制的な対応をした(それでもトロイニツキーは執拗に追放要求を続けた)。カザフ知識人やその家族の側は、まず弾圧の根拠は虚偽の密告だと訴えるのが一般的な対応だったが、弾圧の鍵を握るのがトロイニツキー知事であることもしばしば見抜いており、総督・内相への請願や国会議員・元老院議員を通しての働きかけで、釈放・帰郷を模索した。トロイニツキーに目をつけられた人々は、なんらかの弾圧を免れることはできなかったが、彼の主張がすべて通るわけではなく、弾圧をある程度緩和するメカニズムも存在していたことがわかる。

密告の問題は、カザフ人社会のなかに存在した複雑な人間関係と、それが郷長などの選挙によってしばしば緊迫し、そこにロシア人の役人たちも関与していたことを示している。郷長およびその選挙の認証権を握る郡長、および通訳の腐敗は十九世紀後半にもよく指摘されていたが、一九〇二年に現地民と移民の行政を一元化していく試みの一環として、各郡に複数設けられた管区内の秩序維持と選挙・司法などの管理をおこなう農民長官の制度がステップ地方に導入されて以降、汚職と密告の構図はより複雑化したようである。

トロイニツキーの行政方針と自己像――皇帝宛て報告書と父母への書簡から

トロイニツキー知事がカザフ知識人らを執拗に弾圧した背景には、どのような認識・意識があるのか。まず、彼が知事として作成した皇帝宛て年次報告書から、彼の行政方針・姿勢をみてみよう。

報告書では繰り返し、国境に位置するセミパラチンスク州で「ロシア的要素」を強化するために移民を増やすこと、カザフ遊牧民の定住化を促進することとの必要性が語られている。中央ロシアの土地不足解決と中央アジアの空間的ロシア化という一石二鳥を狙った農業移民促進は、帝政末期、とくにストルイピン時代の国策であり、移民に分与する土地を捻出するために遊牧民を定住化させる政策も(実際にはなかなか進まなかったが)存在していた。トロイニツキーの方針も基本的にはこうした国策に則っており、とくに国境州でこれらの政策が重要だという認識は、すでにみたとおり、テレングトフのように移民と定住化の妨げとなりうる人物を排除せよという主張につながっていた。

国境州でロシア的要素の強化が必要だという彼の認識は、カザフ人に対する強烈な不信感とも結びついていた。彼によれば、カザフ人はロシアと中国のあいだを何度も移住し、国際紛争の際にはつねに勝者の側につこうとする傾向があり、最近の極東での衝突(日露戦争)の際にもその用意がみられたという。彼らは対中国国境の住民としてまったく信頼できない、腹黒く敵意をもった人々である、しかし国境地帯をロシア人村で覆えば完全に状況は変わり、村人たちが敵軍の動きを注意深く監視するようになるだろう、とトロイニツキーは述べる。「移民のなかの素朴なロシア人農民たちは、国境地帯への入植の重要性のすべてと、これが国家的重要事業であることをよく理解している」という言葉は、ロシア人とカザフ人のあいだに国家意識の大きな違いがあると彼がみていたことを示している(一九〇八年分報告書[РГИА: Библиотека/1/85/118–118об.])。

トロイニツキーはときに、カザフ人への偏見をあからさまに報告書に書いた。「カザフ人は恐ろしく狡猾《こうかつ》で、嘘つきで、訴訟好きと誹謗《ひぼう》、偽証と虚偽の密告の精神に貫かれている。彼らがおこなうどのような宣誓も、彼らに真実を言わせる力はない」と決めつける(一九一〇年分報告書[РГИА: Библиотека/1/85/130об.])。このような偏見は、地方社会の動向がよくわからず、自分たちの権力が覆されるのではないかという不安と背中合せであった。「現地には何の権力もない。カザフ人は図々しくなり、自分たちがステップの完全な主人だと感じ、ロシア人の家畜と馬を盗み、官吏を攻撃しさえする」(同[РГИА: Библиотека/1/85/130])。

この不安は、アクバエフの帰郷を拒む際の総督宛て文書でも表明されていた。「ステップで人々が何をやっているか、何を話しているか、何をたくらんでいるかは、警察要員の不足というより不在のために、私にはまったくわからない」、そのためにカザフ人が警察の監視を逃れてプロパガンダ活動をおこなうことができてしまうというのである[ЦГА РК: 64/1/5832/33об.]。統治への自信のなさが、疑わしい者はすべて取り締まろうという態度を一層強めさせたと思われる。一九〇九年分の報告書によれば、州内の郡レベルの警察関係の人員は郡長五人、郡長補佐五人、巡査部長一五人、巡査二〇人だけだったといい[РГИА: Библиотека/1/85/122об.]、トロイニツキーはその増強を繰り返し要請したが、少しずつしか実現されなかった。

彼は一方で、カザフ人を定住化させ、ロシア人と同様の行政・司法制度を導入することが望ましいと述べていた。これは決して、カザフ人をロシア人と対等に扱おうというものではなく、慣習法による法廷が維持している「野蛮な慣習」と、かつてロシア政府がカザフ人の独自性を考慮して定めた制度を除去することを意図していた。「遊牧カザフ人は法的成長において定住民より低い位置におり……定住ロシア人住民がさまざまな過失や犯罪について自ら選挙した裁判所によって裁かれる権利をもっていないとすれば、この権利が遊牧民に与えられることは決してあってはならない」「国家は被征服民に対して、国の基幹的住民がもつより大きな権利を与えることはできない」として、カザフ人が選挙していた慣習法裁判官が刑事事件においてもつ権限を狭めようとしたのである〔一九一〇年分報告書[РГИА:Библиотека/1/85/131–132]〕。

年次報告書は、郷長選挙の当選者にロシア語会話能力を義務づけたこと〔一九〇八年分報告書[РГИА:Библиотека/1/85/117об.,120об.]〕、前ステップ総督がカザフ人に、定住化すると兵役義務を負うという誤った説明をして定住化への恐れを植えつけていたが、トロイニツキーが訂正した結果定住村形成の請願がきたことなどを手柄として書いており〔一九一〇年分報告書[РГИА:Библиотека/1/85/131]〕、彼の自慢好きな性格が想像できる。しかし彼の肉声・本音をさらによく知ることができる貴重な史料が、ペテルブルクのロシア国立歴史文書館に残されている。彼が両親〔主に父〕に宛てた手紙である。「親愛なるパパ」「親愛なるママ」で始まり「あなたを愛する息子」で終わる手紙で彼は、「僕はとても忙しい」「コマネズミのようにあくせくしています」と繰り返し、にもかかわらず「誰からも助けはない」「まったく一人で働く羽目になっている」と述べ、「給料はもらわないといけないが仕事をする必要はないという気質」の部下たちへの不満を書いている。とくに目の敵にしていたのは副知事アバザであり、「インチキな怠け者」「馬鹿なことしかしない」と罵詈《ばり》雑《ぞう》言《ごん》を並べ、転任させようと画策している[РГИА:1065/1/57/9–9об.,13об.,48,54–54об.,60,305–305об.]。この副知事は後述のように警察の腐敗の取調べにあたった人物であり、実際には単に仕事が遅いだけでなく、トロイニツキーにとって余計なことをしたからきらわれたのだろう。

彼には自分と本省のあいだに介在するステップ総督府について、「〔セミパラチンスク州の〕発展を総督府がひどく遅らせています。総督府は何の益ももたらさず、すべての物事を遅らせ停止させています」、それなのに「彼〔シュミット総督」のために、本当をいえば自分の気持ちに反して、彼の総督府の存在意義を示すためにたくさんの書類を書かなければなりませんでした」と不満を述べている。[6] 総督の視察に同行するのはとくに憂鬱だったらしく、「二日間あらゆる下劣なことを聞く羽目になり、彼をかなり手厳しくとめなければいけませんでした」などと書く［РГИА:1065/1/57/53об.–54,189об.,257об.–258］。

アクバエフによればトロイニツキーとシュミットはロシア人民同盟（いわゆる黒百人組）のメンバーだったといい［ЦГА РК:64/1/5832/185об.–186］、ともに右翼思想の持ち主だったと思われるが、それでも対立した背景には、軍人と文官という立場の違いがあったようである。[7] 一九一三年にロシア軍が中国領にコサック部隊を侵入させて領土を奪おうとして失敗し、国境に現れた中国の騎馬隊に対抗するため泥濘《でいねい》期に軍を急派しなければならなくなるという事件があったようだが、トロイニツキーは以前からザイサン郡の守備隊を増強するよう提言していたといい、「かつて僕の報告を重視していれば、こんな馬鹿げた事態にはならなかっただろうに、軍人は、文官が軍事問題に触れるのに我慢がならないのです」とこぼしている［РГИА:1065/1/57/177,189об.–190об.］。

民族や身分的集団についていえば、彼が偏見をもっていたのはカザフ人に対してだけではなかった。コサックについては、「恐ろしく怠け者で、全イルティシュ川が彼らのものだというのに、魚を釣るのも億劫《おっくう》なのです」などと書いている［РГИА:1065/1/57/257об.］。一九一二年七月に元清朝総督（正確な職名は不明）が来訪したときの、異文化に対する自分の侮蔑と外交的非礼を得々と描くトロイニツキーの筆致は、滑稽でさえある。

昨日僕のところに中国の高官が来て、エジプトの巻きタバコだとかいろいろな小物のほかに、キツネの毛皮を五枚、贈物として持ってきました。僕が毛皮を受け取るのをきっぱり断ると、彼はとても驚きました。小物のお返しに贈物をする羽目になりました。彼らの習慣の野蛮なこと。僕が自分の贈物を持って彼のところへ答礼に行くと、素晴らしいお茶を振る舞ってくれましたが、彼はそこに自分の指でマーマレードを入れたので、僕は甘いお茶を飲むのを医者にとめられていると言って、別のカップを頼まなければなりませんでした。〔РГИА: 1065/1/57/239–239об.〕

セミパラチンスクの夏の暑さも（実際とりたてて暑い地域ではないのだが）、トロイニツキーの愚痴の種であった〔РГИА: 1065/1/57/53–53об.,234об.〕。彼は糖尿病で、やせようと試みていたといい〔РГИА: 1065/1/57/193об.,304〕、汗をふきながら悪態をつく太った知事の姿が目に浮かぶ。

このように不満だらけのトロイニツキーにとって、夢は中央ロシアに転任することであった。着任翌年の一九〇九年九月の手紙で早くも、「ここでは働く人間が足りずひどく骨折らなければならないので、この野蛮な地方を捨てて、ヨーロッパ・ロシアへの転任を願い出たほうがよいのではないかという考えがときどき浮かびます。……僕はそろそろあなたの近くにいるべきときです」と父親に書いている〔РГИА: 1065/1/57/69–69об.〕。ストルイピン首相とクリヴォシェイン土地整理農業総局長官が移民問題の視察のため来訪する直前の一九一〇年八月の手紙では、「僕はここで前任者たちが二〇年かそれ以上かかってやったよりも多くのことを成し遂げました。……もし好機があれば、あなたに近いところへの転任をストルイピンに頼むつもりです。僕はもう九年シベリアにいて、これほど猛烈に働いているのだから、転任の権利があると思います」とやはり父親に書く〔РГИА: 1065/1/57/55об.–56〕。このときは結局うまくいかず、一九一二年六月の母親宛ての手紙では再び、「冬にはどこかあなたに近いところに移れることを期待しています、マカロフ〔内相〕にはあまり期待できませんが。クリヴォシェインが助けてくれるかもしれません」と述べている〔РГИА: 1065/1/57/233〕。

トロイニツキーが転任を狙って中央の官僚に好印象を与えようとしていたことは、転任後の一九一四年三月一日にモスクワの新聞『ルースコエ・スローヴォ（ロシアの言葉）』が掲載した記事からも推察できる。それによれば、彼の警察権力濫用やカザフ人弾圧について奇妙な情報が伝わっていたにもかかわらず、「視察のためセミパラチンスクに時折立ち寄ったペテルブルクの役人たちは、帰ってから、セミパラチンスク州知事はきわめて感じのよい人で、政治からは遠く、青年のような新鮮な考え方を完全に保っていると語ったものである」という〔ЦГА РК: 64/1/5832/206〕。

以上みたようなトロイニツキーの言葉からは、彼のカザフ知識人に対する執拗で攻撃的な態度が、自分の境遇への不満、異民族・異文化に対する軽蔑と無理解、現地社会に行政・警察権力が十分浸透していないことへの不安の延長線上にあったことがわかる。功績を中央政府に認めてもらって早く転任したいという気持ちも濃厚にあり、彼が知識人弾圧を自分の手柄の一つとしようとしていた可能性もあろう。

同時代人からみたトロイニツキー――カザフ民族運動成長への「貢献」

トロイニツキーは報告書や手紙のなかで自分がセミパラチンスク州の発展のために尽力していることをみせようとしていたが、彼が文化・教育に無理解であること、無実の人を迫害していることは、少しずつ州外に伝わっていた。ペテルブルクの新聞『イスラーム世界にて』は、彼がセミパラチンスク市ムスリムの初等教育に関する会合を禁止し、啓蒙協会の規約承認を拒否し、ギムナジヤ(高校)で学ぶカザフ人への奨学金を廃止したことを報じている[В мире мусульманства 1911/5/6]。

セミパラチンスク州選出の元国会議員で民族学者としても知られるニコライ・コンシンはトロイニツキーの在任中から、彼のもとで警察がおこなっていた不正な工作をストルイピン首相に伝えていたが(前述の『ルースコエ・スローヴォ』紙の記事)、ソヴィエト期に書いた回想で、トロイニツキーの行状をより詳しく書いている。それによれば、前任のガルキンが比較的リベラルで、コンシンともよく会い、憲兵など不要だといっていたのに対し、トロイニツキーはトボリスク県副知事時代から解放運動の敵として知られていた。ウスチ・カメノゴルスクで移民のリーダーたちが一九〇五年革命時の十月詔書を歓迎して掲げた「自由万歳」という幕を見て激怒し、この町は革命家の巣だという報告を総督の頭越しに内務省警察局におこない、総督に怒られたが、彼らが現在革命運動をしていないのは自分のおかげだと反論した。彼がトボリスクから連れてきた警察幹部たちは無実の者を罪に陥れ、組織的に収賄や拷問をおこない、その廉でのちに裁判にかけられた。前述のアバザ副知事は警察の腐敗の調査を熱心にやり、トロイニツキーに疎まれたという。トロイニツキーの酔ったときの醜態や女性関係にもコンシンは言及している[АПРК:811/3/46/3-24]。

一九一四年初め、トロイニツキーはついに、モスクワに近いトゥーラ県の知事に転任した。転任を望みはじめてから相当時間がたっていたものの、栄転といってよいだろう(彼が近くに住むことを願っていた父親は前年に亡くなってしまったが)。前述の『ルースコエ・スローヴォ』紙の記事によれば、一九一一〜一二年のジュト(冬期の気象条件による家畜大量死)までトロイニツキーのせいにしていたカザフ人たちは彼の離任を喜び、六〇〇頭の羊を神に捧げたという。

彼の離任については、迫害を受けたバイトゥルスノフが、きわめて興味深い記事を書いている。トロイニツキーは「お前はカザフ人、われわれはロシア人だ、それを忘れるな」と言って、カザフ人がカザフ人であることを忘れさせないようにした人物だという。彼のような知事たちはカザフ人を抑圧することによって目覚めさせた、人民は抑圧されることによって鍛えられ精力的になるとバイトゥルスノフは書き、さらに次のように述べる。

私自身はトロイニツキーに、感謝以外に何も言うことはない。なぜなら、彼が偽りの中傷や密告を重視する人でなければ、私が密告されることはなかったろう。密告がなければ、私がカルカラルからオレンブルクに追放されることはなかったろう。オレンブルクに追放されなければカルカラルにいたままで、現在している仕事をすることはできなかったろう。五〇〜六〇人の子供のためにだけする授業より、六〇〇万のカザフ人をもれなく対象にしておこなっている仕事のほうが重要だと私は思う。[Казак 1914/2/14]

六〇〇万のカザフ人を対象にする仕事というのは、新聞『カザフ』の発行である(バイトゥルスノフが編集長、ドゥラトフがその補佐役だった)。一九一三〜一八年に刊行されたこの新聞は、社会・政治問題を幅広く論じて人気を博し、ここで形成された論調と人脈は、ロシア革命・内戦期のカザフ自治政府アラシュ・オルダの活動の基礎となった。

たしかに、トロイニツキーに迫害されたカザフ知識人たちは、追放先ないし釈放後の居住地として選んだ場所で、活動と人的交流の範囲や見聞を広げることができたと思われる。カザフ草原中央部は乾燥して都市が少なく、むしろ周縁部、つまりステップ総督府ないしステップ諸州の外に位置し、居住禁止の対象にならない場所に、政治・社会・文化活動の拠点となる都市があったからである。バイトゥルスノフとドゥラトフが住んだオレンブルクは鉄道が通り、ヴォルガ・ウラル地域のタタール知識人との交流にも、新聞のカザフ草原への頒布にも便利な場所であった。アクバエフとテレングトフ(トギソフ)が住んだカパルは、トロイニツキーが指摘したとおり諸方面と道路で結ばれ、カザフ人が建てた数少ない本格的な近代イスラーム教育の学校「ママニーヤ」があった場所でもある。アクバエフが二度目の追放先として選んだトロイツクも、タタール文化の拠点の一つであったと同時に、有力なカザフ語誌『アイ・カプ』(一九一一〜一五年)が刊行されていた町である。

任地と住民、そして部下や上司までもきらって恐怖政治をおこなったトロイニツキーは、人物としては間違いなくアンチ・ヒーローであり、日露戦争と一九〇五年革命でアジア諸民族の覚醒を目にして自らの臣民に過剰な不信感と恐怖心を抱いた、ロシア帝政の劣化の現れでもあった。しかし同時に、カザフ民族運動の成長に逆説的に貢献した、陰の立役者だったのかもしれない。

註

1 十八世紀から一九二五年までのロシア語では、カザフ人はクルグズ人と一緒に「キルギズ」と称されていた。本章が使うロシア語史料でも「キルギズ」と表記されているが、これは本来誤称であり、また本章にはクルグズ人は登場しないため、逐一断りを入れることなく「カザフ」と表記する。

2 Тройницкий Александр Николаевич, губернатор Тульской губернии в 1914–1917 гг. (http://тульский-край.рф/biographical/t/656/)

3 アクバエフのパーレン宛て請願書は、[Кул-Мухаммед 1995:186–232]にも収録されている。

4　本章でとりあげる他の三人のカザフ知識人が、ロシア革命・内戦期にカザフ自治政府アラシュ・オルダの指導的メンバーになったのに対し、トギソフはウシュ・ジュズ党を創設し、アラシュ・オルダに反対した。

5　ドゥラトフとその著書『めざめよ、カザフ！』については［宇山 1997］を参照。

6　一八九九年以降二つの州を管轄するだけで、露清関係のうえでも重要な役割を担っていなかったステップ総督府の存在意義を疑う声はロシア人官僚やカザフ知識人のあいだに多くあり、この点でトロイニツキーは偏った意見を言っていたわけではない。

7　以前は軍人が務めていたポストに就いて軍人と対立したロシア民族主義的な文官といえば、プリアムール総督ゴンダッチが思い出されるが［原 2005:51–63］、じつはゴンダッチとトロイニツキーは、同じ時期にトボリスク県で知事と副知事を務めていた。おそらくゴンダッチのほうがはるかに敏腕な行政官だったとしても、二人の関係は今後の研究課題になりうる。

参考文献

宇山智彦（一九九七）「二十世紀初頭におけるカザフ知識人の世界観――M. ドゥラトフ『めざめよ、カザフ！』を中心に」『スラヴ研究』第四四号。

原暉之（二〇〇五）「巨視の歴史と微視の歴史――『アムール現地総合調査叢書』（一九一一～一九一三年）を手がかりとして」『ロシア史研究』第七六号。

АП РК: Архив Президента Республики Казахстан〔カザフスタン共和国大統領文書館〕（引用数字は順に фонд/ опись/ дело/ лист を示す）

Әбсемет М. (1995). Міржақып (өмірі мен шығармашылығы). Алматы.〔アブセメト『ミルヤクプ――生涯と創作活動』〕

Букейханов А. (1916). Выборы в Степном крае // К 10-летию 1-ой Государственной Думы. Сборник статей перводумцев. Петроград.〔ブケイハノフ「ステップ地方での選挙」『第一国会十周年に寄せて』〕

В мире мусульманства〔『イスラーム世界にて』〕（引用数字は順に刊行年／月／日を示す）

Кул-Мухаммед М. (1995). Жакып Акпаев. Патриот. Политик. Правовед. Алматы.〔クルムハンメド『ヤクブ・アクバエフ――愛国者、政治家、法律家』〕

Казак〔『カザフ』〕（引用数字は順に刊行年／月／日を示す）

РГИА: Российский государственный исторический архив〔ロシア国立歴史文書館〕（引用数字は順に фонд/ опись/ дело/ лист を示す）

Свод законов Российской империи（1913）. Санкт-Петербург. Кн. 1.〔『ロシア帝国法典』〕

ЦГА РК: Центральный государственный архив Республики Казахстан〔カザフスタン共和国中央国立文書館〕（引用数字は順に фонд/ опись/ дело/ лист を示す）

ロシア・ムスリムがみた二十世紀初頭のオスマン帝国

ファーティフ・ケリミー『イスタンブルの手紙』を読む

長縄宣博

ロシア帝国のムスリムとオスマン帝国

近年、進展の著しい近代帝国の研究は、諸帝国を同時代的な時空間に位置づけながら、その相互の絡まり合いを考察することの大切さを教えている[秋葉 2005: Miller and Rieber 2004: Ауст, Вульпиус и Миллер 2010]。ロシア史研究でも、とりわけオスマン帝国との比較・相関研究が存在感を増している(*Kritika* 誌二〇一一年春の特集号)。

実際、十八世紀から十九世紀にロシア帝国が最も多く戦争をしたのはオスマン帝国だった。オスマン帝国領内のキリスト教徒の保護が海峡問題と連動して東方問題を構成していたのと同時に、十九世紀末から二十世紀初頭のロシア帝国は、オスマン帝国のムスリム人口に匹敵する大きなムスリム臣民を抱えていたので、両帝国間のムスリムの連帯は汎イスラーム主義として警戒された。こうした図式の把握自体は、新しいものではまったくない。しかし、今日の研究は、ロシア語とオスマン・トルコ語の文書史料を組み合わせることで、関係する地域の人々や両帝国間を移動する人々の視点から、東方問題や汎イスラーム主義の内実に迫る段階に達している[Kane 2005: Meyer 2007: Reynolds 2011]。

じつは、ロシア帝国のムスリムとオスマン帝国の結びつきに関する研究は、ムスリム知識人論として早くから発展してきた。日本では中央アジア、ヴォルガ・ウラル地域、オスマン帝国を結ぶ像を提示した小松久男の研究が先駆的である[小松 1996]。近年ではアディーブ・ハリドが、ブハラの知識人はオスマン帝国にまで広がるテュルク語の言論空間から自分たちの社会改革に緊要な知識を摂取し、革命後の国家建設でその実現に努めたのだと主張している[Khalid 2011]。また、知識人のネットワークに関する研究として、メッカ巡礼が重要な研究対象になっている[Сибгатуллина 2010 : Papas, Welsford and Zarcone 2012]。とはいえ、知識人論と帝国論との対話は始まったばかりである。

本章では、従来からよく知られていたものの、右記の新しい研究状況のなかで十分に活用されていない史料として、ファーティフ・ケリミー(一八七〇～一九三七)の『イスタンブルの手紙』[Karīmī 1913](以下、『手紙』)をとりあげたい。これは、オレンブルクの有力なタタール語紙『ワクト(時)』の編集長だったファーティフ・ケリミーが、第一次バルカン戦争下のイスタンブルを子細に観察し、刻々と自紙に掲載した記事を一九一三年に一冊にまとめて出版したものである。『手紙』は、一九一二年十一月三日付けで道中のトゥーラから送った記事に始まり、一三年三月九日付けでイスタンブルから送った記事に終わる全七〇話から成り、結語を含めると四五〇ページにおよぶ。

ケリミーのこの著作は、すでにトルコ人研究者によってその情報量の豊かさと客観性が認められており、現代トルコ語版も出版されている[Gökçek 2001]。事実『手紙』は、日々刻々と動く政局の変化や講和をめぐる国際関係に対するオスマン知識人や高官の態度だけでなく、戦時下の社会の雰囲気をきわめて鮮明に伝えている。これらの情報の有用性は、オスマン帝国末期を扱う研究者によってさらに検証されなければならない。

本章の目的は、その前提条件を整えるべく、著者ケリミーがオスマン帝国を眺めていた視座自体に注目して、それを同時代のロシア帝国やヴォルガ・ウラル地域のムスリム社会の文脈に位置づけることにある。バルカン戦争は、ヨーロッパ部ロシアのムスリムにとって対岸の火事ではなかった。ケリミーは、二十世紀の戦争の特質を総力戦と見抜き、国家の経済力、国民の健康、教育の普及、祖国愛、女性の地位などにおいて、トルコ人はブルガリア人に劣っていると断言した。ケリミーの目には、総力戦という状況は、トルコ人社会だけでなくロシア・ムスリムも直面している焦眉の諸課題を凝縮しているように映っていたのである。その際ケリミーは、タタール人をヨーロッパ人あるいはロシア人に重ね合わせながら、トルコ人社会を批判するという立場をとった。しかし彼は同時に、人道主義を掲げる西欧が、バルカン諸国によるムスリム住民の虐殺や追放を黙認している事実も糾弾する。

エドワード・サイードは『オリエンタリズム』のなかで、西欧人が東洋を植民地として統治する世界秩序を背景に、東洋の人々の表象を独占してきたと喝破した[サイード 1993]。しかし、東洋の側もまた西欧の生み出す言説を内面化したうえで、自身の社会を点検し、西欧人の偽善を批判していたのである。中央アジアの改革派知識人は、「ヨーロッパ人」の仮面をかぶりながら、イスラームの原典を参照して、自らの社会を批判した[小松 1996:94–95]。ファーティフ・ケリミーの『手紙』もまた、西欧とイスラームという二項対立の権力論を克服し、両者の重層的な相互関係を解き明かすきっかけをわれわれに与えてくれるのである。[1]

ファーティフ・ケリミーと『イスタンブルの手紙』

ファーティフ・ケリミーは、一八七〇年三月三十日、サマラ県ブグルマ郡ミンニバエヴォ村(現タタルスタン共和国アルメチエフスク地区)で、宗教指導者の息子として生まれた(以下、伝記的情報は[Karīmī 1904:5–27: Кэрими 2000])。父親のギルマン(一八四一〜一九〇二)は、クリミア・タタール人の啓蒙活動家イスマイル・ガスプリンスキー(一八五一〜一九一四)とも文通し、彼の提案する新方式学校をこの地域で最初に開いた人物として知られている。ギルマンは息子を自身のもとで学ばせたのち、自分も学んだカザン県チストポリの高名な学者《ウラマー》ザーキル・ワッハーボフのマドラサに送った。しかし、その教育に満足できなかったファーティフは、父の勧めでイスタンブルに赴き、一八九二〜九六年に文官養成機関の行政学院《ミュルキイエ》に留学した。その後、二年ほどヤルタのイスラーム初等学校で教鞭をとったが、その頃、オレンブルクで教育事業を興していた豪商フサイノフ家の目にとまり、ファーティフは家族とともにオレンブルクに移住した。

ファーティフ・ケリミーは、一九〇五年革命が新しい地位と権威を与えたエリートの典型である。父ギルマンに先見の明があったのは、一九〇〇年十一月にフサイノフ家の資本で出版所を開き、その運営をファーティフに委ねたことである。一九〇一年から一七年に、この出版所からは三八四タイトル、約百万部のタタール語書籍が世に送り出された[Каримуллин 1974:140]。一九〇五年革命でタタール語の新聞・雑誌の発行が可能になると、まさにここから一九〇六年二月にケリミーを編集長とする『ワクト』紙が出された。また、ケリミーの母方のおじにあたる傑出した学者リザエッディン・ファフレッディン(一八五九〜一九三六)も、ウファのムスリム行政機関である宗務協議会の委員《カーディー》職を辞し、オレンブルクに移って一九〇八年一月から『シューラー(評議会)』を出しはじめた。一九一〇年に『ワクト』は三六〇〇部、『シューラー』は一五〇〇部を出していた[Мэрданов 2001:44]。

ケリミーがイスタンブルに滞在した四カ月は、オスマン帝国の命運の転機とも重なっていた。一九一二年十月八日にモンテネグロの宣戦で始まったバルカン戦争は、すでに一年前からイタリアとの戦争が続いていたなかでの開戦だった。政局としては、統一進歩協会の政権は一九一一年十一月に結成された自由連合党の挑戦を受けていた。一九一二年一月の総選挙で政府が議会を粗暴なやり方で操作したことは、立憲主義とその執行者である統一派の名声を著しく損ない、統一派はバルカン戦争までに下野を余儀なくされた。十月二十九日にキャーミル・パシャが大宰相に就任すると、早期の和平を妨げていると見なされた統一派の検挙が始まった。十二月三日、オスマン政府は停戦に合意し、ロンドンで和平交渉がおこなわれた。列強は、オスマン帝国の旧首都エディルネとエーゲ海の島々の割譲を迫った。統一派は、キャーミル・パシャらがエディルネの放棄に合意したように考えて、翌一月二十三日にエンヴェル・ベイ主導のクーデタを起こし、陸相ナーズム・パシャを殺害、キャーミルを辞職させた(『手紙』では第三八話)。こうして二月三日には停戦が崩れ、再び戦闘が始まった[Ahmad 1969:Chapter 5; 新井 2001:124-127]。

ロシア政府は黒海の海軍力に自信がもてなかったので、バルカン戦争開戦前から現状維持を外交上追求するなど、バルカン諸国の快進撃を不安げに注視していた。しかし、海峡を通過する小麦の輸出を死活問題ととらえる産業界に後押しされたロシア語紙は、「トルコのヨーロッパからの駆逐」を掲げるなど好戦的だった。汎スラヴ的な気運は右派から自由主義者まで幅広い政治勢力のあいだで醸成され、バルカンの同胞を救援するための募金活動がさかんに組織された[Кострикова 2007:185–241]。

こうしたなか、とりわけカザンのタタール語紙である『バヤン・ウルハック(真実の表明)』と『ヨルドゥズ(星)』は、バルカン諸国の攻撃を前に劣勢に立つオスマン帝国を描こうとはせず、むしろ統一派の事実上の機関誌『タニン(唸り)』などに依拠して、オスマン軍の善戦を伝えた[Инородческое обозрение 1913/3/188–197]。これに違和感を覚えたケリミーは、ロシア領内の鉄道で同じ客室に居合わせたトルキスタン出身者が『ヨルドゥズ』を好んで読んでいるのを見て、その人が「無知と狂信」から誤った考えに陥っていると述べている[2][6–7](以下『手紙』からの引用は本文中の括弧内にページ番号のみを記す)。当然『ヨルドゥズ』は反論し、なぜ『ワクト』はロシア語紙に追従して、悪いニュースばかり書くのかと質した[*Yıldız* 1912/11/15/2]。

結語で記しているように、ケリミーは「読者を慰め、希望を与えることに一利あるなど知らなかった。どんなときもあらゆることをあるがままに正確に記すこと、真実を語ることにのみ益があると信じていた」[449]。彼は、ロシア語紙で好戦的な論調の先鋒にいた『ノーヴォエ・ヴレーミャ(新時代)』についても、その在イスタンブル通信員とタタール商人との口論をとりあげて、この新聞のでっちあげる幻影はロシア人とタタール人の関係を損ねる以外の何物ももたらさないと記している[311–312]。

このようなケリミーの筆致は、地元の読者に自分たちの社会についての省察を促した。同時代のタタール知識人ジャマレッディン・ヴァリドフ(一八八七~一九三二)は、『手紙』が「ムスリムの肉体すべての部位を蝕む根本的な病を仮借なく暴露」したと評し、この著作が数カ月で売り切れ、手から手に渡って貪るように読まれたと回想している[Валидов 1998/1923:117]。また、オレンブルクの一雑誌も、ムスリムには真実を直視できないという欠点があるが、『手紙』のみが戦争とオスマン・トルコ人の真実を伝えたと評している[*Mu'allim* 1914/6–7/87–88]。

諸民族の総力戦

第一次世界大戦前夜の世界秩序は、国民国家理念の普及を通じた諸帝国の競合として特徴づけられる。それは、列強間の利害がすでに深く食い込んでいたオスマン帝国にとって深刻な挑戦だった。そして帝国内の諸民族は、自分たちの要求に列強の承認をとりつけるべく、国際的に流通していたナショナリズムの言葉を駆使し、列強もまたこれらの諸民族の支持をとりつけるべく競った[Reynolds 2011:6–18]。バルカン戦争は、それを注視するロシアのムスリムにも、そうした世界の熾烈《しれつ》な現実を痛感させた。

ファーティフ・ケリミーは、二十世紀の戦力が「兵器よりも、国土の繁栄、人々の豊かさと健康、教育と文明の普及にある」と強調し、各民族がこれらを総動員できるか否かが戦争の帰趨《きすう》を決するとみていた[211–212]。とりわけ彼は、民族意識においてトルコ人がブルガリア人よりも著しく脆弱《ぜいじゃく》であることを憂慮し、トルコ民族の核としてアナトリアにもっと注目すべきだと訴える。もちろんオスマン政府は、多民族から成る臣民をオスマン国民として総動員すべく奮闘した。しかし、一九〇九年にはじめて徴兵が義務づけられた非ムスリム、ましてや交戦国と同じ民族の兵士に対しては抜き差しならぬ不信が巣食っていた[Ginio 2005:164,171,174–175]。ケリミーも記しているように[89,298,308]、とりわけギリシア人とブルガリア人は軍内でも銃後でも敵性分子として逮捕され、前線や首都から遠いアナトリアに送られたり、国外追放に処せられたりした[Adanır 2011:120–124]。

ケリミーが危惧したのは、諸民族をオスマン人として束ねる枠組みのなかで、トルコ人だけが民族意識と自民族への奉仕という点で取り残されることだった。彼は、この点でトルコ語の出版物がしかるべき役割を果たしていないことに厳しい視線を投げかける。彼には、アルメニア人、ギリシア人、ユダヤ人、アラブ人の出版物とは対照的に、トルコ語出版物が民族の理念や利益を表現することを通じて世論を形成しようとしていないようにみえたのである[373–375]。しかも、トルコ人自身が戦争に勝てないという苦い真実を直視しようとしていないのだと断じ、そこにイスラーム世界全体を覆う衰退の原因を見出す[433–436]。ここには、前述したようなカザンのタタール語紙の論調も念頭にあっただろう。

この当時は、単一の民族で均質に構成される国家こそが健全であり、多民族の混住状況は病巣と見なされていた。諸民族の総力戦は、この病巣を外科手術的に除去し、人口構成を「正常化」する暴力を生み出した。[3] 実際、バルカン諸国のおこなった虐殺や追放によって、オスマン帝国のヨーロッパ部におけるムスリム人口の優位は失われた[McCarthy 1995: Chapter 5]。ケリミーの示す数字によれば、一九一三年二月初旬までにバルカン半島からの難民は、イスタンブルで六万人、サロニカで三万～四万人に達した[319]。難民は、市内のモスクにきわめて密に収容されたので、日々の礼拝もできないほどだった[159–161,182,297]。旧オスマン領から逃れてきた官吏とその家族の境遇も深刻で、すでにイタリア・トルコ戦争でリビアから流れてきた者たちに加えて、バルカンからの失業者も二万人にのぼった[162,249]。オスマン政府も知識人も、バルカン諸国のムスリムに対する蛮行に西欧列強の注意を喚起すべく奮闘した[185–186]。難民の悲惨さを間近で目の当たりにしたケリミーは、人道主義を掲げている西欧がオスマン帝国とムスリムに示している冷酷さを糾弾する。

ああ、なんというおぞましい光景だろう。四つのバルカン政府が一緒になってトルコ一国を攻撃している。全キリスト教世界がバルカン政府を寵遇し支持している。占領地でこれらの政府はイスラーム教徒に対して、天地創造以来、未曾有の恐ろしい行為を働いている。彼らは財産を略奪し、家々を焼き払っている。三〇〇～五〇〇人の若い男子を野原の穴のそばに集めて、銃殺している。女子を集めて、野獣のように彼女たちの尊厳を冒瀆している。全バルカン半島《ルメリ》は迫害されたムスリムの血に染まっている。しかしながら、「人道主義的な」ヨーロッパは、何事もなかったかのように沈黙している。[210–211]

オスマン帝国とのあいだを往来するロシアのムスリム

ケリミーが取材を進めるうえで頼りにしたのは、イスタンブルに在住するタタール人のネットワークである。そのおかげで彼は、統一派を中心とする政府高官や言論界の指導的な文化人と面会することができた。たとえば、トルコ主義の思想家ユースフ・アクチュラ（一八七六〜一九三五）と同伴で、著名な女流作家ハリデ・エディプ（一八八四〜一九六四）[123–128]や、イタリア・トルコ戦争の英雄にして一九一三年のクーデタの主導者エンヴェル・ベイ（一八八一〜一九二二）[139–143]を訪れ、汎イスラーム主義者のジャーナリスト、アブデュルレシト・イブラヒム（一八五七〜一九四四）の仲介で、一九一三年六月に大宰相となるサイト・ハリム・パシャ（一八六三〜一九二一）と面会している[203–209]。

イスタンブルのタタール人社会でケリミーが特記するのは、街の信頼の篤い商人と勤勉な学生の姿である。ミルザサーリフ・カリモフは、ロシア大使館の一八九五年の記録にも、ロシアとの通商だけでなく、メッカ巡礼者やムスリム移住者の周旋を手がける首領として描かれているが[АВПРИ: 180/517–2/5322/249–251об.]、その息子ムハンマド・アリーも皮革製品の商売で成功していた[411–412]。また、カザン・タタール学生はクリミア・タタール学生と合同で相互扶助の協会をつくっており、赤新月の病院で働くためにイスタンブルに来た同胞ももてなした[83–84,413–414]。

事実バルカン戦争時には、多くのロシア・ムスリムが傷病兵の看護、さらには義勇兵としてイスタンブルに来ていた。一九一二年十一月半ばにケリミーは、義勇兵はダゲスタンから四〇〇〜五〇〇人、クリミア半島から二〇〇人以上にのぼると報じている[30,58]。義勇兵のなかには、首都に迫るチャタルジャ戦線に大尉として赴いたユースフ・アクチュラ、バクーの石油資本家シャムスィー・アサドゥッラーエフの息子アリベイ、そしてほかならぬケリミーの弟ガーリフも含まれた[31]。また、多くの者が赤新月の病院に勤務したが、『手紙』のなかでは、四人の女性が模範的なムスリム女性として頻繁に言及される。ケリミー親子が学んだチストポリのウラマーの娘で、サンクト・ペテルブルク高等教職課程に進んだグルスム、同課程に学ぶペテルブルク出身のラキヤ・ユヌソヴァ、ロストフ出身で首都の心理神経学高等専門学校に在籍のマルヤム・パタシェヴァ、タシケント出身で首都の医学高等課程に学ぶマルヤム・ヤクポヴァである(出身校については、［Биктимирова 2003：167–169］)。

もちろん、ロシア帝国内部のムスリム居住地域では、治安当局の監視が強化されていた。カザン県ではオスマン帝国のための募金活動が観察されるとして、トルコ語紙の購読者とメッカ巡礼からの帰郷者を監視するように指令がでてい

図1　イスタンブルにて　座っているのは右からマルヤム・パタシェヴァ，ファーティフ・ケリミーとその弟ガーリフ。立っているのは右からラキヤ・ユヌソヴァ，ユースフ・アクチュラ，グルスム，マルヤム・ヤクポヴァ。
［出典］Karīmī 1913：116.

た[HAPT:199/1/906/108–110,112]。ところが、オスマン帝国領内のロシア外交官は、帝国をまたがるムスリム臣民の活動について別の態度をとっていた。ロシアからのムスリム移民は多くの場合、オスマン領内での生活を円滑にするためにオスマン臣籍を取得していたが、オスマン当局との関係が悪くなると、自身がかつてロシア臣民であることを持ち出して、ロシア領事の庇護を求めた。そうするとロシアの外交官もそうした訴えに積極的に応じて、オスマン当局との交渉に入ることさえあったのである[Meyer 2007:23–24]。

ケリミーは、こうしたロシア内外でのムスリム政策の違いを踏まえたうえで、勤勉なロシア・ムスリムがオスマン帝国で活躍すると、ロシアがムスリム臣民によい規律と高邁《こうまい》な精神を与えているとオスマン人に納得させるので、結果としてロシアの名声を高めることになると述べる[56,416]。とりわけ彼は、ムスリムとロシア大使夫人マリヤ・ニコラエヴナ・ギルスとの良好な関係を描写している。マリヤ夫人は赤十字のもとに病院を設置し、バルカン半島から流れてきた傷痍《しょうい》軍人や難民の支援に尽力した[44,123,309]。夫人は、ペテルブルクの高等教育機関に在籍する前述のムスリム女性が勤務する赤新月の病院も訪れ、チョコレートや菓子を差し入れ、わが子のように接したという[77,310]。

ロシア国内の治安当局の警戒にもかかわらず、クリミア半島のヤルタのムスリムはオスマン帝国のために活発な支援活動を展開した[Kırımlı 1996:191–193]。一九一二年十一月半ばまでに、負傷者のために二万ルーブリ相当の支援が集まった[43,58]。また、タタール貴族《ミールザー》たちが中心となって一万二〇〇〇ルーブリの資金を集め、医療団も派遣しようとした[133,146]。この医療団は、黒海貿易に従事していたアミール・ハサン・ベキロフとルステム・パルパトフが率いるはずだった。じつは彼らも、ロシア大使館と緊密に連携していた。ベキロフは大使館の後援するロシア商工会議所のメンバーだったし[412]、パルパトフは大使館のお墨付きを得て、オスマン軍補給部に干し草や小麦を納入する契約を結んでいた。ケリミーはこうした大使館の積極的な支援態勢を踏まえて、ムスリム臣民がオスマン帝国との貿易にもっと参入できるはずだと強調する[310–311]。

ケリミーは、エジプトと英領インドのムスリムが巨額の義捐《ぎえん》金や医療団をオスマン帝国に送ってきたことを頻繁に記録している。彼がロシア・ムスリムにとっての模範としてとりわけ注目するのは、英領インドのムスリムである。この当時、インド・ムスリムがオスマン帝国に示した同情はきわめて強力だったので、イギリス政府もオスマン帝国との外交でムスリムの世論を考慮しないわけにはいかなかった[Özcan 1997:163–167]。ケリミーによれば、団員の多くは豊かで、ヨーロッパの大学に学ぶ知的な人々であり、一日五回の礼拝も欠かさなかったという。そして彼らは、自国でヨーロッパ製品のボイコットをおこなっているように、イスタンブルでもキリスト教徒の店に立ち寄らなかったので、トルコ人を驚嘆させたという[122,183–184]。

ちなみに、このときオスマン人と交流を深めたインド・ムスリムのエリートのなかから、第一次世界大戦後、反英の汎イスラーム主義運動であるヒラーファト運動の中核を担う者も現れる[Oishi 1996: Özcan 1997:149–153]。

戦争と女性

バルカン戦争を諸民族の総力戦とみる立場からケリミーが注意を喚起していたのは、アナトリアのトルコ人の境遇だけではない。ケリミーは女性を民族の半身とみていた。彼によれば、日常生活も戦場なのであり、そこでキリスト教徒の諸民族が満身の力で行動しているのに対して、トルコ人は半身不随なのだった。ケリミーは、女性が高い教育を受けることの緊要性を訴え、もし女性の権利と自由が保障されず、家庭が新しい原則でつくり直されなければ、トルコ人は消滅を免れえないだろうとさえ警告する[271–278,281]。

そこでケリミーが対照させるのが、ロシアのムスリム女性の進歩的な姿である。彼はことあるごとに、ペテルブルクから来て赤新月の病院で勤務する四人の女性を引合いに出す。彼によれば、ヨーロッパに留学経験のあるトルコ人でさえ、女性が覆いをせずに歩き、男性と一緒に集まることを恥ずべきことと考えているのだった[127]。しかも、男性がカフェで終日無為に過ごしているときに、女性が傷痍兵のために募金活動をおこなったことが「イスラームの道徳と民族の規律」に反すると断じられることに驚きを隠せない［201–202］。ケリミーは、ロシア・ムスリムのなかにも進歩の程度を順位づけ、トルコ人と比較する。「ヨーロッパ文明の普及にもかかわらず、女性に対するトルコ人の見方や考え方は、いにしえの同族であるヒヴァ、ブハラ、ナマンガンのテュルク系の人々と大差ない」［328］。

たしかにケリミーは、トルコ人女性の覚醒の兆候も書きとめている。とりわけ彼は、一九一三年二月七日にトルコ人の女性指導者がイスタンブル大学で開いた集会の意義を特記している［280–288］。彼の目にはそれが、キャーミル・パシャ内閣の退陣後、社会で高揚した民族愛と祖国愛を体現するものと映ったのである。しかしここでもケリミーは、この集会自体が赤新月の病院に勤務するロシア・ムスリム女性の提案で実現したかのように語っている。そして、会場周辺を警察が厳重に警備していることについて、ここには女性が集会をおこなうことに悪意をもって見る狂信者がロシアよりも多いのだと説明している。

集会でも、トルコ人女性指導者と並んで演壇に立ったのは、チストポリ出身のグルスムだった。彼女はロシアのムスリム女性もトルコ人の姉妹の悲しみを共有しているとして、以下のように呼びかけた。

祖国と宗教の道で、男たちとともに戦場に赴き、斃《たお》れ、男たちを鼓舞し彼らに尽くした古きムスリム女性を、われらが偉大な母アーイシャ様［預言者ムハンマドの妻］をわれわれの記憶に呼び起こしましょう。彼女たちから範をとりましょう。私たちの敵が私たちのことを鳥籠の中に閉じ込められている虜だと考えさせないようにしましょう。祖国と名誉の問題において、トルコ人女性が男性よりも劣ることはないことを見せてやりましょう。淑女たち！　今日こそ、熱意と努力を示す日なのです。［284–285］

青年トルコ人革命以降、度重なる戦禍に見舞われたオスマン帝国では、一方で銃後の福祉事業に女性が精力的に参入し、それが彼女たちの社会的地位の改善も促したが、他方で愛国的な価値観のもと、男性が保守的な女性像を望んでいた[Göçek 1998]。イスタンブルのトルコ人社会に対するいささか辛いケリミーの評価は、後者の雰囲気を伝えているのかもしれない。これに対してペテルブルクから来たムスリム女性たちは、トルコ人女性の保守性と進歩性の両面をとらえて、メディアの読者に応じてその一面を語るという戦略を採っている。『シューラー』誌に投稿したグルスムは、ケリミーと同様の発想から、トルコ人女性がロシアのムスリム女性が覆いを着けないことに驚いていたと記している[*Shūrā* 1913/8/232–233]。これとは対照的にマルヤム・パタシェヴァは、バクーのロシア語紙『カスピ』で、トルコ人女性が高い公民意識をもって祖国のためにたゆまず働いていると強調し、「東方を特別な眼鏡越しに眺める人々」を戒めた[Сибгатуллина 2010:135–137]。

バルカン戦争時のトルコ人女性の試練は、まもなくヴォルガ・ウラル地域のムスリム女性も体験することになる。この地域のムスリムは、ロシア帝国の他の同信者と異なり徴兵対象だったので、第一次世界大戦が始まると、銃後の女性の役割が否応なく高まった。開戦当初、タタール語の新聞・雑誌では、ムスリム女性に総力戦への備えがなく、男性も女性の社会進出を容認できないことがさかんに批判された。しかし、現実の緊要性から、とりわけ救援活動と教育事業への女性の参入は著しく進み、一九一七年の二月革命後には、彼女たちが世界でも先駆的な参政権要求を出すにいたったのである[長縄 2012:85–89]。

オスマン帝国の将来とタタール人

青年トルコ人革命からバルカン戦争までの時期は、諸民族が平等に国民を形成するというオスマン主義の理想が、党派を越えてトルコ人だけでなく帝国を構成する他の諸民族にも共有されていた。バルカン戦争は、そうした理想を最終的に打ち砕いた[藤波 2011]。その結果、オスマン政府は国家の統合原理をイスラームに傾斜させることになった[Ginio 2005:159,173,177]。『手紙』もオスマン主義の破綻を繰り返し指摘しているが、ケリミーは、オスマン帝国がアナトリアを軸にトルコ人を中心とした国家に生まれ変わるべきだと考えていた。

ケリミーは、バルカン戦争後に残される領土における諸民族の分離主義を深く憂慮していた。アルバニアの独立とマケドニアの占領に続いて、ヨーロッパの列強と現地民が協働することで、シリアのアラブ人が分離し、アルメニア人が自治を獲得すること[96,131–133,162,250]、そしてほかならぬロシアがクルド人問題を持ち出すことで、将来のトルコ人国家の本拠となるべきアナトリアを脅かすことが懸念された[354,417]。また、トルコ人には政治の面だけでなく、経済の面でも民族の利益を守るという考えがないので、帝国の金融・産業界はカピチュレーションを享受する外国人とキリスト教徒・ユダヤ教徒に席捲《せっけん》されているのだった[4][398–408]。

ケリミーが『手紙』で描き出したのは、諸民族が競合するなかで劣勢に立たされるオスマン・トルコ人社会内部の危機だった。そしてそれは、まさに民族という単位で自分たちの共同体の運命を考えるようになりはじめたヴォルガ・ウラル地域のタタール知識人に大きな衝撃を与えた。『手紙』を熱心に読んだジャマレッディン・ヴァリドフは、一九一四年に『民族と民族性』という冊子を出版している。そのなかで彼は、「トルコにおいて文明と教育で、経済と技術で最も遅れているのはムスリムであり、その最も抑圧されているのがトルコ人である」とし、オスマンの立憲制はバルカンのキリスト教徒の民族的な要求を満たすことも、トルコ人に頼ることもできなかったと述べている[Walīduf 1914:31–32]。

そこでヴァリドフが希望を見出すのが、当時、イスタンブルで最も影響力のあったトルコ民族主義団体「トルコ人の竈《かまど》」である。そこには、ユースフ・アクチュラやアゼルバイジャン出身のアフメト・アガエフ(一八六九〜一九三九)など、ロシアに広がるテュルク世界をトルコ人国家としてのオスマン帝国に結びつけようとする活動家も重要な位置を占めていた[Arai 1992: Chapter 5]。ケリミーは、この団体が赤新月社のために働くムスリムを慰労する目的で一月二日に開いた茶話会に参加している[174–181]。ただ彼自身は、オスマン・トルコ知識人のあいだにトルコ主義が確実に浸透しはじめている感触を得ていたものの、バルカン戦争後、オスマン帝国は列強に分割されてしまうので、トルコ人の復活はオスマン国家死滅後に期待するしかないと、きわめて悲観的だった[441–444]。これを踏まえてヴァリドフは、その復活を将来告げるのが「トルコ人の竈」だと期待する。

この竈は、われわれのオスマン人の同胞に民族の糧を用意し、暗澹《あんたん》たる混乱したオスマン主義の内側からトルコ主義の理念を輝かせている。……いつの日かこの竈は、全トルコ人の空を輝かせ、その光はアナトリアの陰鬱な山岳地帯や森林地帯に入っていってそこに居を構えるだろう。……もし神がトルコ人に死後の復活を告げられるならば、疑いなく、その喇叭《らっぱ》を吹く天使はこのトルコ人の竈を吹いている魂であろう。[Walidıf 1914:32]

注意すべきは、ヴァリドフの民族論の要諦がオスマン・トルコ人との連帯を説くことではなく、ロシア人としての公民性とタタール人としての民族性をどのように両立すべきかという点にあったことである[長縄 2003:53–58]。ナショナリズムが内側の政治体としての統合をめざすだけでなく、外部世界への使命感も帯びることは広く知られている。ケリミーがオスマン帝国におけるロシア・ムスリムの活躍がロシアの名声を高めると考えていたように、タタール人の使命感にはロシアの帝国主義的な利益とも微妙に重なる点があることは否定できない。ファーティフ・ケリミーの『手紙』は、第一次バルカン戦争時のイスタンブルの生活を活写しているだけでなく、当時のタタール人の社会批評の視角や彼らが前提とするロシア市民としての立ち位置をじつに鮮明に伝えているのである。

註

1　宇山智彦によれば、同じくオレンブルクで発行されていた『カザフ』紙のバルカン戦争に関する報道からも同様の論調が読み取れるという[宇山 2012:158–159]。後述のように、カザンのタタール語紙の立場はケリミーと対立するものだったので、オレンブルクにおけるカザフ知識人とタタール知識人の意見交換を想像させ、興味深い。

2　あとにも現れるように、同時代のタタール人の記述のなかでトルキスタン出身者は、後進性の典型として頻繁にとりあげられた。

3　より広いヨーロッパ史的文脈での説明はホルキストを参照[Holquist 2001:122–128]。ただしホルキストは、第一次世界大戦に先立つバルカン戦争での暴力には言及していない。

4　カピチュレーションは、オスマン帝国が優勢な十六世紀にはヨーロッパ諸国に下賜された通商上の特権を意味したが、十八世紀末頃から、領事裁判権や関税の特恵措置などを認めた不平等条約の意味へと変化していった。

参考文献

秋葉淳(二〇〇五)「近代帝国としてのオスマン帝国――近年の研究動向から」『歴史学研究』第七九八号。

新井政美(二〇〇一)『トルコ近現代史――イスラム国家から国民国家へ』みすず書房。

宇山智彦(二〇一二)「カザフ知識人にとっての〈東〉と〈西〉――階層的国際秩序の認識と文化的精神性の希求」塩川伸明・小松久男・沼野充義・宇山智彦編『ユーラシア世界　1　〈東〉と〈西〉』東京大学出版会。

小松久男(一九九六)『革命の中央アジア――あるジャディードの肖像』東京大学出版会。

サイード、エドワード・W(一九九三)『オリエンタリズム(上)』平凡社ライブラリー。

長縄宣博(二〇〇三)「ヴォルガ・ウラル地域の新しいタタール知識人――第一次ロシア革命後の民族(миллэт)に関する言説を中心に」『スラヴ研究』第五〇号。

――(二〇一二)「総力戦のなかのムスリム社会と公共圏――二〇世紀初頭のヴォルガ・ウラル地域を中心に」塩川伸明・小松久男・沼野充義・松井康浩編『ユーラシア世界　4　公共圏と親密圏』東京大学出版会。

藤波伸嘉(二〇一一)『オスマン帝国と立憲制――青年トルコ革命における政治、宗教、共同体』名古屋大学出版会。

Adanır, F. (2011). Non-Muslims in the Ottoman Army and the Ottoman Defeat in the Balkan War of 1912–1913, in Ronald Grigor Suny, Fatma Müge Göçek, and Norman M. Naimark (eds.), *A Question of Genocide: Armenians and Turks at the End of the Ottoman Empire*, Oxford: Oxford University Press.

Ahmad, F. (1969). *The Young Turks: The Committee of Union and Progress in Turkish Politics 1908–1914*, Oxford: Oxford University Press.

Arai, M. (1992). *Turkish Nationalism in the Young Turk Era*, Leiden: Brill.

Ginio, E. (2005). Mobilizing the Ottoman Nation during the Balkan Wars (1912–1913): Awaking from the Ottoman Dream, *War in*

History, Vol.12, No.2.

Göçek, Fatma M.（1998）. From Empire to Nation: Images of Women and War in Ottoman Political Cartoons, 1908–1923, in Billie Melman（ed.）, *Borderlines: Genders and Identities in War and Peace, 1870–1930,* New York: Routledge.

Gökçek, F.（2001）. Fatih Kerimî ve İstanbul Mektupları, in Fatih Kerimî, *İstanbul Mektupları,* Istanbul: Çağrı Yayınları.

Holquist, P.（2001）. To Count, to Extract, and to Exterminate: Population Statistics and Population Politics in Late Imperial and Soviet Russia, in Ronald Grigor Suny and Terry Martin（eds.）, *A State of Nations: Empire and Nation-Making in the Age of Lenin and Stalin,* Oxford: Oxford University Press.

Kane, E.（2005）. Pilgrims, Holy Places, and the Multi-confessional Empire: Russian Policy toward the Ottoman Empire under Tsar Nicholas I, 1825–1855, PhD diss., Princeton University.

Karīmī, F.（1904）. *Marḥūm Ghilmān Ākhūnd,* Orenburg.〔ケリミー『故ギルマン・アフンド』〕

———（1913）. *Istānbūl Maktūblarī*, Orenburg.〔ケリミー『イスタンブルの手紙』〕

Kırımlı, H.（1996）. *National Movements and National Identity among the Crimean Tatars, 1905–1916*, Leiden: Brill.

Khalid, A.（2011）. Central Asia between the Ottoman and the Soviet Worlds, *Kritika: Explorations in Russian and Eurasian History,* Vol.12, No. 2.

McCarthy, J.（1995）. *Death and Exile: the Ethnic Cleansing of Ottoman Muslims, 1821–1922,* Princeton: The Darwin Press.

Meyer, James H.（2007）. Immigration, Return, and the Politics of Citizenship: Russian Muslims in the Ottoman Empire, 1860–1914, *International Journal of Middle East Studies*, Vol.39, No.1.

Miller, A. and Rieber, Alfred J.（eds.）(2004）. *Imperial Rule,* Budapest: Central European University Press.

Mu'allim〔『ムアッリム（教師）』〕（引用数字は順に刊行年／号／引用頁を示す）

Oishi, T.（1996）. An Enquiry into the Structure of Pan-Islamism in India: The Phase of the Italo-Turkish and Balkan Wars, 1911–1913, *Journal of the Japanese Association for South Asian Studies*, No.8.

Özcan, A.（1997）. *Pan-Islamism: Indian Muslims, the Ottomans and Britain, 1877–1924,* Leiden: Brill.

Papas, A., Welsford, T. and Zarcone, Th.（eds.）(2012）. *Central Asian Pilgrims: Hajj Routes and Pious Visits between Central Asia and the Hijaz,* Berlin: Klaus Schwarz Verlag.

Reynolds, M.（2011）. *Shattering Empires: The Clash and Collapse of the Ottoman and Russian Empires, 1908–1918,* Cambridge: Cambridge University Press.

Shūrā〔『シューラー（評議会）』〕（引用数字は順に刊行年／号／引用頁を示す）

Walīduf, Jamāl al-Dīn（1914）. *Millat wa Milliyat,* Orenburg.〔ヴァリドフ『民族と民族性』〕

Yūlduz〔『ヨルドゥス（星）』〕（引用数字は順に刊行年／月／日／引用頁を示す）

АВПРИ: Архив внешней политики Российской империи. Ф.180. Посольство в Константинополе.〔ロシア帝国外交文書館「在イスタンブル大使館」〕（引用数字は順に фонд/ опись/ дело/ лист を示す）

Ауст М., Вульпиус Р. и Миллер А.（2010）. Ред. Imperium inter pares: Роль трансферов в истории Российской империи（1700–1917）. Москва: Новое литературное обозрение.〔アウスト／ヴルピウス／ミレル『相似する帝国――ロシア帝国史における移転の役割（一七〇〇〜一九一七）』〕

Биктимирова Т. А.（2003）. Ступени образования до Сорбонны. Казань: Алма-Лит.〔ビクチミロヴァ『ソルボンヌまでの教育階梯』〕

Валидов Дж.（1998/1923）. Очерк истории образованности и литературы татар. Казань/Москва и Петроград.〔ヴァリドフ『タタール人の知識人と文学の概説史』〕

Инородческое обозрение.〔『異族人時評』〕（引用数字は順に刊行年／号／引用頁を示す）

Каримуллин А. Г.（1974）. Татарская книга начала XX века. Казань.〔カリムッリン『二十世紀初頭のタタール語書籍』〕

Кәрими Ф.（2000）. Фатыйх Кәрими: Фәнни-биографик җыентык. Казан: Рухият.〔ケリミー『ファーティフ・ケリミー――伝記資料集』〕

Кострикова Е. Г.（2007）. Российское общество и внешняя политика накануне первой мировой войны 1908–1914 гг. Москва: Институт российской истории.〔コストリコヴァ『ロシア社会と第一次世界大戦前夜の外交』〕

Мәрданов Р.（2001）. «Шура» журналы（1908–1917）: әдәбият мәсьәләләре. Казан: Рухият.〔マルダノフ『『シューラー』誌（一九〇八〜一九一七）――文芸上の諸問題』〕

НАРТ: Национальный архив Республики Татарстан. Ф.199. Казанское губернское жандармское управление.〔タタルスタン共和国民族文書館「カザン県憲兵局」〕（引用数字は順に фонд/ опись/ дело/ лист を示す）

Сибгатуллина А. Т.（2010）. Контакты тюрок-мусульман Российской и Османской империй на рубеже XIX–XX вв. Москва: Институт востоковедения. 〔シブガトゥッリナ『十九世紀末から二十世紀初頭にかけてのロシア帝国とオスマン帝国のテュルク系ムスリムの接触』〕

第Ⅲ部

社会主義ソ連の内と外

二十世紀初頭ロシア・マルクス主義者の思考様式と世界観

プレハーノフとボグダーノフの哲学論争を読み直す

佐藤正則

二十世紀初頭のロシア・マルクス主義における哲学論争の構図

二十世紀初頭のロシアの文化と思想を語るうえで、マルクス主義の果たした役割を無視することはできない。この時期のロシア・マルクス主義の特色は、哲学が重要な位置を占め、理論家たちが激しい哲学論争を繰り広げたことである。その背景には二つの要因がある。第一に、労働者階級が未発達であったため、マルクス主義政党がごく少数の活動家と理論家の集団にとどまったこと、第二に、西欧で生じた新たな哲学潮流に触発され、理論家たちのあいだで、マルクス主義哲学を構築する多様な試みがなされたことである。

こうした哲学論争は、これまで多くの場合、不毛な非難と誹謗《ひぼう》の応酬にすぎないと見なされ、対立する理論家たちの見解は根本的に異なるものとされてきた。しかし、これらの論争には、この時期のマルクス主義理論家に固有の論理や思考様式が現れていると考えられる。また、表面上はまったく異質な思想の対立にみえながらも、抱いていた哲学的課題やその解決の方向性などの点で、これまでの研究者ばかりでなく、当事者自身でさえも気づかなかった共通点が潜んでいる可能性がある。こうした点に着目することによって、二十世紀初頭のロシア・マルクス主義者の思考様式と世界観の一端を明らかにできるだろう。この章では、二十世紀初頭におけるマルクス主義者たちの論争の一例をとりあげて、既存の史料をこれまでとは異なる視点から読み直す。

この章で検討するのは、ゲオルギー・プレハーノフ(一八五六〜一九一八)とアレクサンドル・ボグダーノフ(本姓マリノフスキー、一八七三〜一九二八)とのあいだで、一九〇五〜一〇年におこなわれた論争である。この時期のロシアのマルクス主義理論家たちは、哲学面では三つのグループに分けることができる。第一は、プレハーノフのほか、リュボーフィ・アクセリロード(一八六八〜一九四六)やアブラーム・デボーリン(本姓ヨッフェ、一八八一〜一九六三)などで、マルクス主義を唯物論哲学として体系化しようとする。第二は、ピョートル・ストルーヴェ(一八七〇〜一九四四)、セルゲイ・ブルガーコフ(一八七一〜一九四四)、ニコライ・ベルジャーエフ(一八七四〜一九四八)などで、マルクス主義をドイツの新カント派の哲学で補強することを試みる。第三は、ボグダーノフに加えて、アナトーリー・ルナチャルスキー(一八七五〜一九三三)、ウラジーミル・バザーロフ(本姓ルドネフ、一八七四〜一九三九)などで、オーストリアの哲学者エルンスト・マッハ(一八三八〜一九一六)の経験批判論をマルクス主義にとりいれる。新カント派と経験批判論は当時の西欧で最新の哲学理論であった。これらグループが三つどもえの哲学論争を展開していた。[1] プレハーノフとボグダーノフとの論争は、なかでも最も激しいものといってよい。ボグダーノフは、プレハーノフの認識理論を、自然科学的な因果関係ですべてを説明する十八世紀的な機械論的唯物論、あるいは現象の背後に認識できない実体を想定する形而上学的な不可知論と批判した。他方、プレハーノフは、ボグダーノフの哲学を、全世界を個人の意識に還元させる主観的観念論、自分以外のすべての存在を否定する独我論と糾弾した。[2]

この章では、まずプレハーノフとボグダーノフがたがいに相手の理論のどのような点をどのように批判し、論敵の思想をどのように特徴づけているのか、それに自分の思想をどのように対置させているのかに目を向け、両者に共通する論理の組立て方や考え方を明らかにしたい。次に、論敵に対する反論と自己弁護の側面に目を転じ、両者が抱いていた哲学的課題やその解決の方向性の共通点に迫りたい。

おもに用いる史料は、相手を批判し、相手に反論することを目的とした論争書である。ボグダーノフの著書『経験一元論』第三巻の四八ページにおよぶ序文(一九〇六年四月三十日付け)、『ある哲学学派の冒険』(一九〇八年)、『信仰と科学』(一九一〇年)、プレハーノフの著書『戦闘的唯物論』(一九〇八〜一〇年)である。『信仰と科学』はウラジーミル・レーニン(本姓ウリヤーノフ、一八七〇〜一九二四)の『唯物論と経験批判論』(一九〇九年)に対する反論だが、プレハーノフ批判も含んでいる。『戦闘的唯物論』は三つの公開書簡からなり、「第一書簡」「第二書簡」はそれぞれ『社会民主主義の声』誌一九〇八年第六〜七号と第八〜九号に掲載され、「第三書簡」はプレハーノフの論文集『防御から攻撃へ』(一九一〇年)のために書きおろされた。[3]

プレハーノフは一八八三年にロシア最初のマルクス主義グループ労働解放団をジュネーヴで創設した。一九〇三年にロシア社会民主労働者党が中央集権的組織を志向するボリシェヴィキと大衆的政党をめざすメンシェヴィキに分裂したのちは、政治的にはボリシェヴィキとは一線を画した。プレハーノフの世界観では、われわれの目に見える現象世界の背後に物自体が存在し、物自体が人間の感覚器官に作用することで、人間の感覚すなわち現象が生じる。人間は物自体を直接は知覚できない。[4]

ボグダーノフは、レーニンと並ぶボリシェヴィキの指導者であったが、一九〇五年以降レーニンと対立し、独自の分派(フペリョート〈前進〉派)を率いた。ボグダーノフはマッハの哲学に着眼した。マッハは、人間の外部の物自体の存在を否定し、心理的形象も物理的物体も同じ素材すなわち感覚の要素(色、音、味、におい、あたたかさ、かたさなど)からなると説いた。心理的形象と物理的物体との相違は要素の連関の仕方の違いとされる。ボグダーノフは、このマッハの哲学に修正を加え、心理的形象と物理的物体とを経験要素の組織化の異なる段階と見なした。ボグダーノフの考えでは、精神的なものはより低い個人的な組織化、物理的なものはより高い社会的な組織化であり、客観的な物理世界は、人々の社会的労働と交流のなかで社会的かつ歴史的に構築される。[5]

論敵の内的矛盾を暴こうとする批判手法

プレハーノフとボグダーノフとの論争において、まず目につくのは、相手を批判する手法が似ていることである。両者はともに、何よりもまず、論敵の論理は一貫性に欠けると主張し、そこに批判を集中させる。内的矛盾が最も非難される誤りと見なされ、折衷主義が相手を糾弾する際の常套句となる。プレハーノフは、ドイツとロシアの新カント派マルクス主義を批判した論文を収めた論文集『わが批判者の批判』(一九〇六年)の序文で、論敵を「折衷主義的」と形容しており、その際、あえてマッハの名前もあげている。[6] 他方、ボグダーノフも『ある哲学学派の冒険』の序文で、プレハーノフの思想を「本質的にプロレタリア的ではない折衷主義」と呼んでいる[Плеханов 1906b : 293 ; Богданов 1908 : 5]。

プレハーノフは、ボグダーノフが自身の哲学を独我論と認めないことを、一貫性の欠如だと論難した。フリードリヒ・エンゲルス(一八二〇〜一八九五)の著書『フォイエルバッハ論』(一八八八年)のロシア語訳第二版(一九〇五年)訳者序文で、プレハーノフは、マッハが主観的観念論と独我論から免れるには「許しがたい一貫性のなさ」によるほかないと述べている。[7]『戦闘的唯物論』「第一書簡」でも、マッハやボグダーノフが独我論から救われるのは「奇怪な非論理性」「許しがたいばかばかしさ」によると、同じ主張を繰り返している。また「第三書簡」では、プレハーノフは、ボグダーノフのもう一つの内的矛盾をあげている。ボグダーノフの用いる二つの異なる概念「社会的に組織化された経験」と「要素の混沌」がどちらも物質に相当する、というのである。これと関連して、ボグダーノフが、世界を経験に帰着させているにもかかわらず、他人の存在を認めている点も問題視している[Плеханов 1905 : 255 ; 1908–10 : 20–21, 88–89]。

他方、ボグダーノフは、物自体の外見について、プレハーノフが二つの異なる見解のあいだで揺れ動いていると主張する。第一の見解では、物自体に外見はあるが、われわれはそれを知ることはできない。第二の見解では、物自体には外見はない。ボグダーノフによれば、プレハーノフは、当初は第一の見解を唱えていたが、一九〇五年に第二の見解に転じ(『フォイエルバッハ論』ロシア語訳第二版訳註)、〇六年には再び第一の見解に戻り(論文集『わが批判者の批判』)、〇八年にまたしても第二の見解に移った(『戦闘的唯物論』)ことになる。このことをボグダーノフは、『経験一元論』第三巻序文でも、『ある哲学学派の冒険』でも論じており、さらに『信仰と科学』では三度も言及している[Богданов 1906:XIV-XV; 1908:14-17; ボグダーノフ 2003:54-56,114-115,125]。しかも、『わが批判者の批判』は以前の論文の再録であって自身の最新の見解ではないとのプレハーノフからの反論(『戦闘的唯物論』「第二書簡」)を受けて、再録に際して加筆修正がなされていることを証明するため、二つの文章を比較検証している。この問題に対するボグダーノフの執着のほどがうかがえる[Плеханов 1908-10:39; ボグダーノフ 2003:125-128]。

このように、プレハーノフもボグダーノフも、たがいに相手の理論の内的矛盾を暴くことに大きな力を注いでいる。しかし、論敵の理論の不備や整合性の欠ける箇所を暴き立ててやろうと躍起になるためか、しばしば論敵の思想や用語の意味内容を正しく理解せず、誤解と先入観に基づく誹謗中傷になっている。相手の用いる用語について、論敵がそれをどのような意味で用いているのかを理解しようとはせず、その用語に対する自身の理解に従って論敵の思想を解釈している。

たとえば、プレハーノフはボグダーノフの経験概念を理解できていない。ボグダーノフにとって、経験は個人の心理ではなく、経験の要素は物理的物体の素材でもある。また物理的物体は経験の要素の社会的な組織化であり、自分以外の人々の存在が前提となっている。また、のちにみるように、ボグダーノフは人間の意識のなかに入ってこない経験の要素の存在も認めている。しかし、プレハーノフは、経験を個人の心理世界と見なす自己の理解を、ボグダーノフの思想にも適用している。また、プレハーノフはボグダーノフが用いる二つの概念を完全に混同している。「社会的に組織化された経験」は「物理的経験」、つまりわれわれが日常の経験世界において物理的物体と見なしているもののことであり、他方「要素の混沌」はわれわれの意識の内には入っておらず、プレハーノフの物自体に相当する。このプレハーノフの混同については、ボグダーノフも『経験一元論』第三巻序文や『信仰と科学』で指摘している[Богданов 1906: C.XII: ボグダーノフ 2003: 90–92]。

他方、ボグダーノフもまた、プレハーノフの物自体概念を誤解している。物自体が外見をもつと、プレハーノフが明言したことはない。たしかにプレハーノフは外見を連想させる用語を用いたことがある。『フォイエルバッハ論』ロシア語訳初版(一八九二年)訳註で、感覚を「ヒエログリフ」と呼び、「ヒエログリフはそれによって伝えられる出来事には似ていない」と述べていた。しかし、第二版訳註で、この表現を不適切と認めて撤回している[Плеханов 1892–1905: 408,388]。『わが批判者の批判』に再録された論文「唯物論再論」(一八九九年)では、物自体の「形式」と「関係」を、現象の「形式」と「関係」に対応させている。さらに『戦闘的唯物論』「第二書簡」では、「形式」とは、「外見」ではなく、「法則」「構造」のことだと述べている[Плеханов 1906a: 142: 1908–10: 34–36]。また、『フォイエルバッハ』論ロシア語訳第二版訳註で、物自体の「特性」に言及しているが、『戦闘的唯物論』「第二書簡」で「特性」とは物自体がわれわれに感覚を起こさせる能力のことだと説明している。「外見」は主観的なものであり、「特性」は主観に関係なく物自体に備わっている[Плеханов 1892–1905: 386: 1908–10: 41]。このように、プレハーノフが物自体に付与しているのは、「形式」「諸関係」「特性」であり、それらは外見とは別のものと考えられている。しかし、ボグダーノフはプレハーノフの釈明に耳を傾けない。『経験一元論』第三巻序文で、「なんらの外見ももたずにいかにして形式をもつことができるだろうか」と問い、「外見」と「形式」は「同じものの二つの表現」であり、「特性」も経験的起源をもつと断定する(強調は原文、以下も)。『ある哲学学派の冒険』では、ヒエログリフ論を物自体に「外見」と「特質」を認めるものと決めつけ、『信仰と科学』でも、「「外見」すなわち感性的特質をもたない物体の「構造」を思い描くことなどはたして可能だろうか?」と揶揄《やゆ》している[Богданов 1906: XIV–XV: 1908: 16–17: ボグダーノフ 2003: 116]。プレハーノフは個人の感覚世界の外部にある物自体を論じているのだが、ボグダーノフはすべてのものを経験の要素からなると考えており、その自身の理解をプレハーノフの物自体にもあてはめている。

このようにプレハーノフもボグダーノフも、論敵の思想の内的矛盾を暴き出そうとする。その志向があまりに強いため、論敵の思想を正確に理解しようとせず、論敵の用語に自身の概念理解をあてはめ、誤解や曲解に基づく批判にいたっている。

一元論・唯物論・自然科学と二元論・観念論・形而上学という対立図式

論敵の思想を内的に矛盾したものとして描く一方で、プレハーノフもボグダーノフも自身の思想を一元論という言葉で表現する。プレハーノフは、『歴史に対する一元論的見方の発展について』(一八九五年)で、自身の歴史観を一元論と呼んでいたし、ボグダーノフは自分の哲学を経験一元論と名づけている。[8] 両者はともに一元論と折衷主義という対立構図で議論を組み立てている。実際、ボグダーノフは、『経験一元論』第三巻序文で、「折衷主義か一元論かという問題」の存在を指摘している[Богданов 1906:XLIV]。ここでは、両者が自身と論敵との思想にどのように特徴づけを与え、それらを対比させているのかをみてみたい。

プレハーノフが唯物論を擁護したのは、それが一元論的世界観であるからである。『フォイエルバッハ論』ロシア語第二版訳者序文で、唯物論の最大の特徴を「精神と物質、神と自然との二元論を除去している」点にあるとし、マルクスの理論を他の理論と「結合」させる試みは、「思想の弱さ、一つの基本原理を厳格に一貫して保つ能力がないこと」、ひいては「マルクスを理解する能力がないこと」の表れだと主張する[Плеханов 1905:258,255]。

他方、ボグダーノフがマッハの哲学に着眼したのも、物質と精神と二元論を超克できると期待されたからである。しかも、ボグダーノフは、マッハの哲学に満足しない。『経験一元論』第三巻序文で、マッハが物理的物体と心理的形象との違いを要素の連関形式の相違と説明した点を二元論のなごりだと断じている。先に述べたようなな修正をマッハの哲学に加えたのは、一元論をより徹底させるためにほかならない[Богданов 1906:XXI,XXX]。

またその際、プレハーノフもボグダーノフも、自身は唯物論者を標榜し、論敵の思想に主観的観念論・形而上学とのレッテルを貼る。また自身を最新の自然科学に基づくと自負し、相手を時代遅れの思想と見なしている。

唯物論の防衛を自らの使命と考えるプレハーノフが、ボグダーノフを主観的観念論だと責めたのは当然である。しかし、ボグダーノフも、自身の思想を観念論とは認めず、むしろ唯物論に属すると反論する。『経験一元論』第三巻序文で、「『精神』に対する『自然』の一次性」というプレハーノフの定義に照らすならば、マッハは「厳格な唯物論者」であると主張している。それればかりか、ボグダーノフはプレハーノフに観念論的な特徴をみてとる。『ある哲学学派の冒険』で、ボグダーノフは、プレハーノフが経験を「ただ主観的で個人的な感覚と表象」と見なしている点を指摘し、これをカント主義や個人主義的学派に特有のものだと評する。『信仰と科学』でも、経験理解の点において、プレハーノフをイギリスの経験論者デイヴィット・ヒューム(一七一一〜七六)やカントと同じ見解の持ち主として扱っている。また、『信仰と科学』で、プレハーノフに対するカント的な形而上学の影響を何度となく指摘している[Богданов 1906:XI: 1908:36-37; ボグダーノフ 2003:50,41,48,54,64,109]。

ボグダーノフは、プレハーノフの世界観を形而上学・不可知論と批判した。ところが、プレハーノフは、物自体を否定するマッハにかえって「観念論的形而上学のなごり」がみられると反論する。『戦闘的唯物論』「第二書簡」で、マッハが感覚の要素を人間の外部に実体として存在しているかのように表現している点を指摘し、「マッハは物自体を戸口から追い払ったが、物自体はまったく荒唐無稽な『色自体』という姿をとって窓から飛び込んできた」と揶揄している[Плеханов 1908-10:48,59]。

ボグダーノフは、プレハーノフの哲学を十八世紀的な唯物論であると批判した。ボグダーノフがマッハに着眼したのは、それが当時の西欧で最新の哲学だったからである。しかし、プレハーノフは自身が古い哲学を固守しているとは考えない。むしろ自分こそが最新の自然科学に立脚していると主張する。『戦闘的唯物論』「第一書簡」で、プレハーノフはドイツの動物学者エルンスト・ヘッケル(一八三四〜一九一九)の名をあげて、二十世紀の自然科学者にも唯物論者がいると指摘している。さらに、「第二書簡」では、プレハーノフは「ヒエログリフ」という言葉がロシアの生理学者イヴァン・セーチェノフ(一八二九〜一九〇五)からの借用であったことに触れ、「だから、あなた〔ボグダーノフ〕には、この種の問題において私が立っているのが、私の同時代の生理学者・唯物論者の視点であって、十八世紀の自然科学の視点ではないことを知る十分な機会があった」と述べている[Плеханов 1908–10:21,37]。

これに加えて、プレハーノフは、ボグダーノフこそが時代遅れの哲学に依拠していると主張する。『フォイエルバッハ論』ロシア語訳第二版訳註では、ボグダーノフをヒュームへの「後退」だと断じている。『戦闘的唯物論』「第二書簡」では、マッハの哲学を十八世紀アイルランドの観念論者ジョージ・バークリ(一六八五〜一七五三)の見地だと主張し、主観的観念論は「十八世紀においても哲学の死産児であった」と断じている[Плеханов 1892–1905:396; 1908–10:58–59]。さらに、『戦闘的唯物論』「第二書簡」で、プレハーノフはマッハを「自然科学者」と「哲学者」という対立する二つの側面に分けている。それによると、マッハは、自然科学者としては、「まったく無意識的にではあるものの」唯物論に向かっており、他方、哲学者としては観念論に基づいている。念を押すかのように、数ページ後にまったく同じ発言を繰り返し、その際、「非唯物論的自然科学などというものはありえない」と述べている[Плеханов 1908–10:55,57]。それに対し、プレハーノフが、自然科学と唯物論との結びつきを当然のものと考えていることがわかる。それに対し、なんらかの特別の哲学を持ち込む試みはすべて、観念論へと後退する危険性をはらんでいると見なされる。

他方、ボグダーノフの『経験一元論』第三巻序文にも、自然科学と哲学との関係について、プレハーノフとほぼ同じ趣旨の発言がみられる。ここで、ボグダーノフは直接的には新カント派のマルクス主義者たちを批判している。新カント派のマルクス主義者たちは、マルクス主義には哲学的基盤が欠けていると指摘し、マルクス主義をドイツの新カント派の哲学に基礎づけようと試みた。ボグダーノフはこの見方を退け、逆に哲学をマルクス主義的に基礎づける必要があると論じる。そして、この点では、「自らを自然科学に基礎づけた古い唯物論は、科学と哲学との関係を正しく理解していた」と、プレハーノフの依拠する唯物論に好意的である。続けて、「マルクス主義哲学は何よりまず自然科学的でなくてはならない」と主張する。「なぜなら自然科学は社会の生産力のイデオロギーであるからである」。その前の箇所でも、「自然科学の現代のテーゼを知っている者であれば、誰にとっても「唯物論」は避けられない」と断言している。『ある哲学学派の冒険』でも、「全体としての科学の発展との切り離すことのできない生きた連関においてのみ、哲学は前へと進むことができる」と述べている[Богданов 1906:XXII–XXIII,XI:1908:25]。ボグダーノフもまた、自然科学と唯物論との結びつきを当然のものと見なしていることがわかる。ここでは、プレハーノフとボグダーノフとの論争は、どちらが最新の自然科学に依拠しているかという争いの様相を呈している。

このように、プレハーノフとボグダーノフはともに、一元論・唯物論・自然科学と二元論・観念論・形而上学という対立構図に従って、自身の議論を組み立て、論敵への批判を展開している。

形而上学的不可知論と主観的観念論・独我論とのあいだで

ここまでは、おもにプレハーノフとボグダーノフが相手を批判する際の批判の仕方、さらに彼らが立てた自身と論敵との対立図式についてみてきたが、次に自らに浴びせられた批判に対する反論と自己弁護に目を転じてみたい。たがいの批判の大きな部分が用語法に対する誤解によるものであるならば、両者の思想の隔たりは、当事者本人やこれまでの研究者たちが考えていたほどには、大きくない可能性がある。相互の批判ではなく、反論と自己弁護に着眼することによって、両者の哲学的見解に、彼ら自身ですら気づかなかった共通性を明らかにすることができると考えられる。

まず、プレハーノフについてみてみたい。プレハーノフは論文「唯物論再論」で物質をこう定義していた。

> 「精神」と対置して「物質」と呼ばれるのは、われわれのなかになんらかの感覚を呼び起こすものである。いったい何がわれわれの感覚器官に作用しているのか？　この問題の答えはカントが述べているとおりである。物自体である。したがって、これらの物がわれわれの感覚の源泉であるかぎり、物質とは物自体の総体にほかならない。[Плеханов 1906a : 141]

ボグダーノフはこの定義を、『経験一元論』第三巻序文で、「非「感覚」、非「現象」、非「経験」という消極的な特徴づけ」だと非難した。『信仰と科学』でも、この箇所を、プレハーノフがカント的不可知論に追随している証拠としてあげている[Богданов 1906 : XIII ; ボグダーノフ 2003 : 109]。しかし、これに対してプレハーノフは、自分は物自体を感覚から遮断させてはいないと反論する。『戦闘的唯物論』「第二書簡」で、プレハーノフは、この定義を再度掲げ、「私が物の物質性という言葉で理解しているのは、……なんらかの仕方で、直接または間接に、われわれの感性に作用して、それによってわれわれのなかになんらかの感覚を呼び起こす物の能力のことである」と説明している。その際、プレハーノフは、カントに不可知論的な傾向があることを指摘し、これを「不徹底」と評している。これに先立つ『フォイエルバッハ論』ロシア語訳第二版訳註では、物自体の「特性」、ひいては「本性」をある程度は知覚できると述べている[Плеханов 1908–10 : 24 ; 1892–1905 : 386]。つまり、プレハーノフの考えでは、われわれは物自体を直接知覚することはできないが、物自体の感覚器官への作用を通じて間接的に、物自体の「本性」を知ることができる。すべての物自体が現に人間の感覚器官に作用しているわけではないが、人間の感覚器官に決して作用しない物自体はない。この点をプレハーノフは『戦闘的唯物論』「第二書簡」で何度も強調している[Плеханов 1908–10 : 29, 32]。プレハーノフが不可知論を彼なりのやり方で克服しようとしていたことがわかる。しかし、不可知論を否定しながらも、プレハーノフは、物自体を放棄しなかったし、物自体の直接的な知覚は拒絶した。いわば間接的な知覚のみで不可知論の克服には十分であり、直接的な知覚を認めれば、物自体と人間の感覚との厳格な違いが失われ、主観的観念論と独我論に陥ってしまう、とプレハーノフは考えていた。物自体は感覚とは別のものであり、感覚は純粋に個人の主観的な心理世界でなくてはならなかった。物自体が人間の外部にとどまりながら感覚器官に作用するという図式は、不可知論と主観的観念論・独我論の双方を避けるための、プレハーノフの苦心の策であった。

　次に、ボグダーノフの自己弁護をみてみよう。ボグダーノフは、形而上学的な不可知論を克服するために、物自体を否定し、すべての存在を経験の要素の組織化と見なした。これをプレハーノフは主観的観念論・独我論と批判した。しかし、ボグダーノフは、自身の理論における経験は個人の主観的な心理ではないと反論する。その際、三つの点を指摘している。第一に、経験の要素が、主観的な心理的形象ばかりでなく、客観的な物理的物体の素材でもあること、第二に、客観的な物理的物体が要素の社会的組織化であること、第三に、人々の意識のなかに入っていない要素も存在することである。第一点については、ボグダーノフは『ある哲学学派の冒険』で、経験を個人の主観や自我に帰着させる個人主義的な考え方はすでにマッハによって覆されたと指摘し、マッハの経験理解を「完全に反個人主義的で反主観主義的」と評価している[Богданов 1908:37–38,40–41]。第二の点については、ボグダーノフは、すでにみたように、マッハに大きな修正を加え、社会的視座を導入している。ここには世界観における人々の社会的交流の役割をより拡大しようとするボグダーノフの意図がみえる。この点で、ボグダーノフは自身とマッハとの相違を機会あるごとに強調している[Богданов 1906:XXI, XL–XLII: 1908:52: ボグダーノフ 2003:71]。興味深いのは第三点で、ここではボグダーノフは、この人間の意識に入っていない経験の要素がプレハーノフの物自体と同じものだと主張する。『経験一元論』第三巻序文で、「要素の混沌」、低次の「直接的複合体」がプレハーノフのいう物自体からなる自然に該当すると述べている。『ある哲学学派の冒険』でも、物自体とは経験の要素からなるが、「ただし、今はまだわれわれには知られていない」と論じている。さらに、『信仰と科学』でも、「諸要素の混沌とした自然状態」がプレハーノフの物自体に相当するとされている

[Богданов 1906:XII:1908:12:ボグダーノフ 2003:72–73]。主観的観念論・独我論を回避するために、ボグダーノフが経験概念にさまざまな工夫をこらしていたことがわかる。しかし、人間意識の外部の経験要素であっても、それはあくまで経験の要素でなくてはならなかった。経験と異質の存在を認めるならば、再び不可知論に陥ってしまうと、ボグダーノフには思われたのだ。

このように、プレハーノフとボグダーノフはどちらも、形而上学的不可知論と主観的観念論・独我論の双方を同時に克服できる世界観をつくろうとしていた。両者の見解の相違は、その解決の方法にあるといえる。

先にみたように、プレハーノフとボグダーノフはたがいに、相手の基本概念の意味内容を理解せず、その用語に対する自身の解釈を相手に押しつけていた。こうした誤解を招いた一因は、その概念が自身の世界観と哲学理論においても最重要のものであり、その意味内容についてゆるがせにできなかったことにある。プレハーノフが個人の心理世界という自身の感覚理解をボグダーノフの経験概念に投影したのは、感覚が個人の主観的心理であることが、プレハーノフ自身の世界観の根幹をなしていたからである。他方、ボグダーノフがプレハーノフの物自体に外見や感性的特徴をみてとろうとするのは、ボグダーノフ自身の哲学理論においては、人間の意識の外部にある物自体もまた経験の要素でなくてはならなかったためである。

共有された精神的課題と、その解決をめぐる論争

プレハーノフとボグダーノフは激しく反目し、論争したが、相手を批判する際の手法や論理の組立て方、自分と論敵とを対比する図式などは、たがいによく似かよっている。両者はともに、二元論・観念論・形而上学を否定し、一元論・唯物論・最新の自然科学を志向するという共通した価値意識をもっていた。両者は、哲学的見解は異にしたが、ともにロシア・マルクス主義の理論家として、一定の思考様式や論理性を共有していた。

また、哲学理論においても、プレハーノフとボグダーノフは同じ問題意識を抱いていた。それは、人間が認識できない世界があるとする形而上学的不可知論と、全世界を個人の主観的心理に帰着させる主観的観念論・独我論の両方を超克した一元論的世界観をいかにして構築することができるかということであった。両者のいずれにとっても、形而上学的不可知論は人間を外部の権力に屈服させるものであり、人間の能力に限界を設けるものであった。また、主観的観念論は個人主義にほかならず、マルクス主義者としては、認めることはできなかった。

プレハーノフとボグダーノフは、この共通した課題を異なるやり方で解決しようとしていた。プレハーノフは、個人の主観的心理世界とは異なる物自体が存在するという立場を堅持しながら、その枠内で可能なかぎり物自体と感覚とを結びつけることを試みた。他方、ボグダーノフは、物自体を否定して、すべての存在を経験要素の組織化と見なしながらも、全世界を個人の心理に帰してしまわないために、社会的視点を導入し、また人間の意識の外部にも経験要素の存在を認めた。プレハーノフとボグダーノフとの哲学論争は、単に異なる哲学的見解のあいだの対立によるものではない。それは、二十世紀初頭ロシアのマルクス主義理論家のあいだになかば無意識のうちに共有されていた精神的課題の解決策を競うものでもあった。

註

1　ロシア・マルクス主義の三つのグループについては、［佐藤 2010：2012］を参照。
2　論争には、その後、レーニンが『唯物論と経験批判論』（一九〇九年）を著して介入するが、この章ではレーニンはとりあげない。レーニンとボグダーノフとの哲学論争については［佐藤 2003b］を参照。
3　ボグダーノフ『信仰と科学』とプレハーノフ『戦闘的唯物論』は邦訳がある［ボグダーノフ 2003：プレハノフ 1930］。
4　プレハーノフの思想について詳しくは、［田中 1967］および［バロン 1978］を参照。
5　ボグダーノフの思想とその影響について、より詳しくは［佐藤 2000：2003a］を参照。

6　プレハーノフの『わが批判者の批判』は戦前に邦訳があるが、この序文は収められていない[プレハーノフ 1929]。

7　『フォイエルバッハ論』ロシア語訳第二版の序文、およびこの第二版に追加された訳註は、戦前に邦訳がある[プレハーノフ 1931]。

8　このプレハーノフの著書には邦訳がある[プレハーノフ 1947]。

参考文献

佐藤正則(二〇〇〇)『ボリシェヴィズムと新しい人間――二〇世紀ロシアの宇宙進化論』水声社。

――(二〇〇三 a)「マルクスを読みなおすマッハ主義者たち――ロシア・マルクス主義の多面性のために」『情況』二〇〇三年五月号。

――(二〇〇三 b)「世紀転換期の思想とボリシェヴィキの哲学論争」ボグダーノフ(佐藤正則訳)『信仰と科学』未来社。

――(二〇一〇)「二十世紀初頭ロシア思想の新たな見かた――知的転換と知識人の間の論争をめぐって」松井康浩編『二〇世紀ロシア史と日露関係の展望――議論と研究の最前線』九州大学出版会。

――(二〇一二)「革命と哲学――世紀転換期ロシアにおけるマルクス主義者たちの哲学的模索と論争」塩川伸明・小松久男・沼野充義編『ユーラシア世界 3　記憶とユートピア』東京大学出版会。

田中真晴(一九六七)『ロシア経済思想史の研究――プレハーノフとロシア資本主義史』ミネルヴァ書房。

バロン、サミュエル(一九七八)　白石治朗・加藤史朗・阪本秀昭・阪本博訳『プレハーノフ――ロシア・マルクス主義の父』恒文社。

プレハーノフ(一九三〇)　川内唯彦訳『戦闘的唯物論』叢文閣。

プレハーノフ(一九二九)　外村史郎訳『わが批判者の批判』叢文閣。

――(一九三一)　永田廣志訳『唯物論と弁証法の根本概念　露訳フォイエルバッハ論より』曙書房。

――(一九四七)　川内唯彦訳『史的一元論』岩波書店。

ボグダーノフ(二〇〇三)　佐藤正則訳『信仰と科学』未来社。

Богданов А. А. (1906). Эмпириомонизм. Статьи по философии. Т. 3. СПб: Издание С. Дороватовского и А. Чарушникова〔ボグダーノフ『経験一元論　哲学論文集』第三巻〕

———(1908). Приключения одной философской школы. СПб: Издание Товарищества “Знание”〔ボグダーノフ『ある哲学学派の冒険』〕

Плеханов Г. В. (1892–1905). Примечания [переводчика к книге Ф. Энгельса “Людвиг Фейербах”// Плеханов Г. В. Сочинения, Т. 8. Москва: Государственное издательство 1923.〔プレハーノフ「エンゲルス『フォイエルバッハ論』訳者註」〕

———(1905). Предисловие переводчика ко 2-му изданию брошюры Фр. Энгельса “Людвиг Фейербах”// Плеханов Г. В. Сочинения, Т. 18. Москва: Государственное издательство 1925.〔プレハーノフ「エンゲルス『フォイエルバッハ論』第二版訳者序文」〕

———(1906a). Критика наших критиков// Плеханов Г. В. Сочинения, Т. 11. Москва: Государственное издательство 1923.〔プレハーノフ『わが批判者の批判』〕

———(1906b). Предисловие к сборнику «Критика наших критиков»// Плеханов Г. В. Сочинения, Т. 18. Москва: Государственное издательство 1925.〔プレハーノフ「『わが批判者の批判』序文」〕

———(1908–10). Materialismus militans// Плеханов Г. В. Сочинения, Т. 17. Москва: Государственное издательство 1924.〔プレハーノフ『戦闘的唯物論』〕

敗北後のジノヴィエフ

『ヴェ・イ・レーニン』構想メモ

池田嘉郎

塩川伸明のジノヴィエフ論

グリゴーリー・ジノヴィエフ(一八八三〜一九三六)は、ソ連の初期指導者のなかでは評判が悪い。とくに理論面において凡庸であるというのが、一般的な評価である[渓内 1978:161]。ジノヴィエフの「党独裁論」に独自の理論的な意義を見出すことで、このような通念を覆したのが塩川伸明である。一九七七年の論文において塩川は、スターリンの「プロレタリアート独裁論」が「国家機構や諸大衆団体の独自な機能を重視」するのに対して、ジノヴィエフの「党独裁論」は党による諸社会集団の統制を重視するものであり、そこには「政治というものをトップ・リーダー間の討論・理論闘争また煽動政治のレヴェルでとらえる革命前〜革命期の発想」があると論じた[塩川 1977:40,44]。これを筆者なりに言い換えるならば、ジノヴィエフはボリシェヴィキの理想とする社会秩序像を、相対的に原初的な形のままで保持した人物であるということになる。石井規衛がジノヴィエフの発案になる「党週間」を重視するのも、理論面における塩川の着眼に制度面において対応するものであった[石井 1995:142]。

本章の目的は、塩川の以上の着眼を踏まえながら、権力闘争に敗北したあとのジノヴィエフの思索について分析することにある。当時発表されたものとしては、党中央委員会の理論機関誌『ボリシェヴィク』に掲載された論説をとりあげる。さらにジノヴィエフは、一九三三年に回想ならびにレーニンに関する本の構想メモ（以下、「構想メモ」）を残しているが、これは八九年に『ソ連共産党中央委員会通報』にはじめて発表された。とくに「構想メモ」は、敗北後のジノヴィエフの考えを知るうえで貴重な史料であるが、これまでのところまとまった分析はない。本章はこの史料を主に分析する。

「構想メモ」はジノヴィエフの「党独裁論」に直接につながるものではない。だが、「領袖《りょうしゅう》」概念の考察、国家論に対する関心の弱さ、革命前の個人的経験へのこだわりなど、「党独裁論」と間接的にかかわる論点はいくつも見出せる。本章の分析は、今後、塩川の議論を受け、ジノヴィエフのオーソドクス性に着目して一九二〇年代ソ連論を深めていくための準備作業である。

図1　ジノヴィエフ（ブロツキー画）
［出典］Деятели 1920：15. Collection: National Library of Estonia.

最初の復党から二度目の除名まで

ジノヴィエフは本名をオフセイ＝ゲルシェン・アローノヴィチ・ラドムィシェリスキーといって、ウクライナのユダヤ人零細酪農家の家に一八八三年に生まれた。一九〇一年にロシア社会民主労働党に入党し、一九〇五年革命ののちには長く亡命生活を送った。一九一七年にはカーメネフとともに武装蜂起路線に反対し、党歴に致命的な傷を残したが、十月革命後にはペトログラード・ソヴィエト議長、コミンテルン執行委員会議長の重職に就いた。一九二四年にレーニンが死去して後継者争いが本格化すると、当初スターリンと組んでトロツキーを排撃したが、二五年末の第一四回党大会では「新反対派」の指導者としてスターリン＝ブハーリン連合に対抗した。次いで一九二六年にはトロツキーとともに合同反対派を結成した。だが、合同反対派は敗北し、一九二七年十一月にジノヴィエフは共産党を除名された（以後、彼の経歴は[Васецкий 1989; Чернев 1996:149-150]）。

一九二八年六月、自己批判したジノヴィエフは復党を許された。以後、一九三二年十月の二度目の除名までに、彼は『ボリシェヴィク』に六本の論説を発表している。それらの主題は、新たな戦争の危機、および社会民主主義批判である。

専ら時局にかかわるこれらの主題は、ジノヴィエフが自分で決めたものではなく、与えられたものなのであろう。それでも、戦争というテーマ自体はジノヴィエフにとって切実なものであった。革命家としての彼の核をなす経験は、第一次世界大戦であったからである。第一次大戦中にジノヴィエフは、オーストリアまたスイスにあって、亡命中のレーニンの最も身近な協力者であった。『ボリシェヴィク』においてもジノヴィエフは、第一次大戦中のレーニンをつねに参照している。

注目すべきは、そこで参照される第一次大戦期のレーニンが、ジノヴィエフによって必ずしも一定の評価を与えられていないことである。オーストリア・マルクス主義者レンナーを批判した復帰第一作「いくつの「マルクス主義」が地上に存在するのか」（一九二八年一六号、八月三十一日）では、ロシア革命の「実験性」を指摘するレンナーに対抗して、ジノヴィエフはレーニンの一貫性を強調している。一八九四年の『「人民の友」とは何か』から一九一五年十月の「若干のテーゼ」まで、レーニンの革命構想の本質は変わっていないと[Большевик 1928/16/27]。

次に、第一次大戦を回顧した「流れに逆らって」（一九二九年五号、三月十五日）をみよう。このタイトルは、レーニンとジノヴィエフが大戦中に書いた論文をまとめた共著（一九一八年刊）と同じである。おそらくジノヴィエフは、ブハーリンら右派の敗北によって大胆になっていたのであろう。論説で彼は、自分とレーニンの近さを示唆するとともに、開戦によってレーニンの振舞いがいかに変化したかを強調している。

> レーニンを個人的に知っていた多くの人々が、開戦以来彼がどれだけ変わってしまったかと驚いたものであった……。世界帝国主義戦争の開始以来、レーニンには何か一点に集中した、研ぎ澄まされた刃のように鋭い憎悪が生まれ、帝国主義戦争の張本人であるブルジョアジーに向けられるようになった。レーニンは顔つきさえもが変わった。[Большевик 1929/5/36]

さらに、「新しい革命は戦争なしでは不可能というのは本当か」（一九二九年一二号、六月三十日）では、大戦中のレーニンの革命構想の変化について、はっきりと記した。「ボリシェヴィズムは一九一四年の帝国主義戦争に、ロシアについてはプロレタリアートと農民の民主主義的独裁というスローガンを掲げて入った。ボリシェヴィズムは終戦までには、ロシアについても社会主義革命を宣言していた」[Большевик 1929/12/35]（以下、強調は断りがなければすべて原文）。

このように、ジノヴィエフは徐々にはっきりと、第一次大戦中にレーニンの革命構想に変化が起こったと書くようになった。じつはここには、政治的にデリケートな問題があった。十月革命後しばらくのあいだは、第一次大戦中にレーニンの革命構想や国家論に変化が生じたことは、古参党員間の共通認識であったといってよい（変化が生じた時点や、背景については多様な見解がありえたが）。ジノヴィエフ自身一九二三年に、「われわれは、労働者階級が帝国主義戦争中にたどった道程を注意深く観察することによって、徐々に「プロレタリアートと農民の民主主義的独裁」の定式から遠のき、別の「農民をひきいるプロレタリアート独裁」の定式に近づいたのである」と語っている[ジノヴィエフ 1979:221]。

もとよりレーニンは一九〇五年革命期にもすでに、ロシアの民主主義革命がヨーロッパの社会主義革命に火をつけることで、ロシア革命自体が社会主義に向かっていくと展望していた[和田 1977:102–104]。それでも、トロツキーの永続革命論のほうが、ヨーロッパ革命に先行してロシア革命が社会主義段階に入る可能性を想定することで、結果的に一九一七年の過程により近い像を打ち出していた[ドイッチャー 1964:170–179]。

だが、一九二三年に反トロツキズム・キャンペーンが始まって以降、トロツキーが第一次大戦中にレーニンに影響を与えたわけではない、ということが強調されるようになった。スターリンは一九二四年にこう述べた。「ところが一部の同志は、つぎのように考えているらしい。——すなわちレーニンは、やっと一九一六年になってこの思想〔ブルジョア革命のプロレタリア革命への成長転化〕にゆきついたのだ」、と[スターリン 1952–53:6/115]。大戦中のレーニンの発展に関する問題は、トロツキーとの関係だけにつきるわけではなかったが、いずれにせよ一九二九年にジノヴィエフが、大戦中のレーニンの変化について明言したことは、十分に自立的な行為であった。

一九三〇年にはジノヴィエフの著書『戦争に関するマルクスとレーニンの教え』が刊行された。マルクス、エンゲルス、レーニンの戦争論の分析に、『ボリシェヴィク』に発表された論説などをあわせたものである。そこでもジノヴィエフは、「ロシアは最も遅れた国であるから、そこでの直接の社会主義革命は不可能である。〔「帝国主義戦争における自国政府の敗北について」を書いた〕一九一五年七月まではレーニンは依然このように見なしていた」と書いた[Зиновьев 1930:185](一九三一年刊の同書第二版では「七月には」と微修正され、この問題のデリケートさをうかがわせている[Зиновьев 1931:176])。なお、筆者未見であるが、こののちにもジノヴィエフは『戦争、革命とメンシェヴィズム』(一九三一年)、『カール・リープクネヒト』(一九三三年)などの著書を刊行している[РЦХИДНИ 1996:84]。

一九三一年にはジノヴィエフは『ボリシェヴィク』に書いていない。一九三二年も同様である。一九三二年十月、リューチン事件(スターリン指導部を批判するリューチン・グループの摘発)に連座して、ジノヴィエフは再度党を除名され、カザフスタンのクスタナイへの流刑に処された。

『ヴェ・イ・レーニン』構想メモ

一九三三年四月二十四日、クスタナイのジノヴィエフは回想を書きはじめた。この時点で回想の執筆を始めた背景は不明である。何か明るい展望を得られるような変化があったのかもしれない。事実、少しあとの五月八日付けで中央委員会・中央統制委員会宛てに自己批判文が書かれ、『プラウダ』に掲載されている[Правда 1933/5/20/3]。

回想は、一九一二年のプラハ党協議会(ボリシェヴィキ党を新党として事実上打ち立てた)に関するものと、マリノフスキー(ボリシェヴィキ党の下院議員で、警察のスパイであった)に関するものが書かれた。続く回想の断片には、「モスクワで書き続ける。一九三三年六月初め」とある。次いでジノヴィエフは、レーニンに関する本の構想に着手した。さらにいくつかの回想の断片が残されている。そこに記されている最後の日付は一九三四年一月十二日である[Известия ЦК КПСС 1989/5/187–202: 6/184–209: 7/166–185](以下、この回想と「構想メモ」に関する引用は、号数と頁数のみを掲げる)。

一九三〇年にジノヴィエフは、ベルリンで出たばかりのトロツキー『わが生涯』に目を通し、反論の必要を感じていた[Васецкий 1989: 134–135]。これが部分的には回想執筆の動機だったのであろう。だが、基本的には回想と「構想メモ」は、レーニンと自分自身に関する省察の産物である。以下、「構想メモ」を中心にしてジノヴィエフの思考の軌跡をたどってみたい。

ジノヴィエフは当初、自分の本に『ヴェ・イ・レーニン』という題名をつけるつもりであった。レーニン逝去一〇年の一九三四年までに「書き上げねばならない」との決意であった。ゲルツェンやチェルヌィシェフスキーなど先行する革命家世代とレーニンの関係については、自分より得意なカーメネフに書いてもらうことも考えた。だが、共著にするか否かにかかわらず、ジノヴィエフはひとりでレーニンに向き合っていた。「構想メモ」冒頭に、彼は次のように記した。「このノート、それにこのテーマそのものに、私は毎日、たとえわずかな時間でもいいから、向き合わなければならない」[7/170–171]。

執筆にあたって再読すべきものとして、ジノヴィエフは「ヴェ・イ〔レーニン〕の哲学的な著作すべて」をあげた[7/170]。第一次世界大戦の勃発に衝撃を受けたレーニンが、認識論を鍛え直したことにならおうとしていたのかもしれない。レーニンの弟子ジノヴィエフにとって、哲学といえば弁証法をおいてなかった。かつて『レーニン主義』(初版一九二五年。日本語訳の底本は一九二六年刊行の第三版)の最終章「レーニン主義と弁証法」において、彼は次のように書いていた。「〔レーニンにおいて〕弁証法は、量が跳躍をつうじて質に転化しうるような「発展」と理解される」「ぎごちなさ、「死んだ、生気のない、ひからびた」「無感覚性」ほどレーニン主義と無縁なものはない」[ジノヴィエフ 1975:385,393–394]。

レーニンを「発展」のなかでとらえること。これが一九三三年のジノヴィエフが自らに課した課題であった。そのことは、以下の引用からも明らかである。

> レーニンは偉大な人間だ、だが、人間なのだ、レーニンやマルクスのような人が生まれるのは一〇〇年に一度だ。だが、彼らも自分の時代の子供なのだ。彼らも「条件づけられている」、彼らも「発展する」。まだ母親の胎内にいるときから「すべてを予見し」「あらゆる点で正しかった」、といった型にはまった預言者の「理想像」は、レーニンが真っ先に拒絶し、あざ笑うだろう。歴史的なレーニンを示さなければならない。そうした彼こそが、生きているのである、そうした彼こそが素晴らしいのである。そうした彼こそが、数百年長らえるのだ。[7/174]

「構想メモ」のなかでジノヴィエフは、レーニンを「できあがった」姿で示してはならないと何度も繰り返している。「マルクスが機械仕掛けの神のように「できあがって」登場したわけではないということを、「われら」は何とかして、なお理解する。だが、レーニンは「われら」にとっては「できあがったものであること」が必要なのだ」［7/174］。ここにいう「われら」の思考法、型通りのレーニンを求める官製の思考法を避け、ジノヴィエフは「発展」するレーニンの探究にとりかかろうとしていたのである。

ジノヴィエフの哲学的背景について付言しておく。二十世紀初頭のロシア・マルクス主義者のあいだでは、主観と「物自体」との対立を克服しようとする、独創的な試みが繰り広げられた［佐藤 2012］。これに対してレーニンは、主観の向こうに「物自体」を想定するオーソドクスな認識論を基本的には擁護した。ジノヴィエフはこの点では迷うところはなかった。「私は全面的にヴェ・イの側にいた」［7/178］と彼は回想している。

「構想メモ」では、オーソドクスな認識論に立つマルクス主義哲学者の第一人者リュボーフィ・アクセリロードも間接的に言及されている。一九三一年に彼女が、古典芸術作品は社会主義時代にも意義を失わないと論じた［Аксельрод-Ортодокс 1931］のに対して、パンフョーロフらプロレタリア作家が『プラウダ』紙上で噛みついた［Правда 1931/11/16/2］。この『プラウダ』を参照しつつジノヴィエフは、「レーニンと「プロレタリア革命」。この問題におけるレーニンの立場が歪曲されている（一九三一年十一月十六日付けの『プラウダ』を参照せよ）」［7/172］と書いた。ジノヴィエフの真意は判断できないが、同じ頃に書かれた一九〇五年のベルン時代の回想において、アクセリロードを懐かしんでいることは事実である。ジノヴィエフは彼女の哲学サークルに入っており、「彼女は私のことを自分の「弟子」だと考えていた」［7/168］。

いずれにせよ、ジノヴィエフの哲学的基礎にはオーソドクスな認識論があった。中沢新一は、レーニンがそうしたオーソドクスな認識論を掘り下げることで、主観の向こうにある「物自体」（「物質」）の世界に突き進んでいったと論じている［中沢 1994］。これに対してジノヴィエフの知的志向は、認識論を独自の観点から突き詰めるような方向には発展していかなかった。ただし、「笑い」や「子供」といった、中沢の議論においてレーニンが「物質」の世界と触れ合うための接点とされた事柄が、「構想メモ」にも出てくることは確かである。それらは短いメモなので、ここでは紹介にとどめたい。

笑いについては、「レーニンはどのように笑ったか、いかに「喉を鳴らす」ことができたか」とあり、ゲルツェンの『フランスとイタリアからの手紙』の「笑いのなかには何か革命的なものがある」と比較せよ、とある[7/175]。「喉を鳴らす」というレーニンの身体的な特徴に着目している点に、個人的な体験(とくに亡命時代の)をよりどころにするジノヴィエフのレーニン論の特徴がよくでていた。

子供については、W・リープクネヒトの「マルクスと子どもたち」[リープクネヒト 1976:87–94]、ジノヴィエフの妻ズラータ・リーリナ(一八八二〜一九二九)の「レーニンと子供」という文献名をあげたのち、「ヴェ・イと子供たちの遊び(とくにスチョーパと)」[7/176]と記した。スチョーパはジノヴィエフとリーリナの息子で、リーリナの「レーニンと子供」によれば、「ヴ・イは騒々しく、愉快げに、夢中になつてステョーパと戯れた。彼はいつも喜んで寝台や長椅子の下を這ひ廻つた。彼はステョーパを肩車に乗せたり、駆けくらをしたりして、彼の命令に一々之れ従ふのであつた」[リーリナ 1932:12]。ここでもジノヴィエフは、亡命時代の個人的な体験をよりどころにしていた。

領袖とは何か

レーニンを理解し直すためにジノヴィエフが糸口としたのは、「領袖(ヴォーシチ)」概念である。十月革命後のロシアでは、レーニンを偉大な領袖として神格化する動きが徐々に広まっていった。その端緒を開いた一人は、ほかならぬジノヴィエフである[Tumarkin 1997:82–83]。レーニン暗殺未遂事件直後の一九一八年九月六日、ジノヴィエフはペトログラード・ソヴィエトでの演説で、レーニンをこう讃えた。「それは真に数百万人によって選ばれしもの。それはまことの〔字義通りには「神の慈悲による」〕領袖。それは人類の生活において五〇〇年に一度しか生まれない真の領袖の姿だ」[Зиновьев 1924:33]。

だが、「構想メモ」には巨像のような領袖は登場しない。ジノヴィエフはそこで領袖とは何かという問いに立ち返っているのである。はじめに次のような自問自答がある。「イリイチ〔レーニン〕に「自己中心主義」はあったか。否。／「独裁主義」はあったか。否」[7/171]。こうした個人的な権力志向はレーニンにはなかった。だが、とジノヴィエフは続ける。

> では、彼こそが使命を担っているという意識（感覚）はあったか。然り、それはあった！　それなしには彼はレーニンにはならなかったであろう。それなしには（まさに感覚）そもそも領袖などありえない。
> 一時期（ヴェ・イが、まだ認められることをめざして戦っていたとき）彼への個人的な態度（つまり、文字通りの意味での「個人的な」ではなく、政治的また理論的な意味での）が彼にとって判断基準、物事のものさしであった。[7/171]

だが、特別な使命感や自己中心的ともみえる「判断基準」もまた、個人的なものとみてはならない。ジノヴィエフは直ちに付け加える。「ただこのことは通俗的に理解してはならない」と[7/171]。

それならば、通俗的・個人的な観点を離れてみえてくるものは何か。再度『レーニン主義研究』最終章「レーニン主義と弁証法」をみるならば、それは「生きた社会的諸勢力の発展」[ジノヴィエフ 1975:388]であったように思われる。そうした発展を正しく評価できることが領袖の条件である、とジノヴィエフは考えていたのではないか。個人的な要素もまた、「生きた社会勢力の発展」のなかで理解される。「自分自身の「誤り」に対する彼の態度は、明快であり、正確であり、誤解の余地がなかった。諸理由や背景もまた説明された」[7/172]（なお、同じ箇所でジノヴィエフは、自分の誤りとして十月革命への反対をあげている。反対派としての経歴に対する自己批判は回想にも「構想メモ」にもない）。次のようなメモも、個人の要素を「生きた社会的諸勢力の発展」のなかで考えるレーニンの姿勢について、ジノヴィエフが断片的な着想を重ねていったことの表れであろう。「どうしてレーニンは脅かすことが好きだったのだろうか。もしわれわれが間違いを仕出かしたら、「首が飛ぶぞ」等々」[7/172]。

『レーニン主義研究』最終章にはまた、「特定の時機における特定の事実または特定の事実群が何であるかが重要であるだけでなく、それらの現象が「どこにすすむか」を知ることが何よりも重要である」とある〔ジノヴィエフ 1975:383〕。「構想メモ」においても、「「どこにすすむか」を知る」という問題は、「敗北後のレーニンはどのようであったか」〔7/174〕という問いとして表されている。一九一七年七月事件のあとに党は弾圧された。だが、「この時期にヴェ・イの人間としての、領袖としての、未来の予見者としての、敗北のときの闘士としての、高く飛ぶためには助走が必要だ、という戦略家としての特質の底のなさが、特別に際立って現れたのだ」〔7/172〕(強調は引用者)。

ジノヴィエフは「生きた社会的諸勢力の発展」を正しくとらえる能力のなかに、領袖の条件をみていたように思われる。それは、巨人としての領袖像を離れ、レーニンという一個の人間と「生きた社会諸勢力の発展」の関係という単純な構図のなかで、レーニンを考えるということであった。それはまた、「生きた社会的諸勢力の発展」のなかで、レーニン自身の「発展」をも考えるということであった。

レーニンの転換点

では、ジノヴィエフにとってレーニンの発展における一番の画期はどこであったかといえば、それは先述のとおり第一次世界大戦である。だが、大戦中におけるレーニンの変化というテーマは、このときまでに一層扱いにくいものとなっていた。次のメモでも、ジノヴィエフは慎重である。「「できあがった」、すなわち、即時に「完成された」レーニンを与えることは、正しいであろうか。歴史的であろうか。師にふさわしいであろうか。マルクス主義にふさわしいであろうか。否、レーニンをその真の発展のなかで提示しなければならない。世界大戦のとき以降のレーニンのみを「認める」ことも同様に正しくない」〔7/171〕。

この慎重な姿勢の一つの背景となっていたのが、スルツキー論文をめぐる顛末である。スルツキー「戦前の危機の時期におけるドイツ社会民主党に関するボリシェヴィキの見解」は『プロレタリア革命』一九三〇年六号に掲載された。第一次大戦に先立つ時期、レーニンはドイツ社会民主党中央派の日和見主義を過小評価していた、というのがその趣旨である。レーニン以上にジノヴィエフは、中央派を一貫して高く評価していたとも強調された〔Слуцкий 1930〕。レーニンの革命構想が大戦中に転換したことを示唆するこの論文を掲載したことで、スターリンは『プロレタリア革命』編集部を厳しく叱責した（ジノヴィエフには言及せずに）。このときスターリンは、レーニンのボリシェヴィズムに関する問題を「公理」とし、それをめぐる論争を封じた〔スターリン 1952-53：13/104〕。

ジノヴィエフのスルツキー論文に対する反応は、より複雑であった。「構想メモ」に彼は記した。「どうしてスルツキー流の論文が心理的に可能になったのだろうか——レーニンにじかに背いている。われわれはこのことを理解していない。そうであれば、考えねばならない」〔7/173〕。ジノヴィエフは「公理」という言葉で考察をやめるつもりはなかった。ジノヴィエフにとって、第一次大戦がレーニンの発展の画期となったことは、疑いようがなかった。「レーニン主義が教義として成立したのはいつのか、いつのことか」と彼は問いを立てる。

レーニンが「できあがって」この世に登場したと考えるのは絶対的に間違っている。ある人々のあいだでは正真正銘の間違いが広まっている。この問題もまた、弁証法的に提起しなければならないのである。『〔人民の〕友とは何か』（昨日書かれたかのように新鮮だ）はレーニン主義か。もちろん。『何をなすべきか』はましてそうだ。だが、『国家と革命』なしには、『帝国主義』なしには、語の完全な意味でのレーニン主義ではない。〔7/173〕

『国家と革命』も『帝国主義』も、第一次大戦を受け止めて書かれたものである。

なお、この引用文の末尾でジノヴィエフは、『レーニン六巻選集』第四巻の註に関する『プラウダ』一九三一年十一月二十二日付けの記事と比較せよと付け加えている。レーニン選集第四巻の註では、第一次大戦中のブハーリンの国家論が批判されていた。アナーキストは国家一般の爆破（ヴズルィフ）をめざすが、マルクス主義者はブルジョア国家の爆破をめざす。その違いがブハーリンにおいては曖昧《あいまい》だというのである[Ленин 1931:588]。これは、ブハーリンの国家論がレーニンに影響を与えたこと(その質をめぐっては議論がある[コーエン 1979:72: 和田 1982])を否定しているのである。だが、ヤコヴ・ベルマンら法学者は、ジノヴィエフの引いている号の『プラウダ』で、この註を二つの点で不十分とした。第一に、アナーキストと違ってマルクス主義者は、ブルジョア国家「機構」の「破砕(スローム)」をめざしているのである(スターリンのブハーリン批判を引用している)。第二に、スルツキー論文と同様、第一次大戦に先立つ時期にレーニンがマルクス主義国家論の歪曲と闘争していたことが看過されている[Правда 1931/11/22/4]。レーニン選集第四巻の「全般的指導」をおこなったのはヤロスラフスキーであるが、彼はスターリンのスルツキー論文批判のなかでも、第一次大戦以前のレーニンに対する過小評価を咎められていた[Ленин 1931:VIII: スターリン 1952–53:12/86–96:13/121]。

ジノヴィエフが、ブハーリンとレーニンの相違点をどのようにとらえていたのかははっきりしない。メモにはただ次のようにある。「ブハーリンのレーニン「理解」は詳細な検討に値する。とくに最初の時期。なぜならばそれは「私心なしに」間違っており、「誠実な」無理解だからである。これは最も危険なものだ。「誠実な」日和見主義者が、エンゲルスによれば最も危険であったように」[7/173]。

概してジノヴィエフはレーニンを論じる際に、革命戦略に関心を集中させる一方、国家論にあまり注意を払っていない。国家論に関するブハーリンの論文をめぐって、一九一六年八月から十月にレーニン、ジノヴィエフ、ブハーリンのあいだで手紙のやりとりがなされたときも、ジノヴィエフはナショナリズム評価(これはむしろローザ・ルクセンブルクの所論にかかわる)については独自の発言をおこなっているが、国家論に関してはそうではない[Большевик 1932/22/82]。したがってこのメモも、ブハーリンのアナーキスト的偏向というスターリンの規定に乗っているだけの可能性がある。『戦争に関するマルクスとレーニンの教え』のブハーリン国家論批判は、その傾向が強い[Зиновьев 1930:201]。

ジノヴィエフはあくまでレーニンの革命構想に関心を集中させて、第一次大戦におけるレーニンの変化という問題に向き合っていた。最後のよりどころは自分自身の経験である。ジノヴィエフは思い出す。一九一五年十月十一日、自分が書いた論文「戦争とロシアにおける革命的危機」は、「ヴェ・イに特別に認められ、彼の論文の代わりに（『ソツィアル・デモクラート』四五・四六号に）出た」のだった。「注目すべきことは、この論文が書かれたのは『中央委員会の若干のテーゼ』よりも前（四六号（四七号の誤り））、あるいは同じ日々だったということだ」。「若干のテーゼ」（『ソツィアル・デモクラート』四七号、一九一五年十月十三日）は、戦争支持の社会主義者と一緒に臨時革命政府をつくることはしない、自分たちが革命政権の中枢になる、ということをレーニンがはじめて打ち出した文書である（その転換点としての意義を重視するのは和田春樹である［和田 1977:20,140–141］）。ジノヴィエフは一九二三年にはこの文書について、「すでに革命の波が見えてきた一九一五年に同志レーニンが起草したテーゼのなかでは、われわれはあいかわらず民主主義革命といっていた」［ジノヴィエフ 1979:220］と述べて、消極的な評価をくだした。だが、一九三三年の彼は、明らかにこのテーゼに転換点としての意味を見出しているのである。では、そのテーゼよりも先に出た自分の論文には、何が書かれていたのか。「――永続革命 etc. に反対し、同時に……「すでに一〇年も前に革命的なロシアの社会民主主義者はロシアにおける民主主義革命を、西欧における社会主義革命へのプロローグであると考えた。運動は力強く前進した。プロローグは時間のなかでエピローグに近づいていくだろう」」［7/176］。大戦がプロローグ（ロシアの民主主義革命）とエピローグ（世界社会主義革命）の時間的・質的距離を急速に縮めていくというのが、ここで示されている認識であろう。

結局、ジノヴィエフにとって一つだけ問うべきことがあるとすれば、それは「第一次大戦とレーニン」なのであった。「構想メモ」のほとんど最後で、ジノヴィエフは書いている（この箇所の冒頭には「21/II-32.」とあるが、前後関係からいっておかしい）。

与えられた状況下において最も賢明であるのは、（一九三四年までに）私が『戦争中のレーニン』という本を書くことである。「全体としての」レーニンを書くことは、今はまだ私はやるべきではない。だがこの「部分」は、決定的だ。そしてそれについては私は他のどの時期よりも近くで見ていたのであるし、知っている。「ついでに」ここで以下を解明することが必要である。帝国主義ならびに社会民主主義に関する教え(私にはたくさんある)。ロシアにおける社会主義革命への移行。「できあがった」レーニンではなく(私のメモを見よ)。純粋にメモワール的な資料ならば私はここにいくらでももっている……。往復書簡も私の手元にかなりある。〔マルクス・エンゲルス・レーニン〕研究所が往復書簡をもっと渡してくれればよいのだが。完全に書く。「印刷用にあらず」。あとで編集すればよい。[7/176]

第一次大戦という歴史上の転換点、「生きた社会的諸勢力の発展」という弁証法的な世界認識、それにレーニンという個人の発展。ジノヴィエフは、自分自身の体験にこだわりぬくことで、この三つを統一的に把握して、終始変化するダイナミックなレーニン像＝歴史像を得る、その第一歩を踏み出していたようにみえる。

その後のジノヴィエフ

ジノヴィエフはまだ除名中の一九三三年七月に、『ボリシェヴィク』誌上に復活した[Большевик 1933/13]。同年十二月には、二度目の復党を許された。すぐあとの一九三四年一月に「構想メモ」および回想が途絶えるのは、表舞台での仕事に全力を注ごうと考えたからであろう。二月には第一七回党大会で自己批判の演説をおこない、四月には『ボリシェヴィク』編集部に入った。だが、八月には彼の名前は編集部から消える。この間、彼は『ボリシェヴィク』に八本の論説を書き、ほかに専らナチス関連の書評を精力的に書いた[和田 1980:42–43]。

論説には、最初の復党のときのような自立性は著しく弱まっている。第一次世界大戦中のレーニンの転換というテーマは、意識的に消されている。それどころか、いまや一九一五年八月のレーニンの論文「ヨーロッパ合衆国のスローガンについて」に依拠して、レーニンは一国での社会主義の勝利をこのときすでに認めていたのだと、ジノヴィエフは二度にわたって書いている［Большевик 1934/2/64：13–14/37］。

このときジノヴィエフは、スターリンを領袖として受け入れ、彼のもとで党と国家のために身を捧げるつもりだったようにみえる。彼は「構想メモ」の最後に、次のように記していた。「三つの人生、今はっきりとそれが見える、自分のこれまでの人生におけるそれぞれ個別の三つの人生が。青年時代――ヴェ・イと知り合うまで。イリイチ時代、つまり彼との活動（そして革命）。スターリン時代」［7/177］。

党内闘争の論理に関する最新の研究のなかで、ハルフィンはこの引用に二度言及し、「スターリン時代」という表現について、一種のアリバイ、また改悛の表明として理解している［Halfin 2007：376,406］。だが、ジノヴィエフはむしろ自分の領袖像をスターリンに投影しようと決めたのではないだろうか。第一七回党大会での演説でも、彼は領袖という言葉にこだわっていた。「彼〔レーニン〕は、プロレタリア運動における領袖たちの役割は非常に小さいなどといった虚偽の言葉は、決して言わなかった……。党の勝利、それはすなわち指導部の勝利である。そして何よりもまず、十月革命の時期のような決定的で困難な時期に、そうした指導部を率いていた人物の勝利である」［XVII съезд 1934：497］。

だが、ジノヴィエフにはわずかな時間しか残されていなかった。一九三四年十二月、キーロフ暗殺事件が起こり、彼は三たび除名された。処刑がおこなわれたのは、一九三六年八月二十五日である。

参考文献

石井規衛（一九九五）『文明としてのソ連――初期現代の終焉』山川出版社。

コーエン、スティーヴン・F（一九七九）塩川伸明訳『ブハーリンとボリシェヴィキ革命――政治的伝記　一八八八～一九三八』未来社。

佐藤正則（二〇一二）「革命と哲学――世紀転換期ロシアにおけるマルクス主義者たちの哲学的模索と論争」塩川伸明・小松久男・沼野充義編『ユーラシア世界　3　記憶とユートピア』東京大学出版会。

塩川伸明（一九七七）「スターリンのプロレタリアート独裁論――「党独裁」論争と「伝導ベルト」論をめぐって」『思想』十二月号。
ジノヴィエフ（一九七五） 石堂清倫訳『レーニン主義研究』三一書房。
ジノヴィエフ、Г（一九七九） 阿倍正明訳『ロシア共産党史』新泉社。
スターリン（一九五二～五三）『スターリン全集』（復刻版） 大月書店（引用数字は順に巻／引用頁を示す）。
溪内謙（一九七八）『現代社会主義の省察』岩波書店。
ドイッチャー、アイザック（一九六四） 田中西二郎ほか訳『武装せる予言者・トロツキー 一八七九～一九二一』新潮社。
中沢新一（一九九四）『はじまりのレーニン』岩波書店。
リープクネヒト、ヴィルヘルム（一九七六）「カール・マルクス追憶 略伝と思い出」ドイツ社会主義統一党中央委員会付属マルクス＝レーニン主義研究所編（栗原佑訳）『モールと将軍』大月書店。
リーリナ、ス（一九三二）「レーニンと海外生活」『レーニン研究』第四号。
和田春樹編（一九七七）『レーニン』〈世界の思想家 22〉平凡社。
和田春樹（一九八〇）「ソ連における反ファシズムの論理」東京大学社会科学研究所編『ファシズム期の国家と社会 8 運動と抵抗 下』東京大学出版会。
――（一九八二）「国家の時代における革命――ブハーリンとレーニン」溪内謙・荒田洋編『ネップからスターリン時代へ』〈ソビエト史研究会報告 第一集〉木鐸社。
Halfin, I. (2007). *Intimate Enemies: Demonizing the Bolshevik Opposition, 1918–1928*, Pittsburgh: University of Pittsburgh Press.
Tumarkin, N. (1997). *Lenin Lives!: The Lenin Cult in Soviet Russia*, Enl. ed., Cambridge: Harvard University Press (1st ed., 1983).
Большевик. 〔『ボリシェヴィク』〕（引用数字は順に刊行年／巻号／引用頁を示す）
Известия ЦК КПСС. 〔『ソ連共産党中央委員会通報』〕（右に同じ）
Правда. 〔『プラウダ』〕（引用数字は順に刊行年／月／日／引用頁を示す）
Аксельрод-Ортодокс Л. (1931). Пролетарское искусство и классики // Новый мир. No. 3. 〔アクセリロード＝オルトドクス「プロレタリア芸術と古典」『新世界』誌〕
Васецкий Н. А. (1989). Г. Е. Зиновьев: Страницы жизни и политической деятельности // Новая и новейшая история. No. 4. 〔ヴァセ

ツキー「ゲ・イェ・ジノヴィエフ――人生と政治活動の数頁」『近現代史』誌〕
Деятели (1920). Деятели Коммунистического интернационала. 19 июля–7 авг. 1920. Петроград: Издательство Коммунистического интернационала.〔『共産主義インターナショナルの活動家たち　一九二〇年七月十九日～八月七日』〕
Зиновьев Г. (1924). Ленин. Ленинград: Государственное издательство.〔ジノヴィエフ『レーニン』〕
———и Ленин, Н. (1924). Против течения: Сборник статей из “Социал-демократа”, “Коммуниста” и “Сборника социал-демократа”. Изд. 4-е. Ленинград: Государственное издательство.〔ジノヴィエフ／レーニン『流れに逆らって――『ソツィアル・デモクラート』『コムニスト』『ソツィアル・デモクラート論集』論文集(第四版)』〕
———(1930). Учение Маркса и Ленина о войне. Москва / Ленинград: Государственное издательство.〔ジノヴィエフ『戦争に関するマルクスとレーニンの教え』〕
———(1931). Учение Маркса и Ленина о войне. Второе издание, просмотренное и дополненное. Москва / Ленинград: Государственное социально-экономическое издательство.〔ジノヴィエフ『戦争に関するマルクスとレーニンの教え(増補改訂第二版)』〕
Ленин (1931). Ленин. Избранные произведения в шести томах. Москва: Соцэкгиз.〔『レーニン六巻選集』〕
РЦХИДНИ (1996). Путеводитель по фондам и коллекциям личного происхождения. Москва: РЦХИДНИ.〔ロシア現代史文書保管研究センター『個人フォンド・コレクション案内』〕
XVII съезд (1934). XVII съезд Всесоюзной Коммунистической Партии (б), 26 января–10 февраля 1934 г. Стенографический отчет. Москва: Партиздат.〔『第一七回全連邦共産党(ボ)大会、一九三四年一月二十六日～二月十日。速記録』〕
Слуцкий А. (1930). Большевики о германской с.-д. в период ее предвоенного кризиса // Пролетарская революция. No. 6.〔スルツキー「戦前の危機の時期におけるドイツ社会民主党に関するボリシェヴィキの見解」『プロレタリア革命』誌〕
Чернев А. Д. (1996). 229 кремлевских вождей. Политбюро, Оргбюро, Секретариат ЦК Коммунистической партии в лицах и цифрах. Москва: Родина.〔チェルネフ『クレムリンの二二九人の領袖――人物と数字でみる共産党中央委員会政治局、組織局、書記局』〕

樺太の「ロシア人」

異郷に生きた人々のつながりと助け合い

神長英輔

「樺太ロシア人」とは

日露戦争の最終盤の一九〇五年七月、日本軍は北海道の北、ロシア帝国領のサハリン島に上陸し、占領した。同年のポーツマス講和条約によってサハリン島南部は日本領の樺太になった。この日本領の樺太には約二〇〇人の「ロシア人」が住んでいた。彼らの多くは日露戦争のあともそのまま日本領の樺太にとどまった人々とその家族、子孫である。[1]

一九四五年八月、日本領樺太はソ連軍に占領された。四〇万人近くの日本人は日本に送還されたが、朝鮮人は、朝鮮半島はおろか日本への退去も許可されず、そのままソ連領のサハリンにとどまらざるをえなかった。樺太の「ロシア人」たちの多くもソ連領のサハリンにとどまった。一九九〇年代になってサハリンの歴史家、セルゲイ・フェドルチュークはこれらの元「樺太ロシア人」たちを訪ね歩き、彼らへのインタビュー調査をもとに『樺太に生きたロシア人』を著し、歴史のなかに埋もれていた彼らの存在に光をあてた〔フェドルチューク 2004〕。本章で私は、サハリン州国立文書館（現サハリン州国立歴史文書館）所蔵の樺太庁豊原《とよはら》警察署文書ほかから樺太ロシア人たちの暮しの実態を明らかにし、このフェドルチュークの研究を補うことにしたい。

サハリン州国立文書館は樺太庁から接収した日本語文書を所蔵している。樺太庁の文書の多くは接収直前に焼却された[竹内 2006:139-143]。私が利用した文書は現存する一九三〇年代の警察署文書のほんの一部にすぎない。私がこの文書を利用したのは二〇一〇年の夏、文書館の新装改築工事のさなかだった。そのため、特別に許可を得て州政府の文書館課の一室で文書を閲覧することができた。同文書館が所蔵する日本語史料は未だ整理の途上にある。ただ、私はソ連解体後の困難な時期にあっても膨大な日本語史料を整理し続けてきたサハリン側の努力に敬意を表したい。こうした努力のうえに、一九九〇年代末から続く日本とロシア、北海道とサハリンの歴史家たちの交流があり、それが現在のサハリン樺太史研究の発展の基礎になっている。

ここまで断りなく「樺太ロシア人」と記してきた。彼らの多くは「ロシア帝国臣民」出身者とその家族であるという意味でたしかに「ロシア人」なのだが、民族的にはポーランド人、タタール人、グルジア人などが含まれていた。当然、ロシア正教の信徒だけでなく、カトリックやムスリムも含まれ、正教の古儀式派(分離派)もいた。彼らの家族には結婚相手の日本人や中国人も含まれた。厳密にいえば、彼らのなかにはロシア人でない者が少なくない。ただ、こうした多様な人々を包括して適切に呼ぶ表現がほかにないため、本章では彼らを樺太ロシア人と呼ぶ。彼らが樺太にたどりついた経緯はさまざまだった。日露戦争のあとに残留した人々のほか、沿海州や北サハリンに退去したのちに戻ってきた人々もいる。革命と内戦の時期に逃れてきた人々も多いし、一九三〇年代にソ連から逃れてきた人々もいる。当然、樺太にたどりついた経路もさまざまだった。

第二次世界大戦後の樺太ロシア人たちの動向もさまざまである。ポーランド人の多くはポーランドに出国した。サハリンにとどまった人も多いが、無実の罪で強制収容所に送られ、一家が離散した例もあった。こうした困難に見舞われた彼らの生活をたどることは重要である。日本領の樺太も、ソ連領の南サハリンも、もともと住んでいた住民が退去したあとにつくられた社会である。彼らはそうした社会の例外的な存在だった。そうした少数の例外的な存在から多数派の社会を見直すことによる発見は多い。

日露戦争から一九二〇年代まで

一九〇五年夏、日本軍はサハリン島に上陸して全島を占領した。戦前の島のロシア人人口（先住民を含む「ロシア帝国臣民」の人口）は約四万だった。避難と戦闘で島の人口は激減した。原暉之によれば、島民の退去は、自力による大陸への退去、日本軍による大陸対岸への輸送、捕虜としての日本国内への移送の三つに大別できる［原 2006:47］。一般の住民のなかには義勇兵として戦闘に参加した者がいた。こうした義勇兵の多くは捕虜として日本国内に送られた。それ以外の一般の住民は自力で大陸に逃れるか、日本軍の占領後に退去を希望して日本軍の手で対岸のデカストリ港に送られた。また、板橋政樹によれば、七月半ばから八月にかけて日本政府と樺太軍司令部は多くの島民を島から退去させる方針を固めた。これは事実上の追放だった。一九〇四年の開戦以来、島の食糧事情は悪化していた。飢餓状態に陥っていた多くの島民は苦境から脱するために大陸への送還を希望した。しかし、デカストリには受入れ施設も交通手段もなく、多くの住民は島から持ち出した最小限の荷物さえ捨て、歩いて内陸に向かった［板橋 2011:179–181］。

島南部のロシア人人口は一九〇六年春までに五〇〇から三〇〇ほどに減っていた［板橋 2011:176–179］。その後もロシア人人口は減り続けたが、一九〇九年には底を打った。一九〇九年の暮れ、樺太庁は「残留露人調査」をおこない、その時点での豊原（現ユジノサハリンスク）・大泊《おおどまり》（現コルサコフ）・敷香《しすか（しくか）》（現ポロナイスク）の各支庁におけるロシア人人口を確定した。それによれば、総数は九一人で、民族別の内訳はロシア人が三七人、ポーランド人が三二人、タタール人が一四人、ユダヤ人とグルジア人がそれぞれ二人ずつ、アルメニア人とチェルケス人がそれぞれ一人ずつ、その他が二人だった［秋本 2000:28–29］。この調査は一部の地域を対象外としているが、当時の日本領樺太に暮らす「ロシア人」の人口をほぼ網羅していた。面接調査の結果、九一人中の九〇人は樺太での永住を希望した。上記の九一人のうち、七人は戦後すぐに島から退去したものの、再び島に戻ってきた者だった［秋本 2000:28-29］。彼らの多くはロシアに帰還するよりも島で暮らすほうが容易だと考えていた。帰国後に「元囚人」という差別を恐れた者や、戦時中の行動がスパイ行為として疑われることを恐れた者もいた［秋本 2000:8］。彼らは自らの意思で樺太に住み続けることを望んだ。

別の資料は、南部から北サハリンに退去した農民が日本領樺太への再移住を希望していた事実を記している。一九〇

図１　ユジノサハリンスク　日本領時代の豊原（2009年８月筆者撮影）。

図２　コルサコフ　日本領時代の大泊（2010年８月筆者撮影）。

八年秋、ロシア領北サハリンの当局は農民の再移住の可否を樺太庁に照会し、北サハリンの二七世帯が南部（樺太）への再移住を希望していると伝えた。これに対して樺太庁は、退去時にロシア人住民に同意させた財産放棄の誓約書を示して申し出を拒否した。樺太庁は、商業目的での移住は検討の余地があるが、農業目的の移住は許可しない、と明言した［JACAR：B07091104600/8-9］。同資料に示された樺太庁の見解は、戦後もそのまま残留した者には「生活上ノ必要ノ程度ニ於テ一時的ニ農耕地ヲ使用セシメ居ル」というものである。実際に樺太庁は一九〇九年から生計の確実なロシア人に限って有償で土地を貸与するようになった［清水 2001：80］。ただし、日露戦争前に自らの手で開拓した土地であっても所有は認められなかった。日本領樺太を代表するポーランド人の篤農家であるチェハンスキー家すら、土地は三年契約の賃貸だった［フェドルチューク 2004：135］。結局、「ロシア人を退去させて無人化したあとに入植者を募る」という樺太庁の方針にもかかわらず、一〇〇人ほどのロシア人が樺太にとどまったのである。

その後、樺太のロシア人人口は少しずつ減り、一九二四年には八六人にまで減った。しかし、その後の一九二七年には一二二人に増え、三〇年代半ばまでは再び増加を続けた［清水 2001：79］。一九三四年の樺太庁の民族別の調査によれば、ロシア人は一九三名、ポーランド人は二六名を数えた。島の全人口の約三二万からみればごく少数だが、民族別では、ロシア人[2]はウィルタ（三〇二人）に次ぐ第五位で、第六位のニヴフ（一一五人）を上回っていた［樺太庁 1973：90］。後述するように、一九二五年の北サハリンからの日本軍撤退にともなって多くのロシア人が樺太にやってきたのは確かなようだ。ただ、先の一九三四年の数字もロシア人は前年比二〇人増で一九三人、ポーランド人は前年比一〇人増で二六人となっている［樺太庁 1973：90］。各年の人口の増減はさまざまな要因によるようだ。いずれにせよ、樺太のロシア人社会が開かれた社会で、日露戦争直後から日ソ戦直前まで人の出入りが多かったことは確かだ。

フェドルチュークのインタビューが明らかにした彼らの出自はさまざまである。ある人は一九一四年に親とともにロシアから函館に移住し、樺太のロシア人と結婚して樺太に転居した。ある一家は病気治療のためにカムチャツカから日本に渡り、樺太のロシア人の暮しぶりを聞きつけて樺太にやってきた。また、ある人は一九三〇年に富農（クラーク）に対する迫害から逃れるためにロシアから中国に出国し、そこから親戚の暮らす東京に渡り、結婚のために樺太にやってきた。さらに一九二〇年のパルチザンによるニコラエフスクの虐殺からかろうじて逃れて北サハリンに渡り、二五年の日本軍撤退とともに樺太にやってきた人もいた［フェドルチューク 2004:65,68–69,98–100,131］。彼らが樺太にやってきた動機や時期はさまざまである。ただ、少なくとも一九一〇年代以降に来た人々は、樺太にロシア人がまとまって住んでいることを知ったうえで樺太にやってきた。これはあくまでも想像でしかないが、日本の国内でありながら、小規模のロシア人社会があり、しかも農村で農業を営み、家畜を飼って暮らし、ロシア人としての生活様式を守っていた人々がいたことに魅力を感じた人もいたに違いない。

一九二五年の日ソ基本条約で日本とソ連は国交を樹立（回復）した。これにともない、日本は薩哈嗹州《サガレンしゅう》派遣軍を北サハリンから撤収した［原 1995:80］。一九二四年の九月、薩哈嗹州派遣軍は軍とともに引揚げを希望する民間人の数を見積もる作業をおこなった。この際、軍とともに二〇〇〇人近くの民間人が引揚げを希望していた。大半は約一二〇〇人の日本人と約三〇〇人の朝鮮人だったが、四〇〇人近くのロシア人も移住を希望していた［JACAR:C03010372700/7］。移住を希望するロシア人の職業は旧官吏、商人、農民だった。このうち、日本軍の関係者（軍政部の嘱託など）が一二〇人で、一般の住民は二七八人だった［JACAR:C03010372700/7］。彼らの移住希望先は「内地経由外国（ブラジルおよびカナダ）」「内地又ハ南樺太」「南樺太」「行先地未定」の四つに分けられ、それぞれ「内地経由外国」が六二人、「内地又ハ南樺太」が一一四人、「南樺太」が一一五人、「行先地未定」が一〇七人だった。彼らの少なくとも半分近くが樺太への移住を希望していた。また、この「ロシア人」のうちの約五〇人はポーランド人で、やはり多くが樺太への移住を希望していた［JACAR:C03010372700/7］。

日本の軍政に協力した旧官吏や商人がソ連当局からの追及を恐れて移住を希望したことは容易に想像できる。一方、軍に直接関係のない農民が家畜をともなって樺太に移住を希望していたことは注目に値する。彼らはルイコフスコエ（現キーロフスコエ、島の中部、ティモフスクの南郊）の農民で、一六戸の八〇人が牛一六八頭、馬五一頭、豚二八頭を連れて樺太への移住を希望していた［JACAR:C03010372700/7］。これも想像になるが、政治的な迫害を恐れたことに加え、よりよい生活を求めて移住を希望した可能性がある。

この調査に先立つ一九二四年の八月、薩哈嗹州派遣軍は樺太当局に移住者の受入れを打診していた。薩哈嗹州派遣軍によれば、樺太当局は従来の方針を示して難色を示したという。薩哈嗹州派遣軍は、陸軍の上層部を通じて関係省庁が移住を許可するよう依頼した［JACAR:C03010372700/3］。その後、こうした移住がどのような形で実現されたのかは明らかでない。しかし、この時期に樺太に移住してきたロシア人の例はいくつかあげられる。たとえば、ロシア人のイヴァン・チェルヌィショーフは、一九二〇年に戦火を逃れてニコラエフスクから北サハリンに渡り、マルキアン・ボリシコのもとで働くようになった。一九二五年、チェルヌィショーフはボリシコとともに樺太に行き、その後、ボリシコは敷香に、チェルヌィショーフは敷香の南の内路《ないろ》（現ガステロ）にそれぞれ居を構えた［フェドルチューク 2004:131–132, 訳注215：ヴィシネフスキイ 2001:293］。なお、このマルキアン・ボリシコは大相撲第四八代横綱、大鵬の実父として知られる［ヴィシネフスキイ 2001:292］。また、ポーランド人のアダム・ムロチコフスキーは、やはり一九二〇年のニコラエフスクで瀕死の重傷を負いながらも逃れ、北サハリンで教師になっていた。ムロチコフスキーも一九二五年に樺太に移住し、その後、樺太のポーランド人会の会長を務めた［ГАСО:1-и/1/67：フェドルチューク 2004:100］。さらに一九二六年の末になってトナカイの群とともに三家族で樺太に移住したヤクート人、ドミートリー・ヴィノクーロフの例もある［ヴィシネフスキー 2006:49–54］。このヴィノクーロフはヤクーチャ（サハ）の独立のために日本政府に助力を求め続けたことで知られる。

監視対象としてのロシア人

樺太ロシア人は警察の執拗な監視を受け続けた。豊原警察署の史料に残っているのは一九三五年以降だが、それ以前から監視を受けていた可能性が高い。外国人に対する監視の制度、いわゆる「外国人視察制度」は一八九九年に始まった。その後、具体的な規定が詳細に定められ、一九一七年十二月から地方ごとに一般の外国人を一般外国人名簿で把握し、要視察の外国人を内偵によって監視する制度が始まった。この制度では一時滞在者や旅行者も必要に応じて監視の対象となった[橋本 1996:228–230]。この一九一七年には内務省の警保局警務課の外事係が外事課に昇格し、外国人を対象とする外事警察部門の組織が確立した[長尾 1956:50]。一九一七年という年が示すとおり、これらの措置はロシア革命に対する対応であり、共産主義運動の日本への流入を防ぐことがその目的だった[丸山 1956:6]。

一九二五年の日ソ国交樹立に際して警戒は強まり、同年六月、内務省は次官通牒の形で「過激思想取締内規」を定め、ソ連人とその関係者に対する監視体制を強化した[長尾 1956:51]。樺太にもこうした外国人監視体制が適用された。一九二〇年代後半、外国人監視のもう一つの主たる対象は中国人労働者であり、中国人労働者の入国は厳しく規制されていた[橋本 1996:234–235]。しかし、樺太では労働人口が足りないという現実を前に、少なくとも一九二七年までは中国人労働者を積極的に受け入れていた。中国人労働者は共産主義思想の影響を比較的受けていないというのがその理由の一つだった[阿部 2001:19]。

豊原警察署の史料をみるかぎり、樺太のロシア人たちの行動に「共産主義思想」の影響をうかがわせるものはない。樺太のロシア人たちは出自も、樺太にやってきた時期も、動機もさまざまだった。何よりも彼らは日本領の樺太で暮らすことを自分で選んでいた。ソ連から逃れてきた者も少なくなかった。

一方、この時期、日本の当局は北サハリンやカムチャツカで諜報活動を強化していた。たとえば、北樺太鉱業会社の関係者はソ連人から北サハリンにおけるソ連軍の状況を聞き出し、アレクサンドロフスクの日本領事に報告していた

［JACAR: C05022786400/1–3］。また、アレクサンドロフスクやペトロパヴロフスクの日本領事館は北サハリンやカムチャツカで活動する日本人共産主義者の動向を詳しく調べて報告していた［JACAR: B04013166200/2: B02030937800/1］。それらの報告の添付資料のなかには、北海道在住のソ連人、白系ロシア人、ソ連と関係のある日本人に関する詳細な調査結果が含まれており、そこからは警察の調査の徹底ぶりがわかる［JACAR: B02030937800/12–38］。一九二六年、北サハリンのソ連当局は北樺太鉱業会社のソ連人通訳をスパイとして逮捕した。日本側の要求を受けてこの通訳は釈放されたが、ソ連当局が日本側の諜報活動を警戒していたのは間違いない［JACAR: B09040967300/2–5］。

日本の当局は満洲のロシア人たちの動向も注視していた（煩雑さを避けるため、「満洲」「満洲国」は鉤括弧を省略して表記する）。ソ連が満洲国に中東鉄道を売却する直前の一九三四年の末、満洲国在住の白系ロシア人を統合する目的でつくられたのが「満洲帝国ロシア人亡命者問題事務局」（白系露人事務局）だった［中嶋 2010: 123］。中嶋毅によれば、この組織は満洲国における事実上のロシア人行政機関であり、日本の軍部はきたるべき対ソ戦の際にこの組織を傀儡《かいらい》政府として利用する予定だった。軍部の特務機関はこの団体によって白系ロシア人のより広範な統合を図り、対ソ政策に利用することを狙っていた［中嶋 2010: 134–135］。

一九三九年の十一月、在満洲里領事館の豊原幸夫領事は在満洲国大使館の梅津美治郎大使に宛てた報告で、ノモンハン戦争以来、満洲の白系ロシア人のあいだにソ連への支持が拡大しつつあると記した［JACAR: B02032147100/42］。豊原は、ソ連と満洲国の国交が正常化したのち、白系ロシア人たちの反ソ宣伝が効果を失っていると述べ、白系ロシア人たちは今後、ソ連のスパイとして活動するようになるとした［JACAR: B02032147100/42］。こうした見解は特別なものではなかった。ノモンハン戦争におけるソ連の勝利とそれ以後の日ソ関係の相対的安定は、満洲の白系ロシア人社会に動揺をもたらしていた。こうしたなかで、「ソ連が白系ロシア人社会に対する各種の工作を図り、白系ロシア人の親日感情が薄れつつある」という懸念は日本政府（外務省）で共有されていた［JACAR: B02032147200/4–9］。いずれにせよ、日本の当局にとって白系ロシア人たちは要監視の対象だった。自分たちに従わせるにせよ、ソ連の潜在的なスパイと見なすにせよ、監視が必要だという論理は成り立った。続いてみるとおり、白系ロシア人たちは生活のために親類や縁者を頼って日本の各地と中国の各地を頻繁に移動していた。こうした彼らの行動範囲の広さも日本の当局の猜疑《さいぎ》心を刺激したと考えられる。

行商の人々

では、豊原警察署文書から樺太ロシア人たちの暮しぶりを詳しくみることにしよう。一九三五年五月、豊原の北、小《こ》沼《ぬま》(現ノヴォ・アレクサンドロフスク、ユジノサハリンスクの北近郊)に暮らすロシア人一家、クルィロフ家のタマラは化粧品と小間物の行商で家計を支えることを決め、警察に行商の鑑札を申請した。タマラは当時、二十二歳だった。タマラは一九三〇年四月にピョートル・クルィロフと結婚し、すでに二人の子をもうけていた[ГАСО:1-и/1/53]。フェドルチュークは一九九二年にタマラの子の一人、アレクセイにインタビューしている。ただ、アレクセイは一九三四年生まれのため、この当時のことはもちろん、タマラや父ピョートルの生年や結婚年も知らない[フェドルチューク 2004:79–80]。調査の結果、豊原警察署はタマラに行商を許可した。タマラは小沼から程近い豊原周辺で行商し、その後、北の落合《おちあい》(現ドリンスク)にも足を延ばす予定だった。豊原警察署は「落合署ニ於テ可然御取締相煩度(管下各巡査ハ相当注意取締相成度)」と落合警察署に連絡している[ГАСО:1-и/1/53]。

当時、夫のピョートルは小沼で養狐業と毛皮製造を営んでいた[フェドルチューク 2004:79–80]。一九三〇年代当時、小沼は養狐業が盛んな村の一つだった[樺太庁 1973:747–751]。警察署の文書には夫の了解を得たうえと書かれているが、幼児の子二人を抱えたなかでの行商にはかなりの決断を要したはずだ。そして警察がそうしたタマラを「相当注意取締」の対象としていたことに私は違和感をおぼえる。

大泊の近郊、昆布の産地として有名な長浜《ながはま》村(現オジョルスキイ)に荒栗《あらくり》(現アラクリ)という字《あざ》があった。荒栗にはロシア人がある程度まとまって暮らしており、そのなかには古儀式派もいた。彼らは全員が農業を営んでいた［フェドルチューク 2004:37–38］。一九三七年一月、この荒栗に暮らすフロロワ親子が化粧品の行商のために島内各地に出かけることになった［ГАСО:1-и/1/67］。荒栗のロシア人住民はみな農家だったので、冬の副収入を得るための行商だったのかもしれない。母のオリナーフ（原文ママ、正しくはオリナか）は五十四歳、娘のエレナは十六歳だった。当時、ロシア人の女性による行商の化粧品は人気があったという。フロロワ親子は島内各地を行商して一月三日に帰宅したのち、また一月下旬に行商に出発した。大泊警察署長から親子の出発の報を受けた豊原警察署長は管内の巡査に対し、「管下立廻ノ際ニ厳重取締ノ上報告相成度」と通達している［ГАСО:1-и/1/67］。

同年の三月、豊原市の洋服商セルゲイ・レコンツェフ（原文はレコンセフ）は敷香方面で洋服の行商をおこない、四月には西海岸各地にも行商に出かけた［ГАСО:1-и/1/67］。こうした行商はすべて警察の監視下におかれた。警察は行商のさなかのレコンツェフの発言を記録している［ГАСО:1-и/1/67］。レコンツェフは、ソ連では政府が食糧を一手に握っており、それが反体制運動の大きな障害になっている、政権転覆には要人を少しずつ除いていくのがよい、などと述べた［ГАСО:1-и/1/67］。レコンツェフは豊原警察署の要監視対象であり、一九三七年のおそらく八月頃に作成された取締計画表には「レコンセフ　旧露人　（要外乙）」、「外諜取締ニ干《ママ》スル件実施」とされている。そこに記された監視の方法は、家族、雇用者、縁故者も確実に監視し続け、交際関係や収入、資産、日常生活も把握するという徹底したものだった。

ピョートル・ポダルコによれば、一九二〇年代後半の白系ロシア人の半分近くが行商人だった。とくに「ロシア人が日本人に洋服を紹介した」といえるほど洋服の行商は盛んだった。彼らのなかには行商で貯めた資金を元手にして企業家になった者も少なくなかった［ポダルコ 2010:60–61］。

レコンツェフは別の場で「膺懲支那ニ引続キ一気赤軍ヲ殲滅シ再ヒ帝政露国ノ建設ヲ念願シ之レヲ日本軍隊ニ嘱望シ居ル」と話し、大テロルによって政府転覆の機が失われた今となっては日本に頼るほかないと語った。レコンツェフの発言は行動となっても現れた。一九三七年の七月には恵須取《えすとる》（現ウグレゴルスク）からの帰途に出征兵士に出会った際、彼らに車を貸し、彼らの宿代も負担した。さらにレコンツェフは、白系露人協会が日本軍に献金と激励文を送ったという新聞記事に共感し、自分でも豊原憲兵分隊に献金をおこなった［ГАСО:1-и/1/67］。レコンツェフの発言をみるかぎり、反ソ親日の態度は一貫していた。彼なりの保身のための努力だった面もあるだろうし、日本に暮らしている以上、それ以外の選択肢はなかったともいえる。ともかくも、厳しい監視の結果として反ソ親日の発言が記録されたのは皮肉である。

図3　ホルムスク　日本領時代の真岡（2009年８月筆者撮影）。

島外からの訪問者も厳しい監視下にあった。先述の「取締計画表」によれば、旅行で樺太を訪れた外国人に対しては「随時一名以上ノ私服員ヲ尾行視察セシム」とあり［ГАСО:1-и/1/67］、実際に島を訪れた白系ロシア人たちに対する監視の記録が複数残されている。たとえば、一九三八年九月、横浜市在住の洋服商イヴァン・ゲラシモフと化粧品行商のカシヤ・ゲラシモフ（四十歳）夫妻が来島し、自動車などを乗り継いで恵須取にやってきた［ГАСО:1-и/1/76］。ゲラシモフ夫妻は恵須取在住の既製洋服商ルースキフ宅に落ち着き、恵須取警察署に行商鑑札を申請して許可された。夫妻は約二カ月樺太に滞在し、炭鉱地帯の塔路《とうろ》（現シャフチョルスク）から真岡《まおか》（現ホルムスク）にいたる西海岸と豊原を行商し、大泊から帰路に就く予定を届け出た［ГАСО:1-и/1/76］。

一九三〇年代半ばの横浜には一〇〇人から一五〇人ほどのロシア人が暮らしていた［沢田 2008:46］。沢田和彦によれば、一九二三年の関東大震災までは日本在住のロシア人の半数以上が横浜に暮らしていたが、震災によって横浜のロシア人社会は崩壊し、ロシア人社会の中心は東京と神戸に移った［沢田 2008：45,63］。

ゲラシモフ夫妻は一九二八年に奉天《ほうてん》（現瀋陽《しんよう》）から仙台に移住し、そこで既製服を売っていた。その後、一九三二年に横浜に転居して洋服の行商を始めた。一九三六年から夫が病気がちになると妻が化粧品の行商を始めた［ГАСО：1-и/1/76］。警察は夫妻の所持金や財産までも聴取した。それによると、手提げ荷物のなかには一〇〇円相当の商品の化粧品類と現金二〇〇円があり、横浜に構えた自宅と貸家はあわせて三〇〇〇円相当だったという［ГАСО：1-и/1/76］。恵須取のルースキフに加え、もう一人のロシア人洋服商のラウロフ（原文ママ）[3]が夫妻の樺太滞在を支援した。ゲラシモフ夫妻とはこの二人が横浜に洋服の仕入れに来た際に知合いになったようだ［ГАСО：1-и/1/76］。

親戚を頼って樺太を訪れ、商売を試みた例もある。一九三七年三月に大泊を訪れたヴィクトル・プロセウイチ（三十五歳、姓のみ原文ママ）は東京在住の既製の洋服商だった。プロセウイチは大泊在住の義母、シャニギール・グベーワ（原文ママ）を頼って毎年春から秋まで行商のために樺太に来ていた［ГАСО：1-и/1/67］。

中国から樺太を訪れた例もある。一九三五年七月に大泊に上陸したイヴァン・ポロコエフ（五十三歳、原文はポロコーヘフ）、クレース・チーナ（三十九歳、原文ママだが、正しくは「クリスチナ」か）夫妻は天津《てんしん》からやってきた。中華民国の旅券を持ち、在天津の日本総領事が発行した査証を持っていた。夫妻は現金三〇〇〇円を持ち、大連《だいれん》と天津で販売するためのマスの筋子の調査を目的に敷香を訪れる予定だった［ГАСО：1-и/1/53］。筋子は満洲のロシア人とその他の欧米人に人気の食料品だった［農林省水産局 1933：174–175］。

樺太のロシア人が樺太の外に出ることも多かった。先述の洋服商ルースキフとラウロフのように商売目的の往来は頻繁にあった。樺太のポーランド人の子弟が東京のポーランド大使館の推薦を受けてハルビンのポーランド学校で学んだ例もあった［Федорчук 1994：44］。豊原の南近郊の中里《なかさと》（現ミツリョフカ）のポーランド人、リュボヴェツキー家は日露戦争前からの古参の住民だが、この家のミハイル・リュボヴェツキー（一八九三年ないし九四年生まれ）は結婚相手を探すためにハルビンを訪れている［秋本 2000:257；フェドルチューク 2004:95］。

樺太の（民族としての）ロシア人はよく交流し、協力してたがいの暮しを支えていた。しかし、確認できるかぎりでなんらかの自治組織があった形跡はない。個人が東京などにあったいくつかの亡命ロシア人団体に参加していた可能性はあるが確証はない。

樺太のポーランド人たちは一九三七年四月に樺太在住ポーランド人会を結成した。彼らの目的は、「母国波蘭人トノ密接ナル親睦」「樺太在住波蘭人児童ノ波蘭精神ニ基ク教育」「社会協同精神ノ涵養《かんよう》」の三つだった。豊原の郊外のルジエフスキー（原文ではアルジョフスキー）家で開かれた設立集会には一二名が集まり、アダム・ムロチコフスキーが会長に選ばれた。会長のムロチコフスキーは、ロシア人との交わりを避け、ロシア人と称されることがないように努め、会員にはパスポート（原文ではパスポード）を発行し、ポーランド人であることを判然とさせることをめざすと述べた［ГАСО：1-и/1/67］。一九二〇年代末から三〇年代の初めにかけて樺太のポーランド人たちは東京のポーランド大使館に申請してポーランド国籍をとり、ポーランド政府発行の旅券を取得していた［フェドルチューク 2004:26-27］。また、豊原ではカトリック教会でポーランド語の教育がおこなわれるようになっていたし［フェドルチューク 2004:94］、先に述べたようにハルビンのポーランド学校で学ぶ機会を得た子供もいた。その一方、彼らは日本帝国のなかでよりよく暮らすための努力も重ねていた。ポーランド人会は一九三七年の八月に六〇円五〇銭を豊原の憲兵隊に寄付した。彼らは日本帝国への感謝を表し、日中戦争での日本軍の「御損害」に心を痛めて献金したと述べた。先に献金したレコンツェフとは異なり、彼らの言葉のなかにソ連に関する言及はなかった［ГАСО：1-и/1/67］。

祖国と故郷

一九四四年、樺太庁は管内各地に住むヨーロッパ系の住民(タタール人を含む。また、荒栗など一部の村落に住む住民は除く)を、大泊と豊原の中間地点(当時の喜美内《きみない》、現在は廃村)に集住させた[フェドルチューク 2004:39–43;ヴィシネフスキイ 2001:296]。目的は不明だが、防諜を目的とした監視強化と考えられる。先に紹介した大鵬の父、マルキアン・ボリシコは一九四四年の三月に家族と別れて単身でこの居住地に移転した[ヴィシネフスキイ 2001:296]。ロシア人やポーランド人たちの多くはこうした島の最南部の各地でソ連軍を迎えることになった。

ポーランド人であり続けようとしたポーランド人たちの努力が具体的な形で活かされたのは戦後だった。ソ連の占領後の一九四八年の五月から六月、南サハリンに暮らすポーランド人のうちの四二名がソ連から出国し、歴史的な祖国であるポーランドに入国(帰国)した[フェドルチューク 2004:45–51]。これは樺太にいたポーランド人の全員ではない。樺太出身のポーランド人やロシア人のなかにはすでに逮捕者がでていた。また、ポーランド人のなかにはサハリンにとどまることを自ら決意した者もいたし、手違いでポーランドに出国できなかった者もいた。彼らの多くにとって故郷は樺太だった。しかし、彼らはソ連のサハリンで日本のスパイとして疑われ続ける可能性を恐れ、ポーランドでの新しい暮しに賭けた[Федорчук 1994:49–50]。彼らの出国手続きを進めたのは在モスクワのポーランド大使館だったが、手続きにおいては戦前の東京のポーランド大使館が発行した書類が役に立った。戦前のポーランド人たちの努力はこうした思わぬ形で実を結ぶことになった[Федорчук 1994:49]。

樺太ロシア人は単なる「日露戦争後にとどまったロシア人」ではなかった。彼らは日露戦争、ロシア革命から内戦、シベリア出兵、北樺太占領という度重なる戦争の結果、樺太に住むことになった人々だった。樺太のロシア人たちの生活圏は日本領樺太にとどまらなかった。彼らは、日本の「内地」や満洲に暮らす白系ロシア人の人々と日常的につながりをもっていた。そうしたつながりは日露戦争から日ソ戦にいたる時代に、彼ら自身が生活の必要に迫られてつくりあげたつながりだった。

樺太のロシア人、ポーランド人たちは日本帝国のなかで生きるため、縁をたどってたがいに助け合った。彼らは行商や教育や結婚のために、日本各地や満洲にも足を運び、その地のロシア人やポーランド人たちと新たな出会いを重ねて自分たちの人生を切り開こうとした。たがいに助け合おうとした努力の背後には、ロシア人やポーランド人たちがロシア人としてまたはポーランド人としての自立をめざす決意があった。彼らは日本社会のなかで日本社会のなかにあってもロシア人、ポーランド人であり続けようとしていた。だからこそ行動と交流の範囲を広げてたがいに助け合ったのである。日本の当局はそうした彼らの広い行動範囲や人脈の広さを恐れ、厳しい監視網を敷いた。日本の当局は彼らの自立心と決意を感じていたからこそ、執拗に監視したともいえる。一方、よりよい生活を求めて行商していた零細な商人であっても執拗な監視をおこない、ロシア人もポーランド人も、樺太に来た経緯もほとんど無視した対応には、多民族的な現実に対する無知と鈍感さがうかがえる。

樺太ロシア人社会の規模は小さく、その歴史は短い。しかし、現代の日本人、日本社会がそこから学ぶべきことは多い。読者にはソ連解体以降、着実に重ねられてきた、日本とロシアの歴史家たちの努力の蓄積に目を向けてほしい。本章が明らかにしたことはわずかだが、本章をきっかけにして読者の関心がサハリン・樺太史に向くことがあれば幸いである。

註

1　本章での「樺太」は日本領樺太を指す。島の名前としてはサハリン(島)を用いる。

2　この「ロシア人」のなかには日露戦争前からの残留者である、タタール人一家のユスポフ家が含まれているとみられる[秋本 2000:119-125]。初代の当主はタタール語やロシア語による子弟の教育を望んでいたが、実際には難しく、子や孫たちは家のなかでも日本語で話すことが多かったという[秋本 2000:123;フェドルチューク 2004:154]。

3　フェドルチュークは知取《しるとる》(現マカロフ)や塔路で衣料品を販売していた樺太ロシア人ラヴローフについて記しているが、これはこのラウロフとみられる[フェドルチューク 2004: 125–126]。

参考文献

JACAR　アジア歴史資料センター・ウェブサイト公開文書(本史料の引用数字は順に、レファレンス番号／画像並び順を示す)

Ref.B02030937800　共産党宣伝関係雑件／対日宣伝関係　第一巻(A.3.4)(外務省外交史料館)。

Ref.B02032147100　蘇連邦内政関係雑纂／白系露国人ノ政治運動附団体組織承認問題　第三巻(A.6.5)(外務省外交史料館)。

Ref.B02032147200　蘇連邦内政関係雑纂／白系露国人ノ政治運動附団体組織承認問題　第三巻(A.6.5)(外務省外交史料館)。

Ref.B04013166200　日本共産党関係雑件(I.4)(外務省外交史料館)。

Ref.B07091104600　南樺太退去露人ノ動産及不動産ニ関スル誓約書並再移住ニ就テノ会見記録内務省ヨリ送付一件(5.2.13)(外務省外交史料館)。

Ref.B09040967300　帝国ノ対露利権問題関係雑件／北樺太鉱業会社関係　第一巻(E.4.2)(外務省外交史料館)。

Ref.C03010372700　大正十三年「西密受大日記」(防衛省防衛研究所)。

Ref.C04015980000　公文備考　雑件一　巻一三三(防衛省防衛研究所)。

Ref.C05022786400　公文備考　昭和八年　D　外事巻一一(防衛省防衛研究所)。

秋本義親(二〇〇〇)『樺太残留露国人調査——日露戦争直後の人びと』(福富節男校注)　福富節男(原本は北海道大学附属図書館北方資料室蔵『豊原大泊敷香支庁管内残留露人調査書』)。

阿部康久(二〇〇一)「一九二〇年代の樺太地域開発における中国人労働者雇用政策」『人文地理』第五三巻第二号。

板橋政樹(二〇一一)「退去か、それとも残留か——一九〇五年夏、サハリン島民の「選択」」原暉之編『日露戦争とサハリン島』北海道大学出版会。

ヴィシネフスキイ、ニコライ(二〇〇一)　小山内道子訳「大鵬の父親サハリンに死す——歴史に翻弄された「白系ロシア人」の孤独な生涯」『文藝春秋』第七九巻第五号。

ヴィシネフスキー、N(二〇〇六)　小山内道子訳『トナカイ王——北方先住民のサハリン史』成文社。

樺太庁編(一九七三)『樺太庁施政三十年史』(上)　原書房。

沢田和彦（二〇〇八）「横浜のロシア人——一九二〇～一九三〇年代を中心に」ポダルコ・ピョートル編『共同研究　日本とロシア』（第七集）青山学院大学国際政治経済学部ポダルコ・ピョートル研究室。

清水恵（二〇〇一）「サハリンから日本への亡命者——シュウエツ家を中心に」長縄光男・沢田和彦編『異郷に生きる——来日ロシア人の足跡』成文社。

竹内桂（二〇〇六）「国立サハリン州文書館所蔵樺太庁豊原警察署文書に関する若干の考察」『国文学研究資料館紀要　アーカイブズ研究編』第二号（通巻第三七号）。

長尾清成（一九五六）「明治及び大正時代の外事警察」『自警』第三八巻第四号。

中嶋毅（二〇一〇）「満洲国白系露人事務局の創設——一九三四～三五年」中村喜和／長縄光男／ポダルコ・ピョートル編『異郷に生きる　V　来日ロシア人の足跡』成文社。

農林省水産局（一九三三）『満洲漁業並水産物需給状況調査報告書』農林省水産局。

橋本誠一（一九九六）「近代日本における外国人処遇——外事警察を中心に」『静岡大学法経研究』第四四巻第四号。

原暉之（一九九五）「ポーツマス条約から日ソ基本条約へ——北サハリンをめぐって」原暉之・外川継男編『スラブと日本』〈講座スラブの世界　8〉弘文堂。

——（二〇〇六）「日本におけるサハリン島民、一九〇五年」『「スラブ・ユーラシア学の構築」研究報告集⑾　日本とロシアの研究者の目から見るサハリン・樺太の歴史（I）』北海道大学スラブ研究センター。

ピョートル、ポダルコ（二〇一〇）『白系ロシア人とニッポン』成文社。

フェドルチューク、セルゲイ・P（二〇〇四）板橋政樹訳『樺太に生きたロシア人——故郷と国家のはざまで』日本ユーラシア協会北海道連合会「サハリン研究会」。

丸山昂（一九五六）「外事警察における対諜報機能について」『警察学論集』第九巻第三号。

ГАСО: Государственный архив Сахалинской области.〔サハリン州国立文書館（現サハリン州国立歴史文書館）〕（引用数字は順に фонд/ опись/ дело (ед.хр.) を示す）

Федорчук С.П. (1994) Из истории репатриации поляков с Южного Сахалина в 1948 г.// Краеведческий бюллетень, No. 2.〔フェドルチューク「一九四八年、南サハリンからのポーランド人の本国送還の歴史から」〕

ある亡命ロシア人の半生

「ハルビン・フォンド」にみる在満白系ロシア人の世界

中嶋　毅

満洲にあった白系ロシア人社会と「ハルビン・フォンド」

一九一七年の十月革命に引き続いて起こった国内戦は、旧ロシア帝国民を共産党勢力とこれに反対する勢力に二分する熾烈《しれつ》な戦争となり、これに勝利した共産党は旧ロシア帝国の統治領域を再統合して社会主義国家の建設を進めていった。一方、これに敗北した諸勢力の多くは、難民となって共産党政権の支配の外へと脱出した。国内戦の終了までに離散した人々の総数は、二〇〇万人以上といわれている。

ロシアからの難民は、ヨーロッパ諸国やバルカン諸国のほか、南北アメリカ大陸やオーストラリアなど世界各地に亡命した。シベリアで共産党勢力に抵抗した人々は、満洲と呼ばれた中国東北に大挙して流入した(煩雑さを避けるため、「満洲」「満洲国」は鉤括弧を省略して表記する)。満洲に亡命した人々の多くはのちに別の地へと再移住したが、一部はそのまま定住した。革命後のロシア人亡命者の大多数が白衛軍に関与して共産党に敵対したため、彼らは「白系ロシア人」と呼ばれた。ロシア帝国の多民族性を反映して、白系ロシア人は民族的なロシア人のみならずウクライナ人、ユダヤ人、タタール人など多様な諸民族から構成されていたが、彼らは旧ロシア帝国民としてロシア語を共有しつつ亡命先で白系ロシア人コロニーを形成した。

満洲のロシア人社会は、他の諸国のロシア人コロニーとは大きく異なる特徴を示していた。それは第一に、ロシア帝国がこの地に中東鉄道を敷設して実質的な植民地化を進めており、革命前にすでに「中国のなかのロシア」が形成されていたからである。革命後に流入したロシア難民は、革命前から満洲に居住したロシア人に合流して「在外ロシア」世界を維持し続けた。第二に、一九二四年の中ソ協定および奉ソ協定で中東鉄道が中ソ合弁企業となったことにより、鉄道管理のためにソ連国籍のロシア人が大量に出現した。その結果満洲は、白系ロシア人とソ連系ロシア人とが混住する特異な領域となったのである。第三に満洲の在外ロシア人社会は、革命から中東鉄道の中ソ合弁企業化にいたる混乱期、一九二四年から三一年までのソ連勢力優位期、一九三二年から四五年までの満洲国期、そして一九五〇年代末にソ連勢力が中華人民共和国から撤退する時期までを通じて、自律的な世界を長期にわたって維持し続けた。[1]

このような特徴を有する満洲のロシア人社会の研究は、ソ連では長らく事実上禁じられたテーマとしてきわめて限定された領域でのみ進められた一方で、亡命ロシア人自身が多くの回想や著作を残した。こうした状況はペレストロイカ以降に大きく変化して、ロシア現代史の「失われた環」を埋める新たな研究が登場するようになり、ソ連解体後には「在外ロシア」研究の一環としての在満ロシア人社会の歴史も隆盛を迎えて、さまざまな同時代文献や未公刊の一次史料を利用した歴史研究が蓄積されてきた。これに呼応するように、欧米でも日本でも在満ロシア人社会の歴史に対する関心が高まり、ロシアにおけると同様に一次史料に基づく実証研究が進められつつある[中嶋 2011:125]。

在満ロシア人社会の歴史を知るうえで最も重要な基礎史料として広く用いられているのは、ハバロフスク地方国立文書館に所蔵されている「ハルビン・フォンド」と呼ばれる史料群である。これは、第二次世界大戦後にソ連赤軍によって押収された在満白系ロシア人関係文書で、未公刊文書群と満洲で発行されたロシア語刊行物から構成されている。その未公刊文書群の全容は、以下のとおりである(冒頭の数字はフォンド番号を示す[Вараксина 1999:372;生田 2007:94])。

八二九　極東コサック連盟　一九三四～四一年
八三〇　満洲帝国白系露人事務局本部　一九三二、一九三四～四五年
八三一　満洲帝国協和会　一九三八～四三年
八三二　満洲帝国湯源地区白系露人入植委員会　一九四二～四五年
一一二六　ハルビン地主・家主協会　一九二七～四四年
一一二七　満洲帝国白系露人事務局支部　一九三五～四三年
一一二八　ロシア人難民支援ハルビン委員会　一九二三～四二年
一一二九　満洲帝国極東軍人連盟国境地区　一九三五～三七、一九四〇年
一二六七　ハルビン軍部隊長・ハルビン市警備副隊長管理局　一九一九年
一四九七　ハルビン障碍者労働アルテリ理事会　一九三一～四〇年

これらの文書群は、長らく機密文書として国家保安委員会ハバロフスク地方管理局の管轄下におかれていた。しかし、ペレストロイカの進展のなかでこれらの文書も機密解除され、ハバロフスク地方国立文書館に移管されて研究目的での利用に供されるようになった。この「ハルビン・フォンド」の公開によって、満洲に存在した「在外ロシア」の歴史研究は急速に進展し、これまで十分には知られていなかったさまざまな事実が明らかにされてきた。なかでも貴重なのは、ロシア語では「満洲帝国ロシア人亡命者問題事務局」と表記された白系露人事務局の文書である。この組織は、満洲国の白系ロシア人を全面的に掌握する目的で一九三四年十二月末に関東軍ハルビン特務機関の肝煎りで設立された、白系ロシア人により構成される在満ロシア人統合機関であった。

本章は、この「ハルビン・フォンド」形成の経緯およびソ連側による在満ロシア人関係文書押収にかかわる事情を紹介するとともに、ソ連側への関係文書引渡しに決定的な役割を果たした一人の人物の歩みを白系露人事務局文書から読

み解くことを通じて、満洲国に居住した白系ロシア人の運命を考察する際の複雑な背景に光を当てる試みである。

「ハルビン・フォンド」の形成と白系露人事務局文書

「ハルビン・フォンド」の中心をなす文書を所蔵していた白系露人事務局は、満洲国在住のロシア人亡命者の生活に関連するあらゆる領域で活動を展開し、ハルビン特務機関の後援と圧力を背景に満洲国当局と亡命ロシア人社会とを架橋することを通じて、満洲国において事実上のロシア人行政機関として機能しながら、亡命ロシア人社会を統合しその利益を代表していた［中嶋 2010］。事務局は多様な日常業務を通じて、在満白系ロシア人にかかわる膨大な情報を集積し、関連記録を事務局文書として保管したのである。

現代ロシアの研究によれば、ソ連内務人民委員部機関はすでに一九四四年の段階で、白系露人事務局の文書保管室や図書室を日本人に処分させないようにとの任務を受けており、その作戦は一年続けられたという。一九四五年八月、ソ連の対日参戦にともなって赤軍が満洲国に侵攻して八月二十日にハルビンを占領し、ただちに国防人民委員部防諜管理局「スメルシ」(「スパイに死を」の意)の部隊が白系露人事務局を接収した。こののち内務人民委員部ハバロフスク地方管理局国家文書館課長チェルヌィシェヴァ大尉が、押収された文書の予備調査を実施した。彼女の報告に基づいて、押収文書をソ連国内に移送する作業班が同年秋に満洲各地に派遣されて、在満白系ロシア人の各種文書の押収作業にあたった。その結果、約三トンの白系ロシア人関連文書がソ連に移送された。そこには満洲各地で刊行された多種多様なロシア語刊行物や、白系ロシア人諸組織の大量の文書が含まれていた［Вараксина 1999:370–371；Букреев 2003:152］。

白系露人事務局文書のうち最も興味深いものは、事務局によって実施された在満白系ロシア人に対する個人登録用アンケートの調書である。この個人登録作業は白系ロシア人の人口調査と彼らの専門に応じた職探しを目的としたものと説明されたが、登録は無国籍のロシア人亡命者のみならず中国籍を有するロシア人にも実施され、十七歳以上のロシア人は事務局への登録を義務づけられた。この個人調書には三〇項目におよぶ詳細な調査項目が記載されており、登録者はそれぞれの項目について具体的な記載を求められた。調査項目には氏名や住所、生年月日、国籍・民族・信教、教育程度や現在の職業、家族構成といった基礎情報のほか、過去の経歴や政治組織への所属の有無、政治的信条、軍隊経験の有無、ソヴィエト国籍の申請の有無といった個人情報の細部にいたる項目が含まれていた。文書整理番号によれば、ハバロフスク地方国立文書館には現在、総計五万五二九九人分の個人アンケート調書が所蔵されている。

赤軍によって押収された白系露人事務局文書、とりわけ個人登録用アンケート調書は、満洲国で活動していた白系ロシア人の積極的反ソ分子を摘発するための資料として、防諜機関「スメルシ」によって有効に利用された。一九四五年一月時点で白系露人事務局が掌握していた満洲国のロシア系住民六万八八七七人のうち[ГАХК:830/2/32/19]、数千人から一万数千人にのぼる人々がソ連当局によって逮捕されソ連に連行されたといわれる。また個人文書を含む白系露人事務局文書は、シベリア出兵時に日本軍に協力してソヴィエト政権に敵対したザバイカル・コサックの首領セミョーノフをはじめとする在満反ソ勢力の指導者たちを反ソ活動の罪で裁いた一九四六年のモスクワ裁判でも利用され、彼らの有罪判決の根拠に用いられた[Хисамутдинов 1996:306–307]。

一九四六年のモスクワ裁判で用いられた個人文書はそのままモスクワに保管されたためハバロフスク地方国立文書館には存在していないが[2]、満洲押収文書のかなりの部分は、軍当局との交渉をへたのち内務省ハバロフスク地方管理局の管轄下に入り、ハバロフスク地方国立文書館で分類整理がおこなわれた。こうして「ハルビン・フォンド」と称されるようになる文書群の原型が形成された。

このうち白系露人事務局文書の押収をめぐっては、ソ連解体後に新たな情報が明らかにされた。それによれば、一九四五年八月にソ連軍による満洲侵攻の情報がハルビンにもたらされたとき、事務局本部の拡大会議が開催されたという。この会議で、在満白系ロシア人の登録業務を管轄する事務局第三課長を長らく務めたM・A・マトコフスキーが、赤軍

による ハルビン占領時に関連文書をいかに処理すべきか、という問題を提起した。会議では、(1)すべての文書を処分する、(2)文書を保管しソ連当局に引き渡す、という二つの案が審議された。そして参加者の多数決によって、第二案が採択された。その理由は、すべての文書を処分した場合、ソヴィエト機関は密告や虚偽の情報に基づく独自の調査により多数の亡命者を逮捕するであろうが、文書をソ連当局に引き渡せば積極的な反共主義者だけが逮捕されることになるであろう、というものであった[Кентавр 1993/5/105–106]。

こうして白系露人事務局文書は、ソ連当局の手につつがなく引き渡されることになった。このとき中心となって行動したマトコフスキーこそ、長らく事務局の中枢にありながら在満白系ロシア人社会のさまざまな情報をソ連側に提供していた人物だったのである。当時ほとんどの人々は、マトコフスキーがソ連側内通者であることを知らず、戦後その事実が露見したときにはロシア人社会に大きな衝撃が走ったという。以下では、この興味深い人物について、主に「ハルビン・フォンド」に残された彼の個人文書を用いながら、在満白系ロシア人社会のなかで彼が生きた足跡をたどってみたい。

白系ロシア人マトコフスキーの生い立ちと自己形成

ミハイル・アレクセーヴィチ・マトコフスキーは世襲貴族身分の出自で、一九〇三年十月十四日(旧暦)にサンクト・ペテルブルクで生まれた。父アレクセイ・フィリッポヴィチはミハイル砲術学校を卒業したのち参謀本部大学校を卒業した職業軍人で、ミハイルが生まれたときには二等大尉であった。アレクセイは軍人として順調に昇進を続けて一九一二年には大佐となり、一三年には参謀本部大学校教授に就任した。第一次世界大戦時にアレクセイはいくつかの軍団の参謀長を務めたのち、一九一七年四月に少将に進級、同年には再び参謀本部大学校教授となった。十月革命後にアレクセイは白衛軍に身を投じ、一九一八年に第二ステップ・シベリア独立兵団司令官、一九年にはオムスク軍管区司令官に任じられ、同年中将に進級したが、二〇年一月にイルクーツクで逮捕されて、同年六月に処刑された[Волков и др. 2003: 136-137]。

エリート軍人である父の影響を受けたミハイル・マトコフスキーは、一九一三年にアレクサンドル二世陸軍幼年学校に入学して第五学年まで進んだが、一八年に父とともにシベリアに移ってオムスク陸軍幼年学校で学び、二一年にウラジオストクの第一シベリア陸軍幼年学校を卒業した。同校を卒業後に彼は直ちに軍務に就いたが、一九二一年秋にウラジオストクから母親と二人の弟とともに満洲に亡命した[ГАХК: 830/3/29810/3, 16-18](以下マトコフスキー文書からの引用は本文中の括弧内に頁番号のみを記す)。一家が亡命にいたる過程は、在満白系ロシア人の生成の典型的な事例であった。

ハルビンに落ち着いたマトコフスキーは、中東鉄道の支援によって一九二〇年に設立された露中工業専門学校に二一年秋に入学した。同専門学校は翌二二年には露中工業大学と改称されて大学に昇格し、マトコフスキーも工業大学生となった。この年の秋に彼は、大学全体の学生自治組織である学年代表者評議会のメンバーに選出された。一九二四年に第四学年に進級した彼は、同年秋に学年代表者評議会議長に選出されている。第五学年になった一九二五年にマトコフスキーは、工業大学に在学のままで夜学のハルビン法科大学経済学科に入学した。彼はこの二つの大学での学業と学生組織での活動を続け、一九二八年十月に工業大学の卒業試験を修了し、機械・電気技師の称号を取得して卒業した。法科大学のほうは一九三一年までに八セメスターを聴講したが、卒業者名簿に彼の名はないので、卒業試験を受けなかったのであろう[9, 18 об.-19]。

彼はまた、一九二五年に法科大学の学生たちがロシア・ファシスト組織を結成したときに、これに参加して創立以来のファシスト党の一員となった[17 об.-18]。ファシスト党の中心人物であったロザエフスキーとマトコフスキーは、多くの点で対照的であったという。ロザエフスキーは空想家で情熱的であり華麗さを好んだが、マトコフスキーは現実主義者で慎重な実務家であった。またロザエフスキーが理念的なファシストで反ユダヤ主義者であった一方、マトコフスキーは「戦略的な」ファシストで、ユダヤ人差別には関心がなかった[Stephan 1978:51–53]。性格の異なるこの二人は、それぞれに役割を分担しながらファシスト組織の拡大に力を注いでいった(図1)。

工業大学を卒業したマトコフスキーは、一九二八年十一月に中国系ロシア語新聞『公報』の職員となったのち、翌二九年春にはコヴァリスキー合板工場に職を得て設計士として働いたが、同年に起こった中ソ間の中東鉄道紛争時に辞職したソ連人職員の穴を埋める技師として中東鉄道に採用された。おそらくはこの就職のために、マトコフスキーは一九二九年に中国国籍取得を申請しており、民国十九年(一九三〇年)発行の中国籍パスポートを取得した[1, 16]。しかし中ソ紛争終結ののちソ連勢力が中東鉄道に復帰したため、三〇年にマトコフスキーは中東鉄道を解雇された。そののち彼は満洲技師・専門家事務局技術事務所で働いたが、一九三二年にそこでの仕事を離れ、ハルビンの経済不況のなかで家庭教師や学校教師などの職を転々とした。

図1　ミハイル・マトコフスキー　全ロシア・ファシスト党員の制服を着て撮影されたマトコフスキー(1934年4月)。
［出典］ Stephan 1978の写真頁より。

一九三三年八月、マトコフスキーに大きな転機が訪れた。「上級機関」の推薦により、彼は中ソ合弁の中東鉄道に正規職員として採用されたのである。彼は総務課職員として勤務しながら、中東鉄道にロシア人亡命者を採用するための準備に着手した[19]。マトコフスキーの中東鉄道への就職は、彼がソ連の協力者であるとの疑惑を引き起こした。一説によれば、この時期ファシスト党は自派のエージェントをソヴィエト機関に送り込むことを決定したという。マトコフスキーはこうした方針の実施を否定しなかったが、彼自身はその実践に参加しなかった。いまひとつの説では、二名の中国籍ロシア人を中東鉄道に採用することをロシア人亡命者の有力者が中東鉄道理事長に同意させたが、その一人がマトコフスキーであったという[Балакшин 1958:189]。

これらの説の真偽はともあれ、中東鉄道への中国籍ロシア人マトコフスキーの採用は、中東鉄道の満洲国への売却を見越した措置であったと考えられる。中東鉄道がまだソ連によって管理されている一九三三年の段階でこうした措置が可能であった背景には、おそらくは日本側の意向、とりわけ関東軍ハルビン特務機関の意思が強く働いていたものと推測される。こうしてマトコフスキーは中東鉄道に活動の場を得て、在満ロシア人社会にその存在感を示すことになるのである。

白系露人事務局幹部マトコフスキー

一九三四年十二月二十八日、満洲国在住の亡命ロシア人を統合する組織として、ハルビン特務機関の主導により白系露人事務局が設立された(図2)。事務局には当初、農地定住希望者支援課、情報課、行政課、商工課が組織されていた。これらはしばしば第一課、第二課と前記の順に数字で表記されることもあった。このほか事務局には官房長と書記が配置され、マトコフスキーは書記に就任した[中嶋 2010:128]。

一九三五年三月の中東鉄道売却の前に、白系露人事務局は鉄道課を開設して、ロシア人亡命者を鉄道局に採用する窓口とすることになった。その責任者となったのは、事務局書記で中東鉄道に勤務するマトコフスキーであった。中東鉄道の満洲国への売却後、マトコフスキーは満鉄ハルビン鉄道局総務課ロシア人係長に任命された[19 o6.]。事務局は、白系ロシア人にとっての重要な就職先である鉄道への就職幹旋業務を通じて、事務局による白系ロシア人社会の統合を図ったのである。

白系露人事務局ではしばしば改組がおこなわれ、マトコフスキーの肩書もそれにともなって変化したが、彼は一九三六年夏までは一貫して鉄道・労働関係の部署を統率していた。しかし一九三六年七月の異動によりマトコフスキーは、

図2　白系露人事務局　ハルビン市ビルジェヴァヤ通り(中国名では商市街)にあった満洲国白系露人事務局の建物。第二次世界大戦後は住宅として使用されたが，ハルビン市再開発のため取り壊された。
［出典］Луч Азии(『アジアの光』誌) 1937:№ 36. С. 4.

新たに事務局第三課長に就任した[19 об.]。彼が管轄するようになった第三課は、満洲国在住ロシア人亡命者の登録、亡命者への就職斡旋、ソ連国籍者の無国籍者への転籍業務など、亡命者の個人情報にかかわる業務を所管するきわめて重要な部署であった。さらに彼は、白系露人事務局第三課長の資格で満洲国の全国民統合組織であった協和会のメンバーとなり、ハルビン特務機関の協力者、ハルビン市行政公署と濱江《ひんこう》省庁の教育課の顧問としても活動した[Балакшин 1958: 190]。同時に彼は、満鉄ハルビン鉄道局のロシア人係長を兼務して、鉄道関係の日本人職員とも密接な関係をつくりあげた。

マトコフスキーが事務局のなかで重要な役割を果たすようになった要因には、亡命ロシア人を統合し指導するうえでファシスト党を利用しようとするハルビン特務機関の意向が存在していた。同党と特務機関との密接な関係は、一九三二年の日本軍のハルビン進駐前にまで遡る。ステファンの研究によれば、ハルビンのファシスト党書記ロザエフスキーは早くも一九三一年秋の段階で日本軍特務機関と関係をもち、三二年二月の関東軍のハルビン進駐直前には日本側の諜略活動に協力していた。関東軍のハルビン占領時にはロザエフスキーは、特務機関の秋草俊少佐とハルビン憲兵隊通訳のコンスタンチン・イヴァノヴィチ・中村の二人と緊密な連携を維持し、特務機関の支援を受けることでファシスト党の影響力を拡大しようとした[Stephan 1978:69-71]。マトコフスキーもファシスト党員として日本側との協力を追求し、ロシア人亡命者のあいだに強かった日本当局に対する反感を抑えるために尽力したという[Балакшин 1958:189]。こうした実績を重ねることによりファシスト党は、白系露人事務局において重要な地位を確保することができたのである。

白系露人事務局第三課長であったマトコフスキーは、特務機関との協力という点で重要な活動に責任を負っていた。彼の第三課は諜報活動および防諜活動も担当しており、反体制的な亡命者やソヴィエトおよび外国の諸機関と関わりをもつ人々の摘発をおこなうものとされていたのである。近年の研究は、マトコフスキーのもとにソヴィエト市民や外国人のあいだで活動する秘密機関があり、マトコフスキー自身も諜報活動を管轄した関東軍司令部第二課と個人的な関係をもっていたことを明らかにしている。第二次世界大戦後にソ連に抑留されて取調べを受けた終戦時の第二課長浅田三郎大佐の証言によれば、マトコフスキーは長らく特務機関のエージェントを務めて第二課から活動資金の支払いを受けていたという[Окороков 2002:158]。

バラクシンの大著『中国における終焉《しゅうえん》』は、マトコフスキーが諜報工作に関与した興味深い事例を紹介している。それによれば、彼の秘書でタイピストであったヴィクトリヤ・ガベリなる女性が、ソ連のパスポートを所持してソ連行きのヴィザを申請するという「事件」が起こった。このときマトコフスキーの敵たちは、彼がソ連のエージェントであるに相違ないと疑った。しかしマトコフスキーは、彼女が彼の工作員で、諜報活動の目的でソ連に潜入するのだと特務機関に説明し、その釈明は特務機関に受け入れられた。一方、マトコフスキーがハルビンのソ連領事館と関係をもっていること自体は一部の人々の知るところであり、遅くとも一九三八年には、ハルビン憲兵隊の手先であったA・H・マルトゥイノフがそれを究明していた。これについてマトコフスキーは、彼にソ連との関係があるとすればそれは専ら諜報目的であると請け合った[Балакшин 1958:191,193]。マトコフスキーはその後もソ連領事館との関係を維持していることから、この関係は明らかにハルビン特務機関の承認のもとでおこなわれていたと考えられる。

こうしてマトコフスキーは、特務機関の支援を背景に白系ロシア人社会のあらゆる情報を掌握しただけでなくソ連系ロシア人社会の情報にも通じることによって、在満ロシア人社会に絶大な影響力を行使しうる立場に立つことができたのである。

ソ連側内通者としてのマトコフスキー

特務機関のエージェントとして日本の諜報工作に積極的に協力していたマトコフスキーは、じつは密かにソ連側情報提供者としての活動を展開しており、ソ連軍の満洲侵攻時にはソ連当局に協力して白系露人事務局の残務処理をおこなったのであった。[3] マトコフスキーは赤軍のハルビン占領時、セミョーノフら反ソ勢力指導者とともにハルビンを脱出した事務局長ヴラシェフスキーに代わって、事務局の指導者のなかでただ一人ハルビンに残留して事務局を指導した。

この時期にマトコフスキーに会った彼の元同僚パスィンコフの回想によれば、何かの所用で彼が事務局にマトコフスキーを訪れたとき、無精ひげを生やして疲れきった顔をしたマトコフスキーとソファーに座ったП・И・グリバノフスキーを見たという。パスィンコフが事務局で彼らを見たとき、グリバノフスキーは時折マトコフスキーにメモを渡し、マトコフスキーが問題を解決するのを助けていた[Пасынков 2005:12]。グリバノフスキーはハルビンのロシア人教育者として知られた人物で、一九四五年当時はハルビンの国民高等学校校長を務めていたが、この二人が中心となって白系露人事務局の戦後処理にあたったものと推測される。

グリバノフスキーによれば、マトコフスキーは戦争終結のずっと以前からソ連領事館と関わりをもっており、領事館の車を使って人目につかぬよう秘密裏に領事館に出入りしていたという。マトコフスキーがソ連側内通者であったこと自体は戦争直後から知られていたが、彼がいつからソ連に協力しはじめたかは不明であった。しかしソ連解体後に明らかにされた元ハルビン総領事館職員ペルミャコフの証言によって、マトコフスキーがコードネーム「ザリャー〈暁〉」の名で一九三五年からソ連のエージェントとして活動していたことが判明したのである[Кентавр 1993/4/112]。

この点で、「ハルビン・フォンド」のマトコフスキー文書に残されている一九四〇年四月二十一日付けの文書は、きわめて興味深い情報を与えてくれる。差出人も宛先もないこの文書には、一九三九年夏にハルビンから天津《てんしん》に送られた白系露人事務局の「概要」テキストという表題が付されているが、その内容は、事務局の各部局内部の人物評という驚くべき情報である。この文書によれば、マトコフスキーが率いた事務局第三課は責任ある部局だが、同課は赤色エージェントの手中にあった。マトコフスキー自身もソ連領事館と関係をもっており、マトコフスキーの妻はソ連国籍者で、妻の父スミルノフは本年〈おそらく一九三九年〈引用者〉〉亡命者に転籍したばかりであった。マトコフスキーの秘書係長であったプルディスは、ソ連の責任活動家であった。プルディスは中東鉄道理事会でソ連職員のもとで働いていたギリシア系ロシア人で、ソ連高官との緊密な関係をもっていた。赤色活動についてマトコフスキー自身は、このプルディスの指揮下にあったという[56–57]。

この文書に書かれた内容がどこまで信頼しうるものかは判然としないが、そこにはいくつも事実と合致する記述がみられる。たとえば、一九三九年時点で白系露人事務局第三課に秘書係長Н・Д・プルディスが在職していることが確認できる。彼は、第三課の業務遂行において重要な役割を果たしていた。またマトコフスキーの妻アグリッピナ・ゲオルギエヴナは、マトコフスキー個人文書では「亡命者」と記載されているが、旧姓はスミルノヴァと記されており、妻の父がスミルノフであるとする文書の記述と一致する。マトコフスキーの娘タチヤナは一九三〇年十二月の出生で、マトコフスキーがアグリッピナと結婚したのはそれ以前と考えられるので[1, 16]、結婚前に彼の妻がソ連国籍を有していたとしてもあながち不自然とはいえない。

「ハルビン・フォンド」のマトコフスキー文書は赤軍防諜機関「スメルシ」が作成した表紙に綴じられており、それがソ連機関による彼の取調べに用いられたことを物語っている。白系露人事務局で作成された他の文書類とは明らかに性格の異なる一九四〇年四月二十一日付けのこの文書は、マトコフスキーの取調べの際に白系露人事務局文書と一緒にファイルされたソ連側作成文書と推測される。実際にマトコフスキーの周辺の白系ロシア人社会には、グリバノフスキーの事例にみられるように、少なからぬ対ソ協力者のネットワークが形成されていた。この文書からは、満洲国のロシア人統治の中核にあった白系露人事務局にさえも、ソ連の影響力が深く浸透していたことをうかがい知ることができるのである。

対ソ協力者であったマトコフスキーは、ソ連赤軍がハルビンを占領していた一九四五年中に同地でソ連市民権を取得した。しかし同年十一月、彼はソ連当局によって逮捕された。そののち一九四六年八月にソ連に帰国したマトコフスキーは、帰国後に過去の反ソ活動の罪で再び逮捕され、四七年十一月に懲役二五年の判決を受けて収容所に送られた。のちの証言によれば、彼の逮捕とその後の長きにわたる収容所生活は、満洲から連行された元亡命者によって彼の命が危険にさらされることを当局が案じたからであったという。スターリン死後の一九五四年六月、ハバロフスク地方国家保安委員会管理局長ガルキン大佐の申請により、マトコフスキーの刑期は一二年に減刑された。減刑の理由は、白系露人事務局文書および在外反ソ組織の調査における協力であった。この申請に基づく減刑によって、彼は一九五九年に釈放された[Кентавр 1993/4/112: Пасынков 2005:14]。

マトコフスキーを通してみる白系ロシア人社会の一側面

釈放後のマトコフスキーはハバロフスクに住み、ハバロフスク地方工業製品・食料品管理局に勤務したが、その間も国家保安委員会への協力を続けていた。彼はまた、同管理局の同僚であったゾーヤ・キリロヴナと一九五九年に再婚した(最初の妻アグリッピナはハルビン時代に死去していた)。その後マトコフスキーは、ニコラエフスク・ナ・アムーレに近いマゴという町へ一九六四年に移住し、日本に材木を輸出する文書を作成する仕事に携わった。これは国家保安委員会の指令によるものであったという。一九六八年十一月八日に彼は、マゴの町で肝臓癌のため六五年の波瀾に満ちた生涯を閉じた。父アレクセイに従って反共産党勢力に身を投じてから、五〇年の歳月が流れていた[Пасынков 2005:14–15]。

マトコフスキーは、一九三〇年代初頭には日本軍の特務機関に協力してそのエージェントとなり、ソ連管理下の中東鉄道で勤務する経験を生かして、おそらくは特務機関の指示により三五年から在ハルビン・ソ連領事館との関係を構築して、ソ連側情報提供者としても活動した。ソ連領事館に直接接触して情報を得るためには、当然ながら白系ロシア人社会や事務局に関する情報を提供しなければならず、そのこと自体はハルビン特務機関も十分承知していたはずである。ここで重要なのは、マトコフスキーがいかなる動機でいわゆる「二重スパイ」活動に従事し、いずれの側に有利に情報活動を展開したかという問題である。

マトコフスキーは、反共ファシストとして特務機関のエージェントの立場でソ連当局に対峙していたことは十分に考えられることであるが、十年余の「二重スパイ」活動のあいだに、彼自身の立場にも一定の変化が生じていた可能性が推測される。その手がかりとなりうる文書が、マトコフスキー個人文書に残されている、一九四五年八月十九日付けの在ハルビン・ソ連総領事宛て申請書である。

この文書は、マトコフスキーがハルビンにとどまった白系露人事務局の責任者として、満洲に暮らすロシア人を統合してきたこの機関をどのように処理すべきかについて、ソ連当局の指示を仰いだものである。この申請書で彼は、満洲在住ロシア人亡命者が大祖国戦争(独ソ戦)期に祖国の独立と自由のために戦う幸運を有しなかったことに苦しんでいると述べ、いまや祖国のために働く機会が開かれたと強調した。祖国に対する犯罪で告発されるかもしれない活動をおこなった亡命者たちは、祖国の政府の法廷に立つ用意がある。だが自分にはこれらの亡命者の行動に責任があり、すべての責任を自分が負うので他の亡命者の責任を問わないでほしい、とマトコフスキーは嘆願した[216–218]。

この文書からは、一九四一年の独ソ戦の開始によって在満白系ロシア人のあいだに「祖国」ソ連の危機という意識が生じていたことがうかがえる。もとよりこの文書の性格上、ソ連当局に恭順の意を示すためにこうした表現が用いられたととらえることも可能かもしれない。たしかに白系ロシア人のなかには、独ソ戦の開始をソ連体制崩壊の好機ととらえ、ドイツの勝利を希求して日本との協力を積極的に進めた人々も存在した。しかし独ソ戦の開始後には、旧軍人などソ連に対して最も敵対的であった亡命者のあいだにさえソ連を擁護する「祖国防衛主義」的気運が現れたことが知られており、戦時中には在満ロシア人亡命者のおよそ八〇パーセントがソ連に対する気持ちを変えて祖国ロシアの勝利を支持したとの回想もある[生田 2012:54–55; Шапиро 1978:9]。日本とソ連との直接対立が次第に避けられなくなったとき、在満白系ロシア人の多くは、ソ連軍の到来を待ち望むようになっていたのである。

こうした人々と同様にマトコフスキーもまた、独ソ戦を大きな契機としてソ連を自身の祖国ととらえてこれを擁護する立場へと移行したように思われる。近年の研究によれば、一九三九年一月のロシア・ファシスト同盟(三七年にファシスト党から改称)第四回大会において、マトコフスキーと党首ロザエフスキーとの立場の相違が明確になっており、ドイツのナチスとのあらゆる関係を断ち切ってのみロシア・ファシスト党は威信を高めることができるとマトコフスキーは主張していた。独ソ戦が始まると、ファシスト党員のあいだでもドイツに対する態度をめぐって分裂が生じ、次第に反ドイツ的気分への変化が生じたという[Окороков 2002:190]。こうした状況のなかで、早くからファシスト党の非ナチ化を求めていたマトコフスキーも、反ドイツ的気分を一層強めたことであろう。

ハルビンのロシア人ネットワークを考察した生田美智子は、亡命ロシア人とソ連系ロシア人の相互関係に対立と相互浸透という二つの相異なる要素が並存したことに着目し、両者の境界の流動性を指摘している[生田 2012:38–55]。反ソ勢力とソ連とのせめぎあいの最前線で活動し、つねにソ連との関係のなかで自らの位置を定めなければならなかった亡命者マトコフスキーもまた、独ソ戦を契機としたソ連の変化とともにソ連に対する自らの態度を対立から協力へと変えていったのかもしれない。

マトコフスキーがいかなる意図に基づいて、生命の危険をも顧みず長年にわたる「二重スパイ」活動に従事したのかは、永遠の謎である。しかし彼の活動の結果として、現代の研究者は、ハルビン在住ロシア人の豊かな歴史を再構成するための第一級史料群を利用できるようになった。この点でみれば、図らずも彼は、満洲のロシア人世界の豊かな歴史を後世に伝えるという重要な役割を果たしたのである。

註

1　一八九六年の露清同盟密約によってロシア帝国が中国東北に敷設した鉄道で、英語では Chinese Eastern Railway と表記され、日本では東清鉄道・東支鉄道の名で知られる。ロシア政府が全額出資する中東鉄道会社がその建設と運営にあたり、東北アジアにおけるロシア勢力拡張に大きな役割を果たした。

2　このことは、白系露人事務局文書を含む在満ロシア人関連文書の重要な部分がモスクワの文書館に存在する可能性を強く示唆している。ちなみにコサック首領セミョーノフの裁判関連文書や在満ロシア人ファシストの指導者でロシア・ファシスト党党首であったロザエフスキーの供述は、ロシア連邦保安庁(旧国家保安委員会)中央文書館に保管されている[Кентавр 1993/4/95: 1993/6/83]。

3　一九四七年四月にソ連当局によって取調べを受けた在満ロシア人ファシスト指導者の一人スィヴァチェンコフの尋問調書によれば、マトコフスキーがソ連側に引き渡した白系露人事務局文書は保管されていた文書すべてではなく、事務局第三課とハルビン特務機関とのあいだで交わされた秘密書簡は処分されたという[Окороков 2002: 197]。

参考文献

生田美智子（二〇〇七）「トラウマとアイデンティティの模索〈ハルビンの亡命ロシア人の場合〉」大阪外国語大学グローバル・ダイアログ研究会／松野明久編『トラウマ的記憶の社会史――抑圧の歴史を生きた民衆の物語』明石書店。

――（二〇一二）「ハルビンにおける二つのロシア」同編『満洲の中のロシア――境界の流動性と人的ネットワーク』成文社。

中嶋毅（二〇一〇）「満洲国白系露人事務局の創設――一九三四～三五年」中村喜和／長縄光男／ポダルコ・ピョートル編『異郷に生きるV　来日ロシア人の足跡』成文社。

――（二〇一一）「東北アジアの白系ロシア人社会」『岩波講座東アジア近現代通史4　社会主義とナショナリズム　一九二〇年代』岩波書店。

Stephan, John J. (1978). *The Russian Fascists: Tragedy and Farce in Exile 1925–1945*, New York/Hagerstown/San Francisco/London: Harper & Row.

Балакшин П. (1958). Финал в Китае: возникновение, развитие и исчезновение Белой Эмиграции на Дальнем Востоке. Том 1, San Francisco/Paris/New York: Сириус.〔バラクシン『中国における終焉――極東における白系亡命の発生、発展および消滅』〕

Букреев А. И. (2003). Книга “восточной ветви” русской эмиграции: вторая половина XX в. Хабаровск: Дальневосточная государственная научная библиотека.〔ブクレーエフ『ロシア人亡命者の「東方の枝」の本――二十世紀後半』〕

Вараксина Л. А. (1999). Обзор документов государственного архива Хабаровского края по теме “Харбинская архивная Россика в фондах ГАХК”//Каневская Г. И. и Чернолуцкая Е. Н. (отв. ред.). Россияне в азиатско-тихоокеанском регионе. Сотрудничество на рубеже веков. Владивосток: Изд-во Дальневосточного университета.〔ヴァラクシナ「ハバロフスク地方国立文書館フォンドにおける「ハルビン・ロシア文書史料」のテーマにかんする文書概観」カネフスカヤ／チェルノルツカヤ責任編集『アジア・太平洋地域におけるロシア人』〕

Волков Е. В. и др. (2003). Белые генералы восточного фронта гражданской войны: биографический справочник. Москва: Русский путь.〔ヴォルコフほか『国内戦の東部戦線の白系将軍たち――伝記便覧』〕

ГАХК: Государственный архив Хабаровского Края.〔ハバロフスク地方国立文書館〕（引用数字は順に фонд/опись/дело/лист を示す）

Кентавр. Историко-политологический журнал. Москва.〔『ケンタウル――歴史・政治学雑誌』〕(引用数字は順に刊行年／号／引用頁を示す)

Окороков А. В.（2002）. Фашизм и русская эмиграция（1920–1945 гг.）. Москва: РУСАКИ〔オコロコフ『ファシズムとロシア人亡命者（一九二〇～一九四五年）』〕

Пасынков И. Н.（2005）. Михаил Алексеевич Матковский//Русская Атлантида（Челябинск）. No. 17.〔パスィンコフ「ミハイル・アレクセーヴィチ・マトコフスキー」『ロシアのアトランティス』誌〕

Таскина Е. П.（1994）. Неизвестный Харбин. Москва: Прометей.〔タスキナ『知られざるハルビン』〕

Хисамутдинов А. А.（1996）. К истории создания Бюро по делам российских эмигрантов и судьба его архива//Россияне в Азии（Toronto）No. 3.〔ヒサムトジノフ「白系露人事務局創設の歴史とその文書の運命」『アジアのロシア人』誌〕

Шапиро М. Л.（1978）. Харбин, 1945//Память: исторический сборник（New York）Вып. 1.〔シャピロ「ハルビン、一九四五年」『記憶――歴史論集』〕

付記　本章は、拙稿「満洲国白系露人事務局第3課長マトコフスキイ」(『セーヴェル』第二七号、二〇一一年)を土台に、新たな情報に基づいて大幅に書き改めたものである。

第Ⅳ部

戦後ソ連の社会と文化

党の指導と批判・自己批判の相克

一九四〇年代後半の『文学新聞』編集部の実践に着目して

長尾広視

秩序攪乱の要素をはらんだ統制社会としてのソ連像

自己批判——この言葉は、一昔前の左派思想にあって、共同体内部の自省や改善努力を促すための代表的な行動律であり、左翼的な思考様式の代名詞でもあった。しかし、中国の文革運動や日本の連合赤軍事件、さらには旧社会主義圏の体制転換などをへて、時代が変遷した今日、往年の「批判・自己批判」は、単なる集団的恫喝《どうかつ》(吊し上げ)、果ては集団洗脳の類義語に貶められた感がある。さらに、歴史研究としてソ連における自己批判が考察の対象となる場合でも、その関心は専ら、スターリンによる権力闘争の道具としての批判キャンペーンの役割や、公開自己批判の儀式的性格に向けられてきた[Getty 1999:49–70: Kojevnikov 1998:25–52]。むろん、自己批判をめぐる現象のなかには、こうした性格づけもむべなるかなと思わせるような事例も数多く含まれている。

とはいえ、スターリンが唱道したこの行動律は、ソ連の政治社会史において、民主集中制や共産党内分派の禁止、憲法中の「共産党の指導的役割」といった、重要ではあるが政治面に特化した規律よりも、さらに大きな広がりをもつ社会的行為規範であり、一党独裁下での競合確保の手段として、社会の隅々に行きわたる点検・生産促進機能を担っていた［スターリン 1928:42–53］。さらに、もとをただせば、自省や批判という行為は、時空間を限局された特異現象などではなく、多少のニュアンスの違いはあれ、人類の営みに遍在する行為であり、ソ連においてはそれが人為的に推奨されていたという違いしかない。その意味では、ソ連社会でも「批判」という体裁をまといながら、ある種の物事の良し悪しが公然と議論されていたのは不思議なことではない。だとすれば、そうした論争の具体的な出現形態や意義を検証する作業は、決して疎かにされるべきではなかろう。

本章では、ペレストロイカ真っ只中の一九八八年に刊行されたK・シーモノフの回想録で紹介されているソ連作家同盟の機関紙『文学新聞』の役割を一つの手がかりにして、スターリン晩年のソ連社会における「批判」実践の実態とその含意を探ることにしたい[1]。この回想録のなかに、一九四七年五月、スターリンが作家同盟幹部を招いた面談で、戦後ソ連の愛国主義的な思想教育における作家同盟の責務と、『文学新聞』の新たな役割について「訓示」を与えたくだりが登場する。以下がその抜粋である。

彼［スターリン］は述べた――作家同盟は、現在発行しているものとはまったく違った『文学新聞』……、単に文学的なだけではなく、同時に政治的な、大部数の、大衆的新聞であるような『文学新聞』を発行できるのではないだろうか。作家同盟は、辛辣に、ほかの各紙よりも辛辣に、国際生活の、必要であれば国内生活の諸問題をも提起するような新聞を発行できるのではなかろうか。わが国のすべての新聞は、何らかの形で公的な新聞であるが、『文学新聞』は作家同盟の機関紙であり、われわれが公的には提起しえないか、それを望まないような問題すら、非公式に提起することができる。『文学新聞』は非官製の新聞として、若干の問題においてはわれわれよりも辛辣で、左寄りでありうるし、問題提起の辛辣さにおいて、公的に表明された見解と立場を異にすることもできる。ときにはわれわれがそのことで『文学新聞』を批判するということも十分にありうるが、『文学新聞』はそれを恐れるべきではない。この新聞は、批判されたとしても、自分の務めを果たし続けねばならない。［Симонов 1988:116］

こうして、元編集長A・スルコフ〔在任一九四四～四六〕が、多少の自虐を込めつつ、それまでは「連邦規模の作家の壁新聞」［ЦАОДМ:8131/1/47/58］にすぎなかったと形容した『文学新聞』は、作家同盟書記長のA・A・ファジェーエフの言葉を借りれば「グラヴリト〔検閲機関〕に承認を求める必要すらない」［РГАЛИ:631/15/1004/140］編集環境のもとで、新たな活動を開始する。ここで歴史家に委ねられた課題は、シーモノフの叙述の裏づけをとり、彼が残した証言をもとに、『文学新聞』編集部がどのように任務を実践していったかを、史料に照らして検証することである。幸いにして、今日、われわれはこうした課題に取り組む際に、現代ロシアのさまざまな国立文書館に分散して収蔵されている当時の関係団体の事務文書、具体的には、共産党中央委員会宣伝煽動局の中央新聞課やソ連作家同盟、さらには『文学新聞』編集部の文書コレクションなどを利用することができる。

先に結論を提示しておこう。本章における「批判」展開の検証を通じて見えてくるソ連像とはいかなるものか。それは、一枚岩どころか、「保革」両勢力がつねに相克する社会であり、安閑とした平等状態により勤労意欲が停滞するどころか、社会装置によってその成員が強制的に競争に駆り立てられる社会であり、一種階層的でありながら、その階層秩序がつねに下克上の圧力にさらされる社会であり、さらにいえば、「党の指導」なるものすら、出所が分岐し、指示内容が相矛盾して混乱をきたすという社会であった。通俗的なソ連像とは正反対のこうした鏡像が唯一の本質的な姿だと主張するつもりはないが、単純化されがちなソ連社会にも両面性があったことは見落とすべきでない。

スターリン体制〔あるいはソ連の統治体制全般〕をもって全体主義と規定する議論は、この体制の極端に統制的な側面に着目して導かれたものといえる。もちろん、仮に全体主義という定義をとり、国家権力による包括的な〔または包括志向的な〕社会統制という認識に立ったとしても、社会内の葛藤の存在自体が否定されるわけではない。ただ、その場合にイメージされる葛藤は、体制機構と周縁的な体制外勢力とのあいだで展開されるそれに限局されてしまう恐れがある。ところが、ソ連社会での批判・自己批判を通じた論争は、実際には、多分に体制側勢力の内部で繰り広げられていたのである。

このように、一見がちがちの統制社会に内部批判の奨励という矛盾した要素が同居していたことが認識できれば、それは、ソ連で起こった諸種の事象(とりわけ「異論派」の成立)のみならず、ソ連末期の政局の混乱や現代ロシアにおける「批判的中間層」の登場までを違和感なく受け止めるための一助となるであろう。元来、ロシアには「余計者」に象徴される鬱屈した批判的知識人の系譜があったが、今日のロシアで「プーチンの強権体制」を批判する「知識人」のメンタリティは、直接的には、ソ連体制下での批判推奨の伝統に負うところも少なくないのではないかと思われるのである。

批判展開に向けた土俵作りと権威の浮沈

本題に入る前に、「批判」の舞台となった当時の社会的土壌を理解するため、スターリン晩年の思想統制への志向と、統制の枠に納まりきらない諸事情について概観しておこう。

第二次世界大戦直後のソ連では、党内外の反対派はすでに排除されて久しく、対独戦争を「勝利に導いた」スターリンの威光も頂点を極めており、権力闘争という観点からは、スターリン体制は磐石にみえた。注目すべきは、このような、党が整然と指令を与え、それを市民社会に従順に受容させさえすれば事足りそうな環境のなかで、党指導部が、批判というある種の攪乱《かくらん》要素をはらんだ手段にこだわったという事実である。

周知のとおり、戦後のソ連社会では、愛国主義の鼓吹と西欧跪拝《きはい》糾弾のためのキャンペーンが展開され、同時に、さまざまな文化・学術分野で断続的に党の指導的介入がおこなわれた。これを表面だけみて総括すれば、スターリン末期に生じた社会現象は、所詮は、一九三〇年代に確立された「知的正統性」に基づく秩序[バーバー 1996:99-124]が、さらに統制の純度を高めようとした努力の跡にすぎないということになるのかもしれない。ソ連解体後の史料開示の奔流のなかで、ソ連の党・国家機関が情報統制(検閲)に注いだ膨大な労力(表1)や、スターリン自身の思想統制への介入を跡づける情報[Артизов и Наумов 1999; Громов 1998]が改めて脚光を浴びるにいたり、そうした印象はますます強まる傾向にある。

しかし、同じ時期の科学分野への政治介入に関する近年の研究からは、こうした「一貫した統制の追求」とはいささか趣の異なる印象が得られる。ここでも、悪名高い一九四八年の生物学論争におけるルイセンコ派の勝利が、政治と科学の相互関係に関する世間一般の認識を規定しているのだが、近年の科学論争史の研究成果は、物理や化学界における科学者同士、さらには科学者と党機構専従員との相互作用に着目しながら、決定的な政治介入の有無という点で、ルイセンコ事件はむしろ例外的な事例であることを明らかにしているからである[Кожевников 1997:26–58]。

検閲対象＼年	1946	1947	1948	1949前半
中央の出版社の記事	1028	1320	2796	3238
対1946年比	—	128%	272%	630%
地方出版社の記事	6975	13284	17635	11824
対1946年比	—	190%	253%	339%

表1　1940年代後半の新聞記事に対する検閲件数の推移

［出典］「国家機密保護を理由に掲載を禁止された各種情報件数の推移」РГАСПИ: 17/132/149/60.

この点で示唆的なのは、生物学と並んでスターリンによる介入の跡が明白な、言語学をめぐる論争である。一九五〇年半ばに発表されたいわゆる「スターリンの言語学論文」の最大の意義は、「自由討論」という体裁で発表されたこの論文が、支配的学派の論壇「独占」を戒めるとともに、明示的に「批判の自由」を謳った点にある[トロシン 1953:88–89]。こうした批判奨励の結果、一九四八年に決定的勝利を収めたかにみえたルイセンコの学説にすら、批判を向ける動きが現れた[РГАСПИ: 17/133/233/1–120,122–216]。戦後の科学界に対する政治介入のなかで、党指導部が最も明確な判断を示したはずの分野でさえ、「権威」は不動のものではなく、たえず批判の脅威にさらされねばならなかったのである。

当時のソ連では、実践のみならず、機構面においても、秩序立った統制や一元化への志向と、一見無駄と思えるような機能の重複とが共存していた。一九四六年には、従来の党中央委員会機関紙『プラウダ』の屋上屋を重ねるかのように、党中央委員会宣伝煽動局の独自の機関紙『文化と生活』が創刊され、さらに、前述のように、『文学新聞』の新たな活動が本格化する。そのうえ、文化・芸術問題に関しては、政府機関である閣僚会議附属芸術問題委員会が活動を続けており、独自の機関紙『ソヴィエト芸術』(週刊紙・部数二万三〇〇〇部)を保持する形となっていた。

スターリンをはじめとする党指導部の一義的関心は、おそらく党の指導力強化にあったのであろう。そのために、宣伝煽動局は組織を肥大化させ、科学、新聞、雑誌、大学、文学、芸術などをそれぞれ担当する一六の課と三〇〇名を超える常勤職員、そして一定の教養を修めた論客を擁して指導に乗り出すことになる。だが、この動きと並行して作家集団や『文学新聞』の活性化が図られたことにより、党機構の努力は、文人・批評家を通じて論壇の流れをコントロールしようとしていた作家同盟の思惑と衝突していくことになる。

その際に注目すべきは、党指導部が、文化の領分では予防的校閲をおこなうのではなく、批判=批評[2]を通じて指導するのが望ましいと考えていたことである[Артизов и Наумов 1999:549–550]。その結果、いかなる事態が生じたかといえば、各媒体の論説内容に齟齬《そご》が生じ、相互批判が展開されることになる。それでも、党機関紙がほかの出版物の報道を批判するという構図ならばわかりやすい。党の指導的役割という周知の指針とも一致するからである。ところが、『文化と生活』紙が、党機関紙『プラウダ』の文芸批評記事を「批判ではなく棍棒」で叩くようなやり方であるとして戒めるとか[一九四八年一月三十一日号]、一作家が、過去に『プラウダ』に掲載された文学批評論説を同じ『プラウダ』紙上で批判して撤回させるといった現象が起きてくると[一九五〇年一月十六~十七日号、M・ブベンノフ論説]、若干通念を修正する必要が生じてくる。ここでは、本来権威であるはずの言論機関や個人が、いわば「下から」の批判にさらされているのである。

翻ってみれば、スターリン晩年に秩序攪乱的な批判が展開された事例は珍しくはない。一九四〇年に創設された「スターリン賞」受賞作の運命はその典型である。受賞という形で党のお墨付きを得たはずの作品や受賞者が、のちに同じ党指導部によって批判されるという事態が頻発したのである。代表例としては、G・アレクサンドロフ(党宣伝煽動局長)著『西洋哲学史』(一九四六年受賞)をめぐる翌年の哲学論争や、ファジェーエフの『若き親衛隊』に対する授賞後の批判、常連受賞者シーモノフの中編小説『祖国の煙』に対する一九四七年の批判があげられよう。スターリンは、授賞を通じた等級化と権威づけを欲しているようなそぶりをみせながら、右手で与えたものを左手で奪うかのごとき行動をとっていたわけである。これは、この賞の目的が、受賞者を批判超越的な立場に祭り上げかねない「権威づけ」にあったのではなく、あくまで諸種の生産活動の奨励にあったことを示している。[3]

ここで種明かしをすれば、『プラウダ』論説の修正事例や前段で列挙した「下克上」の批判は、ほぼ例外なく、スターリン個人の発意によるものか、下からの批判意見を汲んだスターリンの是認によって実現したものであった［РГАСПИ: 17/125/599/61 : 17/132/339/43–47 : Симонов 1988 : 126–129］。しかし、そのことは台所事情を知った今だからこそいえることであって、当時報道に現れた情報からスターリンの意図を明白に推し測れたわけではない。その結果、当時の新聞の読者からは、「指導的論説」のみが掲載されるべき『プラウダ』が、のちに批判され、撤回を強いられるような論説を載せていることへの困惑の声も寄せられていた［РГАСПИ : 17/132/399/37］。しかし、こうした疑問に対して体系的な説明が与えられることは、ついになかったのである。

『文学新聞』による果敢な批判——保革対立のモティーフ

さて、本題である『文学新聞』の活動に話題を戻そう。同紙は、編集長のV・エルミーロフ（ロシア・プロレタリア作家協会時代からのファジェーエフの盟友）のもとで、編集部内の国内生活部が中心となり、スターリンの指示を地でいく辛辣な批判を展開していくのだが、その過程で、事実の誤認や誇張・歪曲に基づく批判的論説を量産し、各界の有力者の反発を招くことになる。その代表的な事例をみてみよう。

一九四八年三月三十一日付けの論説「無為な主人公」は、ソ連発電所省と同省傘下のトラスト「火力発電プロジェクト」の保守性を糾弾した記事である。論説の主張によれば、トラストと発電所省は保守的態度をとり、学界の権威から肯定的評価を得ていた技師リネヴィチの発電所建設に関する「革新的提案」を長期にわたって妨害しているばかりか、リネヴィチのためにまともな執務環境を整えず、彼がおこなった提案を黙殺しているとされていた。

ところが、これに猛然と反論が湧き起こる。ジメリン発電所相が、ジダーノフ党中央委員会書記に苦情の手紙を送りつけたのである。ジメリンの主張を要約すれば、担当記者と新聞編集部が初歩的な裏づけ調査を怠った結果、事実はほぼ正反対に捻じ曲げられていた。

ジメリンいわく、リネヴィチは、専門外の建築問題に口出しし、工場生産された鉄筋コンクリート部材で発電所の建物を組み上げれば、工期が数分の一に短縮できることを示そうとした。この工法には、国内で未製造の非常に高価な大型ガントリークレーンが必要となるが、リネヴィチ自身は提案を裏づける積算結果をまったく提示しなかった。そこで、「火力発電プロジェクト」が積算作業をおこなったが、結果的に経済性が認められなかったため、いったん提案は却下された。しかし、リネヴィチはこれに納得せず、反論を続けたため、改めて建築学の権威や発電所建設の専門家に判断を仰ぐことになった。その結果、またもや「専門家らは全員一致して技師リネヴィチの提案を斥けた」。

その後、今度はジメリン自身が、リネヴィチの直訴を受けて後者と面会し、再度、関係者を集めた特別会議が招集されることになった。ジメリンは「発電所の建設加速化を検討するにあたって、いかなる過ちも避けたい」との思いから、もう一度リネヴィチにチャンスを与え、彼のチームに積算作業に必要な専門家を配属する。しかし、リネヴィチは専門家を活用して積算に取り組もうとはせず、ただひたすら「「封殺」だの「保守的態度」だの「旧套墨守《きゅうとうぼくしゅ》」だのといった訴えを書き送り続けた」。この結果、「火力発電プロジェクト」の党組織は、リネヴィチが九年間にわたってあらゆる仕事を忌避し、自らの発明の練上げという口実で、国費を受け取っているとの決定をくだした。ジメリンはこう説明したうえで、『文学新聞』に訂正記事の掲載を命じるよう求めたのだった[РГАСПИ:17/125/598/67–71]。さらに、この件については、リネヴィチ提案の鑑定作業に参加した建築専門家らも、自己の鑑定書が恣意《しい》的に引用され、提案の経済性を否定した結論部分が完全に無視されているとして、論説内容に反駁《はんばく》する書簡を書き送っている。

ところが、ジダーノフから事情説明を求められた『文学新聞』側も、やすやすとは引き下がらなかった。編集長のエルミーロフは、編集部内での再検証を踏まえた結論［РГАЛИ:634/3/11/205–217］として、以下のように主張したのである。いわく、(1)論説は、発電所省の守旧的態度、許しがたい無原則さについて、正しい警告を発したものである、(2)論説掲載後に届いた投書によれば、リネヴィチの一件は「火力発電プロジェクト」内の不健全さを示すほんのエピソードにすぎない、(3)発電所省が自己の過ちに固執し、自己批判の必要性を認めていないことに鑑み、近日刊の『文学新聞』に、同省の技術政策について、新資料に基づく新たな（批判）論説を掲載すべきである［РГАСПИ:17/125/598/110］。

こうした意見の相違を受けて、党書記のスースロフ（党中央委員会宣伝煽動局長）は、最終的に党中央委員会の人事部に、双方の主張の妥当性を検証するよう指示している。中央委員会事務機構の判断は、ジメリンらの訴えをほぼ全面的に認めたものであった。人事部の調書は、「論説の執筆者である同志ルィカチョフと『文学新聞』編集長の同志エルミーロフは、発電所省の技術評議会の文書および専門家らの結論書を誤用した結果、間違った結論に達し、ソ連の世論に対して客観性を欠く情報を与えることになった」と断じたうえで、リネヴィチの提案をめぐる「不毛な議論」を即刻中止し、新聞編集部に対しては、訂正記事の掲載を義務づけるよう提案したのである［РГАСПИ:17/125/598/85–91］。

これとよく似た顚末が、一九四八年七月二十一日号の論説「否、これはカンシンの個人的問題ではない」でも繰り返された。論説は、航空産業省所属の元設計局長カンシンの主張をもとに、同省の新総局長が「革新者」たるカンシンを解任したうえ、彼の設計局を解散させ、重要な開発テーマをお蔵入りにした、と批判したものである。これに対して、設計局の党ビュローや航空産業省の幹部が個々に編集部に反論を送りつけ、論説中の数々の事実誤認を指摘したうえで、訂正記事の掲載を要求した。これらの抗議書の内容によれば、カンシンの「新発明」として描き出された製品は、いずれも周知の原理を応用した月並みなものにすぎず、当のカンシンはといえば、実際には「口汚い中傷屋、手の込んだ捏《ねっ》造《ぞう》屋」で、「ソヴィエト民主制により認められた自己の見解を擁護する権利を中傷的・打算的目的で利用」し、「個人的恨みを晴らすため」に各方面に訴えを書き送っては却下されてきたのだが、「『文学新聞』だけが近視眼により実態を見抜けなかった」のであった[РГАЛИ:634/4/29b/9–29]。

もちろん、ソ連の国内問題、とくに科学や生産活動をめぐる批判報道は他紙でも頻繁にみられたし、過剰な批判や高飛車な論調、誤報などに対する抗議の事例もなかったわけではない。とはいえ、閲覧しうる史料から判断するかぎりでは、『文学新聞』の報道姿勢とそれに対する反発は、頻度の点であまりにも際立っている。

『文学新聞』では、ほかにも、先駆的な移植外科医V・デミホフを持ち上げる形で医学界の「保守派」を糾弾し、ソ連医学アカデミー総裁とソ連保健相の反発を招いた一九四八年五月六日付けの論説「第二の心臓」[РГАСПИ:17/132/13/13–30,47–48]、ソ連食糧調達相の抗議を呼んだ四八年十二月一日付けの論説「穀物倉庫の一件」[РГАСПИ:17/132/120/1–260]、殺虫剤工場の「保革対立」を描き、工場職員一同の憤激を引き起こした四九年二月十九日の論説「研究所が実生活と結びつくとき」[РГАЛИ:634/4/54a/8–13]、全連邦法学研究所所長やソ連法相らの反論につながった四九年九月十七日付け論説「わが国の知識人」[РГАСПИ:17/132/119/66–69]、全ソ労働組合中央評議会議長の反発を招いた四九年九月二十二日付け論説「慈善事業とエセ慈善団体」[РГАСПИ:17/132/119/94–96]等々、辛辣な批判論説が体系的に掲載されていたのである。

党官僚の裁定と「批判ありき」の編集方針の罠

こうした『文学新聞』の報道ぶりが、党官僚にとって理想と程遠いものであったことは明らかである。その証左に、記事をめぐる紛争の審判役を務めた宣伝煽動局の調書のなかには、編集部が記事掲載前に「事前検証を怠り」、事実関係を「表面的かつ一面的にしか調査しなかった」[РГАСПИ:17/125/598/53]、「資料の傾向的な利用」(前出の発電所建設に関する調書)、はたまた、編集部が「センセーション」を追求し、「事実を十分に確認することなく」掲載を決定した[РГАСПИ:

17/132/13/29］、「不正確な叙述や拙劣な表現によって、記事の真実性を大幅に引き下げた」［РГАСПИ: 17/132/120/1］、「根拠なき批判や事実誤認が同居している」［РГАСПИ: 17/132/119/108］といった評価が、随所に顔を出す。

さらに『文学新聞』は、文芸批評においても、党官僚がくだした評価と相反する論説をしばしば掲載し、あるときは党の批判を受けて「極端から別の極端へ」見解を変えたかと思えば、別の場合には、党官僚の判断に抗い、文学における党派性信奉を前面に押し出して自説に固執するという態度をみせた（このことは、のちのコスモポリタン批判キャンペーンの形成を理解するうえでも、きわめて重要な要素となってくる）。

そして、こうした党機構からの指導的「批判」の積重ねは、『文学新聞』の活動成果に関する一九四八年十月の党組織局での討議をへて、同年十二月二十七日付けの党中央委員会組織局決定に逢着する。この決定では、（別の文脈ではあるが）『文学新聞』の「記事の鮮明さや辛辣さは、ときとしてソ連の出版物にあるまじきヒステリックさですり替えられて」おり、編集部が「不正確さや誤りを含んだ未点検の記事を掲載することにより、何度となくソ連出版物の活動原則に対する違反を犯している」との総括的評価が示されることになったのである［РГАСПИ: 17/116/406/25–27］。

しかし、党機構が抑制的な対応をとり、「指導的介入」を通じて批判の制御を試みたにもかかわらず、編集部側は辛辣な論調の「保革対立の物語」を紡ぎ続けた。のみならず、党官僚の指導内容に唯々諾々と従うどころか、ことあるごとに反論を挑む姿勢をみせ、訂正記事の掲載指示を実質的にサボタージュすることさえあった［РГАСПИ: 17/132/120/3–8: 17/132/13/45–61: РГАЛИ: 634/4/53/26–28,67–68: 634/4/82/4］。その最大の理由が、先に引用したスターリンの指示と、それを『文学新聞』の任務として明文化した党中央委員会決定［РГАСПИ: 17/125/565/67］にあったことは間違いない。「辛辣な問題提起」を求め、「党からの批判を恐れず、自分の務めを果たせ」との訓示は、一定の「行過ぎ」が生じるのを前提とした発言のようにも響く。また、改編当初の『文学新聞』は、国内問題をめぐる批判的報道に及び腰であり、そのことで逆に宣伝煽動局から奮起を促された形跡もある［РГАЛИ: 634/3/7/XII］。しかし、これらの事実は、党官僚が指摘したような

「偏向報道」や検証取材の杜撰《ずさん》さ、煽情主義といった現象の発生を必然化するものではない。

では、『文学新聞』がはまった陥穽《かんせい》はどこに求められるであろうか。最大の原因は、編集部に寄せられる読者の声、すなわち投書へのこだわりにあった(この点で、同紙の国内生活部に「ソヴィエト民主主義」課が設けられていたことは示唆的である)。部数拡大後の同紙編集部内では、「生活上の問題で作家と読者を結びつけるもの」として、ことあるごとに投書の重要性が指摘され、それこそが他紙との差別化を図るよりどころとなっていた[РГАЛИ:634/3/7/9:631/1/817/153]。当然、そこで反響の大きさを測る指標となるのは投書の数である[РГАЛИ:634/3/7/9,30:634/3/12/118]。それゆえに、編集会議の議事録には、投書の減少を危ぶむ部員たちの声が頻繁に記録されている[РГАЛИ:634/3/17/210:634/3/12/171]。そして、反響の大きい、人気を博する記事こそ、国内問題に関する辛辣で暴露的な批判論説なのであった[РГАЛИ:631/15/817/196–197:631/15/986/62:634/3/11/258:634/3/12/309:634/3/26/129:634/3/28/79]。容易に予想されるように、賛美的で「肯定的な」記事は、退屈と裏腹なのである。ここに、新聞報道に「煽情主義」が入り込む余地が生まれる。さらに、編集部の幹部は、記事に芥子《からし》を利かせるため、記者の書いた原稿に無断で手を入れ、誇張や脚色を施すことも厭わなかった[РГАЛИ:631/15/986/59–61:634/4/82/5–7]。

また、辛辣な批判は、抜打ち的におこなわれるからこそ衝撃的なものとなる。国内生活部の編集主任N・アタロフが述べたように、取材過程で批判対象に察知されてしまえば、記事掲載前に行動是正の機会を与えてしまい、批判が「空砲に終わる」からである[РГАЛИ:634/3/28/205]。加えて、関係者のやりとりからは、より発行頻度の高い他紙に、準備中の「スクープ」を出し抜かれるのではないかという焦りの跡もみてとれる[РГАЛИ:634/3/11/329]。こうした心理が、ただでさえ記事のテーマとなる専門分野の門外漢である記者=作家に、批判対象への直接取材を手控えさせ、綿密な事実検証をおこなう妨げになったことは想像に難くない。あるいは、入念に取材してみると、「二つの相反する見解がある」ことが判明し、やすやすと批判に踏み切れなくなるという事情もあった[РГАЛИ:634/3/11/403–404]。

このように、『文学新聞』の問題報道は、商業主義に基づく今日のイエロージャーナリズムの成立構図と大差はなかった。さらに、一連の報道には、しばしば科学技術の「革新性」をめぐる訴え主の自己宣伝も介在していたのだが、これなどは、現代でも間欠的に露見して学界を震撼《しんかん》させる「研究成果の捏造問題」などと同根の現象といえよう。

そうした諸事情に加えて、国内生活部の責任者である作家アタロフが読者の訴えに過大な信頼を寄せていたことも、報道の偏向に輪をかけることになった。一九四八年十月、読者からの投書に関する会議で基調報告に立った彼は、投書に対する自身の見解を次のように表明している。

読者の投書とは、驚くほど率直で、誠実な手紙である。……これらの手紙の書き手に対しては大きな信頼を抱かざるをえない。書かれていることのほとんどすべては、正当に書かれている。そのことは本能的にお感じになることだろう。新聞に投書してくるのはまともな人間である。ペテン師は通常、公正さを信じないから、新聞に手紙を書いたりはしない。絶対に書いたりしないだろう！　それは、新聞の編集部員の目はごまかせないと諦めているからではなく、想像力が乏しいからなのである。信頼を抱かせるような誠実な人間には想像力があるが、ペテン師にはそれがないのだ。概して、わが国のペテン師とは、ペシミストなのである。［РГАЛИ: 634/3/20/45–46］

アタロフによれば、ソ連人が訴え出る動機は「私的な、利己的なもの」ではなく、その訴えには「国家的見地」が内包されているという。だが、これは実際問題としては、個人の問題をどのように国家的利害と絡めて提示するか、極端に言い換えるならば、訴えのなかで「当人の個人的問題を解決することが国家的な重要事である」と言いくるめる試みがなされているか否か、という違いでしかなく、当事者が抱える問題が本当に国家的事案なのかどうかを判断する万能の基準となりうるものではなかった。

読者の訴えに寄せる信頼の度合いという点では、会議でのほかの発言者の姿勢はもっと慎重であった。同じ会議で、劇作家のレオニードフは、アタロフの信仰にも似た感情の披瀝《ひれき》に対して、そうした歓喜の情はいささか度を越しているのではないかと疑念を表明し、投書の「負の側面」、すなわち投書の書き手が現場で「無関心の壁」に突き当たっている事情を詳らかにすべきであり、訴えの主には不道徳な諍《いさか》い屋も含まれている可能性がある、と釘をさそうとした［РГАЛИ:634/3/20/67–68］。しかし、アタロフは「懐疑論で興を冷ます必要などまったくない」と述べて、昂然と反論する。

私は虚飾者ではなく、善良な人間のほうが、不道徳な人間よりも多いと信じているのだ。だが、貴殿の意見では比率が逆になっている。しかしその場合、私にはわれわれの社会の発展が謎となり、われわれの勝利が謎となる。……街中では善の悪との闘争がおこなわれているのだ。この勢力〔善〕が勝利しようとしており、わが国では勝利しないわけにはいかないのだ。こうした観点から、私は、……私が「新しいもの」について熱狂的に語りすぎているとかいう非難は受け入れることはできない。［РГАЛИ:634/3/20/92］

これはまさに正義感の表明であった。しかし、一九三〇年代の工業化と農業集団化を体験し、戦後復興に工業化時代の精神的高揚を重ね合わせるアタロフのような熱狂的な感覚は、決して例外的なものではなかった。編集会議の議事録には、党の指令遂行への熱意とともに、自己の報道内容の正しさを確信し、弱き革新者を助け、強力な保守的権威を挫くという使命感に満ちた発言があふれている。さらに、すでに言及したように、そうした意識は、批判報道に共感した読者から編集部に寄せられる投書にも支えられていたのである。

管理された「批判」と制御の限界

その後、こうした国内報道にまつわる数々の「勇み足」や、文芸批評をめぐる『文学新聞』編集部の攻撃的な姿勢、さらには同紙が演劇批評問題を発端とする一九四九年一月〜三月のコスモポリタニズム批判キャンペーンの激越化に重要な役割を果たしたことが重なって［長尾 2007］、『文学新聞』の活動は、党官僚のみならず、仲間内の作家同盟からも幅広い反発を受けるにいたった。これが、シーモノフが回想録で描いた同紙編集部の入替え［Симонов 1988:167–168］の背景となっていく。それにともなって、編集部やその活動を監督する作家同盟内でも、報道の際の入念な事実検証の必要性が唱えられるようになり、革新対保守、善対悪という構図の安易な適用が危険であるとの認識も深まっていった[РГАЛИ: 631/15/986/146–147 : 634/3/44/80,279–280,295,301 : ЦАОДМ : 8131/1/47/19об.–20]。

他方、党官僚のほうは、不正確な報道が続発するにつれて、直訴や批判の奨励がつねに期待通りの展開を生むわけではないということを認識せざるをえなかった。先に述べたように、報道内容に対する苦情の処理は、おもに宣伝煽動局の役回りだったからである。こうして、一九五〇年代初頭になると、批判の奨励と並行して、レオニードフが指摘したような「手紙の書き手のなかに、はるかに多くの不道徳な人間がいる」という側面、すなわちアタロフが軽視した「諍い屋や誣告《ぶこく》」の問題にも関心が向けられていく[4]。

一九五一年六月二十四日付け『プラウダ』の戯評「威勢の良い筆」や、翌年二月十九日付けの同紙の戯評「ミロリューボフ選集」は、いずれも、本業よりも苦情の量産に才能を発揮した研究所の元職員を槍玉にあげた記事である。この二つの事例は、「批判と自己批判」の督励が生み出す論理的帰結の一つを、典型的な形で示している。これらの記事では、自身の「有望な学究活動」に対する妨害を訴える主人公が、本来の専門研究では適性を発揮できず、研究所内で窓際族になったり解雇の憂き目に遭ったあと、処遇に抗って、根拠薄弱で中傷じみた訴えを乱造し、それをさまざまな指導機関に送りつけたことが揶揄《やゆ》されている。また、示唆的なことに、この両名は、『プラウダ』紙上で名指しの批判を受けたあとですら、今度はその記事に対する反駁を党中央委員会やスターリン宛てに書き送っているのである[РГАСПИ: 17/132/472/126–274 : 17/132/522/297–314]。たとえば、うち一人の訴えには随所にスターリンの引用がちりばめられ、彼の対立相手は「専横的態度」(明らかに、ここにはスターリンの言語学論文の教えが生かされている)、「反党的」「コスモポリタニズム」「(外国)跪拝」「批判の封殺」などといったレトリックで糾弾されている。

もちろん、これらの戯評や党官僚の調書内容の妥当性について断定的な判断をくだすのは困難である。ただし、次のことははっきりいえる。党や国家監督機関は、究極的には不可知であるか、著しく判断が困難、あるいは少なくとも面倒な検証を必要とするような問題(批判と中傷との線引き、革新性の判定)に延々と取り組まねばならなかった。

スターリンを頂点とする党指導部が単に社会の統制を目的としていたのであれば、論理的には、機能の重複を排し、組織間の垂直関係を明確化して、上からの指導を迅速に貫徹させるのが理想的なやり方だったはずである。そうした秩序立った統制の強化のみが進行していたなら、実際に生じた騒々しさや混乱、犠牲ははるかに少なかったであろう。しかし、現実の党・国家による指導的介入は、事務機構を通じた意思の伝達以上に、出版物での批判という間接的な形でおこなわれており、紙面でくだされた個々の判断たるや、しばしば相反し、より上級の「権威」の介入の手間を増やすだけの代物だった。このような指導システムは、ある意味で合理性とは乖離《かいり》しており、著しく効率を欠くようにみえる。

そもそも、批判とは相手方の誤りや問題点(あるいは批判者が主観的にそう見なすもの)を指摘する行為であるが、逆にいえば、そこには、批判する自分はそうした「誤り」を免れている、あるいは少なくとも、相手が自力では認識できないものを自分は理解できる、という意識が潜伏している。さらに、批判が助言や忠告と異なるものであるためには、厳しく相手を指弾するものでなければならない。このためには相手の気分を害することもやむをえない、むしろそれは必要なことであるとの論理すら働きうる。さらに、「原則的立場」が存在し、われこそはその原則に忠実である、と考える当時の論争当事者にとっては、彼我の立場が異なること、自分の言い分を受け入れないこと自体が、相手方の非にほかならないと映ったであろう。いかなる他者も自分と考えを完全に一にするものではないから、この論理を突きつめれば、あらゆる他者は「無原則な」輩《やから》となりうる。

いずれの社会も、実際には各成員のあいだで完全に一致することのない共通理解によって円滑な機能を維持している。しかし、社会内で批判が奨励され、その対象となる領域が拡大するにつれて、この行為は、それまで曖昧《あいまい》な了解事項であったもの、曖昧なままでも特段問題がなかったようにみえる、あるいはむしろ曖昧なままとどめておかねば円滑な関係を維持できない、自他の理解の異同を問いつめることへとエスカレートしていく。これは、いわば「批判」が共同幻想を破壊していくプロセスといえた。

しかし、先に述べたような批判原理の誤作動や誣告への警戒感が、批判行為に対するソ連の党官僚やエリート層の基本姿勢を根本的に変化させたかといえば、答えは否となろう。そのことは、シーモノフが編集長職を受け継いだ『文学新聞』が、より穏健な形ではあれ、革新者の擁護と国内問題に関する批判報道を継続し、報道内容をめぐって多少の軋《あつ》轢《れき》を生じさせていったことが示すとおりである[РГАСПИ: 17/132/297/216,277–279 : 17/119/216/5–8]。つまり、党エリートが求めたのは、いわば批判を管理し、「根拠のある批判」をおこなわせることであって、批判原理が内包する、統治秩序を攪乱しかねない力そのものが否定されたわけではなかった。

こうして党・国家の階層秩序は不断の予見不可能性にさらされ続けることになるのだが、じつは、これこそが指導者スターリンが意図したものであった。そして、良し悪しはあれ、歴史的にみれば、批判のもたらす競合はたしかにソ連社会の原動力の一つとなっていたのである。『文学新聞』の批判報道の場合は、スターリンの督励により開始されたとはいえ、「政府が公言しにくい話」の代弁にとどまることなく、独自の判断と使命感に裏打ちされて、秩序を好む党官僚が想定した枠を超えていった。他方、一連のプロセスにおいて突飛な批判の抑え役にまわった党機構の責任者スースロフは、のちのブレジネフ期に停滞の時代のイデオローグと揶揄される保守的な役回りを果たす。このあたりの事情も、ソ連政治社会史の大きな流れをとらえるうえで、われわれに重要な示唆を与えてくれる。

本章でみたような決着のない相互作用のドラマは、ソ連社会内部のダイナミズムがより緻密な検証に値するということを、いま一度われわれに想起させてくれるように思われる。ソ連研究者のあいだでも、「党の指導性」という潜在意識のゆえか、ともすれば党文書を偏重する傾向が見受けられるが、「指導下」にあったはずの各種団体の史料にも彼ら独自のイニシアティヴを示す刮目《かつもく》すべき情報が多々含まれている。その双方に目を配りつつ、各主体間の相互作用を解き明かす作業が、まだまだ求められているのである。

註

1　ソ連作家同盟は、一九三四年に創設されたソ連の国内作家を糾合する単一団体。戦時期の日本における文学報国会（一九四二年創設）と比しうる団体といえる。ソ連作家同盟の創設に先立ち、無党派文学への攻撃的姿勢で名高いロシア・プロレタリア作家協会（ラップ）がスターリンからの批判を受けて解散された経緯があり、新設された作家同盟には、元ラップ派とその論敵との鬩《せめ》ぎ合いが持ち越されることになった。『文学新聞』は、作家同盟が単独で保持していた唯一の新聞媒体。本章でみるエルミーロフ編集長時代には党派性を正面に押し出した左派的言論を繰り広げたが、ブレジネフ期には社会問題について相対的にリベラルな言論の場を提供し、のちのペレストロイカを精神的に準備したと評価されている。この論調の変化は一見好対照であるが、社会問題に対する芸術知識人の関与という発想の点で共通性があることも見逃せない。また、前記の言論傾向の変化は決して単線的に生じたわけではないが、エルミーロフに続くシーモノフ・リュリコフ両編集長の体制（一九五〇～五五年）は、ある意味で、こうした変化の橋渡し的な役割を担ったようにもみえる。

2　ここでは「批判」「批評」と訳し分けているが、原語は同一の「критика」である。

3　一九四九年前半にスターリン賞受賞者の年鑑を刊行するという構想が浮上したとき、宣伝煽動局は「受賞後に辛辣な批判を受け、深刻な過ちや欠陥が露見した」作品があまりにも多いことから、この構想を断念するよう提言している[РГАСПИ: 17/132/178/10-11]。

4　これに先立つ一九四八年末から翌年初めにかけて、革新者の擁護、保守性・因習の打破を基調とする論説を得意としていた『トルード』紙の女性記者Mが、「活動の不備」を示す暴露情報をもとに各種団体を恐喝し、批判記事の「もみ消し」の代償として金銭をゆすりとっていたことが判明し、刑事事件へと発展した。この事件は、報道の倫理を再認識させるという意味で、ソ連の言論関係者に大きな衝撃を与えた[РГАСПИ:17/132/238/34-36]。

参考文献

スターリン、ヨシフ（一九二八）「中央委員会・中央統制委員会四月合同総会の活動について」スターリン全集刊行会訳『スタ

ーリン全集』第一一巻、大月書店(一九八〇復刻版)。

トロシン、デ・エム(一九五三)　知識文庫刊行会訳『自然科学とスターリン言語学』(知識文庫)岩崎書店。

長尾広視(二〇〇七)「「コスモポリタン批判」再考――ソ連演劇界にみるスターリン統治の論理」『思想』第九九六号。

バーバー、ジョン(一九九六)　湯川順夫訳「ソ連邦における知的正統性の確立――一九二八～一九三四年」『思想』第八六二号。

Getty, J. (1999). Samokritika Rituals in the Stalinist Central Committee, 1933–38, *The Russian Review*, vol. 58.

Kojevnikov, A. (1998). Rituals of Stalinist Culture at Work: Science and the Games of Intraparty Democracy circa 1948, *The Russian Review*, Vol. 57.

Артизов А. и Наумов О. (1999). Власть и художественная интеллигенция. Документы ЦК РКП(б) – ВКП(б), ВЧК – ОГПУ – НКВД о культурной политике. 1917–1953 гг. Москва.〔アルチゾフ／ナウモフ編『権力と芸術知識人――文化政策に関するロシア・全ソ共産党(ボリシェヴィキ)中央委員会、全ロシア反革命・サボタージュ取締り非常委員会、合同国家政治部、内務人民委員部の飼料　一九一七～一九五三年』〕

Громов Е. (1998). Сталин: власть и искусство. Москва.〔グロモフ『スターリン　権力と芸術』〕

Кожевников А. (1997). Игры сталинской демократии и идеологические дискуссии в советской науке: 1947–1952гг.//Вопросы истории естествознания и техники. No. 4.〔コジェヴニコフ「スターリンの民主主義ゲームとソ連科学界のイデオロギー論争　一九四七～一九五二年」『自然科学・技術史の諸問題』誌〕

Симонов К. М. (1988). Глазами моего поколения: размышления о И. В. Сталине. Москва.〔シーモノフ『私の世代の目で見て　I・V・スターリンについての思索』〕

РГАЛИ: Российский государственный архив литературы и искусства.〔ロシア国立文学・芸術文書館〕(引用数字は順に фонд/опись/дело/лист を示す)

РГАСПИ: Российский государственный архив социально-политический истории.〔ロシア国立社会・政治史文書館〕(引用数字は順に фонд/опись/дело/лист を示す)

ЦАОДМ: Центральный архив общественных движений г. Москвы.〔モスクワ市社会運動中央文書館〕(引用数字は順に фонд/опись/дело/лист を示す)

「雪解け」と歴史学
A・M・パンクラートヴァの活動を中心に

立石洋子

ソ連歴史学とA・M・パンクラートヴァ

ソ連の解体から二十年余りをへた現在、一次資料へのアクセスが容易になり、ソ連との時間的な距離が生まれたことは、より客観的な歴史研究の対象としてソ連史を分析する可能性を拡大している。このような状況を反映して現代のソ連史研究はテーマを多様化させ続けているが、それと同時に、ソ連が存在した当時から現在まで一貫して研究者の関心を集め続ける問題も存在する。

その一つが、ソ連における国家と社会の関係、すなわちソ連という政治体制が国民をいかに統治し、当時を生きた国民は体制をどのように認識していたのか、という問いであり、現在もこの問題を新たな角度から明らかにしようとする試みがあとを絶たない。

この問いを解く鍵の一つとして、本章はスターリン死後のソ連における歴史家の活動に着目する。一九五三年三月のスターリンの死後、ソ連共産党中央委員会で「個人崇拝」に対する批判が提起され、「雪解け」と呼ばれる政治情勢の変化が起こりはじめると、歴史学の分野でも歴史上の偉人の行為を過度に重視する理論として「個人崇拝」が批判されはじめた。しかし変化はこれにとどまらなかった。

最大の転機となったのは一九五三年の『歴史の諸問題』誌編集部の改組であり、その編集長に任命されたのが歴史家А・М・パンクラートヴァ（一八九七〜一九五七）であった。パンクラートヴァはウクライナのオデッサに生まれた。幼い頃に日露戦争での負傷がもとで父が亡くなり、母親とともに兄弟と姉妹を養いながら学校へ通ったが、優秀な成績を収めてオデッサ大学を卒業した。その後、革命運動の波のなかで地下活動に加わり、十月革命の翌年ボリシェヴィキの一員となった。

彼女の関心は多岐にわたり、スターリン期から一九五〇年代前半に出版された多くの歴史教科書の編纂に携わり、科学アカデミーやモスクワ大学など代表的な研究教育機関でソ連史の授業を担当した。また非ロシア人地域の歴史概説書の作成にも携わり、数々の国際歴史学会議に出席するなど、ソ連を代表する歴史家であったといえる。政治の領域でも、一九五二年には党中央委員に、五四年には最高会議幹部会議員に選出されており、党や国家と密接な関係をもつ歴史家であったということができる。しかし他面では、一九二七年に夫が逮捕されただけでなく、三〇年代半ばには恩師のМ・Н・ポクロフスキーが公的に批判され、自身も党から除名されるなど、その生涯は波瀾に満ちていた。

パンクラートヴァに関する先行研究にはバージャの著作[Бадя 1979]やゼルニックの著作[Zelnik 2005]などがある。しかし、スターリン期からフルシチョフ期の政治的変動のなかで、党と国家を代表する歴史家として、ときには自説を大きく修正しながら活動を続けたその生涯は、未だ断片的にしか明らかになっていない。ククーシキンの編集により出版された史料集[Кукушкин 2000]は、彼女を直接知る人物の回想や書簡などの貴重な文書を収録しているが、史料集という性格上、包括的な実証分析がなされているわけではない。

なかでも一般の市民を対象とした彼女の活動は、従来の研究ではほとんど注目されてこなかった。ソ連における国家と社会の関係を分析した先行研究も、その多くが国家と市民、あるいは国家と知識人の関係を検討対象としており、国家と社会のあいだに存在した知識人とそれらの相互作用に着目した研究は少ない。

そこで本章は、スターリン死後のパンクラートヴァの活動と、彼女に対する市民の反応に着目することで、知識人が国家と社会の双方に対して担った役割の一端を明らかにし、ソ連における国家と社会の関係に新たな視座を提供することを目的とする。

パンクラートヴァの生涯を知るうえで最も重要な資料となるのは、ロシア科学アカデミーの文書館に保存される文書である。同文書館にはアカデミーの研究教育活動に関する文書だけでなく、組織運営にかかわる文書やアカデミーに所属した研究者の個人文書も保存されており、二八五年以上におよぶロシアと旧ソ連諸国の学術研究や文化の発展を知るうえで必要不可欠な文書が所蔵されている。

ソ連時代の歴史家に関するものとしては、初期のマルクス主義史学を牽引した歴史家ポクロフスキー［フォンド番号一七

図１　アンナ・ミハイロヴナ・パンクラートヴァ
［出典］「メモリアル」モスクワ支部文書館。

五九]や、非マルクス主義歴史家を代表するE・B・タルレ[同六二七]、H・M・ドゥルジーニン[同一六〇四]らの個人フォンドがあり、その一つがパンクラートヴァのフォンド[同六九七]である。

パンクラートヴァのフォンドは、(1)学術研究、(2)写真を含む伝記的文書、(3)書簡の三つに分類されており、(1)には講演の速記録や研究ノート、授業計画などが、(3)には歴史家や友人、市民から受け取った書簡と彼女が送った書簡の写し、党中央委員会の担当部局に送付した報告の写しなどが含まれている。

これらの文書はソ連における歴史学と政治の相互関係や、歴史家と一般市民の関わりを分析するうえで独自の史料的価値をもつ。その一部は先行研究や史料集で紹介されているものの、ごくわずかにすぎず、今後のさらなる調査が必要とされている。

そこで本章では、科学アカデミー文書館が所蔵する資料を中心に、スターリンの死後からフルシチョフ初期におけるパンクラートヴァの活動を検討する。なお、スターリン死後の歴史家の論争は十月革命後の歴史描写を中心に分析されてきたことから、本章では主に革命前の自国史像をめぐる議論をとりあげる。

スターリンの死と歴史学

スターリンの死からおよそ三カ月をへた一九五三年六月五日、科学アカデミー総会は『歴史の諸問題』誌を批判する決定を採択し、パンクラートヴァを編集長、Э・Н・ブルジャーロフを副編集長とする新たな編集部を組織すること、編集委員にБ・Д・グレコフやドゥルジーニンらを任命することを決めた[Архив РАН: 1604/3/54/1–2]。パンクラートヴァがのちに講演で述べたところによれば、この決定は科学アカデミー総会だけでなく、共産党中央委員会によっても採択された[Архив РАН: 697/1/135/143–144]。

一九五三年はパンクラートヴァ個人にとっても転機となった。この年、彼女は科学アカデミー会員に選出されたが、女性の歴史家がアカデミー会員の称号を得るのはロシア・ソ連の歴史を通じてはじめてのことであった[Сидорова 2001:685]。さらに翌年には、最高会議幹部会議員に選出された。

一九五三年以降の『歴史の諸問題』誌編集部では、あらゆる論文や書評、研究書が熱心に審議された。歴史家К・Л・セレズネフの回想によれば、編集部の簡素な部屋は学術サークルへと変貌したかのようであった[Селезнев 1982:41]。一九五六年一月に掲載された巻頭論文「歴史学の歴史研究について」は、一九三〇年代に公的批判の対象となったポクロフスキーを部分的に再評価し、マルクス主義の観点から歴史を解釈しようとしたロシア初の歴史家としてその功績を称えた[Об изучении 1956:4]。編集委員は各地で開かれた読者会議に出席し、歴史学の現状や同誌の活動について報告をおこなった[Кукушкин 2000:247]。歴史家В・Ф・ミノルスキーは同誌の感想をパンクラートヴァに送り、「多くの分野で歴史学の伝統が回復されています、最も強硬な反対者であろうとも、このことを考えずにはいられません」と高く評価している[Кукушкин 2000:327–328]。

この時期のパンクラートヴァの活動は、研究や教育の分野にとどまらなかった。最高会議幹部会議員に選出された彼女のもとには、スターリン時代に政治的抑圧をこうむった人々やその家族から、名誉回復を求める書簡が数多く送られた。夫が逮捕された事件の再審理を求めたМ・З・アルフもその一人であった。彼女は一九五五年十月にパンクラートヴァに請願を送り、軍検察庁での面談の際、彼女の夫А・С・アルフの事件は、彼を知るしかるべき人物の介入によって解決できるかもしれないといわれたと伝えている[Архив РАН:697/3/158]。翌日、パンクラートヴァは検事総長Р・А・ルデンコにこの請願を転送し、一九二〇年代からА・С・アルフを個人的に知っていることを伝え、事件の再審理を要請した[Архив РАН:697/3/109/3]。

スターリン期に政治的批判を受けた歴史家の名誉回復を請願する際には、フルシチョフに介入を求めることもあった。パンクラートヴァの働きかけによって名誉回復がかなった歴史家の一人に、カザフ人の歴史家Е・Б・ベクマハノフがいる。彼は十九世紀に起こったカザフ人の対ロシア反乱を理想化したという理由で、一九五〇年に『プラウダ』紙上で批判され、学位を剝奪された。さらに一九五二年には民族主義的歴史像を普及させたとして逮捕され、矯正労働収容所に送られていたが、パンクラートヴァの援助を受けて五四年に釈放された。釈放されたベクマハノフは、コルイマの収容所から直接モスクワのパンクラートヴァの自宅を訪れたという［Кукушкин 2000:173］。一九五五年三月には、彼女に宛てて党員資格を認められた喜びを伝えている。「私がどれほど喜んでいるか、あなたは想像できないでしょう。私が党の信頼に応えることを期待してください。仕事にとりかかります。今は原稿を書き続けています。カザフ共和国科学アカデミーは、私の高等学位審査委員会への申請を近日中に承認するはずです」［Архив РАН:697/3/185/1］。

ベクマハノフと同様に一九五二年に民族主義的歴史描写を批判されて学位を取り消され、党から除名されたヤクート人の歴史家Г・П・バシャリンについても、パンクラートヴァは同様の措置をとった。彼女はフルシチョフに宛てた手紙でバシャリンの経歴を説明し、彼の学位論文がモスクワの歴史家に高く評価されていることを訴えた。「あなたはカザフ人の歴史家ベクマハノフ同志の人生を救い、学問のために保護しました。ヤクート人の歴史家バシャリン同志の運命に対しても同様の介入を要請することを、ソ連共産党中央委員としての、そしてソヴィエトの学者としての、自らの義務と考えます……」［Архив РАН:697/3/131/1-2об.］。

このようにパンクラートヴァの社会的立場は、スターリンの死を境に大きく変化した。これ以降の彼女の活動は、権力と社会をつなぐ回路の役割をもつことになる。

革命前の自国史像をめぐる議論

自国史像をめぐる議論のなかで大きな論点の一つとなったのは、十九世紀北カフカースのムスリムによる最大規模の蜂起であるシャミーリの反乱の評価である。一九五〇年に党と政府は、この蜂起を、ロシアに敵対するオスマン帝国の煽動で起こったものであり、民族解放運動ではなかったとする公式見解を表明した。ここで中心的な役割を担ったのはアゼルバイジャン共和国党第一書記バギーロフであったが、スターリンの死後にバギーロフが公的批判の対象となり、翌年の三月二十九日に逮捕されると、歴史家のなかにはシャミーリの反乱を再評価しようとする主張が現れた。

バギーロフの逮捕の翌日、パンクラートヴァはソ連科学アカデミー社会科学部門とザカフカース諸共和国の科学アカデミーとの合同会議で講演したが[Архив РАН:697/1/135/143–144]、講演の終了後には出席者から、シャミーリの反乱は再評価されているのかといった問いや、バギーロフの見解に対する意見を求める声があがった。彼女はこれに対して、バギーロフの見解は彼の「政治的偏向」を示しているように思われると回答した[Архив РАН:697/1/135/146]。

シャミーリの再評価が一九五六年の第二〇回党大会以降に大きな論争点となったことはこれまでも知られてきたが、この質疑応答は、すでにバギーロフの逮捕の直後からこの問題がザカフカースの知識人によって提起されはじめていたことを示している。バギーロフの逮捕が彼らの関心を集めたことは疑う余地がないが、それがシャミーリの再評価を問う声に即座に結びついたことは、この問題に対する歴史家の関心が、公の場での議論が不可能となった一九五〇年以降も失われていなかったことをうかがわせる。

変化の兆しは、『歴史の諸問題』誌上にも現れた。一九五五年六月の同誌に掲載されたA・B・ファジェーエフの論文は、シャミーリの反乱は山岳諸民族の支持を得られなかったとする五〇年以降の通説を批判した。彼によれば、反乱の基盤となったイスラームの思想がオスマン帝国から持ち込まれたものだとしても、現地の住民に支持されたからこそ北カフカースに普及したのであった[Фадеев 1955:67–68]。

こうした見解は、一九五六年一月に開かれた『歴史の諸問題』誌読者会議でも示された。三日間にわたって開催されたこの会議には、モスクワの歴史家や教師六〇〇名以上が参加した。ここで副編集長のブルジャーロフは、ロシアの統治が非ロシア諸民族に抑圧をもたらしたことを忘れてはならないと発言した。そのうえで、シャミーリの反乱とバギーロフの見解を再検討すべきだという提案が数人の歴史家から編集部に寄せられていると報告し、「われわれはこの問題に立ち返り、正しい評価をくださなければならない」と述べた[Конференция 1956:202]。

中等学校教師A・M・ピクマンは、バギーロフの見解に反対することはこれまで不可能であったと述べ、ようやく一九五五年末に『歴史の諸問題』誌編集部でこの問題について議論がおこなわれたと語った。歴史家E・K・ラヴロフも、この反乱が北カフカース諸民族の自由と独立のための闘争という側面をもつことを完全に否定する歴史家がいると批判し、それが帝政の誤った理想化を導いていると主張した[Конференция 1956:204,206]。歴史家C・M・ドゥブロフスキーは、イヴァン雷帝の描写における「個人崇拝」の問題、つまりその過度の理想化を批判し、一部の歴史家は「ソヴィエト愛国主義」と革命前の愛国主義を混同していると批判した[Конференция 1956:205]。

こうしてスターリンの死後、歴史家たちは自国史像の再検討を始めたが、第二〇回党大会で「個人崇拝」批判がスターリンに対する批判と結びつけられると、議論はさらに拡大していくことになる。第二〇回党大会ではパンクラートヴァもまた党中央委員の一人として、「個人崇拝」と歴史学について発言した。党大会で学術雑誌の編集者が発言した例はそれまでになく、彼女はこの報告を非常に危惧していたが、報告は大きな反響を呼んだ[Селезнев 1982:42]。『歴史の諸問題』誌編集部は各地で読者会議を開催して講演活動をおこない、歴史と歴史学に対する国民の関心の高まりに応えようとした。一九五六年六月にレニングラードで開かれた読者会議でブルジャーロフは、イヴァン雷帝の評価に関する会議が科学アカデミーで二日間にわたって開かれたことや、シャミーリの反乱の再評価に対して読者から大きな反響があり、この問題についても会議を招集すべきだという声があがっていることを報告した。さらに、バシャリンやベクマハノフら非ロシア人の歴史家に対する誤った非難を批判した[Доклад 1989:9/92–93:11/135]。

これに対して会場からは、一九三〇年代の公式見解である「より小さな悪」の定式をいかに評価すべきか、ポクロフスキーの業績をどのように評価するのかなどの質問があがった。これについてブルジャーロフは、近年では帝政のあらゆる植民地政策が「完全な善」ととらえられていることを批判し、「より小さな悪」の定式を復活させるべきだと答えた。またポクロフスキーの研究の史学史上の貢献を否定すべきではないと主張した［Доклад 1989:11/122,125,129］。

第二〇回党大会に関する講演

第二〇回党大会から約二週間をへた三月下旬、パンクラートヴァはモスクワの「知識」協会の依頼を受けて、党活動家や作家、教師、研究者、文書館職員、学生などを対象とした講演をおこなうことになった。その後レニングラードでも九回の講演をおこなったが、講演は毎回ほぼ満席となり、出席者はおよそ六〇〇〇人にのぼった。これに加えて、キーロフ工場や党州委員会の職員とも会談をおこなった。夜遅くに疲れてホテルに戻ると、彼女の話を聞こうとする人々が部屋の前で待ちかまえており、さらに会談が続いたという［Селезнев 1982:42-43］。

三月二十日の講演でパンクラートヴァは、アレクサンドル・ネフスキーやドミトリー・ドンスコイなどスターリンが独ソ戦期に称賛した歴史上の偉人の描写を例に出して自国史描写における「個人崇拝」の問題を説明し、これをスターリンの過大評価と関連づけて批判した。それだけでなく、今までの自説を修正することは「多大な心理的変化を要する」とも述べ、自分にとって非常に困難な課題だと語った。

ここに座っている方々や、私個人、他の多くの人にとって、これがどの程度簡単でないことなのかはわかりません。私がお話ししていること、考えていることのすべてが、それほど簡単に達成されることではないのです。ここに座っている人々は少し若い世代なので、彼らにとってはより簡単なのかもしれません。たとえば私は若くありませんし、少なからぬ変化を経験していますが、私にとって、これは最も困難な変化であるように思われます。

スターリン期から党と国家を代表する歴史家として活動を続けてきた彼女のこの発言を聞いた会場には、ざわめきが広がった。笑い声もあがったようである。これを見た彼女は、続けて述べた。「私の見解に向けられた同志の笑いは、私には理解できません。もしかしたら笑っている同志にとっては、これはすべて簡単なことなのかもしれません。しかし私は、それほど簡単なことではないと思います」[Архив РАН: 697/1/180а/31–52]。

このようにパンクラートヴァは、これまでの人生のなかで幾度となく自らの見解を党の政治方針にあわせて修正してきたこと、そしてそれが決して容易な作業ではなかったこと、なかでも第二〇回党大会後の方針に従って見解を修正することを、最も困難な課題と感じていることを率直に語った。それに加えて、その心情をより若い世代と共有することの難しさをも表明した。

三月二十九日の講演では、彼女の師であるポクロフスキーの「歴史とは過去に裏返された政治である」、つまり歴史学は党と政府の政治方針に積極的に貢献すべきだという言葉を「反歴史的」だと述べ、多くの歴史家がこれを批判してきたにもかかわらず、実際の教育活動や教科書、研究活動のなかでさえ、この観点は克服されていないと発言した。

彼女によれば、歴史を政治に結びつけようとする「教条的な態度」に徐々に慣れた歴史家たちは、これを「党員としての、あるいはソヴィエト国民としての義務」と考え、「正しい史実のために闘うのではなく」、また「歴史を、それ自体として示すのではなく、党や政府などの関心に沿うように示すという立場」が強まっていったのであった。「善良な、誠実な意図から真の愛国主義者になろうとし、わが祖国の役割を高めようとする心理」が史実の「美化」や「深刻な歴史的歪曲」をもたらしたことは「悲しい事実」だと彼女は述べ、「これ以上これを続けてはならない」と発言した。

それと同時に、「ポクロフスキーの弟子である私にとって、当時の状況を乗り越えることは簡単ではありませんでした。ですので、ポクロフスキーの遺産の多くを再検討しなければならなくなったことは、非常に深刻な経験でした」とも述べ、自分自身もまたポクロフスキーの影響のもとに歴史と政治を結びつけようとしてきたことを率直に認めた[Архив РАН: 697/1/182/15–18]。

このようにパンクラートヴァは第二〇回党大会後の講演のなかで、党の方針の変化を受け入れる必要性とともに、その方針が変わるたびに葛藤や苦悩を経験してきたことを聴衆に打ち明けた。彼女は一九二〇年代から夫や友人の逮捕、師に対する公的批判、党からの除名といった苦難を経験しながらも、つねに党の方針に忠実であろうとしてきた。その彼女がこのような苦悩を公の場で表明するのは、かつてないことであった。これらの発言は、第二〇回党大会後の方針の転換を受け入れることが、彼女にとっていかに困難であったかを示しているように思われる。それと同時に、スターリン批判後の党の方針と歴史学の変化をできるかぎり国民に説明することで理解を得たいという希望も、彼女の原動力となっていたのではないかと考えられる。

講演に対する市民の反響

パンクラートヴァの講演には大きな反響が起こり、モスクワでの講演には一一一の質問が、レニングラードでの講演には八二五の質問が寄せられた[Селезнев 1982:42]。彼女はこれらの質問の傾向を分析して報告書を作成し、党中央委員会に送付しており、これは二〇〇六年に『歴史の諸問題』誌に掲載された[Первая реакция 2006]。また科学アカデミー文書館のパンクラートヴァのフォンドには、これらの質問のうち約二〇〇が保存されている[Архив РАН:697/1/181]。ここではそれらの一部を紹介する。

革命前の自国史像に関してはシャミーリの反乱に大きな関心が集まり、「わが歴史家による諸民族史に関する史実の歪曲は証明されたのですか？　とくに、シャミーリが率いた反乱の反動的役割を示す史実は実証されているのでしょうか？」[Архив РАН:697/1/181/135]といった疑問や、バギーロフの見解の正当性を問う質問が寄せられた。中央アジアやカザフスタン、シベリアなど非ロシア人地域のロシアへの編入の評価を改めて問う質問も多数寄せられた。また学生や教師は、今年度の歴史の国家試験は実施されるのか、実施されるとすればどのような内容になるのか、どの教科書や参考書を使うべきなのかなど、歴史教育への影響に対する危惧を示した。

歴史学と政治の関係を批判的に問う質問も数多く提起された。「最大の危険はイヴァン雷帝の理想化にあるのではなく、わが歴史家があらゆる理念的強制を受け入れようとすることにある、そしてこの傾向は今も残っているとは思いませんか?」[Архив РАН: 697/1/181/22]、「重要なのは、どのような戦争が進歩的であるかをあなたがわれわれに伝えることではなく、次の質問に答えることではありませんか――私たち(私たち一人一人)には、あなたと異なる意見をもつ権利があるのでしょうか?」[Архив РАН: 697/1/181/26]、「歴史が定期的に現代の観点から見直されるとすれば、歴史は学問たりうるのでしょうか? このことは国民の信頼を揺るがせています」[Первая реакция 2006: 8/11]。

スターリン期の歴史家の責任を厳しく問いただす声も寄せられた。「あなたは歴史上の人物の理想化について多くのことを素晴らしく語られました。しかし疑問が浮かびます――われわれの歴史家はどこにいたのでしょうか? そしてなぜそれを修正しなかったのでしょうか?」[Архив РАН: 697/1/181/98]。ある出席者は、『歴史の諸問題』誌に投稿した論文でイヴァン雷帝期を理想化する歴史家を批判したところ、一年以上掲載を拒否されていると述べ、批判から権威を守ろうとする同誌の態度に終止符は打たれるのか、と詰問した[Архив РАН: 697/1/181/37]。

パンクラートヴァ個人にも、さまざまな質問が投げかけられた。「スターリンについてすべてを知ったあとも、あなたはスターリンに対する愛情を心のなかに持ち続けているのですか?」[Архив РАН: 697/1/181/112]という問いかけや、「あなたはソ連史の一連の歪曲の共著者ではないのですか?」「専制への恐怖はソヴィエトのすべての人々と同様にあなたをとらえていましたが、その恐怖について何も語らず、ご自身の教条主義を隠すのを聞くのは、恥ずべきことです」といった厳しい声も存在した[Первая реакция 2006: 9/16: 10/20]。

ある出席者は、なぜスターリンが生存しているあいだに「個人崇拝」の問題に言及しなかったのかと問い、次のように記した。

あなたには広く認められた権威に反対して発言する力と勇気がなかったのですか? そのように見受けられます。

それはマルクス主義歴史家を正当化する理由にはほとんどなりません。会議であなたは、自分を抑えられずに発言したと言いました。これは、あなたが勇気をもったからではなく、全体の雰囲気を理解したからです。あなたは、これ以上このような「美化」には我慢できなかったといいます。会場に笑いが広がったのは偶然ではありません。ご自分の誤解や間違いを正当化しようとするのはやめたほうがよかったと思います。それは今となっては意味のない試みなのですから。[Первая реакция 2006:10/20]

これらはパンクラートヴァへ寄せられた質問や意見のごく一部にすぎないが、これまで正しいとされていた史実の解釈が急激に否定されたことによる混乱と、そのことが歴史学と歴史家に対する信頼を揺るがせ、パンクラートヴァに対する批判を生み出したことがうかがわれる。党の方針を国民に説明することを自らの責務と考えた彼女にとっても、このような批判に直面することは非常に重い負担となったと思われる。

さらに出席者の質問は、政治制度や共産党の役割にもおよんだ。たとえば、「個人崇拝は一党制を促進し、政治権力と党組織をほぼ完全に同化させたのではないでしょうか？」[Первая реакция 2006:8/8]、「この三〇年間のわが政府は何だったのでしょうか？　民主主義共和国、あるいは際限のない専制による独裁国家、あるいは、もしかしたら、これらは矛盾しないのでしょうか？」[Первая реакция 2006:8/8]といった疑問や、「一九三四年から五六年のあいだ、われわれには何が存在したのでしょうか？　階級または党や党中央委員会による独裁、あるいは個人による軍事独裁でしょうか？　もし後者ならば、なぜ党はそれを黙認したのでしょうか？　そしてこの独裁のなかで党はいかなる役割を担ったのでしょうか？」[Архив РАН:697/1/181/92]と、ソ連の政治体制の性質と党の役割を問う質問が数多く寄せられた。「なぜ党中央委員会は一九三四年から三七年の大虐殺を許したのですか？」[Архив РАН:697/1/181/88]と、大テロルに対する党の責任を問う声もあった。

共産党と政府に対する批判は、各地で開かれた党員集会やコムソモールの集会、作家集会でも聞かれ、次第に政治指導部の想定の範囲を超えはじめた[Loewenstein 2006:1335–41]。このなかで政治指導部は、スターリンへの批判が政治体制そのものに対する批判を拡大させることに危機感を抱き、『歴史の諸問題』誌編集部の活動に対する態度を硬化させていった。

『歴史の諸問題』誌への批判とパンクラートヴァの死

一九五三年に『歴史の諸問題』誌編集委員となったドゥルジーニンは、健康上の理由から辞職を要請する手紙を五五年二月にパンクラートヴァに送り、「編集部の仕事はより困難になっています。それは関係者により大きな肉体的・道徳的力を要求しています」と述べた。彼は、「より若く、身体的に強靭な」歴史家を新たな編集委員に推薦したが[Архив РАН:1604/3/54//5–6]、スターリン死後の歴史の見直しが大きな社会的反響を引き起こすなかで、自国史像を再構築するだけでなく、その理由を市民に説明する役割を担った歴史家たちの負担は相当なものであったと推測される。同年にはパンクラートヴァも、同誌の活動に対する党中央委員会学術部の無理解を批判し、編集部の活動は困難に直面しているとフルシチョフらに訴えている[Кукушкин 2000:247–249]。

スターリン批判が引き起こした反響が共産党や政府への批判と結びつきはじめるなかで、一九五六年八月には『レニングラード・プラウダ』紙をはじめとする党の公刊物に『歴史の諸問題』誌に対する批判が現れた[Александров 1956]。これに対してパンクラートヴァや他の歴史家は、党中央委員会学術部門とフルシチョフらに宛てて反論を送付した[Архив РАН:697/1/208/1:Городецкий 1989:75]。しかし、翌年の三月六日には党中央委員会書記局にパンクラートヴァとブルジャーロフが呼ばれ、『歴史の諸問題』誌に関する会議が開かれるにいたった。歴史家C・C・ドミトリエフの日記によれば、この会議で党中央委員会書記シェピーロフとポスペロフは同誌の「路線の誤り」を厳しく批判し、ブルジャーロフの解任を決定した[2]。その翌日、パンクラートヴァは吐血して病院へ運ばれた[Кукушкин 2000:175–176]。

入院した彼女は四月十八日に友人のA・Л・ソルンツェヴァに宛てて、一時は危険な状態にあり、書くことも読むことも、会話することも医師に禁じられていたと伝えている。しかし全快した今では、再び研究について考えるようになったといい、次のように述べた。

行政や、組織運営、編集作業といったすべての余分な仕事から手を引いて、研究活動に戻ろうと固く決心しました。これだけが私を再び全快させるのです。……今私は再び、もう一度自分の道に戻ることについて、とても安らかな気持ちですし、確信をもっています。なぜなら学術活動やその他すべてにおける常軌を逸した空騒ぎや御都合主義――これは私とはなんら関係がないのですから。しかも、このせいで私は病気にもなったのです。幸いにも私には理想的な辞任と治療環境が保障されたので、考えていたよりも早く回復しています。でももし以前のような緊張状態におかれたら、また中断してしまうかもしれない。それを繰り返すことはできない、――だからこそ雑誌や大学、そして社会的な負担と関係を断ち、残った力を研究活動に集中させているのです。［Кукушкин 2000:337］（強調は原文）

しかし、治療と研究活動に集中する生活は長くは続かなかった。その後彼女は数度の発作を繰り返し、滞在していたサナトリウムで五月二十五日に死去したのである。東ドイツの歴史家でかつてパンクラートヴァの友人であったクチンスキーは、在独ソ連軍政部宣伝局長C・チュルパーノフら複数の友人から、彼女の死は自殺だったと聞いたという［クチンスキー 1998:116］。しかしドミトリエフによれば、直接の死因は血管痙攣《けいれん》であった［Кукушкин 2000:177］。

彼女の死を自殺とする説が存在することは、『歴史の諸問題』誌に対する当時の政治的圧力の強さを物語っているように思われる。ドミトリエフも、二月に歴史研究所で開かれた六十歳記念式典の場では、彼女は非常に元気だったと回想しており、翌月に党中央委員会書記局で受けた批判がその健康を蝕んだのだろうと日記に書き残している。同年の『歴史の諸問題』誌第三号には前編集部を批判する巻頭論文が掲載されたが、彼女が息を引き取ったのはその出版から四日後のことであった［Сидорова 2001:689］。彼女の死を知ったドミトリエフは、「「上層部」で歴史学を代表し、善良な庇

図2　パンクラートヴァの墓碑　パンクラートヴァはタルレ，ドゥルジーニンら同時代の歴史家たちとともに，モスクワのノヴォデーヴィチ修道院墓地に眠っている(筆者撮影)。

護者の役割を担う人物は、いまや誰もいない」と、日記に記した[Кукушкин 2000:176]。

『歴史の諸問題』誌の活動が政治的介入の対象となった要因の一つは、公的自国史像の変化に対する国民の反響が、政治指導部の想像をはるかに超えて拡大したことにあった。そのなかで党の方針と歴史学の課題を国民に説明し、理解を得ようとした晩年のパンクラートヴァの活動には、政権と社会のあいだで板挟みとなり、政治情勢に翻弄された知識人の姿をみることもできる。

しかし、スターリンの死から一九五七年までの変化が、その後の歴史学になんら痕跡を残さなかったわけではない。アゼルバイジャンでは、シャミーリの反乱を英雄的に描いたとして一九五〇年に公的批判の対象となった思想史家グセイノフの著作が再版された[Гасанлы 2009:39–41]。ヤクート人の歴史家バシャリンは、一九五六年に学位を再取得した[Доклад 1989:96,прим.20]。バシャリンやベクマハノフをはじめとする非ロシア人の歴史家が研究を再開したことは、その後の歴史学の発展に大きな意味をもった。

一九六一年の第二二次スターリン批判は、五六年の第一次スターリン批判後に類似した知的雰囲気を歴史学界のなかに再びつくりだした。一九六〇年代には、ポクロフスキーの著作集が出版された。またロシア帝国の民族政策の否定的側面にも言及されるようになり、一九四〇年代末から五〇年代初頭にみられた完全な正当化は一般的ではなくなった[История 1966:175]。こうした動きは一九五六年の第一次スターリン批判直後の歴史家たちの試みを継続したものであり、六四年のフルシチョフの失脚後も、その基本的な方向性は維持されたと考えられる。

そして第二〇回党大会から三十年余りをへた一九八八年十一月、科学アカデミー総会は、シャミーリの反乱を反動的反乱と評価した五〇年の総会決定を正式に取り消すことを決める[Архив РАН:457/1/787/160–161]。この決定に象徴されるように、スターリンの死からフルシチョフ初期にかけてパンクラートヴァらが取り組んだ自国史像の再検討の試みは、その後の第二二次スターリン批判と「停滞」の時代をへて、ペレストロイカ期の議論へと受け継がれることになる。

註

1　ロシアによるウクライナとグルジアの統治は、他国による支配と比較すればより良いものであったとする一九三〇年代の党・政府の公式見解を指す。

2　三月九日に党中央委員会決定として採択され、ソ連の歴史家によるブルジョア歴史学との闘争を弱体化させたなどの理由で同誌を批判した[Справочник 1959:331]。

参考文献

クチンスキー、ユルゲン(一九九八)　照井日出喜訳『クチンスキー回想録一九四五～一九八九――正統派の異端者』大月書店。
Lowenstein, K. E. (2006). Re-emergence of public opinion in the Soviet Union: Khrushchev and responses to the secret speech,

Europe-Asia Studies, vol. 58, no. 8.

Zelnik, R.（2005）. *Perils of Pankratova: some stories from the annals of Soviet historiography*, Seattle/London: University of Washington.

Александров А.（1956）. За подлинно-научной подход к вопросам истории//Ленинградская правда. 5 августа.〔アレクサンドロフ「歴史の諸問題に対する真の学術的アプローチのために」『レニングラード・プラウダ』紙〕

Архив РАН: Архив Российской Академии наук.〔ロシア科学アカデミー文書館〕（引用数字は順に фонд/опись/дело/лист を示す）

Бадя Л. В.（1979）. Академик А. М. Панкратова – историк рабочего класса СССР. Москва: Наука.〔バージャ『アカデミー会員Ａ・Ｍ・パンクラートヴァ――ソ連労働者階級の歴史家』〕

Гасанлы Д.（2009）. Хрущевская «оттепель» и национальный вопрос в Азербайджане（1954–1959）. Москва: Флинта.〔ガサンルィ『フルシチョフの「雪解け」とアゼルバイジャンの民族問題（一九五四～一九五九）』〕

Городецкий Е. Н.（1989）. Журнал «Вопросы истории» в середине 50-х годов//Вопросы истории, No. 9.〔ゴロデツキー「一九五〇年代半ばの『歴史の諸問題』誌」『歴史の諸問題』誌〕

Доклад（1989）. Доклад Э. Н. Бурджалова о состоянии советской исторической науки и работе журнала «Вопросы истории»（на встрече с читателями 19–20 июня 1956 г. в лениградском отделении института истории АН СССР）//Вопросы истории, No. 9, 11.〔「ソヴィエト歴史学と『歴史の諸問題』誌に関するЭ・Н・ブルジャーロフの講演」〕（引用数字は順に号／引用頁を示す）

История（1966）. История СССР с древнейших времен до наших дней. Первая серия. Том II. Москва: Наука.〔『古代から現代までのソ連史』〕

Конференция（1956）. Конференция чтателей журнала «Вопросы истории»//Вопросы истории, No. 2.〔『歴史の諸問題』誌読者会議〕

Кукушкин Ю. С.（Отв. Ред.）（2000）. Историк и время: 20–50- е годы XX века. А. М. Панкратова. Москва: Изд-во Российского университета дружбы народов: Изд-во объединения “Мосгорархив.”〔ククーシキン『歴史家と時代　一九二〇～五〇年代――Ａ・Ｍ・パンクラートヴァ』〕

Об изучении（1956）. Об изучении истории исторической науки//Вопросы истории, No. 1.〔「歴史学の歴史研究について」『歴史の諸問題』誌〕

Первая реакция（2006）. Первая реакция на критику «культа личности» И. В. Сталина. По итогам выступлений А. М. Панкратовой в Ленинграде в марте 1956 года//Вопросы истории, No. 8–10.〔『スターリンの「個人崇拝」批判への第一の反応』〕（引用数字は順

に号／引用頁を示す）

Селезнев К. Л.（1982）. Страстный борец за линию партии//Минц И. И. и др.（ред.）Женщины-революционеры и ученые. Москва: Наука.（セレズネフ「党の路線のための情熱的闘士」『革命家であり学者でもあった女性たち』）

Сидорова Л. А.（2001）. Анна Михайловна Панкратова（1897–1957）//Чернобанев А. А. и др.（ред.）Историки России. Биографии. Москва: РОССПЭН.〔シードロヴァ「アンナ・ミハイロヴナ・パンクラートヴァ」チェルノバエフ編『ロシアの歴史家・伝記』〕

Справочник（1959）. Справочник партийного работника. Вып. 2. Москва: Изд-во политической лит-ры.〔『党活動家便覧』〕

Фадеев А. В.（1955）. О внутренней социальной базе мюридистского движения на Кавказе в XIX в.//Вопросы истории, No. 6.〔ファジェーエフ「十九世紀カフカースにおけるミュリディズム運動内部の社会的基盤」『歴史の諸問題』誌〕

昭和三十年代の日ソ文化交流

林広吉と東京バレエ学校

半谷史郎

とうきょう－バレエ－がっこう【東京－学校】

東京都世田谷区にあった日本初の本格的なバレエ学校。ソ連のボリショイ劇場付属バレエ学校の姉妹校として、一九六〇年五月に開校。理事長林広吉《ひろきち》、校長牛山充《みつる》。「チャイコフスキー記念」の名称を冠した。ソ連の現役バレエ教師から正統の実技を学べるとあって大いに注目を集め、初年度は三五〇人の志願者から一五〇人を選抜してスタート。最盛期は生徒三五〇人を擁した。当時すでに一家をなしていた人も数多く入学している。初代教師のメッセレルとワルラーモフは、二年間の在任中、理論に裏打ちされた音楽性豊かな指導で、日本のバレエの水準を飛躍的に高めた。同校の教育は、実技と並んで、音楽・演劇・文学・語学といった教養講義も必須課目で、多くの著名人が教壇に立っている。

第一回公演(一九六一年八月二十一日～九月二十八日、全国一〇都市で計二五回)は、ボリショイ・バレエ団メンバーを交えての「くるみ割り人形」。第二回公演(一九六二年六月七日、八日、九日、東京文化会館)は、アイヌ民話をもとにした創作バレエ「まりも」(作曲石井歓《かん》、脚本・演出・振付メッセレルとワルラーモフ)。いずれも高い評価を得たが、とくに後者は一九六二年度芸術祭舞踊部門で芸術祭賞を獲得している。

「まりも」公演の成功を見届けてメッセレルとワルラーモフが帰国した頃から経営悪化が表面化。後任のロシア人教師の来日も遅れた。一年の空白をへて、ようやく一九六三年五月末にスミルノフ夫妻が着任。二人の振付指導による「白鳥の湖」全幕上演が、牛山校長の急逝直後の十一月十七日に東京文化会館でおこなわれたが、精彩を欠いた。

一九六四年四月十九日の「まりも」再演を最後に、林理事長が辞任。学校は債権者の手に渡り、五月末に閉校した。八月には、同校の遺産を受け継いだ東京バレエ団(代表佐々木忠次《ただつぐ》)が発足している。

モスクワでの発見

足かけ五年の短命に終わった「チャイコフスキー記念東京バレエ学校」の歩みを百科事典の項目風に書いてみた。こんな粋狂をしてみたのも、まとまった記述がどこにも見つからなかったからだ。ただ一般には無名の学校とはいえ、日本のバレエ関係者の経歴ではこの名前にしばしばお目にかかる。とくに初代教師だった二人のことは、日本バレエ協会がホームページで「日本バレエ界に忘れえぬ足跡を印した人々」と顕彰している。つまり、歴史のかなたに埋もれかけてはいるが、こと日本のバレエ受容史においては重要な学校なのだ。

とはいうものの、かくいう筆者も、学校の存在を知ったのは、それほど古いことではない。話は二〇〇五年春に遡る。当時、筆者はモスクワのロシア国立現代史文書館(РГАНИ)やロシア国立文学芸術文書館(РГАЛИ)で、フルシチョフ期のソ連の文化政策について調べていた。前者は共産党の、後者は文化省の行政文書を所蔵しており、政治の意思決定の過程をつぶさに追うことができる。史料の山を前にすると、共産党の上意下達の一元的統治という従来のソ連像は皮相であり、むしろ党を多元的な利害調整の場として考える必要があることを痛感する。

それはともかく、このとき、本当に偶然なのだが、東京バレエ学校に派遣されていたバレエ教師の給与精算に関する記録を、党文化部のファイルのなかに見つけた[РГАНИ:5/36/143/75–91]。ソ連肝煎りのバレエ学校なんてまったくの初耳。

しかも、学校の設立者が「日本国際芸術協会の林広吉」とあって、にわかに色めき立った。林広吉は、フルシチョフ期の日ソ文化交流の記録のあちこちで目にする、注目の人物だったからだ。

しかし、期待は一瞬だった。続きに目を通すと、バレエ教師の申し開き、契約書の写し、文化省の調査報告などが雑然と入り乱れ、さっぱり要領を得ない。しかも帰国日が迫っていて精読の時間もない。しかたなくノートにあらましを書きとめ、「生半可な扱いは大失敗(誤解)のもとなので注意すること」とだけ注記すると、先を急いだ。

その後このときの史料調査をもとに、日ソ文化交流に関する論文を書いた[半谷 2006a:32–51]。バレエと歌舞伎の交換公演を軸とするこの論文は、神彰《じんあきら》という興行師を大きくとりあげている。ソ連に興行の才を認められた神は、ソ連もの大

図１　来日したロシア人教師と林　左からメッセレル，ワルラーモフ，林広吉。

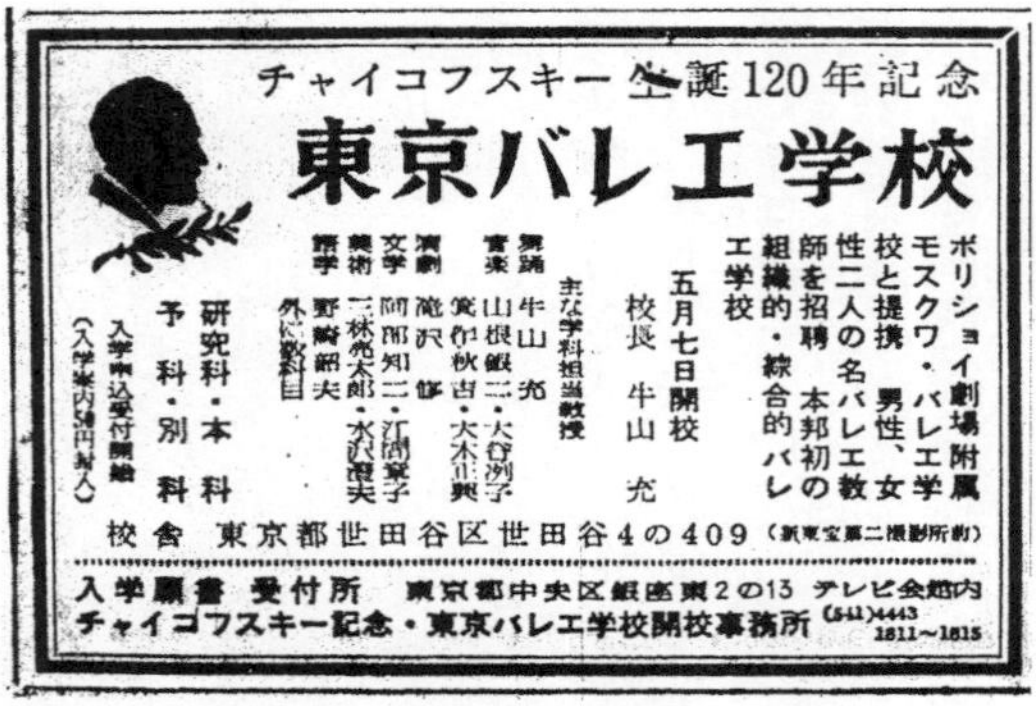

図２　東京バレエ学校の生徒募集広告(『東京新聞』1960年２月22日)

型企画の多くを任され、「赤い呼び屋」の異名をとる。

先述の林広吉も、もちろん登場する。ソ連と政治信条で共鳴する林は、「運動家」として対ソ交流事業を展開し、しばしば神とぶつかっている。とくに歌舞伎訪ソ計画をめぐる一九五八年の虚々実々の駆引は、一篇のドラマを見るようだ。ただ紙幅の都合から、林が狂言回しの点描に終わったのが心残りだった。

林広吉という人物は、昭和三十年代(日ソ関係にからめていうと、一九五六年の国交回復から六四年のフルシチョフ解任に相当する時期)の日ソ文化交流の一方の雄であり、存在感は神彰に勝るとも劣らない。旧稿では用いなかったが、林がらみの公文書史料や関係者の回想にも数多く目を通している。なかには日ソ交流の知られざる逸話もあって、鶏肋《けいろく》として棄てがたく思ってきた。

また最近になって、かつて読み飛ばした東京バレエ学校に関する党文書も入手できた。ソ連共産党の文書はマイクロ化が進んでおり、ロシア国立現代史文書館が所蔵するフルシチョフ期の文書は『ソ連共産党中央委員会部門別文書集(*Departmental Records of the Central Committee of the Communist Party of the Soviet Union, 1953–1966*)』として市販されている。筆者はこれをハーヴァード大学滞在中に閲覧した。手に入れたときは、どうやら林広吉を正面からとりあげる潮時だと感じたものだ。

前置きが長くなったが、本章は林広吉という友好「運動家」をとりあげ、昭和三十年代の日ソ文化交流を旧稿とは少し違った角度からみていく。前半で林の東京バレエ学校以前の時期を、後半で東京バレエ学校のことを検討する。日本バレエ受容史においても重要な意味をもつこの学校は、まだ不明な点が多いが、ソ連側の文書を読み解くことで、学校の設立の背景や運営実態を少しでも明らかにしたいと思う。

林広吉の日ソ文化交流――東京バレエ学校以前の経歴

林広吉といっても、無名に近い人なので、まずざっと経歴をたどっておこう。

林広吉は、一八九八(明治三十一)年、長野市の生まれ。上京して麻布中学、次いで明治大学法学部に学び、卒業後は同大講師に迎えられる。ドイツ留学が内定していたが、関東大震災(一九二三〈大正十二〉年)で大学が壊滅的被害を受けたためにやむなく帰郷。信濃毎日新聞に入社する。新聞記者を選んだのは、学生時代から親炙《しんしゃ》する同郷の大先輩木下尚江《なおえ》の影響があったらしい。入社後は当時の主筆風見章によって論説スタッフに抜擢され、労働争議や農民運動を支援する記事を発表。かたわら地域での講演会や労組づくりにも積極的に取り組んでいる。当時県内でもっともラジカルな左翼理論家とみられていたが、「組織に関係ない」ことから、日本共産党関係者を一斉逮捕した一九二九(昭和四)年の四・一六事件でも検挙は免れた。

一九三一年に退社上京して朝日新聞社に入社し、地方版の編集業務を四〇年まで続けている。朝日の退社後は、風見が近衛内閣の法相だった縁から、同内閣の新体制運動に積極的にかかわり、昭和研究会にも参加。一九四〇年十月には大政翼賛会組織局連絡部の副部長になった。しかし翼賛会を内務官僚と警察が牛耳るようになると、難を避けて家族同伴で日本軍占領下の中国上海に移住している。

終戦後いち早く帰国すると、以後、社会主義圏との友好運動に奔走する。設立や活動にかかわった主な団体に、日中友好協会(一九五〇年十月創立)、日中貿易促進会議(五二年五月結成)、日中日ソ国交回復国民会議(五四年十月結成)、日中日ソ貿易促進会議(のち五四年九月に国際貿易促進協会に改組)がある。後年なにかと活動をともにする平塚常次郎(日魯《にちろ》漁業の創業者)と知遇を得るきっかけは、こうした友好活動だったと思われる[伊藤 1972:13–15:『林廣吉遺稿集』1972:『近代日本社会運動史人物大事典』1977 の「林広吉」]。

林の友好運動は、芸術・文化活動が中心だ。そうした林ならではの発想だが、社会主義国との文化交流を事業展開する興行会社をつくる。この社団法人日本国際芸術協会は、一九五七年十月に発足。会長に平塚常次郎をいただいて、理事長の林が実質的に切り盛りすることになる。

日本国際芸術協会は、最初の活動として「チャイコフスキー祭」を企画した。四つの催しが連動する意欲的な試みである。⑴遺作の「悲愴」交響曲の初演日にちなんで、十月二十八日と二十九日にNHK交響楽団による「悲愴」の演奏会（指揮ロイブナー、ソリスト北川正と黒沼ユリ子）、⑵チャイコフスキーのパネル展、⑶日本人のバレエ公演（ソ連のバレリーナも賛助出演）、⑷フィルソワ演奏会。

しかし、ソ連からの招聘《しょうへい》をあてにした後二者は、派遣が実現せず、企画倒れに終わる。とくに最後のフィルソワ演奏会は、全国一六都市で公演を予定し、会場まで押さえたあとだったので、多額の損失がでた。おまけに、もともとフィルソワ演奏会の収益が頼みの綱で、これで残る三企画の赤字を補塡し、さらに何がしかの利益を出すつもりだったというから、目も当てられない［РГАЛИ:2329/8/670/24-27］。

このように林の企画は情熱先行で、どこか士族の商法を思わせる。後年東京バレエ学校が破産に追い込まれる一因には、これに類した経営の甘さもあったのだろう。

神彰との確執

そもそも林広吉が友好運動から畑違いの興行界に打って出るには、神彰との確執が少なからず影響していた。断片情報をつなぎあわせた推測だが、何度か煮え湯を飲まされ、「ならば自分の手で」と協会設立を決意したと思われる。

この二人は、冒頭で述べたように、歌舞伎訪ソをめぐって一九五八年に激しい鍔迫《つばぜ》り合いを演じるのだが、因縁はさらに数年遡る。

ドン・コザック合唱団の招聘（一九五六年春）をふりだしに「呼び屋」稼業に入った神彰が「赤い呼び屋」に大化けし

たきっかけは、日ソ国交回復(五六年十月)前後のソ連側への猛烈な働きかけである。さまざまなルートで自分の存在をアピールすると、「試験」として課された無名バイオリニストの日本公演(一九五七年春)でソ連側の信頼を勝ちとり、ボリショイ・バレエ(五七年夏)を任されるまでになる[大島 2004:8-70]。

神と林の出会いは、この売込み工作の最中のことだ。一九五六年末だと思われるが、ソ連に脈ありとみて次の一手を考えていた神が、日本平和委員会の仕事で林がモスクワに行くことを聞きつけ、ソ連文化省への口利きを頼み込んだのである。神が興行に手を出す前の「ブローカー時代に中国の要人とコネをつけようとして知り合った林得一」の父親が林広吉だった[青江 1958:178]。

林は、バレエ招聘への協力を約束して離日した。しかし、途中立ち寄った北京で思いがけずソ連文化省の高官と行き逢い、訪ソの用件が、バレエ問題も含め、すべて北京で片づいてしまう。このためモスクワに行くことなく引き返し、一九五七年一月に帰国している。

神彰がバレエ招聘を熱心に説く電報をモスクワの公文書館で山のように見たが、そのなかには、モスクワの平和擁護委員会気付けの林広吉宛て(一九五六年十二月二十五日付け)[РГАЛИ:2329/8/383/111]や、北京のソ連大使館気付けのソ連文化次官宛て(五七年一月十二日付け)[РГАЛИ:2329/8/653/16]といった電報があった。後者には「北京の中国平和委員会で当社代表の林と招聘問題を協議されたし」との一文もあり、二人の接点は公文書からも裏付けられる。

ともあれ、こうして神彰はボリショイ・バレエの契約にこぎつける。訪日中のステパノフ文化省対外関係局長との正式調印は、一九五七年四月二日だった。

同じ頃、林広吉が次のような手紙をモスクワのソ連文化省に送っている(一九五七年三月二十九日付け、同省対外関係局の副局長宛て)。少し長くなるが、神との関係で見逃せない部分を引用しておく。

私たちは、日ソ文化交流を興行師に丸投げしてはならないと考えている。ただこれは日ソ文化交流を政治的におこなおうということではない。そうではなく、この問題の商業的側面を無視すれば、私たちは演奏会一つ開けないだろう。なぜなら、私たちは資本主義社会に住んでいるのだから。私たちはいくつかの案件で、アート・フレンド・アソシエーション〔神彰の興行会社〕と協力する。この団体は強力とはいえない。だが私たちは、この団体が新しいタイプの組織である点に注目している。私たちは他の興行師を数多く知っているだけでなく、大規模な新聞社や放送局とも関係がある。私たちの計画を成功させるためには、これらの団体からふさわしい協力相手を正しく選択する必要がある。このため、私たちはアート・フレンド・アソシエーションだけを支持しているわけでないことを理解してほしい。［РГАЛИ：2329/8/656/3］

遠まわしな言い方で、具体的なことは伏せているが、林が神の動きに眉をひそめ、不快に思っていることは行間から十分に読み取れる。

ボリショイ・バレエで生じた二人の不和は、レニングラード交響楽団の招聘で決定的な対立に発展する。レニングラード交響楽団は、ボリショイ・バレエに勝るとも劣らぬソ連の至宝だ。当然ながら、招聘をめぐって激しい獲得競争になったが、結局、一九五七年春のステパノフの訪日時〔前述した神彰のボリショイ・バレエ本契約と同時期〕に、NHKが契約の覚書を取り交わしている。この縁組を陰でお膳立てしたのが林広吉だった。林はのちにこう述懐している。「私がNHKの引出に努力し、それを推薦申しましたのは、同協会が半政府的な文化機関であり、それゆえ、日本政府に、貴国との文化交流をおこなう気配もない今日、そうすることに少なからぬ意義を感じたからであります」［РГАЛИ：2329/8/663/23–26］。

ところが、この直後から、神彰がレニングラード交響楽団の獲得に強引に割り込んでくる。ソ連に帰国したステパノフに四月十三日付けで手紙を送ったのが皮切りで［РГАЛИ：2329/8/656/97］、ひと月ほど申し入れを続けたが、ソ連側の軟化が無理とみると、今度は狙いをNHKに切り替える。朝日新聞社の村山社長夫人の協力を仰いだ神は、朝日が一九五八年四月に第一回大阪国際フェスティバルを開催予定だから、その目玉公演としてレニングラードを譲ってほしいとNHKに申し入れた。一説によると、NHKの理事会は、国会に提出予定だった受信料値上げ法案に朝日新聞が反対キャンペーンを張ることを恐れ、対応に苦慮したという［青江 1958：180］。

こうしてNHK理事会が正式決定を先延ばししているうちに、ソ連側はNHKに見切りをつける。林広吉がNHKをせっつき、覚書の実行をようやく大使館に申し入れたときには、神彰が招聘契約を結んだあとだった。おりしもボリショイ・バレエの来日公演が大成功を収め、神が「赤い呼び屋」として一躍時の人になっていた頃である。この「回答に、われわれはただぼうぜんとせざるを得なかった」と林は書いている。「NHKを日ソ文化交流の前面に引き出す」［РГАЛИ：2329/8/663/23–26］という林の目論見は、神のしたたかな興行手腕に見事にしてやられたのである。

林広吉の日本国際芸術協会が発足したのは、この直後の一九五七年十月のことだった。

歌舞伎訪ソのさやあて

神彰と林広吉の対立の山場は一九五八年の歌舞伎訪ソのさやあてだが、これは旧稿で詳述した［半谷 2006a：39–44］。大筋は今も通用すると思う。ただ迂闊《うかつ》なことに、あの執筆時に重要な文献を一つ見落としていたことに最近になって気がついた。松竹に勤める平田都という女性の証言だ。この人は会長秘書という立場上、神と林の双方と頻繁に顔を合わせ、歌舞伎訪ソをめぐる駆引を目の当たりにしている［平田 1958：189–193］。

これは、二人の興行師の性格の違いを浮彫りにする貴重な証言だ。

林広吉は、仲介者としていかにも頼りない。「お会いすると、ソ連のバレエは素晴らしいとか、モスクワ芸術座はどうだとか、芸術青年みたいなことばかり言われて、歌舞伎訪ソの話は一向にすすまない」。一方の神彰は「すべてがテキパキと事務的で、現実的」。訪ソの実現を確信させる辣腕《らつわん》家として映っている。また交渉を難しくした渡航費二五〇〇万円の工面についても、林がソ連から芸能団を呼んで、その収益で資金をつくるという悠長さなのに、神はすぐに自腹で払うという機敏さ。これでは松竹が神に傾いたのも無理はない。

さらに、この証言で注目すべきは、「文化省の内部にも二派ぐらいあって、ゴタゴタもめていたらしい」という指摘だ。ソ連の役人は「すごいセクショナリズムで固まっている」し、「お互いに相手のことがわからないで、大へんにもめていたらしい」とも書いている。この証言にヒントを得て、神と林が文化省とやりとりした電報を再確認すると[РГАЛИ:2329/8/999/1–116]、神はステパノフ対外関係局長に、林はジューゼフ対外関係局文化交流課長に宛名が集中していた。おそらく、これが二人の後ろ盾だろう。また林の背後に対外文化交流委員会のコワレンコがいたこともわかっている[РГАНИ:5/36/57/42:РГАЛИ:2329/8/999/69–70]。

このほか、二人の意地の張合いで文化省は「電報や手紙が一ぱい舞い込んで処置に困った」とあるが、この指摘も思い当たる節がある。神と林の電報の束を綴じ込んだ公文書のファイルを手にしたとき、中身のあまりの乱雑さに頭がくらくらした記憶があるのだ。日付順はでたらめの未整理、始末に困った紙くずをそっくりそのまま廃棄処分したといった趣だったのを鮮明に覚えている。

このように、一九五八年の歌舞伎訪ソが頓挫した原因は、まず神と林の意地の張合い、次いでソ連文化省の官僚主義だが、平塚常次郎の優柔不断さも事をこじらせた。平田証言を信じるなら、平塚は松竹が誰と協力しようと異存ないと言って神の動きにお墨付きを与えておきながら、土壇場になって「林が大へん一生懸命にやって……やはり日本国際芸術協会の方でやることになったというから、どうか手を引いてください」と言い出す始末。神もこれで匙を投げ、十月三日付け『東京新聞』の「猿之助のソ連行き中止」記事になったのである。

歌舞伎の一件は、林広吉に大きな傷を残した。

フェドレンコ駐日ソ連大使の報告書で「林広吉が神彰を妨害した」[РГАЛИ:2329/8/999/87]と戦犯扱いされた林は、文化省から露骨な嫌がらせを受ける。契約済みのモイセエフ舞踊団の興行予定を、「あれは仮契約だった」と勝手に取り消され、一年延期の通告がくる[РГАЛИ:2329/8/1332/74]。対外文化交流委員会のとりなしで何とか正式契約にこぎつけたものの[РГАЛИ:2329/8/999/99]、来日時の飛行機代の負担など、懲罰的な厳しい契約条件を呑まざるをえなかった[РГАЛИ:2329/8/1332/54–56,78–80]。

このためモイセエフ舞踊団の招聘は、失敗に終わる。公演初日が、昭和戦後期最悪の自然災害である伊勢湾台風と重なったのも不運だった。モイセエフは帰国後に提出した訪日報告のなかで、林は「こうした規模の仕事をおこなう能力をまったく欠いている」と酷評している[РГАНИ:5/36/105/178–179]。

こうして林広吉は失格の烙印を押され、大型公演を任されることは以後二度となかった。

東京バレエ学校――構想から開校まで

東京バレエ学校について、息子の林得一はこう言っている。「父林広吉が、このしごとに取りくんだ最も大きな理由は……もっと根本的にお互いが親交を結ぶということにあった」。「ソ連からバレエ教師を呼んで、社会主義のことも知り、システイ《ママ》マティックなバレエ教育を日本で行」うことで「それまで各個でやって来たバレエがほんとうに日本で根ざすのではないかと考えた」[桜井 n.d.:32]。こうした理想に基づく東京バレエ学校の開校は一九六〇年五月だが、構想そのものは、もう少し遡る。

確認できる林広吉の最初の動きは、一九五六年八月。学校開設の希望と協力要請をソ連文化省に申し入れる手紙を、来日した『アガニョク(灯《ともしび》)』誌のソフロノフ編集長にことづけ、文化次官に手渡してほしいと頼んだのが始まりである。その後、日本平和委員会の名義で決定促進の手紙を再び送ったところ、モスクワで話をしたいという連絡が届き、林らは一九五六年末にソ連に向かっている(前述した神彰の口利きを約束した訪ソ)。しかし一行は経由地の北京でオルヴィド文化次官と出くわし、モスクワに行かずに用件が片付いてしまう。バレエ学校の件も、北京で原則合意に達した[РГАЛИ: 2329/8/656/65–66]。

この問題が、対日交流計画の重要案件へと浮上するきっかけは、一九五七年夏のボリショイ・バレエ訪日である。訪日報告書(五七年十月八日付け)によれば、ボリショイ公演によって「ソ連のバレエ芸術への関心が高まり、多くの社会団体や私企業から、ソ連の専門家を招いて日本のバレエ・ダンサーの育成環境を刷新したいとの声があがった。とくに日本国際芸術協会と日本バレエ協会(正式発足は五八年三月なので、正しくは「日本バレエ協会発起人」)からは、ソ連文化省への正式の申し入れとして、一九五八年に舞踊教師二名を日本に派遣してほしいとの要望が出された」[РГАНИ: 5/36/43/147]。

この報告書は、訪日団の団長である文化省のナザロフ次官が書いている。ナザロフは、滞在中にさまざまな人と面談し(平凡社の下中弥三郎とＮＨＫの永田清会長の名前が目を引く)、今後の日ソ交流のあり方を探った。そのうえで、報告書の末尾で、対日交流計画に新たに加えるべき事案を八点列挙する。バレエ教師のことは、七番目にあがっている。

(7)一九五八年に二名のバレエ専門教師を日本に派遣し、日本のバレエ学校〔複数形〕で教育に従事させる。[РГАНИ: 5/36/43/149]

しかし、この一九五八年の教師派遣は実現していない。そればかりか、その後しばらくなんら具体的な動きもない。この時期は史料調査が万全でなく、推論の域をでないが、バレエ教師の話が宙に浮いてしまったのは、日ソ双方の関係者が、おそらく前述した歌舞伎訪ソ案件とその後始末で手一杯だったせいだろう。

ともあれ話を進めると、一九六〇年二月中旬になって、林広吉の日本国際芸術協会が東京バレエ学校の開校を発表する。「本格的なバレエ学校」(東京新聞二月十六日夕刊)、「ボリショイと提携して」(朝日新聞二月十八日夕刊)といった見出しが新聞紙面を飾った。四月初めには、メッセレルとワルラーモフの派遣が決定との続報もでる。

ところで派遣教師の経歴を報じた東京新聞四月三日夕刊の記事に、興味深いくだりがある。「派遣される二人のバレエ教師をめぐって、東京バレエ学校（牛山充校長）と日本バレエ協会の日本バレエ学校の計画がぶつかっていた」というのだ。

当時この問題はあちこちで取沙汰されていたらしく、『芸術新潮』一九六〇年四月号（発行四月一日付け）の「質問手帳」欄に、読者の質問（「同時に二つ出来るのも不思議なはなしですが、それぞれの内容、その差異をお知らせ下さい」）に答える形で、事の経緯が詳述されていた。

ひとことでいうと、背後にあるのは、またしても神と林の確執である。

東京バレエ学校は、林広吉が「東京のソ連大使を通じて」教師派遣を要請し、開校にこぎつけたもの。かたや日本バレエ学校は、神彰が日本バレエ協会の要請書を「ソ連文化省に」取り次ぐ形で準備が進められてきた。まず一九五八年三月の日本バレエ協会の設立時に、「運営委員全員が署名」してバレエ教師招聘の要請書をつくり、訪ソする神の部下（石黒外国部長）に託してソ連文化省へ提出している。また一九五九年九月には、神彰の訪ソにあわせて「日本バレー界《ママ》の指導的人物二十名をも三《ママ》カ月間、ソ連によんで見学させて欲しい」と文化省に要望したところ、そんな観光旅行より「二名の教師を派遣しよう」という内約を十月三日付けで得た、という。

しかし、『芸術新潮』が伝えるこの経過説明はいまひとつ腑に落ちない。神彰や部下がソ連文化省とおこなった交渉は、モスクワの公文書館でその記録の一部始終に目を通したが、バレエ教師の話は一向に記憶がないのだ。

私の作業メモを読み返すと、一九五八年四月の石黒外国部長の訪ソでソ連側が特記していたのは、サハリン石油やテレビ用映像をソ連から買いつける話だ。こうした事業展開への色気は文化省の一部に強い拒否反応を引き起こし、「神彰のような男は、完全に信用できる人物ではない」という辛辣な声もでている［半谷 2006b:5］。また一九五九年秋の神彰の訪ソは、キーロフ・バレエの契約交渉が眼目だった。このときは一九六一年以降の大型企画のことなども話し合っているが、バレエ教師の話は、少なくとも私のメモには記録がない。内約がでたとされる一九五九年十月三日は神の訪ソ最終日なので、帰国間際の雑談を日本で大げさに吹聴したのではないかと勘ぐりたくもなる［ГАРФ：г-9518/1/473/177–179］。ともあれ、見落としの可能性は留保しつつ、神が取り次いだバレエ教師派遣の件はソ連側で重視されていなかったというのが現時点の見立てである。

話を戻すと、そもそもの出発点である一九五七年のナザロフ報告はバレエ学校を複数で表記しており、二つの案件が混同されていたわけではない。しかし回りまわって二つの話がもつれた原因は、歌舞伎がそうだったように、ソ連文化省のなかで官僚の主導権争いになったのではないか。神支持と林支持の二派のうち、今回は、歌舞伎とは攻守所を入れ替えて、林派の官僚が勝った。想像をたくましくするなら、歌舞伎訪ソのごたごたの埋合せとして、今回は林広吉に肩入れする決定がくだされたのではないか。ひとまず、そうみている。

党文書から垣間見る学校経営

傍目には順風満帆とみえた東京バレエ学校だが、一九六二年六月にメッセレルとワルラーモフが帰国したあたりから経営に影が差す。原因は、資金繰りの悪化である。学校のバレエ公演を舞台監督として手伝った佐々木忠次が、製作費の支払いすら滞り倒産寸前だったと言っているように［佐々木 2001：21,24］、もともと学校の台所事情は厳しいものがあった。問題は、こうした経済的な苦境を知った駐日ソ連大使の差し出口が、事態をさらに悪化させたことだ。このあたりの様子を党文書の記録からみていこう。

メッセレルとワルラーモフが帰国した直後、フェドレンコ駐日ソ連大使が二人を「財政規律違反」で告発する文書をモスクワに送っている。二人が一九六一年夏の一時帰国と六二年六月の帰国の際、実際は一部で船（新潟—ナホトカ便）を使ったのに、すべて空路で移動したと東京バレエ学校に申告し、旅費を水増しして受け取ったという嫌疑である。

さらに二人が大使館の職員に車の購入を依頼していることも問題視した。未払いの休暇手当三六万円を学校側から受け取り、そこに二人が帰国に際して預けていった三九万五〇〇〇円を加え、外国貿易省の外貨枠で「モスクヴィチ」を手に入れるよう頼んだというのだ［РГАНИ:5/36/143/86］。

この告発は、フェドレンコ大使の独断専行だろう。東京バレエ学校の経済的な苦境を知って驚き、何か打つ手はないかと考えた。ちょうど同じ頃、メッセレルとワルラーモフが大使館員にお金を預けていったことを耳にする。学校が青息吐息なのに、バレエ教師が自家用車を買えるほど貯め込んだのはけしからん、という具合だ。

長旅の疲れを癒すまもなくモスクワでこの告発に接したメッセレルとワルラーモフは、憤然として抗議する。「お金の問題はすべて契約に則って処理されており、われわれに対する大使館の告発は事実無根である」と、休暇手当や帰国手段の正当性を主張。加えて、カネの亡者だと揶揄《やゆ》するかのような大使の物言いに反発したのだろう、契約書に書かれていない教育活動も数多く引き受け、しかもなんら対価を要求しなかったと、献身ぶりを誇示した［РГАНИ:5/36/143/78–80］。

文化省は二人の言い分を容れて、フェドレンコの告発を退ける報告書を七月六日に党中央に提出する［РГАНИ:5/36/143/75］。しかし、その直後の九日、今度は大蔵省外貨局から故障が入る。東京バレエ学校との派遣契約は一九五八年の閣議決定に反する、給与が三割以上も割高に設定され、旅費の支給方法もソ連の国家財政に不当な損失を与えたというのだ［РГАНИ:5/36/143/85–90］。

指摘を受けて、文化省は軌道を修正する。八月十一日に党中央に提出された報告書は、駐日大使の言い分は引き続き否定するものの、メッセレルとワルラーモフに「財政規律違反」があったことを認めた。そして、二人が自家用車購入のために大使館員に預けたお金は、未払いの休暇手当ともども、国庫に繰り入れ、二人には相応の代価をルーブリで渡すことで決着を図る。ちなみに契約の瑕疵《かし》は、日本側と交渉した担当者の不注意、バレエ教師の派遣という前例のない事業だったために混乱したのだろうと推測されたが、当人が前年に亡くなっており、真相は解明できなかった［РГАНИ:

5/36/143/83–84]。

こうして結論は一応でたわけだが、駐日ソ連大使(一九六二年七月にヴィノグラードフに交代)はその後も思い出したようにこの問題を蒸し返している。原因は、東京バレエ学校の財政難の深刻化だった。一九六二年の対日文化交流の概要をまとめた駐日大使館の報告書(十二月三日付け)には、「チャイコフスキー記念東京バレエ学校は、財政難で一時閉鎖の危機にあった」[РГАЛИ:2329/9/335/4]とある。

一九六三年三月七日の大使報告によれば、学校の負債は二〇〇〇万円強に膨らんでいた。しかも、学校の運営費の七〇パーセントがロシア人教師がらみの支出に消えたという。こうした事情を考慮して、せめて未払いの休暇手当三六万円は「ソ連人教師からの贈り物として」請求を取り下げ、ソ連側の「体面維持」に協力してほしいというのが大使の言い分だった[РГАНИ:5/55/48/49–50]。文化省が三六万円の辞退に同意したときには、もう五月も半ばになっていた[РГАНИ:5/55/48/55]。

一九六二年六月のフェドレンコ大使の性急な告発は、結果的に東京バレエ学校をさらなる窮地に追いやったといえる。まず後任バレエ教師の着任の遅れだ。契約に瑕疵が見つかったからには、問題解決まで赴任はままならない。前述の一九六二年十二月の駐日大使館報告にすでに後任教師としてスミルノフ夫妻の名前があるが、実際の来日はさらに半年も先だ。ソ連の現役バレエ教師の実技指導が売り物の学校にとって、一年近い教師の不在は大きな痛手だったはずだ。しかも、ようやく来日したスミルノフ夫妻の評判が芳しくない。「教え方にまるで身が入っていない、「こんなところに来たくなかった」という態度がありあり」[佐々木 1999:117]。このため生徒の退校が相次ぎ、経営悪化に拍車がかかるという悪循環だった。ただ、スミルノフ夫妻を責めるのは酷な気もする。騒動のあおりを食って、前任者より待遇が悪く、「財政規律違反」の監視が厳しかったのは間違いないからだ。

それもこれも、元をただせば、フェドレンコの告発に行き着く。ここから始まったソ連の官僚の泥仕合が、一九五八年の歌舞伎訪ソがそうだったように、東京バレエ学校を抜差しならない事態に追い込んだ。いってみれば、ソ連の官僚主義の「角を矯《た》めて牛を殺す」言動が、閉校の少なからぬ原因だったのである。

中ソ対立の影

本章は、林広吉を事例に、戦後の日ソ文化交流の一翼を担った友好「活動家」の軌跡をたどってきた。社会主義に希望を託していた林は、ソ連の芸術を紹介することで両国の友好を深めようとしたが、ソ連の官僚主義に足を引っ張られ、夢破れてしまう。

林得一は、父広吉の学校経営を振り返って、「後任のスミルノフ夫妻がくるまでには一年近い空白ができました。このあたりからソ連側のバレエ学校に対しての態度もおかしくなって来ていたのではないか」と述べている［桜井 n.d.:34］。これは、本章でみた経緯とも合致し、納得がいく。しかし、このあとに続けて「その背景には日本共産党とソ連の関係とか〔、〕かなりデリケートな問題もはらまれていた」と述べている点は、紙幅もつきたいま、残念ながら詳説は別の機会に譲るしかない。

ちなみに東京バレエ学校が閉鎖になったあと、林広吉は、バレエに対する見方を大きく変えている。亡くなったのは一九七一年十二月だが、その三年ほど前に書いた随想のなかで、かつてあれほど情熱を傾けたソ連のバレエを口汚く罵り、毛沢東の中国を称えているのだ［林 1968:1–5］。こうした痛々しい心境の変化を、どうみるか。どうやら林得一のいうように、社会主義陣営のイデオロギー対立（一九六〇年頃から表面化する中ソ対立）を念頭に入れないと解き明かせない事柄のように思える。

参考文献

青江徹（一九五八）『興行師』知性社。

伊藤武雄（一九七二）「林廣吉さんを記念する」『アジア経済旬報』第八五六号。

『近代日本社会運動史人物大事典』（一九九七）日外アソシエーツ。

大島幹雄（二〇〇四）『虚業成れり――「呼び屋」神彰の生涯』岩波書店。

桜井勤（発行年不明）「チャイコフスキー記念東京バレエ学校」日本照明家協会事務局編『日本の舞踊界を築いた人たちⅢ』。

佐々木忠次（一九九九）『オペラ・チケットの値段』講談社。

――（二〇〇一）『闘うバレエ――素顔のスターとカンパニーの物語』新書館。

林広吉（一九六八）「『批修』随想」『アジア経済旬報』第七〇六・七〇七合併号。

『林廣吉遺稿集』（一九七二）非売品（製作まゆら美研）。

半谷史郎（二〇〇六ａ）「国交回復前後の日ソ文化交流――一九五四～六一年、ボリショイ・バレエと歌舞伎」『思想』第九八七号。

――（二〇〇六ｂ）「モスクワに眠る神彰の記録をひもとく」『The Art Times 2006』創刊号。

平田都（一九五八）「民間外交というどろ沼――歌舞伎訪ソ失敗顛末記」『芸術新潮』一九五八年十二月号。

ГАРФ: Государственный архив Российской Федерации〔ロシア連邦国立文書館〕（引用数字は順に фонд/опись/дело/лист を示す）

РГАЛИ: Российский государственный архив литературы и искусства.〔ロシア国立文学芸術文書館〕（引用数字は順に фонд/опись/дело/лист を示す）

РГАНИ: Российский государственный архив новейшей истории.〔ロシア国立現代史文書館〕（引用数字は順に фонд/опись/дело/лист を示す）

第V部 非スターリン化とソ連

一九五〇〜六〇年代のソ連

ある自警団員殺害犯の特赦申請をめぐる議論からみえてくるもの

松戸清裕

ある日のロシア共和国最高会議幹部会にて

イグナトフ（幹部会議長）

……ロシア共和国最高裁判所議長、同志スミルノフの発言を認めます。

スミルノフ（ロシア共和国最高裁判所議長）

有罪の確定したV〔原文では実名。一九四三年生まれ。一九六六年一月十九日にチュヴァシ自治共和国最高裁判所で死刑が確定〕の特赦申請です。自警団員殺害です。年齢が若いこと、初犯であること、職場の勤務評定書が良好であることを考慮し、評議では銃殺刑を自由剥奪一五年と改めることが提案されました。

チクノフ（ロシア共和国社会秩序維持相）

それは不適切だ。自警団員が死んだのだ。自警団員殺害は特別に組織されたものだった。これはわが国の経験では稀な事例だ。銃殺刑を適用すべきだ。なぜなら、そうでなければ自警団員たちは街頭に出なくなってしまうだろうからだ。

アハゾフ〔幹部会副議長兼チュヴァシ自治共和国最高会議幹部会議長〕

幹部会員たちにはっきり伝えておかなければならないのは、この事実は前例のないほどに大きな社会的反響を呼んでいるということだ。それに加えて、この殺害の事実は、州党委員会ビューローでも、各地区における党活動家会議でも地区勤労者代表ソヴィエトの定例会議でも、市民たちの複数の集会でも特別に審議された。これがまさに例外的な事実だからだ。銃殺刑を自由剥奪一五年と改めることに私は反対を表明する。

デムチェンコ〔幹部会員〕

却下すべきだ。

アハゾフ

自警団員A〔被害者。原文では実名〕はきわめて好ましい人物だ。

イグナトフ

〔被害者も加害者も〕どちらも立派な人物だ。有罪の確定した人物はおこないが良く、コムソモール員だ。〔情状酌量のために〕望ましいことは何でも書くことができる。有罪の確定した者がなぜこのような罪を犯したのか想像することもできない人々がいるのだ。この件では減刑を要望する訴えが二通、市民のグループと若者たちから出されている。

アハゾフ

無頼行為と闘っていた人物に復讐するためにグループが特別に組織されたのだ。

イグナトフ

みんな客観的になりたまえ。銃殺刑を一五年に改めることが提案された時に考慮されたのは、彼がコムソモール員であること、真面目に働いていたこと、二十二歳だということだった。彼を身近に知っている人々は、彼について良い評価をしているのだ。

デムチェンコ、コズロフ（幹部会員）

却下すべきだ。

イグナトフ

幹部会員の多数派が特赦に反対する以上、特赦申請を却下する決定が採択される。

［ГАРФ：A385/13/2048/222,336-337］

以上は、一九六六年四月九日に開かれたロシア共和国最高会議幹部会の速記録からの引用である。連邦、連邦構成共和国および自治共和国におかれた最高会議は日本の国会にあたる機関であるが、会期が短く年に数日しか開かれなかったため常設の幹部会がおかれていた。憲法上、幹部会は法律と同等の効力のある幹部会令を出すなど大きな権限を有していたが、共産党の一党支配ということもあって、実質的な議論はせず形式的な決定をおこなう機関、さらには専ら叙勲と特赦を決定する機関などととらえられることもあった。とくに共和国と自治共和国の幹部会についてはそうであった。ソ連は連邦制をとっていたが、実質的な権限は連邦に集中していたとみなされがちだったからである。

そのこととおそらく無関係ではないが、ロシア連邦国立文書館（ГАРФ）所蔵のロシア共和国最高会議幹部会の速記録を閲覧した研究者はごく少数である（ただし、現在は外国人も含めて利用上の制約はとくにないが、ソ連期もそうだったかはわからない）。しかし、速記録を読むと、同幹部会での報告も議論も各種機関・組織の活動上の欠陥を厳しく指摘し、実情への懸念を率直に表明していたことがわかる。同幹部会は、ロシア共和国の立法機関であると同時に共和国内の地方ソヴィエトとその執行委員会に対する監督権限を有する機関であり、その時々の喫緊《きっきん》の課題への地方機関の取組と実情が議題とされていたのである。このため、同幹部会の速記録を丹念に読むことで、ロシア共和国の政治指導者たちの目を通す形でロシア・ソ連の実情に接近することができる。

とはいえ、連邦や共和国の最高会議幹部会が叙勲や特赦の申請について頻繁に審議し、採否を決定していたことも事実であり、前記の引用も、ロシア共和国最高会議幹部会における特赦に関する審議のなかでの議論である。しかし特赦をめぐるこの比較的短い議論でさえ、形式的で空疎なものでは決してなく、次のような興味深い内容を含んでいる。

(1)幹部会議長イグナトフや最高裁判所議長スミルノフらによる事前の評議を経て提案されたVの特赦申請を認めるとの原案に対して複数の出席者から反対意見が出され、イグナトフがVを擁護する説明を重ねたのちにも新たに反対を表明する幹部会員がいたため、特赦申請は却下されることになった。

(2)Vの事件はソ連では稀な事例で、社会的反響は前例のないほど大きいととらえられており、反対意見を述べた者たちは特赦を認めた場合の社会への影響を意識していた。

(3)Vはコムソモール員で、勤務評定書も良好な「立派な人物」とされるが、おそらく以前に無頼行為を自警団員Aに咎められたことがあり、その復讐を組織してAを殺害した。

(4)自警団員を殺した人物について減刑を要望する訴えを提出する人々がおり、そうした訴えの存在が特赦を認める理由の一つとされている。

これらの点のどこが興味深いのかわかりにくいところもあるかもしれないので、以下、補足説明をしつつ当時のソ連の実情の一端を描き出すよう努めたい。

特赦への賛否をめぐる議論について

反対意見が相次いで原案が却下される結果となったことが興味深いのは、最高会議幹部会では実質的な議論はなされないとの見方もあったということとも関連しているが、原案を擁護した幹部会議長がイグナトフだったということも大きい。ニコライ・グリゴリエヴィチ・イグナトフは、一九五七年六月から六一年十月までソ連共産党中央委員会幹部会

（ほかの時期の政治局にあたる）の正会員、五七年十二月から六〇年五月までは党中央委員会書記でもあり（五九年四月から十一月にはさらにロシア共和国最高会議幹部会議長も兼ねた）、六〇年五月から連邦副首相を務めたのち六二年十二月から再びロシア共和国最高会議幹部会議長を務めていた人物で、六四年十月のフルシチョフ失脚劇を準備した一人ともいわれている［Зенькович 2002:198–201］。政治的経歴の盛りは過ぎていたとはいえ、ほかの幹部会員とは明らかに格が違う。そのイグナトフがVを擁護し原案承認の議決を得ようとしたにもかかわらず、果たせなかったのである。

主に反対意見を述べたチクノフはロシア共和国の治安に直接の責任を有する社会秩序維持相、アハゾフはVの事件と裁判のあったチュヴァシ自治共和国の最高会議幹部会議長で、職責・立場上譲れないという面もあったろうが、ほかにも反対した者はいた。そして、少なくともチクノフとアハゾフは社会・世論に与える影響を意識していたことが読み取れるし、この点はほかの者の判断にも影響したであろう。こうした様子は、ロシア共和国最高会議幹部会での審議は、原案が議論なしに承認される形式的なものではなかったこと、幹部会員たちは格上の議長に唯々諾々と従う存在ではなく、国家や社会について彼らなりに真剣に考えて発言していたことを示している。

社会への影響という点で、チクノフやアハゾフの発言では殺されたAが自警団員だったことが重視されていた。Aが自警団員だったことは、それゆえにVに死刑が宣告されたという点でも重要な意味をもっていた。その事情や、そもそも自警団とは何かということについて補足しておこう。

一九五九年一～二月の第二一回ソ連共産党大会で党第一書記フルシチョフは、共産主義建設に取り組むことを宣言し、国家の死滅と社会による自治の実現に向けて国家の役割を社会団体に移管していくことを訴えた。その際、「わが国には社会秩序侵犯の事実がまだ少なからずあり、これと断固として闘う必要がある」、犯罪と闘うために「われわれの社会団体が有する可能性と手段と力は、民警、裁判所、検察の諸機関より小さなものではない。事態は……国家機関と並んで社会団体も社会秩序維持と保安の機能を果たす方向へと進んでいる」と述べて社会団体の役割を強調した。大会決議にもこうした社会団体の役割の重要性が記された[XXI съезд:1/103–104:2/445]。これを受けて一九五九年三月二日付けソ連共産党中央委員会・閣僚会議決定「国の社会秩序維持における勤労者の参加について」が採択され、人民自警団の設立を認めることが決定された[СП:74]。自警団はパトロールなどにより無頼行為や犯罪を防止することを期待された社会団体で、団員はほかに仕事をもつ者や学生が無償で活動する「ボランティア」であった。決定採択後、各地で自警団が次々と設立され、ソ連全体では一九六〇年後半に自警団は八万以上、団員は二五〇万人以上、六四年半ばには自警団は約一五万、団員は六〇〇万人以上とされていた[松戸 2011a:48]。Aはその一員だったのである。

「ボランティア」とはいえ自警団員の自発性には疑わしい面もあったが、身の危険を冒して犯罪防止に熱心に取り組んだ団員も少なからずおり、団員が負傷したり殺されたりした事件も起こった[松戸 2011a:48–51]。団員が酔っぱらいや無頼漢を注意したり退去させたりする際に脅された例、ナイフや銃で抵抗された例は比較的早くから指摘されており、逃げる犯罪者をとめようとして団員が刺された例、不審人物に「とまれ」と声をかけたところ発砲されて団員が負傷した例なども報じられていった[C3:1960/5/33:1960/6/52:1960/7/54:1960/11/56:1961/10/70]。団員が命を落とした例も、無頼漢に対抗すべく自警団を結成したTが殺された例、クラブで酔って騒ぐ無頼漢を制止しようとした団員Fが刺されて落命した例、クラブでV兄弟の無頼行為を団員Rが制止したところV兄弟がRを刺して致命傷を負わせた例など、定期刊行物で報じられたものだけで複数確認することができる[Бюллетень:1961/7/30–31:C3:1961/3/9]。本章冒頭の引用では、自警団員Aの殺害は「稀な事例だ」と指摘されていたが、それはあくまで「特別に組織されたもの」という点においてであったということができる。

団員が死んだ例の総数は定かではないが、団員たちと政治指導部に危機感を抱かせたことは疑いがない。なぜなら、一九六二年二月十五日付けソ連最高会議幹部会令によって、民警勤務員と人民自警団員に対する反抗と侮辱を処罰する規定、生命を脅かす行為には死刑の適用も可能とする規定が「世論の要望に応えて」設けられ、これに合わせて刑法が改正されたからである。その後、一九六三年七月三日付けソ連最高裁判所総会決定が、生命を脅かす行為に関する条項の適用には誤りもあったと指摘し、その正確な適用を求めた結果、「自警団員として活動中に」「団員と知りつつ」「故意に」生命を脅かした場合という具合にこの条項の適用要件が明確化されていった[СЮ:1962/6/25:1963/1/19:1963/4/16–17:1963/16/25–27]。

特赦を申請したVの事件がいつ起きたのかは確認することができないが、一九六六年一月に死刑が確定した以上、「自警団員として活動中に」「団員と知りつつ」「故意に」生命を脅かしたとの要件を満たしていたと考えられる。それにもかかわらずVが特赦で減刑された場合の影響は、幹部会でのチクノフの発言において強く意識されていた。脅され、反抗されることも珍しくなく、団員たちがまさに命懸けで社会秩序維持に取り組んでいた当時の状況では、故意に団員を死にいたらしめた者の特赦を認めることの団員たちや社会全般への影響が憂慮されたのは当然ともいえよう。

では、Vの特赦を認めようとしたイグナトフはこうした影響を意識していなかったのだろうか。推測になるが、裁判や死刑に関するイグナトフのこの頃の発言からは、彼もまた彼なりに社会の反応を意識していたように思われる。たとえば一九六五年十二月十五日のロシア共和国最高会議幹部会でイグナトフは「裁判官は社会団体や勤労集団の要請に耳を傾けずにいることはできない。あれこれの条文を適用せよとの勤労集団の要請に従わなければならないということではまったくないが、もし裁判官になんらかの疑念があるならば、勤労集団に助言を求めなければならない」と述べていた[ГАРФ:А385/13/2018/92–93]。一九六三年十月二十三日の幹部会でもイグナトフは、勤労集団の請願を裁判官と検事が考慮しないことを批判し、「勤労集団の請願を斥け、その理由を彼らに説明しないような裁判官や検事の良心は清らかたりうるだろうか」と述べていた[ГАРФ:А385/13/1859/77]。

同日の幹部会ではイグナトフが「死刑を宣告された事件のそれぞれをわれわれは実に注意深く審理している。人間の運命を決定するには、七〇回測って一回裁つことが必要だ」と述べて[ГАРФ:А385/13/1859/91]、死刑適用に慎重な姿勢を示していたことも注目される。さらにイグナトフは、Vの特赦申請を審議した幹部会から約四カ月後の一九六六年八月十五日の幹部会では次のように述べていた。約一年前にロシア共和国最高会議幹部会の複数の会員が死刑廃止の問題を提起する考えを抱いていることを私は報告したが、その後正式な提案がなされた。「私はソ連最高会議幹部会の会合で公式にこの観点を支持したし、支持している」[ГАРФ: A385/13/2087/336]。

イグナトフのこうした発言を考慮すると、Vの特赦申請を認めようとした判断は、勤務評定が良く、身近な人々から良い評価を受け、減刑を求める訴えが複数提出されているという周囲の人々の意向を重視したもの、二十二歳と若いVへの死刑適用に慎重な態度を示したものととらえることもできるだろう。

治安の状態と刑事政策

ソ連では人々の言動は厳しく規制され、「自由はないが秩序があり、治安は良かった」とのイメージがあるかもしれない。そうしたイメージからすれば、自警団員が負傷したり殺されたりした例も少なくなかったことは意外に感じられることだろう。しかし少なくともこの時期は治安が良かったとはいえない。自警団の活動が奨励されたのは、国家の死滅と社会による自治という共産主義イデオロギーに基づく面もたしかにあったが、治安が悪化していたこととも無関係とは考えにくい。この点についても補足しておこう。

先にみたように、一九五九年の第二一回党大会において共産主義建設と合わせて犯罪との闘いが主張され、六一年の第二二回党大会で新たに採択された綱領では、共産主義を実現する際の課題の一つとして犯罪の根絶が掲げられた。そして、ソ連にはこの課題を解決するために必要不可欠な前提条件のすべてがあると主張された[ПЖ: 1962/5/8]。その際、大きな期待がかけられたのが自警団などの社会団体であった。

しかし、掲げられた目標とその実現への確信にもかかわらず、犯罪との闘いは困難な課題で、治安の実情は深刻であった。一九五三年三月のスターリンの死後、それまでの過度に懲罰的な刑事政策への反省もあって同年三月二十七日付けで「大赦について」のソ連最高会議幹部会令が発せられ、多くの囚人が釈放された。これ以後、一九五〇年代を通じて恩赦や刑期短縮による釈放が断続的におこなわれ、五八年九月までに約四一二万人が釈放されたと指摘されている[Dobson 2009:109]。

その影響もあって治安は悪化した。大赦の直後から犯罪が急増し、地域差はあるがおおむね犯罪総数の四〇パーセント台が大赦の対象者によるものだとされた[Dobson 2009:39]。一九五九年七月二十九日のロシア共和国最高会議幹部会でイグナトフは「犯罪が増える社会的基礎はわが国にはない。われわれは階級をなくし、わが国は経済的に向上し、人民は豊かになった。しかし犯罪は減っていない」と述べていた[ГАРФ:А385/13/1157/301]。

それでもなお、一九五九年八月十四日付けで危険の少ない犯罪での囚人の釈放を検討する委員会を設立することが決定され、この委員会によって二カ月間に一五万人以上が釈放されるなど囚人の釈放が続けられたが、その結果、モスクワで起きた犯罪の四二パーセントが再犯で、一七パーセントは一九五九年八月十四日付け決定に基づき釈放された者によるものだったとされた[Dobson 2009:150,175]。

こうした状況は市民のあいだに犯罪や前科者についての風評と不安を生み、多くの人々が、釈放された囚人たちが再び罪を犯すことへの不安を訴え、銃やナイフを持った無頼漢がいるため安心して町を歩けない、夜の散歩ができない、昼間でも物取りや殺人さえ起きているなどと治安の悪さを訴えて刑罰の強化を求める手紙を国家機関・党機関・新聞編集部などへ送っていた[Dobson 2009:40–43,165–170; 松戸 2011a:60]。

こうした人々の不安と要望を政治指導部は認識しており、対処する必要性を意識していた。たとえばソ連共産党中央委員会の雑誌『党生活』一九六二年第五号では次のような指摘がなされた[3]。とくに危険な犯罪に対する刑罰の強化は、こうした犯罪が増加したことで引き起こされたのではない。こうした犯罪は増えていない。しかし社会を侮辱し人々の生活を台無しにする分子を容赦することはできぬとの人々の思いが計りしれないほど増大している。このことは、勤労者の多数の手紙での要望がはっきり示している。すべて異口同音に「身の程をわきまえぬ犯罪分子を断固として抑えつける時がきた、彼らをこれ以上許してはならない」と述べている。こうした要望は、手紙だけでなく労働者やコルホーズ員や職員の集会でも企業や家庭における会合でも広く語られているのだ[ПЖ : 1962/5/13]。

摘発された犯罪の半ば以上は初犯で、再犯者によるものは数としては少数派だったが、人々の意識においては多数の囚人が釈放されてきていたことへの不安が大きく、政治指導部も再犯を問題視していた。このため政治指導部は、次々と釈放される人々を再び犯罪に向かわせないことに腐心していった。

再犯を防ぐ努力と困難

一九五九年十二月二十六日のロシア共和国最高会議幹部会では、自由剝奪施設での拘禁から釈放された者の就職斡旋と再教育に関するゴーリキー州とノヴォシビルスク州の各地のソヴィエト執行委員会の活動について現地調査に基づく審議がなされた。ここでの議論では政権の課題と当時の実情が率直に述べられているので、やや詳しく紹介しよう。

まず、ゴーリキー州を調査した幹部会職員が報告した。一九五九年十二月一日現在、自由剝奪施設からゴーリキー州に来た者は一七四一人、その三分の一は職に就いておらず、彼らを職に就ける活動を各地の執行委員会は事実上おこなっていない。ゴーリキー州の企業では労働力が過剰に確保されているため就職斡旋に一定の困難が生じているが、建設業には労働力への需要があり、車や路面電車の運転手などへの需要も大きい。「各地のソヴィエトの執行委員会が、拘禁施設から来た市民たちの就職斡旋の問題により良く、党員らしく取り組んでいたならば、十二月一日現在で彼らの三分の一が働いていないという状況はなかったはずだ」[ГАРФ : А385/13/1174/467–468]。

ノヴォシビルスク州を調査した職員も指摘した。釈放された人々のうち七一六人が職に就いていない。「いったいなぜ七一六人は職に就けないのか。なぜ数十人が職に就かず数カ月間も駅で暮らしているのか。……これは、州執行委員会とノヴォシビルスク市執行委員会がこの問題にいかなる注意も示さなかったということによってのみ説明することができる」。「単に就職の手助けをするだけでなく就職をまさに保証するという課題が自分たちの前に提起されていることを理解すべき時だ」。「就職斡旋の深刻な障害は住宅不足である。現在この問題はいかにしても解決されないが、必ず解決する必要がある」。ノヴォシビルスク駅とその付近には一〇〇人以上が寝泊りしている。「彼らは日中は通りに散り、ある者は盗みを働き、ある者は乞食をしている。彼らは仕事に受け入れられず、居住登録がなく、仕事を斡旋してもらうのをやめてしまった者もいる」[ГАРФ:A385/13/1174/475,476,478,480]。

こうした指摘に対してノヴォシビルスク州ソヴィエト執行委員会議長アヴラメンコが釈明した。十二月二十日現在、ノヴォシビルスク市で一二九七人、州の各地区で一四二一人が職に就けられ、七一六人はまだ職に就いていない。住居の問題が深刻で、これは容易に解決することのできる問題ではない。「拘禁から解かれた人々を農村へと送るのは実に難しい。農村には住居と仕事を提供する可能性があるため、われわれにとっては派遣するのは容易なのだが。こうした同志たちの多くは農村へ行くのを断り、ノヴォシビルスク市の工場の仕事に彼らを就けるよう求めるのだ……」[ГАРФ:A385/13/1174/487-488]。

これを受けて幹部会員でベルゴロド州ソヴィエト執行委員会議長のコヴァレンコが発言した。こうした状況はほかの州にもあるように思う。ベルゴロド州でも深刻な状況が生じた。「思うに、こんな問題も解決する必要がある。……たとえばノヴォシビルスクで釈放され、イルクーツクかクルガンの居住区への派遣指令を受け取り、しかしゴーリキーやベルゴロドやクルスクなどへやってくる人々がいる。……彼はやってきて「市でだけ働く。住居をくれ」という。「君が持っているのはゴーリキー州への派遣指令だ。そこへ行きたまえ」。「いや、そこへは行かない」。「よろしい、コルホーズかソフホーズへ君を就職させよう。君には専門技能がなく、君は旋盤工でも組立工でもなくてコルホーズで働いていたのだから」。「いや、農村へは行かない」〔という問題だ〕」。駅で暮らす人々がそこにいるのは、彼らが農村へ行きたがらないためだ。「市内で彼らを職に就けることはできないし、全員を市内で就職させなければならないわけではない」[ГАРФ: A385/13/1174/490–492]。

幹部会副議長でタタール自治共和国最高会議幹部会議長のファセエフも「同志コヴァレンコの述べたことは、われわれのところ、タタール共和国でも同様だ」と述べる。釈放された人々を職に就けようとするが、みながカザン〔タタール自治共和国の首都〕にとどまろうとするので難しい。「われわれのところでは、企業で働く労働者たちはバラック住まいで本物の住居をもっていない。その一方でわれわれは、釈放された者たちを特権的な地位においている。……なにか特権的な地位にこうした人々をおき、彼らに特別な配慮を示し、就職を斡旋しているが、われわれのところでは真面目な労働者たちは住居がないまま、学生たちは寮がないままなのだ」[ГАРФ: A385/13/1174/496–498]。

こうした議論を、当時幹部会議長を務めていたオルガノフは次のように締めくくった。「〔一九五九年八月十四日付け決定で設立された委員会によって〕わが国では約二〇万人が釈放され、そのうち十二月一日現在で二万七〇〇〇人が働いていない。……もちろんここには年金生活者や働くことのできない障害者がある程度いるが、働きたくない者もある程度いる」。就職させる際の困難には客観的なものと主観的なものがある。客観的な困難は余剰労働力の存在だ。釈放された者が「自分のために国が働く、彼をどこに、いかにして就職させるかを国が考えなければならないと思っている時」別の種類の困難がある。その時は「彼にきっぱりいう必要があるが、反発させないよう、彼が再び犯罪の道へ入らないようにすべてをうまくやることが必要だ。……就職斡旋の活動がお粗末であればあるほど再犯は多くなることを理解する必要がある。……就職斡旋と住居の問題に執行委員会は真剣な注意を向ける必要がある。われわれが職を斡旋することができ、しかし住居を与えることができないと、彼は駅の周りをぶらつくことになり、これは彼を再び犯罪の道に押しやるかもしれないからだ……」[ГАРФ: A385/13/1174/505–507]。

ここに紹介した発言には興味深い点がいくつもあるが、二点のみ指摘する。第一に、自由剝奪施設から釈放された人々を就職させることは各地の執行委員会の責務とされ、釈放された人々のなかには「自分のために国が働く」と考えて職や居住地を選り好みする者がおり、彼らを「特権的な地位」においているとの批判さえなされているにもかかわらず、彼らを「再び犯罪の道に押しやる」ことのないよう手厚く対応せざるをえないとの判断が示されていることである。いずれの発言にも、現状を憂い、状況を改善する必要性を真剣に訴えている様子、その一方で各地の執行委員会は選り好みしている人々を意に従わせることができず、問題に対処し切れていない様子をみることができよう。

第二に、住宅不足が犯罪と直結する問題と意識されていたということである。当時のソ連では住宅が著しく不足し、大規模に住宅建設が進められていたことはよく知られているが、住宅建設が急がれた理由については主に次の点が指摘されてきた。生活水準向上はスターリン後の政権が新たな正統性を獲得するための試みの中心的なもので、資本主義に対する社会主義の優位性を示すためにもすべての人に住居を提供することは最も急がれる課題であった。劣悪な住居は労働者の高い流動性を生み、生産計画の達成を脅かしたことからも政権は劣悪な住宅事情を放置することはできなかった[Reid 2002:221,224,243]。これらは妥当な指摘だが、住宅不足が犯罪の増加につながっているとの現状認識も無関係ではなかったろう。

こうしたさまざまな理由に基づき、ソ連全体で一九五一〜五五年に六〇五万二〇〇〇戸、五六〜六〇年に一一二九万二〇〇〇戸、六一〜六五年に一一五五万一〇〇〇戸の住宅が建設された[松戸 2011b:120]。それでもなお住宅不足は解消されなかったこともあって、犯罪の状況にも大きな変化はなかった。一九六四年十月三十日のロシア共和国最高会議幹部会で審議された報告書「ロシア共和国における前科の状況についておよび犯罪との闘いの一層の強化に関する方策について」は指摘している。「一九六三年に共和国で登録された犯罪総数の二四・三パーセント、今年上半期には二五・六パーセントが再犯者によるものだった」。「自由剝奪施設から釈放された者たちの就職に対する地方権力機関と企業指導者の不適切な態度によって、彼らの多くが長いあいだ仕事に就くことができず、新たな犯罪へと向かっている」。多くの犯罪は継続的な住まいや勤めをもたない者たちによってなされた[ГАРФ:А385/13/1910/91–92]。

このため、この報告書の表題にも示されているように、一九六〇年代前半にも犯罪との闘いの強化が再三強調されたが、その成果は芳しいものではなく、六七年二月二十日のロシア共和国最高会議幹部会ではロシア共和国最高裁判所議長スミルノフが次のように報告した。ロシア共和国では一九五九年から犯罪が減少し、六〇年が最も少なかったが、六一年には増えはじめ、六二年がピークとなった。その後犯罪は減りはじめたが、一九六六年には再び急増し、六六年七月二十三日付けで犯罪との闘いの強化に関するソ連共産党中央委員会・閣僚会議決定が採択された[ГАРФ:А385/13/2146/309]。

Vの特赦が審議されたのは一九六六年四月、犯罪が再び急増していた時期で、そのことも幹部会員の判断に影響した可能性もあろう。もちろんVはコムソモール員で勤務評定書も良好だったから、再犯者でも職や住居をもたない者でもなかったはずである。しかし、だからこそ問題は深刻だったとみることもできる。項を改めて補足しよう。

コムソモール員であるということ

コムソモールとは、一九一八年に創設された「青年共産主義同盟」という青年組織で、共産党の指導のもとに活動し、若者たちの統合や政策の遂行に協力した組織である。自警団の設立を定めた一九五九年三月二日付け決定「国の社会秩序維持における勤労者の参加について」では、コムソモールは党機関、ソヴィエト機関、労働組合とともに自警団を指導する組織の一つに位置づけられていた[СП:74]。組織としてのコムソモールが自警団の指導を求められた一方で、個々のコムソモール員たちは自警団に多数加わっていた。たとえば一九五九年四月十日の時点でヤロスラヴリ市の自警団に加わっていた三一〇〇人の半数はコムソモール員だった[ГАРФ:А385/13/1148/293]。一九六二年にモスクワ市では一五万五〇〇〇人の自警団員の約三分の一がコムソモール員だった[СЗ:1962/11/30]。一九六四年にレニングラード市とレニングラード州では一七万人を超えていた団員のうちコムソモール員は五万五〇〇〇人で、党員の四万八〇〇〇人より多かった[СЮ:1964/16/18]。

このように、本来コムソモールは自警団の側にあるはずの組織であった。そのコムソモールの一員で、勤務評定書も優れていたVが自警団員Aを殺したのである。イグナトフは、特赦を認める事情の一つとしてVがコムソモール員であることをあげたが、社会への影響を考えて反対した幹部会員のなかにはコムソモール員だからこそ許すべきではないと考えた者もいたかもしれない。

イグナトフによれば、Vの減刑を求める訴えは二通出されており、Vが「なぜこのような罪を犯したのか想像することもできない人々」からのもののようだが、仲間だからともかく減刑を訴えておこうという程度の意識で訴えが出されている可能性もあり、良好な勤務評定書も実態に即していない可能性もある。

このように述べるのは、次のような指摘が当時相次いでなされていたからである。たとえば一九六四年十月三十日のロシア共和国最高会議幹部会で審議された「オレンブルグ州における犯罪との闘いの状況について」の報告書では、しばしば勤労集団や社会団体は集団の一員によってなされた犯罪に対して不適切に対応している、犯罪を厳しく非難する代わりにしばしば擁護したと指摘されており[ГАРФ:А385/13/1910/118]、一九六二年八月三十日のロシア共和国最高会議幹部会では、当時議長の職にあったオルガノフが次のように指摘していた。「いくつかの社会団体でなされている、盗みを働いた者を擁護する不適切な実践と闘うことが必要だ」。誰やらが工場から部品を持ち出し、捕まることがよくある。「社会団体はこの人物を非難する代わりに彼を擁護し、請願をする。こうした請願には党組織書記や企業長が署名し、実に優れた評定がなされる……」[ГАРФ:А385/13/1288/309]。

とはいえ、Vの事例でもこうした不適切な対応がなされたことを示す史料を確認したわけではないので、Vの減刑を求めた人々は本心からVが特赦に値すると信じており、勤務先でのVの態度は実際良好だった可能性を否定するわけではない。当時のソ連では、勤務態度の良好な者による違法行為は決して珍しいことではなかった。一九六三年六月のソ連共産党中央委員会総会で報告した中央委員会書記イリイチョフは「ソ連の人々の生活では労働と日常生活は切り離しがたく結びついている。しかし実際にはしばしば異なり、労働者にとっては企業の門の外へ出ること、……コルホーズ員にとってはコルホーズの耕地から出ることは意味がある。しばしば勤労集団の影響の外にいることになるためである。ここから、生産において良く働き、日常生活において社会主義共同生活の規則を破るという、そう珍しくない矛盾が生じる」と述べていた[Пленум: 45]。

しかし、勤務態度の良好な者による違法行為は、イリイチョフの指摘したようにソ連においては「矛盾」なのであり、ましてや勤務態度の良好なコムソモール員が自警団員を殺すなどということは「矛盾」の最たるものであって、労働を通じて共産主義モラルを身につけた人々が共産主義建設に邁進するとの理想を掲げた政権にとっては一層深刻な、許しがたい問題だったとみることもできるだろう。

特赦申請をめぐる議論から出発してみえてきたもの

本章では、死刑囚の特赦申請をめぐるロシア共和国最高会議幹部会での議論を出発点とし、その議論からみえてくるものを補足していく形で、同幹部会での審議が実質のない形式的なものでは決してなかったことを示すとともに、一九五〇〜六〇年代のソ連の実情の一端を描くことを試みた。本章で指摘したことを簡単に確認して結びに代えたい。

国家の死滅と社会における自治という共産主義イデオロギーに基づき、犯罪との闘いに取り組む社会団体として人民自警団が大規模に設立されたが、一九五〇年代に大勢の囚人が釈放された影響もあって治安は悪く、必ずしも改善されなかった。政権は再犯防止を重視して、釈放された者が再び犯罪に向かうことのないよう努めたが、彼らの身勝手ともいえる言動もあって現地当局は対処し切れずにいた。当時住宅建設が大規模に進められていたが、住居の提供は再犯防止の観点からも必要と考えられており、犯罪との闘いと住宅建設という当時大々的に取り組まれた二つの課題は無関係なものではなかった。そして、共産党とともに共産主義建設という理想の実現に取り組むはずのコムソモールの一員、それも勤務評定が良く、周囲の人間の評判も良い人間が自警団員を殺害したこの事件は、政権が当時問題視していたソ連社会における「矛盾」の最たるものであった。この意味でこの事件は、政権の掲げた理想を実現することの難しさを象徴するものだったともいえるのではなかろうか。[4]

註

1　「念には念を入れよ」にあたるロシア語の諺「七回測って一回裁て」をもじって、念を入れる必要性を一層強調したと考えられる。

2　イグナトフはソ連最高会議幹部会副議長でもあり、同幹部会は当時イグナトフらの発意で死刑に関する検討をおこなう委員会を設立していた[ГАРФ: A385/13/2087/335]。

3　一九六一年から六二年にかけて、とくに危険な犯罪を対象として刑罰を強化する刑法改正が相次いだことを指している。

4　本章ではロシア共和国最高会議幹部会での議論を多く紹介したが、一九五三年三月の大赦以降の断続的な囚人の釈放と治安の悪化、自警団の設立、再犯防止の取組、大規模な住宅建設はいずれもロシア共和国だけではなくソ連全体についていえることであり、各連邦構成共和国にはそれぞれ特有の条件もあったが、全般的には本章で描いた状況はロシア共和国だけのものではない。

参考文献

松戸清裕(二〇一一a)「「共産主義建設期」のソ連における国家と社会の「協働」——犯罪との闘いに注目して」『ロシア史研究』第八八号。

——(二〇一一b)『ソ連史』(ちくま新書)筑摩書房。

Dobson, Miriam (2009). *Khrushchev's Cold Summer: Gulag returnees, crime, and the fate of reform after Stalin*, Ithaca: Cornell University Press.

Reid, Susan E. (2002). Cold War in the Kitchen: Gender and the De-Stalinization of Consumer Taste in the Soviet Union under Khrushchev, *Slavic Review* 61, no. 2.

Бюллетень: Бюллетень исполнительного комитета Московского областного совета депутатов трудящихся.〔『モスクワ州勤労者代議員ソヴィエト執行委員会報』〕(引用数字は順に刊行年／号／引用頁を示す)

XXI съезд: Внеочередной XXI съезд Коммунистической партии Советского союза. 27 января–5 февраля 1959 года. Стенографический отчет. (1959), Москва.〔『ソ連共産党第二一回臨時党大会速記録』〕(引用数字は順に号／引用頁を示す).

ГАРФ: Государственный архив Российской Федерации.〔ロシア連邦国立文書館〕(引用数字は順に фонд/опись/дело/лист を示す)

Зенькович Н. А. (2002). Самые закрытые люди. Энциклопедия биографий. Москва.〔ゼニコヴィチ『最も閉ざされた人々——経歴百科』〕

ПЖ: Партийная жизнь.〔『党生活』誌〕(引用数字は順に刊行年／号／引用頁を示す)

Пленум: Пленум Центрального Комитета Коммунистической Партии Советского Союза. 18–21 июня 1963 года. Стенографический отчет. (1964). Москва.〔『ソ連共産党中央委員会総会速記録』〕

СП: Собрание постановлений правительства Союза Советских Социалистических Республик. (1959). no. 4.〔『ソ連政府決定集』〕

СЮ: Советская юстиция.〔『ソヴィエト司法』誌〕(引用数字は順に刊行年／号／引用頁を示す)

СЗ: Социалистическая законность.〔『社会主義的適法性』誌〕(引用数字は順に刊行年／号／引用頁を示す)

付記　本章は、科学研究費補助金基盤研究(B)(課題番号 23320160)および基盤研究(C)(課題番号 24520837)による研究成果の一部である。

国家と未成年の子の扶養

扶養料未払いへの措置にみるソヴィエト体制の特徴

河本和子

問題の所在——ソヴィエト国家はどこまで家族に介入したか

初期のソヴィエト政権が、家族死滅論を政策に反映させていたことはよく知られている［Geiger 1968 : Goldman 1993］。家族死滅論とは、家族は親から子へ財産を受け渡すための機関であり、私有財産が廃止されれば、家族は消滅していくという社会主義的な考え方を指す［エンゲルス 1999］。こうした思考に添って、最初期の家族法には婚姻・離婚の自由、嫡出・非嫡出の区別廃止といった新しい要素が盛り込まれた。

子供の扶養についていえば、家族が死滅すれば、未成年の子供は家族ではなく社会で養育されることになる［森下 1981 : 3］。初期のソ連における家族法は、両親が扶養義務を負うと定めていたが、当時の理解では両親による扶養は社会による扶養が実現するまでの暫定的なものであり、社会保障の代わりであった［森下 1985 : 884–885］。

このように、ソヴィエト政権の家族法は社会主義イデオロギーと強く結びつき、理念的色彩の濃いものであった。しかし、やがて政策は転換される。一九三〇年代半ば以降、家族は将来的に死滅するものではなく、国家によって強化されるべきものとされるようになった。転換を最も端的に示すのは、一九三六年六月二十七日付けの中央執行委員会および人民委員会議決定[C3 CCCP 1936/34/309](以下、一九三六年決定)と、第二次世界大戦中に定められた四四年七月八日付け連邦最高会議幹部会令[BBC CCCP 1944/37](以下、一九四四年令)である。こうした政策変更の結果、離婚は容易でなくなっていき、一九四四年令では何段階ものハードルを越えなければ実現できないものとなった。また、子の法的地位は両親が婚姻しているか否かによって区別されるようになり、子の父親を確定するための訴訟は廃止され、父親が自発的に認知する制度もなくなった。すなわち、子供は両親の婚姻なしには原則として父親と法的関係をもつことができなくなった。

こうした政策変更のなかで、未成年の子供に対する扶養に関する制度にも新しい要素が付け加えられた。すなわち、右にあげた一九三六年決定において、扶養料請求訴訟が起こされた場合の扶養料額が給料の百分比で定められた。すなわち、子一人について給与の四分の一、二人につき三分の一、三人以上につき二分の一とされた(二九条)。また、不払いに対する刑事罰が最高二年の禁固と重くされた(三一条)。その後、刑事罰は緩められ、一九六〇年に制定されたロシア刑法では、最高一年の自由剝奪刑あるいは最高三年の追放刑と定められている(一二二条)。なお、離婚に際し子を引き取るのは母親であることが通常であるため、扶養料支払い義務を負うのは父親であることが多い。

このほか一九三〇年代半ばには、親子間の情緒的な結びつきを肯定的にとらえる宣伝がなされるとともに、子育ては親の重要な義務と論じられるようになった[Geiger 1968:91-92]。つまり、親による子の扶養はもはや社会保障の代替などではなく、社会全体による子育ては明確に放棄されたといわざるをえない。ただし、このとき注意すべきなのは、親はきちんと子育てする責任を国家と社会に対して負っているのであり、子育て上の親の好みが尊重されるわけではないことである。

このように転換が重大なものであったにもかかわらず、政権はその理由を示さなかった。むしろ政権は、以前の政策との連続性をそれぞれの法文において強調していた。しかし、こうした説明に説得力はなく、転換理由の解明が研究者によって試みられてきた。最もよくあげられる理由は、離婚の増加や出生率の低下などの否定的な現象に対処するためというものである[Buckley 1989:128–136; Goldman 1993:304–310]。ただし、こうした問題に対して家族が動員されなければならない必然性はない。ゆえに、政権に問題解決のための別の資源が乏しく家族を利用するほうが安価であり[Attwood 2010:Chapter 6]、家族死滅論よりも家族の維持を好む層が社会に存在することが期待されたことも指摘されている[Timasheff 1946:192–203; Lapidus 1978:110–116; Geiger 1968:99–100]。

このように家族が強化の対象となったことは、家族の自律性が確保されたことを意味しない。強化されるべきは伝統的な家父長制家族ではなく、また個々の家族が自由に選んだ形の家族でもなく、社会主義的な内容をもつ家族である。すなわち、社会主義・共産主義建設のために男女ともども労働に従事し、家庭内でも男女は平等でなければならない。[1] こうした社会主義的な家族を実現するために、党および国家がさまざまな関与・介入を試みることが正当化された[Свердлов 1941]。介入が容認されるのは、ソヴィエト体制が勤労者としての利益しか正統と認めないゆえに個別・私的な価値の多様性を擁護する必要が理論上なく、政権の擁護する価値を社会に普及させることが公の政治課題として成立しえたためである[河本 2012b]。

ところが、スターリン後の連邦家族基本法制定過程においては、家族に関する事柄について自己決定のできる範囲が明確に認められた[河本 2012b]。たとえば協議離婚の導入や婚姻締結時の儀式に関して、当事者の合意が尊重される定めになった。ただし、この自律性は規範上のものであり、同時に通用範囲はかなり狭く、専ら夫婦間に限られる。親子関係なかんずく親と未成年の子との関係は、成人同士の夫婦関係と同列には扱われない。本章では、親と未成年の子の関係に国家が介入・関与する局面として典型的な扶養料の支払いについて、スターリン後の自律と介入・関与のありようを検討する。

ここで、本章でとりあげる公文書館史料についてまとめて述べておく。利用した公文書館はロシア連邦国立公文書館

（略称 ГАРФ）であり、ソ連の連邦レベルの国家機関が作成した文書の多くはここに所蔵されている（例外は連邦外務省、連邦国防省などの文書）。本章で用いたのは、連邦最高会議（議会にあたる）の常任委員会の一つである立法準備委員会の文書［ГАРФ:7523］と連邦閣僚会議（内閣にあたる）附属法務委員会の文書［ГАРФ:9514］である。

それぞれの機関の任務は次のとおりである。立法準備委員会は、連邦最高会議に提出する法案を準備する。連邦閣僚会議附属法務委員会は、一九五六年に廃止された連邦司法省の後継機関であり、やはり法案の準備に携わる。両者の関係は一義的には決まっていないが、一九五〇年代後半からは立法準備委員会などの常任委員会が最終案をつくり、法務委員会などの行政機関が叩き台をつくるといった現象がみられたとされる［Кутафин 1971:131］。

本章で用いる史料はいずれも一九六八年に成立した連邦家族基本法の制定過程にかかわる文書群に属する。ただし、直接に法案にかかわるというよりも、法案作成の過程で浮かび上がった問題、すなわち本章の主題に個別に対処した際に作成された文書が主である。

裁判をへない扶養料支払い制度の模索

先に述べたように一九四四年令により離婚手続きは非常に複雑になった。具体的にいえば、初級審で和解が試みられたのち、上級審で離婚が実際に審理されることとなった。このとき扶養料について離婚と同時に審理されるわけではなく、別の訴訟が必要であった。この点は、一九六五年暮れに離婚手続きが変更され［ВВС СССР 1965/49/725］、離婚も扶養料も初級審でまとめて審理されるようになった際により便利にはなったが、いずれにせよ訴訟が必要であった。すなわち、当事者同士で扶養料に関する取決めをすることは法律上予定されておらず、国家の関与が必須であったということである。

しかし、訴訟を起こさなければ扶養料の支払いが受けられない点について、不便である、あるいは訴訟は不要であると考える者もいた。連邦家族基本法制定に際して一般の市民から寄せられた手紙のなかには、裁判をへずに扶養料支払いができるようにすべきであると主張するものがいくつかあった[ГАРФ:7523/45/439/26–56,201–221,244–279]。しかし、これらの意見がすぐに法案にとりいれられたわけではなかった。

裁判をへない扶養料支払い制度が法案に取り込まれたのは、一九六七年四月のことである[ГАРФ:7523/101/2593/103–121]。この幹部会令の主なぜこのタイミングかというと、扶養料に関して新たな幹部会令が準備されつつあったからである。この幹部会令の主眼は、次項で触れる扶養料を支払わない者の捜索を容易にすることであったが、裁判をへずに扶養料を支払えるようにする規定も含まれることになっていた。

この幹部会令制定の直接の発端となったのは、エストニア最高会議幹部会議長のA・A・ミュリセプによるミコヤン連邦最高会議幹部会議長への書簡および提案である[ГАРФ:9514/1/458/32–36]。一九六五年夏に送られたこのミュリセプの書簡には専ら扶養料不払い者の捜索に関する問題点が書かれているが、彼の提案のなかには裁判をへない扶養料支払いも記載されている。この提案を受けて、連邦最高会議幹部会法務部に幹部会令案の作成が命じられ、これに連邦最高裁、連邦検察庁、連邦閣僚会議附属法務委員会、全ソ労働組合中央評議会、ロシア社会秩序維持省の代表者が協力し、作成された幹部会令案は各共和国最高会議などに送付され、意見が求められた[ГАРФ:9514/1/458/6–9]。

この幹部会令案では、裁判をへない扶養料支払いの場合、支払いを受ける者が書面で合意すれば扶養料額を自由に取り決められることになっていた[ГАРФ:9514/1/458/3–5]。すなわち、手続きを国家機関の関与なしにおこなうだけでなく、金額も当事者の自由に委ねられることが検討されていたことになる。しかし、この案に対してグルジア最高会議幹部会およびウズベク最高会議幹部会から懸念が表明された[ГАРФ:9514/1/458/6–9]。自由に金額を設定できることになれば、扶養料が一九三六年決定で定められたよりも低い金額になる可能性があり、それは子の利益に反するというのがその理由である。この懸念に対して連邦最高会議幹部会法務部と関係機関の代表は、扶養料支払いを受ける者は不服があればばいつでも裁判所に訴えることができるため、変更の必要はないと抵抗した[ГАРФ:9514/1/458/6–9]。しかし、最終的に金額を自由に取り決められるという部分は削除され、裁判をへずに扶養料を支払う場合であっても、金額は一九三六年決定に従って決められることとなった[BBC CCCP 1967/42/540]。すなわち、子に対する扶養料の金額は当事者の意思によって決めることは許されず、必ず国家が法律で定めた割合で決定されるということである。個々人の自由意思が介在する余地はここにはない。

不払い者の追跡

扶養料支払いをめぐる大きな問題の一つは、扶養料を払わずに雲隠れする人々をどうやって捜索し、刑事罰を科したり支払いを強制したりするか、という点にあった。扶養料を払わず逃げる者は、支払い義務者全体に対する割合では少数派にとどまっていたものの、実数としては少なくなかった。時期は少し古いが、一九四九年の上半期にはロシア共和国で扶養料に関する苦情が二四万件余り寄せられたとされ、また、ロシア共和国司法省に寄せられた苦情の半分近くが扶養料に関するものであったという[ГАРФ:9492/1/199/1858]。こうした状況では、扶養料の支払いから逃れようとする者の捜索をおこなう立場にあった民警および民警を管轄する連邦内務省が、悪質な不払い者を発見しやすくしたいと考えるのは自然だったといえよう。また、扶養料支払いを円滑に進めたいと考えたのは、内務省だけではなかった。

一九五六年十月、連邦内務省は連邦検察庁と共同で、扶養料を支払わなかったとして有罪となった者だけでなく、扶養料未払いを理由として捜索願が出された者が発見された場合にその国内身分証（パスポート）に、特別な印を押す権限を民警に与えるよう連邦閣僚会議に提案した。これに対し、連邦閣僚会議附属法務委員会はこの提案に反対の立場をとった[ГАРФ:9514/1/4/186–189]。主たる理由は、第一に、民警により発見された扶養料不払い者のパスポートに特別な印を押すと、裁判によらず個人を罰することになりかねない、第二に、パスポートへの押印が不払いを防ぐ手段として有効とは考えられない、第三に、パスポートを国民全員が所持しているわけではない（この時点でコルホーズ農民には交付されていない）、である。しかし、提案を拒否された連邦内務省はあきらめず、一九五八年に同様の提案をおこなったが、やはり受け入れられなかった［ГАРФ：7523/45/295/101］。これとは別に、ロシア閣僚会議第一副議長のМ・А・ヤスノフも一九五八年に同趣旨の提案を連邦閣僚会議に対しておこなったが、同じく受け入れられなかった［ГАРФ：9514/1/53/157–159］。

翌一九五九年には、核兵器開発に携わったことで知られるЮ・Б・ハリトン連邦最高会議代議員が選挙区の女性有権者たちからの苦情を受け、扶養料支払い義務をパスポートに記載するといった措置がとれないかとの書簡を連邦最高会議立法準備委員会のД・С・ポリャンスキー議長に送付した［ГАРФ：7523/45/295/94］。ポリャンスキーがハリトンの書簡をロシア司法省、連邦最高裁、連邦検察庁、連邦内務省に送付して意見を求めたところ［ГАРФ：7523/45/295/95–98］、いずれもハリトンの意見に賛成すると返答した［ГАРФ：7523/45/295/99–104］。これを受け、ポリャンスキーは連邦閣僚会議第一副議長のФ・Р・コズロフにハリトン提案と四機関の書簡を送付した［ГАРФ：7523/45/295/105］。しかし、結局のところ提案は採用されなかった。

最後の、そして、成功した提案が、前項で触れたエストニア最高会議幹部会議長ミュリセプの提案であった。ミュリセプは、エストニア共和国において扶養料請求訴訟は増加しており、支払い義務者が支払わずに逃亡するケースも多く、彼らを発見するのに大きな労力を費やさねばならないという。たとえば、一九六四年には支払い義務者五〇〇人が居所不明であり、このうち年内に発見されたのは三三四人であった（エストニアの当時の人口は一二〇万余り）。さらに、逃亡先は共和国内とは限らないし、逃亡も一度とは限らない。ミュリセプのあげた例によれば、エストニアのコフトラ゠ヤルヴェから姿を消したある扶養料支払い義務者は、ロシア共和国のアルタイ辺区で発見されたあと再び行方をくらまし、数年後にタジク共和国レガル（現トゥルスンゾダ）で発見され、その一年後にまた逃亡し、今度はウズベク共和国のタシケントで発見されたという。当時のエストニアでの離婚率は、連邦内でラトヴィアに次いで二番目に高く［Население

CCCP 1975:165]、問題の背景をなしていた。

以上の四つの提案は似かよってはいるが、すべてまったく同じというわけではない。ミュリセプの提案は、扶養料支払い義務を負っている旨をパスポートに記載するというものであり、この提案はハリトンがなしたものと同趣旨である。これに対し、これらより先に連邦内務省などによってなされた提案では、不払いの廉《かど》で有罪となった者および不払いを理由として捜索願が出されて発見された者のパスポートに押印することになっている。実際に採択された幹部会令は、連邦内務省などによる提案と同趣旨の内容をもつ(ただし押印ではなく、支払い義務がある旨をパスポートに記載する)。すなわち、かつて法務委員会によって指摘された、裁判をへずに刑罰を科すに等しいという批判におよそ応えておらず、この点は結果として不問に付されたことになる。

とはいえ、ミュリセプ提案を受けた幹部会令案への慎重論がなかったわけではない。幹部会令案を検討した会議の記録によれば、当時法案作成中であった連邦家族基本法の制定を待つべきであるとの批判がなされ[ГАРФ:9514/1/458/19]、また、連邦家族基本法案についての議論のなかで、パスポートへの押印については、幹部会令ではなくパスポート規程の変更で対応すべきであったとの主張がなされたことが確認できる[ГАРФ:7523/101/2587/220]。

しかし、こうした反対論・慎重論は幹部会令の制定を妨げなかった。その理由はいくつか考えられる。第一に、裁判をへずに刑罰を科すに等しく、個々の市民に差別の危険がおよぶという批判に対する反発があったと考えられる。この点については、連邦社会秩序維持省民警総局パスポート部長のБ・С・ベズルコフの発言が参考になる。彼は「もし父親が自分の子供たちから逃げているのであれば、差別にあたることを恐れる必要はない」と述べ、扶養料支払い義務を果たさない親へのある種の制裁が裁判をへずにおこなわれることをまったく意に介さなかった[ГАРФ:7523/101/2587/221]。第二に、連邦家族基本法の制定を待つべきという意見は、すでに一九六五年末に別の幹部会令によって家族法の離婚手続きに重大な変更が加えられていたため[ВВС СССР 1965/49/725]、あまり説得力をもたなかった可能性がある。第三に、パスポート規程ではパスポートへの押印ないし記載しか定めることができないが、このときの幹部会令ではほかに先にあげた裁判外の扶養料支払いや扶養料を控除されるべき収入の範囲の明確化などが盛り込まれており、幹部会令という融通無碍《むげ》な法形式をとったほうが便利であったということが考えられる。最後に、全体として重要なのは、反対論を唱えていた連邦閣僚会議法務委員会が態度を変更したことである。これには委員長の交代が関係している可能性がある。一九五六年に連邦内務省による提案を明確に拒否した当時、法務委員会の長はモスクワ大学法学部教授でもあったA・И・デニーソフだったが、ミュリセプによる提案がなされた頃には検察出身のA・H・ミシューチンがその地位にあった。このミシューチンは連邦第一副検事長を務めていた際、ハリトン提案に対して検察庁を代表してその主張に賛意を示した人物である[ГАРФ: 7523/45/295/99]。委員長の交代ですべてが説明できるとは限らないが、委員長のとる立場が変わっていたであろうことがベズルコフの発言にみられる発想を後押しした可能性はある。

こうして民警は、悪意の扶養料不払いの廉で有罪となった者および不払いのため捜索願が出されて発見された者のパスポートに扶養料支払い義務がある旨記載する権限を得た。ベズルコフによれば、ミュリセプ提案が受け入れられる前に、連邦閣僚会議はパスポートへの記載について同様の提案を五回拒否したという[ГАРФ: 7523/101/2587/221]。本項であげた以外にさらに一回提案があったということである。このように同様の提案を何度も繰り返し、悪質な扶養料不払い者に義務の履行を迫り、また制裁を加えやすくしたことは、それが扶養料で生活する子たちの利益のためであったとしても、通常の社会生活で用いる身分証であるパスポートへの記載である点に鑑み、個々人の生活への相当程度の圧力である。

社会的圧力

これまで扶養料支払いをめぐって国家によって法的にどのような対処がなされていたかをみてきたが、本項では社会にも着目する。扶養料支払い義務者が誠実に義務を果たすよう圧力をかける役割は国家のものだけではない。公私の区分を理論的にもたないソ連の政治体制において、親が扶養料支払い義務になかなか応じない場合、その周囲の人々はどのように行動することが期待され、また、期待された行動が実行に移されるためにどのような措置がとられていたであろうか。

一九五〇年八月四日、連邦最高裁総会は子に対する扶養料支払いに関する決定をくだした。このなかで連邦最高裁は、扶養料支払いに対して被告が誠実でないと訴訟中に証明された場合、裁判所は扶養料支払い判決をくだすとともに、被告の職場の社会団体に対し判決について知らせなければならないとした[Министерство Юстиции РСФСР 1961:110]。すなわち、国家は被告の勤務先と職場の同僚たちによる圧力に期待したということである。社会団体として主に念頭におかれるのは、一九五〇年当時、党およびコムソモール組織と労働組合である[Пергамент 1951:163–165]。

フルシチョフが権力の座に就いたのち、右の社会団体に同志裁判所が加わる。同志裁判所は企業、学校、住宅管理単位などに設置され、比較的軽微な紛争や違反行為を自主的に解決し、そのことによって共産主義的な人間を育てることを目的としていた[河本 2012a]。こうした目的が打ち出されたのは、フルシチョフが共産主義社会建設とそれにともなう国家から社会への権限移譲を謳ったからである。フルシチョフは、一九五九年の第二一回臨時党大会で同志裁判所の役割を強調し[Внеочередной XXI съезд 1959:104]、その後各共和国で新しい同志裁判所規程がつくられていった。ロシア共和国では一九六一年七月に制定されている[ВВС РСФСР 1961/26/371]。それ以前の一九五一年同志裁判所規程は労働規律強化を専ら目的としていたが[Савицкий и Кейзеров 1961]、六一年の規程は労働規律だけでなく、公道での酩酊などの秩序違反、住民同士のトラブルなども取り扱うこととされた。ほかに家族内のトラブルも同志裁判所でとりあげられた。すなわち、同志裁判所は個々人の生活に大きく踏み込むことができ、こうした営みを奨励する研究者もいた。たとえば、連邦家族基本法の起草に携わった家族法学者のН・М・エルショヴァは、扶養料不払いに限らず、親としての義務に真面目に取り組まない者を、同志裁判所と同僚たちが厳しく批判して導くべきだとの考えを示した[Ершова 1965:40–42]。

また、前項にみた一九五六年の内務省提案には同志裁判所の活用が盛り込まれていた。すなわち、同志裁判所に扶養料不払いの案件を審理させようというものである。これに対し、デニーソフ率いる法務委員会は否定的な見解を示した。というのも、扶養料を支払わない者の多くは頻繁に職場を変えており、同志裁判所が成果をあげることが難しいことが予想されるほか、同志裁判所のないところではこうした方法をとりようがないからである。ただし、注目すべきことに、提案を全体として拒否しつつも、法務委員会は「扶養料を支払わない者へ社会的圧力をかけるというアイディアの正しさには同意する」とした[ГАРФ:9514/1/4/188]。裁判によらない制裁に懸念を表明したデニーソフ委員長のもとでの法務委員会も、社会による圧力には前向きであったことは指摘しておくに値する。

同志裁判所が活用された例としては、新しい同志裁判所規程が定められる以前にもすでにみられる。将校である父親が婚外子である実子を扶養しなかったことを咎められたというもので、子の母親が出した投書が女性誌に掲載されたため、広く知られることとなった[Да дело 1950:30; ГАРФ:9514/1/548/106–132]。一九四四年令による法改正で、父親は婚外子に対する扶養義務を法的には負わないのだが、将校として高い倫理観をもつことが要求されたからであろうと考えられる。

同志裁判所の活発な利用が叫ばれて以降では、一九六七年におこなわれた扶養料に関する実務の調査のなかにウクライナ共和国のヴィンニツァ州の例があげられている。ヴィンニツァ州では、扶養料を支払わない親を裁判所が呼び出して事情を聴き、場合によっては勤務先の同志裁判所に資料を送付していたという[ГАРФ:7523/101/2629/233]。悪質な場合は刑事事件として立件されており、同志裁判所に送られる案件は刑事事件にするほどではないと判断されたものと考えられる。

同志裁判所に資料を送付したのは裁判所だけではない。ロシア、ウクライナ、カザフの各共和国において、悪質な不払い者に関する資料を検察が不払い者の職場に送付していたという[Никифоров и Меркулова 1960:36]。たとえばロシアのブリャンスク州のとある村に資料が送られた際には、村の集会におよそ二〇〇人が集まり、仕事に就かず扶養料を払っていなかった男性を糾弾した。この男性は行いを改めると約束し、コルホーズの一員に迎え入れられたとされる。このように、住域・職域の集会ないし同志裁判所は不払い者を非難し、行いを改めさせることが期待された。ただし、法務委員会がかつて懸念したように、不払い者が居住地を転々とするのならば、同志裁判所も集会も役には立たないだろう。

かくして、国家は扶養料取立てのために自ら圧力をかけるだけでなく、社会を動員して、扶養料を支払わない者へさらに圧力をかけようとしていたといえる。社会の構成員たる一般の市民は、扶養料を払えという声を自発的にあげるよう促されている。つまり、政権が認める方向でのみ自律性を発揮できた。

まとめ、そして社会主義後のロシアおよびアメリカとの比較

以上の議論をまとめてみよう。連邦家族法基本法制定過程でみられた自律性容認の態度は、扶養料を裁判外で決定することを許すという点をみれば、発揮されていたといえる。しかし、扶養料額を自由に決めることはできない。また、扶養料を支払わずに逃げる者への刑事罰やパスポートへの記載といった処置は、親子の関係が決して私的なものではないことを示す。子の生活を守るためという名目は成り立つにしても、同志裁判所の活用にもみられるように、介入の度合いはかなり高い。ソヴィエト体制の特徴である公私の区分のなさが介入を大きなものにしているといえよう。ただし、国家の介入といえばグロテスクな印象を与えるかもしれないが、介入がなされることが単純に否定的に評価されるべきとはいえない。扶養料取立てから国家が手を引けば引くほど、扶養料を受け取る側が請求に多大な労力を払わなければならなくなる。それは不誠実にも逃げた者に有利だという点で公平でなく、子の福祉を害する恐れもある。

最後にソ連邦解体後のロシア法およびアメリカでの実務について言及しておく。何が変わったか、他の政治体制で何がおこなわれているかをみることで、ソ連での制度がどのような意味をもっていたかが浮かび上がるだろう。

社会主義後のロシアにおける家族に関する新しい方針は、一九九六年に承認された「国家の家族政策の基本方向」としてまとめられている[Подзоров ред. 2004:290-296]。この文書のなかには、家族の自律と自治が基本原則の一つとして掲げられており、ソ連時代との断絶が明らかである。これより先の一九九五年に制定されたロシア家族法も、家族の自律と自治を尊重した内容をもっている[СЗ РФ 1996/16/16]。起草委員の一人である家族法学者のアントコーリスカヤは「原則として家族の各構成員の利益が、全体としての社会の利益とか、家族の安定とか、人口学的な考慮などの個人を超えた利益よりも優先する」よう仕事にあたったと述懐している[アントコーリスカヤ 1999:90]。扶養料に関していえば、金額について両親の合意により自由に定められることになった(八〇条)。また、本章でとりあげた一九六七年の幹部会令は効力を失い(一六八条)、悪質な扶養料不払い者のパスポートに支払い義務がある旨を記載する制度はなくなった。

刑法上の変化もある。悪質な不払いに対して一九三六年の決定では最高二年の禁固刑が科され、一九六〇年ロシア刑法では最高一年の自由剝奪刑あるいは最高三年の追放刑が科されていた。ところが、体制転換後の一九九六年に制定された新しいロシア刑法によれば、悪質な不払いに対して一二〇から一八〇時間の義務労働か、最高一年の矯正労働か、最高三カ月の拘留が科される(一五七条)[СЗ РФ 1996/25/2954]。不払いに対して刑罰の威嚇《いかく》をもって抑止しようとする点では変わりはないが、刑罰は軽くなった。

しかし、国家が扶養料取立てから手を引いてばかりいるわけではない。扶養料を支払わずに逃げる親の捜索は今でも国家の仕事である。二〇一二年八月六日付けの『ロシースカヤ・ガゼータ(ロシア新聞)』の報道によると、ロスコムナゾール(連邦レベルの通信・情報技術・マスコミュニケーション分野で法令遵守監督をおこなう連邦通信・マスコミュニケーション省の外局)は、連邦執達吏庁(判決を強制執行する連邦司法省の外局)に対し、捜索対象となっている悪質な不払い者の写真を本人の同意なく広く公開することは適法であるとの見解を伝えた[Куликов 2012]。裁判あるいは判決の強制執行の際に個人情報を公開する場合に本人の同意は必要なく、悪質な扶養料不払い者の写真公開は、この場合にあたるとの判断である。実際のところ、写真を公開する営みはすでにおこなわれていたが、今回正式に担当官庁からのお墨付きを得たことになる。簡単に確認したところ、少なくともオレンブルク州、イヴァノヴォ州、ケメロヴォ州、ハバロフスク辺区の執達吏庁各連邦構成主体ホームページで悪質な不払い者の顔写真などが掲載されていた。[3] このほか、右記の記事によれば、トムスク州ではマスメディアや政府機関の掲示版、トムスク市内の電光掲示板に不払い者の顔写真、氏名、出生地、最後に確認された住所といった情報を掲載する予定だとされる。

こうした手法は社会主義時代を髣髴《ほうふつ》とさせるというべきだろうか。個人の生活を公に、端的にいえば世界にさらすことによってパスポートへの記載よりも個々人に対する社会的制裁をさらに広範囲で招く可能性がある。また、国家が個々人の生活に関する情報をもち、これを操作することが許されていると理解するならば、かえって社会主義時代よりも国家が私的領域に踏み込んでいるといえるかもしれない。ただし、このような私的生活への介入はじつは社会主義とのみ結びつくわけではない。

というのも、扶養料支払い義務者の捜索を行政が強力におこない、悪質な扶養料不払い者の顔写真などを公表することは、アメリカという代表的な自由主義国家でもおこなわれているからである。下夷美幸によれば、「州や郡の養育費局のなかには、滞納者のポスターを作成しているところがあ」り、ポスターには「犯罪者の指名手配のように、大きく目立つ文字でWantedと書かれ、顔写真つきで、氏名、年齢、最後に確認された住所、職業、人種、身長、体重、髪の色、瞳の色、子どもの数、養育費滞納額などが掲載されて」いるという[4]［下夷 2008:32］。すなわち、不払いが社会的制裁の対象となりうるのはアメリカでも同様である。

さらに重要な点は、アメリカにおいて国家が扶養料の取立てに深く関与してきた背景に、子供の扶養が単なる個々人の私的な問題ではなく、国家が踏み込むことが正当化される公の問題だとの認識があると考えられることである［能見 1991:11］。すなわち、自由主義国家においても社会主義国家においても、子の扶養は公の問題たりうる。

では両政治体制のあいだにこの点について違いはないのかというとそうでもない。たとえば、ソ連における子への扶養料支払い強制は、子育てが国家に対する義務であり、子育てにおいて国家の提供する価値を否定してはならないことを少なくとも前提としているが、アメリカの場合は子を産んだ当事者の責任を貫徹することを国家が強制しているという意味合いを見出せる［下夷 2008:20］。したがって、現象だけでなくその拠って立つ理屈を押さえながら制度分析していく必要があろう。

註

1　男女平等が、一定の性別役割分業と両立していた点は、［河本 2010］を参照。

2　一九六〇年に廃止された連邦内務省の業務を共和国内務省が引き継ぎ、のちに共和国社会秩序維持省に改組。一九六六年にロシア社会秩序維持省が廃止され、連邦社会秩序維持省に改組され、六八年に連邦内務省に改組。

3　オレンブルク州 http://www.r56.fssprus.ru/vnimanie_rozysk/；イヴァノヴォ州 http://www.r37.fssprus.ru/informacija_o_razyskivaemykh_dolzhnikakh/；ケメロヴォ州 http://www.r42.fssprus.ru/fototeka_dolzhnikov_po_alimentnym_objazatelstvam/；ハバロフスク辺区 http://www.r27.fssprus.ru/files_zagruz/　いずれも最終確認二〇一二年九月二十九日。

4　一例として、オハイオ州バトラー郡養育費局のポスターへのリンクページ http://www.butlercountycsea.org/index.cfm?page=wantedPoster　最終確認二〇一二年九月二十九日。

参考文献

アントコーリスカヤ、マリア（一九九九）　稲子宣子訳「一九九五年ロシア家族法典――家族関係の規制への新しい取り組み」『日本福祉大学研究紀要――現代と文化』第一〇一号。

エンゲルス（一九九九）　土屋保男訳『家族・私有財産・国家の起源』新日本出版社。

河本和子（二〇一〇）「フルシチョフ期のソ連における公私の区分とジェンダー」『国際政治』第一六一号。

――（二〇一二 a）「同志裁判所にみるソヴィエト国家・社会・個人」『ロシア史研究』第八九号。

――（二〇一二b）『ソ連の民主主義と家族――連邦家族基本法制定過程　1948–1968』有信堂光文社。

下夷美幸（二〇〇八）「アメリカにおける養育費政策の現状とその作用」『大原社会問題研究所雑誌』第五九四号。

能見善久（一九九一）「子の扶養とその履行確保」『ケース研究』第二二九号。

森下敏男（一九八一）「初期ソビエトにおける家族法理論の展開(2)」『神戸法学雑誌』第三一巻第一号。

――（一九八五）「ソビエト親子法の生成と展開(3)」『神戸法学雑誌』第三五巻第三号。

Attwood, Lynne (2010). *Gender and Housing in Soviet Russia: Private Life in a Public Space*, Manchester/New York: Manchester University Press.

Buckley, Mary (1989). *Women and Ideology in the Soviet Union*, Ann Arbor: The University of Michigan Press.

Geiger, H. Kent (1968). *The Family in Soviet Russia*, Cambridge, Mass.: Harvard University Press.

Goldman, Wendy Z. (1993). *Women, the State and Revolution: Soviet Family Policy and Social Life, 1917–1936*, Cambridge/New York: Cambridge University Press.

Lapidus, Gail Warshofsky (1978). *Women in Soviet Society: Equality, Development, and Social Change*, Berkeley: University of California Press.

Timasheff, Nicholas S. (1946). *The Great Retreat: The Growth and Decline of Communism in Russia*, New York: E. P. Dutton.

ВВС РСФСР: Ведомости Верховного Совета РСФСР. 〔『ロシア共和国最高会議通報』〕（引用数字は順に刊行年／号／番号を示す）

ВВС СССР: Ведомости Верховного Совета СССР. 〔『連邦最高会議通報』〕（引用数字は順に刊行年／号／番号を示す）

Внеочередной XXI съезд (1959). Внеочередной XXI съезд Коммунистической партии Советского Союза: 27 января–5 февраля 1959 года. Стенографический отчет. Москва. 〔『ソ連邦共産党第二一回臨時党大会　一九五九年一月二十七日～二月五日。速記録』〕

ГАРФ: Государственный Архив Российской Федерации. 〔ロシア連邦国立公文書館〕（引用数字は順に фонд/опись/дело/лист を示す）

Да дело (1950). Да дело его подсудно! (1950)//Работница, No. 8. 〔「そう、彼の件は裁判所に！」『ラボートニツァ（女性労働者）』誌〕

Ершова, Н. М. (1965). Охрана прав несовершеннолетних по советскому гражданскому и семейному праву. Москва. 〔エルショヴァ『ソヴィエト民法および家族法における未成年者の権利保護』〕

Куликов В. (2012). Должника узнают по портрету: Приставы приступают к активному распространению фотографий должников//Российская газета, 6 августа 2012.〔クリコフ「支払い義務者を写真で識別——執達吏は支払い義務者の写真を積極的に公表へ」『ロシースカヤ・ガゼータ』紙、二〇一二年八月六日号〕(http://www.rg.ru/printable/2012/08/06/doljniki.html)(最終確認二〇一二年九月二十九日)

Кутафин О. Е. (1971). Постоянные комиссии Палат Верховного Совета СССР. Москва.〔クタフィン『ソ連邦最高会議両院常任委員会』〕

Министерство Юстиции РСФСР. (1961). Кодекс законов о браке, семье и опеке РСФСР: официальный текст с изменениями на 1 февраля 1961 г. и с приложением постатейно-систематизированных материалов. Москва.〔ロシア司法省『婚姻、家族、後見に関するロシア法典　一九六一年二月一日までの改正点および逐条・体系的添付資料付き公式テキスト』〕

Население СССР (1975). Население СССР (численность, состав и движение населения). 1973: Статистический сборник. Москва.〔『ソ連の人口(人口の数、構成、動態)　一九七三年　統計集』〕

Никифоров С. и Меркулова, А. (1960). Охрана прав женщин и детей//Социалистическая законность, No. 12.〔ニキフォロフ／メルクーロヴァ「女性と子供の権利保護」『社会主義的適法性』誌〕

Пергамент А. И. (1951). Алиментые обязательства по советскому праву. Москва.〔ペルガメント『ソ連法における扶養料支払い義務』〕

Подзоров С. А. ред. (2004). Семейное законодательство. Москва.〔ポドゾロフ編『家族法』〕

Савицкий В. М. и Кейзеров Н. М. (1961). Развитие правовых форм организации и деятельности товарищеских судов//Советское государство и право, No. 4.〔サヴィツキー／ケイゼロフ「同志裁判所の組織および活動の法的形態の発展」『ソヴィエト国家と法』誌〕

Свердлов Г. М. (1941). О предмете и системе социалистического семейного права//Советское государство и право, No. 1.〔スヴェルドロフ「社会主義的家族法の対象と体系について」『ソヴィエト国家と法』誌〕

СЗ РФ: Собрание законодательства Российской Федерации.〔『ロシア連邦法令集』〕(引用数字は順に刊行年／号／番号を示す)

СЗ СССР: Собрание законов и распоряжений Рабоче-крестьянского правительства СССР.〔『ソ連邦労農政府法令集』〕(引用数字は順に刊行年／号／番号を示す)

パンドラの箱

アルメニア人虐殺五十周年記念集会に関する史料公開

吉村貴之

戦後アルメニア史の分水嶺

　現代史では、画期的な事件との評価がありながら、史料が秘匿されていたため、その全容が謎のままという出来事がよくある。ソ連邦の中東への窓口に位置するアルメニア・ソヴィエト社会主義共和国（以下、ソヴィエト・アルメニアと略記）においては、一九六五年に起こったアルメニア人虐殺五十周年記念集会がこれにあたる。[1] この集会は第一次世界大戦中のオスマン帝国（現在のトルコ）で発生したアルメニア人虐殺の犠牲者を追悼するものだったが、必然的にトルコを非難し、かつてアルメニア人が居住していたアナトリア東部の領土回復要求を求める反トルコ的なナショナリズムの色彩を帯びた。戦間期は欧米列強と比べて中立的な立場でソ連邦と外交関係を結んでいたトルコに対する配慮から、当局がこの種の集会を許可しなかったのとは対照的である。もっとも、この集会は当局の予想を上回る社会的反響を生み出し、「トルコに奪われた祖先の土地を取り返せ」といった過激な主張が群衆のなかからでてきたばかりか、反ソ暴動にも発展しかねない規模に拡大し、四月二十八日に開かれたソヴィエト・アルメニアの共産党中央委員会では、この集会を動乱と認定するありさまであった。結局、翌年の二月にはアルメニア共産党第一書記のハコヴ・ザロビアンが、事件の責任をとらされる形で、その職を解任される事態にまで発展したのである。

この事件については、当初からアルメニア人の識者のあいだで重要視され、西側のアルメニア人研究者のあいだでは、ソヴィエト・アルメニアで反トルコ・ナショナリズムが広がる証左と見なされた[Panossian 2006:320]。一方、独立以降のアルメニアにおいても、同じトルコ系のアゼルバイジャン・ソヴィエト社会主義共和国内にあったアルメニア系住民の自治区ナゴルノ・カラバフの分離運動の高まりと結びつけられ、この事件の重要性が強調されるようになった。

ペレストロイカ期以降、歴史の見直しの気運がソ連邦各地で高まり、それまで否定的に描かれていた歴史の評価が、新史料によって逆転することが頻発した。しかし、連邦解体後、国によっては、再び歴史文書の公開を制限するなどの揺れ戻しが起こった。これに対して、アルメニアの場合には、国立公文書館に相当するアルメニア社会政治団体文書中央国立文書館が、比較的最近の治安文書を除く所蔵史料を全面的に公開している。この史料公開は、自身が歴史家でもあるアマトゥニ・ヴィラビアン館長の英断によるところが大きいが、ソ連時代に現在の国境が引かれた中央アジア諸国と比較して、ソ連邦成立以前の一九一八年にすでに現在の国境の原型ができあがったアルメニアにとって、国境画定の正当性に疑義を差し挟まれる可能性が低かったことが考えられる。これに加えて、独立後のアルメニアの政権が、レヴォン・テル＝ペトロスィアン元大統領のような反共主義者、さらには、ロベルト・コチャリアン前大統領、セルジュ・サルキスィアン現大統領のように、共産党の幹部に取り立てられたことのない世代の人物によって担われてきたことも、文書公開を容易にした背景となっている。

この史料公開によって、これまで主に関係者の聞取りなどからしか描くことのできなかったアルメニア人虐殺五十周年記念集会も、行政文書に基づいて記述できるようになった。こうした流れを受けて、この事件に関する史料集『アルメニア人ジェノサイド五十周年とソヴィエト・アルメニア』(全二六〇ページ)が、アルメニア社会政治団体文書中央国立文書館のアヴァグ・ハルテュニアン副館長の編集で二〇〇五年に刊行された。これによって、一九六五年前後のソヴィエト・アルメニア政府の在外同胞に対する宣伝工作や、戦後再開された「祖国帰還」事業によってアルメニアに移住した同胞の統合問題、そして、虐殺五十周年記念集会そのものについても、その全容が明らかとなった。

「祖国帰還」事業そのものについては稿を改めて詳説する予定であるため、本章はその概略を示すにとどめ、この一大国家キャンペーンによってソヴィエト・アルメニアに移住した在外同胞、さらにはソヴィエト・アルメニアの住民全体を、政権側がどの程度意図的にこの五十周年記念集会へ動員しようとしていたのかについて、史料集に収められた極秘文書を用いて検討する。

戦間期の「祖国帰還」事業

第一次世界大戦開始から七年近くにわたる混乱で旧ロシア帝国領のアルメニアの社会と経済は完全に崩壊した。一九二二年時点での耕作面積は一八年時点と比べても三〇パーセント減少した。また、第一次大戦中のオスマン帝国下で起こった虐殺以外にも、周辺地域から大量のアルメニア人難民が流入し、その数は全人口の約半分を占めるほどになり、飢餓人口は約二〇万を数えた[2][Suny 1993: 137]。

アルメニア共産党は、民族政党ダシュナク党の樹立したアルメニア共和国(一九一八~二〇)を、一九二〇年十二月にロシア赤軍の助力で占拠した。そして、ロシアから食糧や石油製品、運河や工場建設のための多額の費用の援助を請う一方で在外同胞からも援助を募ることにした。ソヴィエト・アルメニア政府は、一九二一年九月十五日付けで「アルメニア救援委員会の設立に関する」布告を出し、救援物資や復興資金獲得に乗り出した。救援委員会は旧ロシア帝国内のアルメニア人コミュニティだけでなく、世界各地のアルメニア人コミュニティ内にも設立された。

また、一九二二年一月にオスマン帝国のアルメニア人政党である民主自由党の指導者の一人タルピニアン[3](一八七八~一九五〇)がソヴィエト・アルメニアを訪れて政府首班のミャスニキアン(一八八六~一九二五)らから歓待を受け、党内の親ソ派となった[Dallakʻyan 1999:32–33]。その後、民主自由党はソヴィエト・アルメニアの著名な作家トゥマニアン[4](一八六九〜一九二三)を理事に招いてイスタンブル、タブリーズ、カイロ、パリ、ロンドン、ニューヨークのアルメニア人コミュニティ内にも「アルメニア援助委員会」を設立し、積極的な経済援助をソヴィエト側におこなった。

その活動の一例をあげれば、トウモロコシや小麦などの食糧がエレヴァンに輸送された[Vardapetyan 1966:39,57]。さらに住宅建設(エレヴァンのヌバラシェン[5]地区など)に多額の資金援助をおこない、ソヴィエト・アルメニアの社会資本の整備が進んでいった。

また、一九二二年七月エレヴァンで開かれたアルメニア救援委員会第二回総会にははじめて国外のアルメニア人組織の代表が参加した。一九二三年十月の救援委員会第三回総会ではさらに多くの国々のアルメニア人の代表が参加し、救援委員会の活動方針に理解を示した。とくにアルメニア救援委員会は在外コミュニティからソヴィエト・アルメニアに「帰還」する際の窓口となり、一九二一〜二五年で一万九四八八名のアルメニア人が移住した。さらに、技師や医療関係者が救援委員会を介して交代でソヴィエト・アルメニアに滞在したことも復興事業の一助となった[6]。

しかし、ソ連邦では一九三六〜三七年の大テロルによってダシュナク党の残党が処刑・投獄されただけでなく、アルメニア救援委員会も三七年に解散したことで国外との人的・物的交流がいったん途絶えることになる。再び両者の交流が始まるのは、第二次世界大戦末期のことである。民主自由党は、一九四四年三月ニューヨークで在米アルメニア人組織を設立し、ソヴィエト・アルメニアへの援助を模索しはじめた。

冷戦の昂進と「帰還」運動の再開

冷戦の昂進は、アルメニア人社会でアルメニア人虐殺が「復権」したことと密接にかかわっている。第二次世界大戦でトルコは中立を守ったが、大戦末期にソ連邦と英米との関係が悪化すると、スターリンは黒海をイギリスの権益圏の

国名	1946		1947		1948		1949(春まで)		合計	
	世帯数	人数	世帯数	人数	世帯数	人数	世帯数	人数	世帯数	人数
シリア・レバノン	3794	19253	2525	12985					6319	32238
ブルガリア	1248	4383							1248	4383
イラン	3870	20597							3870	20597
ルーマニア	517	1738			308	1046			825	2784
ギリシア	1372	4974	3478	13241					4850	18215
フランス			1518	5260					1518	5260
エジプト			486	1669	580	2023			1066	3692
パレスチナ			243	1260					243	1260
イラク			177	856					177	856
アメリカ			88	151			93	162	181	313
中国			6	16	9	23			15	39
合計	10801	50945	8521	35438	897	3092	93	162	20312	89637
原著者が原簿を再集計した数値	11035	51060							20646	89750

表1　1946–48/49年の「帰国」者数　各国の数値は当局による集計値。
［出典］Melik‘set‘yan 1985：241.

防波堤にしようとし、ソ連邦政府はトルコ政府に一九三六年のモントルー条約で認められたボスポラス・ダーダネルス海峡の航行条件の緩和を求めた。一九四五年七月のポツダム会議でこの問題をチャーチルとトルーマンに持ち出すが不調に終わり、トルコ政府も英米の支持を背景にソ連邦側の要求を拒否した。[7] トルーマンは、これはソヴィエト政府の地中海に対する野心の表れとして、一九四六年以降トルコとの同盟関係を強化し、ソ連邦とトルコとの関係は急速に悪化した。

「帰還」運動については、一九四五年十二月二日(ソヴィエト・アルメニア成立記念日)に、『プラウダ』『イズヴェスチヤ』『ソヴィエト・アルメニア』各紙に在外アルメニア人の「帰還」を促す記事が掲載されたことが転機となった。以降、ソヴィエト・アルメニア政府は、民主自由党やアルメニア教会を動員して「祖国帰還」運動を展開した。一九六〇年頃までイラン、レバノン、シリア、ギリシアなどから多くの同胞(四六〜四八年だけでも八万九六三七人)が、ソヴィエト・アルメニアへ「帰国」した(表1参照)。

このうち、イランやルーマニア、中国以外の地域からの移住者の大半は、第一次世界大戦後にオスマン帝国からいったん難民となって各地に離散していた点は重要である。彼らは、もともとカフカースのアルメニアとは関係が深くなく、中東およびバルカンのアルメニア人は、第二次大戦以来の戦乱や経済混乱を避けてソヴィエト・アルメニアに「帰還」したのである。

在外同胞がソヴィエト・アルメニアに「帰国」した当初は、職が与えられるなどの優遇を受ける一方で、スパイの疑いをかけられてシベリアの収容所で強制労働に就く例もあった[Mouradian 1990:86]。投獄者のなかで生き残った者は、一九五三年のスターリンの死後に許されてアルメニアに戻ってくることになるが、そうした政治的抑圧を受けない者であっても、移住先での生活になじめない場合もあり、再び国外への移住を希望する例もたびたびあった[Virabyan 2001:114–116]。その一方、一九六〇年代以降も数は減ったものの、帰還事業が継続していたなかで、ソヴィエト・アルメニア政府は、対外的に事業の宣伝をおこなうと同時に「帰還」者を統合する必要に迫られていた。

ソヴィエト政権の新たな国民統合の試み

一九六五年二月八日に開かれたアルメニア共産党中央委員会書記局会議では、「帰還」者の代表者会議について討議された。その決議事項によると、

(1)一九六五年三月十二日に帰還アルメニア人の代表者会議「ソヴィエト・アルメニアは、全勤労アルメニア人の祖国である」を日程通りエレヴァンで開催する。演説者は、ソヴィエト・アルメニア最高ソヴィエト幹部会議長ハルテュニアン同志に確定する。
(2)ソヴィエト・アルメニアの閣僚会議に会議の準備を担わせ、〔代表者会議〕開催に関して必要不可欠な手順を整える。
(3)アルメニア共産党中央委員会のイデオロギー宣伝部が代表となって会議の式次第を確定する。

アルメニア共産党中央委員会書記　ザロビアン

引き続いて、プログラムに関し、オペラ・バレエ劇場が会場、全国から一二三〇名を招待、演説者と演説時間、帰還した芸術家によるコンサートがおこなわれる旨が決定した[Harutyunyan 2005:45-48]。

また、対外宣伝に関しては、ザロビアン第一書記からソ連邦共産党中央委員会に宛てて機関紙『祖国の声』創設について送付した一九六五年二月の書簡によれば、この政策には以下のような目的があったという。

在外アルメニア人の住民の圧倒的多数派が、祖国思いだと想像され、その唯一の祖国がソヴィエト・アルメニアだと認識している。そして、わが共和国ならびにソヴィエト連邦全体が経済的および文化的に発展し、偉大な成功を遂げているとの望ましいニュースを熱狂的に受け入れている。

アルメニア系の前衛的諸政党や諸組織〔アルメニア共産党ならびに、在外アルメニア系の親ソ政党である民主自由党やフンチャク党、さらにはアルメニア慈善協会のことを指すものと考えられる〕は、反ソ的プロパガンダを広める活動をおこなう反革命的・民族主義的「ダシュナク」〔鉤括弧は原文ママ〕党と闘っている。ダシュナク党は、資本主義諸国から膨大な物質的援助を受け、ベイルートやカイロ、テヘラン、アテネ、ニューヨークでおびただしい新聞、大量の週刊誌や月刊誌を発行している。

前衛的諸政党は、現状としては、彼らの発行物に十分量で対抗できないでいるため、ソ連邦やソヴィエト・アルメニアが勝ちえたプロパガンダが難しくなっている。

国外に住むアルメニア人プロレタリアートにわれらの影響を一層強め、共産主義思想と共産党ならびにソヴィエト国家の内外政策面で、そしてソヴィエト・アルメニアの経済面、科学面、文化面で勝ちえたプロパガンダ、資本主義的イデオロギーに対して反宣伝をおこなう目的で、アルメニア共産党中央委員会幹部会は、一九六五年一月二十六日に、在外アルメニア人の居住地域に配布するために、国外の同胞との文化交流をめざしたアルメニア委員会の出版物『祖国の声』紙を創設することを決定した。『祖国の声』紙の記事内容は、資本主義的民族主義者のダシュナク党に対する闘争において、アルメニアの前衛的組織・団体・協会には大いなる後押しとなるだろう。［Harutyunyan 2005: 49–50］

当時のソヴィエト・アルメニア政府には、「帰還」運動を通して民族主義的な感情を親ソ的世論に転化させる試みがあまりうまくいっていないという危機感があったことがうかがえる。むしろ、反ソ活動をおこなうダシュナク党に対して優位に立つためにも、アルメニア共産党側も一層の宣伝工作をおこなう必要に迫られていた。こうした活動の一環として浮上したのが、アルメニア人虐殺五十周年記念集会である。一九六五年三月九日に開かれたアルメニア共産党中央委員会幹部会では、共和国党組織思想教育活動の強化の方策に関する問題が討議され、ムラディアン、バグダサリアン、ザロビアンなどが演説した。

いくつかの党組織は、自らの現実の政治的・思想的活動において、現在の〔ソヴィエト・アルメニア〕共和国が、在外アルメニア政党の活動を活性化させ、帰還事業の動機づけとなり、国外の親戚縁者と帰還のための連携をおこない、ソヴィエト・アルメニアがアルメニア人旅行客などの旅行先となるという特別な性格を帯びたものであると十分には見なしていない。

アルメニア共産党中央委員会幹部会の理解では、こうした組織の受動的態度によって個々の退嬰《たいえい》的な分子が、アルメニア人虐殺五十周年と関連して、不健全な状況をつくりだそうとし、それが労働者の注目を、自分自身に差し迫った生活上の要求からそらすことになりうる。偏狭な民族主義的感情を操ることによって、こうした分子が、労働者やとくに若者に対して民族的感情を煽動しようとしている。

こうしたなかで、アルメニア共産党中央委員会は、以下のように決定をくだすことにする。……トルコでアルメニア人の大量虐殺から五十周年にあたる年は、ジェノサイドの非人間的政策を非難することで記念しなければならない。これは、教科書的なマルクス・レーニン主義の立場からも、人道的楽観主義の立場からも記念されなければならない。そのおもな動機は、ジェノサイド政策の非難と並び、再生したアルメニア人民の獲得した繁栄に対する誇りやその未来への確固とした信頼、ソ連邦の全人民の将来の発展と繁栄、世界の数多くの国々に散在し、人民の祖国ソヴィエト・アルメニアのために戦いを遂行しているアルメニア系住民の将来にわたる全般的な保障、そしてソヴィエト人民の友好とわれらが祖国ソヴィエトの一層の団結に関するものとなる必要がある。

アルメニア人虐殺五十周年に関しては手順を別途定める。

……虐殺五十周年に関連して、在外アルメニア人ブルジョワ諸組織、とくにダシュナク党が敵対的な民族主義的活動を惹起することを想定し、共和国住民の各層に、不健全で根源的に誤った危険思想と偏向を浸透させようとの意思表明に対しては、国際放送や、外遊するアルメニア人の直接的な媒介、郵便などを通して論争的にイデオロギー闘争を繰り広げる。［Harut'yunyan 2005:56–58］

引き続いて、五十周年記念集会に関し、いつまでに誰がどのような準備をおこなうかについて具体的な準備計画が決められた［Harut'yunyan 2005:58–59］。これをみても、アルメニア共産党中央委員会側も、この集会を国外の反ソ活動家が在外アルメニア人社会のナショナリズムの高揚に利用しようとする危険性があることまでは十分承知していたようで、対抗措置も講じていたことがわかる。ただし、あくまでもそれが国外の反ソ勢力による謀略と見なしており、国内の住民の心理状況について検討した形跡は、この討議からはうかがえない。

二つの虐殺追悼集会

三月十二日に、「帰還」アルメニア人の代表者会議はとどこおりなく執りおこなわれた。また、アルメニア共産党中央委員会は、四月二十三日に、歴史学者のガロヤンとキラコスィアンによるアルメニア人虐殺に関する記事「悲劇から再生へ」を新聞に掲載することを許可し、二十四日の集会の意義について周知徹底を図った［Harut'yunyan 2005:66］。ここでは、この集会の模様の一部始終を目撃していた作家ムクルティチ・アルメン[8]（一九〇六～七二）から、アルメニア共産党中央委員会が集会直後の二十六日におこなった聞取りを基に再現する。

すでに四月二十四日より前に人民のあいだで、「虐殺五十周年を記念する」だの、「それも中央からお墨付きを得ている」だの、「大々的におこなわれる」だの、「いや、こぢんまりとしたものだ」だの、はたまた、「高位の政治家のお歴々だけが参加できる」だのといった噂が駆け巡っていた。いずれにせよ、若者たちは、評価すべきものとしてこの記念日を祝う準備をしていた。

こうした噂は、すべてのアルメニア人、当然ながら、われわれの主導的な同志たちにも届いていて、自分の考えでは、彼らも、人民、そしてとくに若者の気質を考慮に入れていなかったはずはなかった。

虐殺を追悼する集会は、オペラ・バレエ劇場〔エレヴァンの中心市街の北西部にある〕でおこなうことが決定された。多分、競技場ではなかったはずだが、それは自分のあずかり知らぬことだ。だが、明らかに、若者は、こうした非公開、かつ室内で〔挙行する〕との通達に不満をもちはじめていたし、レーニン広場〔エレヴァンの中央部にある広場。現在の共和国広場〕に集結しようとしていた。

朝早くから、何千もの若者が集まって集会を開いていた。レーニン像の傍にいたものの、像の下の台座によじ登るのではなく、演説者を腕で抱え上げて、演説中は支えていた。それがすでに、本人たちが守るべき模範的な秩序を示していた。彼らの気質によって、大声やマイクもなく、メガホンを使うことさえ思いいたらず、自分たちの声で、近くで立ち止まった者たちだけに聞こえるように話していた。

広場には何人かの民警もいて、数はもっと多くてもよさそうなものだった。というのも、集まってきた群衆が模範的な秩序を守れなくなった場合には、これを制止できなくなるだろうから。

私は、目撃し、公平な立場にある人間の責任から、あの集会と演説には、非難すべき内容も文章もないと証言する。

たった一度だけ、たまたま冒険主義的な者が、レーニン像を指しながら何がしか無秩序なことを言おうとしたところ、若者たちが即座に取り押さえたのだった。

集まってきた群衆は、次第に膨れ上がり、みな労働日が終わって、労働者たちも加わってくるのを待っていた。

そして、その頃、〔アントン・〕コチニアン〔一九五二〜六六年のあいだアルメニア閣僚会議議長〕、ヴィクトル・ハンバルツミアン〔著名な天文学者〕、エドヴァルト・トプチアン〔アルメニア最高会議議長〕ら同志諸君が壇に上がった。それは大変喜ばしいものだった。というのも、われわれの指導的な同志たちは、人民の動乱を抑えるのに必要だったからだ。

図１　エレヴァンの市街地

同志コチニアンと同志ハンバルツミアンの演説は、総じて大変素晴らしかったが、一点だけ間違っていた。それは、演説の最後で「創造的な労働」をおこなおうとの呼びかけをおこなったが、それは、つまり、参加者一人一人に、まさに今日、まさに今具体的な方法でその過程を示すでもなく、一般的なフレーズで語ったことだ。

その方法を示そうとした者もいた。私には面識がなかったが、他の連中は「バダル・ムラディアン」と呼んでいた。そこで彼は言った。「で、今何も用がないみなさんは、広場へ、広場へ、広場へ」と。……

指導的な同志たちが去ったあと、群衆は、少なく見積もっても、三万から四万に達し、首都の通りを埋めつくさんばかりに動き出していた。デモ隊の先頭には、「二百万人」[9]と書いてある横断幕が二つ、また、「アルメニア人虐殺を公正に解決せよ」との標語とアララト山が描かれたプラカードが、そして「愛国者に七つのもの〔オスマン帝国下でアルメニア人の人口比率が高かった六つの州ならびに、ロシア帝国が併合したカルス州のことか〕を解放」とのプラカードが掲げられ、ついには、最前列を先導する重要な横断幕には「誉れ高いアルメニア人よ、われわれに合流せよ」と書いてあった。デモ隊はコミタス[10]や虐殺された作家の肖像画も掲げていた。〔Harutyunyan 2005:68-69〕

このあと、アルメンの証言では、デモ隊は市の中心部の北側にある工科大学に移動し、学生にデモへ参加するように呼びかけをおこなったが、必ずしも多くの参加者が得られなかった。また、国立大学へ移動する途中で、一部暴徒が交通機関を混乱させようとしていたが、そうした連中は自発的に排除されたという。続けて、デモ隊が市の南部にあるコミタス記念墓地に到着してからのことについて、以下のように述べている。

デモ隊の人々は何を望んでいたのか。「土地を、土地を!」と彼らの主要な標語を叫んでいた。デモは誰かに向けられていたのだろうか。いや、アルメニアの首都にはトルコ大使館も、それに類するものもなかった。デモは、誰にも向けられていなかった、デモは、歴史的不正に向けられていた。そして、デモはわれらが同胞の国家と党に向かっていた。激しい動乱と合法的な理性や秩序とが弁証法的合一を表していたのだ。無許可の活動でもなく、非難に値する発言もなく、無実の人民の同朋に向けられたわけでもなく……。これはソヴィエトのアルメニア人の若者やアルメニア人民の若者のデモだった。

帰宅後一時間してからオペラ劇場、つまり〔政府主催の〕追悼集会へと急いだ。レーニン大通り〔現在のマシュトッツ大通りで、オペラ劇場に面している〕を練り歩く何万人ものデモ隊が目に入った。オペラ劇場は何重もの民警によって取り囲まれた。おそらく、国家としてはそうしなければならないのだろうが、印象としては、ぞっとするもので、感じのよいものではなかった。そして、入り口の二カ所で、中に入ろうとする者にみな身分証明書の提示を求められたときには、すでに戦々恐々とした状態だった。私は「作家のムクルティチ・アルメンだが」と言った。すると、「どちらのアルメンで?」。こうした状況では、人民から人民を「防衛する」義務があるのだろう。[Harut'yunyan 2005:70]

その後、アルメンはオペラ劇場でおこなわれた国家主催の夕べの集いに参加したときの状況を証言した。昼間の追悼集会に比べ、夕べの集いには「五十」周年や「一九一五」年という表示がなかったことに気づいたという。同志ハルテュニアンの発言も、同志ハンバルツミアンの演説も素晴らしく、きわめて価値あるものだった。ホールの一同、そして、あとでわかったことだが、テレビとラジオで演説を視聴していた者も満足していた。

まだ同志ハンバルツミアンの演説が終わらないうちに、外からデモ隊の叫んでいる声が聞こえはじめた。舞台上に座っていた人々はざわめき出し、たがいに話しあったり、出たり入ったりしはじめた。集会参加者は中にいたが、われわれはロビーに出た。

ロビーへと出てきたときに、「窓に近づかない! 石が投げつけられているので」と注意を促す声が聞こえてきた。私は唖然として、わが目を疑った。一日中、あれほど秩序を保っていた若者が、どうして石など投げられよう?こうした連中を見て、まずは、紋切り型の表現になるが、「フーリガン分子が、難癖をつけて、無頼行為を働いている」との考えが頭をよぎった。……

その後の顚末を説明すると、デモ隊は、同志ハンバルツミアンの演説が終わったときに、仲間を何人か中に送り込んできた。同志コチニアンが彼らに渡した紙にある彼の回答を知るためだった。ところが、何人かの若者を中に招き入れた途端、彼らを外に出さずに、多数の目撃者によれば、彼らをぶん殴って救急車送りにしてしまった。まさにそのせいで、群衆の怒りに火がつき、建物への投石が始まった。……

ところが、運が悪いことに、デモ隊への不手際な応対はこれにとどまらなかった。なんと、無責任な輩《やから》を落ち着かせようと、建物にあった消火栓を開いて、集まっていた群衆に放水しはじめたのだ……。……百人か二百人の若者のデモ隊が、ついにホールになだれ込んできた。……議長席の後ろに座っていた人々は交代しようとしていたり、若者のデモ隊の代表者たちと話や状況説明をしていたり、彼らをなだめすかしたりしていた。それが、舞台の幕を閉めて、慌てて劇場から逃げようとしたのだ……。それは、人民が国家や共産党中央委員会と隔てられたことを象徴しているかのようだ。［Harutyunyan 2005:71–73］

結局、会場に残された招待者たちのうち、カトリコス（アルメニア教会の首長）が、若者たちに「君たちの国家と党が、問題解決のためにあらゆる努力をすることを確信するように」と説得するありさまで、最終的には翌日軍隊や民警などが広場を封鎖して若者のデモを抑え込む顚末となった［Harutyunyan 2005:73–74］。

箱は開かれた

この事件は、四月二十七日に開かれた第二七回アルメニア・ソヴィエト作家同盟の大会では、国民的な女流詩人のスィルヴァ・カプティキアン[11]が、これが国外の「物質主義者」の策謀によるものとの苦しい説明をおこなったばかりか、同月二十九日に開かれたアルメニア共産党中央委員会第七回大会では、この事件が動乱であると決議し、アルメニア共産党執行部に、労働者の扱い、とくに若者のあいだでのイデオロギー的・教育的な労働を一層抜本的に強化する方向で開発・実現し、同時に共和国の指導的組織活動を改善することを課した［Harutyunyan 2005:78,154］。

では、この集会は、当時の社会にどのような意味をもっていたのであろうか。たしかに、通説通り、第二次世界大戦末期から冷戦昂進期にかけてソ連・トルコ関係が緊張し、さらに国外から虐殺難民の子孫が多数移住してきたことにより、ソヴィエト・アルメニア内で反トルコ・ナショナリズムの象徴ともなるアルメニア人虐殺追悼集会が挙行しやすい環境にあったことは間違いない。ただ、それだけではなく、在外民族主義政党であるダシュナク党が反ソ宣伝を繰り返すのに対抗して、むしろソヴィエト政権側が、「アルメニア人はアルメニア人虐殺の悲劇を共有する者」という現代の「民族神話」を積極的に利用することで、ソヴィエト・アルメニア内外の同胞意識をうまく制御しようとの意図で、虐殺追悼集会を企画した側面もあったことにも注目する必要があろう。当初はその狙いどおり、オペラ・バレエ劇場での官製集会だけでなく、当日午前中の野外集会も整然としたものとなっていた。しかし、野外の参加者は当局の予想を超えて膨れ上がり、やがて体制に不満をもつ若者の反乱を誘発することになった。当局は、体制外からの煽動によって反体制的な騒乱が発生するとの予想に反し、体制内部にこれほどの不満が充満していることを改めて自覚することにもなった。こうした合法的な権利主張を含んだ官製集会が、やがて収拾のつかない騒乱を呼び起こしたという点では、一九七九年六月のツェリノグラード事件［半谷 2010］、八六年十二月のアルマ・アタ事件［地田 2004］の先駆的な例となっているともいえよう。

以降、ソヴィエト・アルメニア政府は、エレヴァンの街外れのツィツェルナカベルトに虐殺記念碑を建設する一方で、イデオロギー統制の強化に進むことになるが、一度反トルコ・ナショナリズムの「パンドラの箱」を開けてしまうと、社会からこの思想を消し去ることはもはや不可能であった。やがて、反トルコ・ナショナリズムは同じトルコ系のソヴィエト・アゼルバイジャン内にあるアルメニア人居住区であるナゴルノ・カラバフ自治州をアルメニアへ移管する運動へと連なる［吉村 2013］。

なお、この集会に関する当局側の記録を見るかぎり、デモ隊の主張はトルコ側に残った旧アルメニア人居住区の「解放」が中心となっていた。ただ、同じ時期の一九六四年五月十九日には、フルシチョフ政権に自治州の権限の強化を求める請願が届けられたほか［Papazian 2001:41］、事件後の六六年にアルメニア共産党第一書記に就任したコチニアン元閣僚会議議長も、同じ年の九月三十日に、ソヴィエト・アルメニア閣僚会議議長のムラディアンとの連名で、カラバフをアルメニアに移管するようソ連邦共産党中央委員会に請願している［Harutyunyan 2005:162–168］。この二つの「反トルコ主義」

がどのようにリンクしていったのかについては稿を改めて議論したい。

註

1　アルメニア人虐殺の詳細は、［吉村 2011:165–194］を参照のこと。

2　ちなみに、一九二六年時点のソヴィエト・アルメニアの人口は七二万であった。

3　トルコのヴァン生まれ。地元の通訳養成学校を修了したのち、一八九四年にアルメニア教会の中心地エチミアジンの神学校に入学。各地の学校の教師をへて、一九一五年にオスマン軍に対する反乱に参加し、ヴァンをめぐって戦った。一九一九～二〇年にエレヴァンで新聞を編集した。一九二二年からパリに定住した。その後は民主自由党の機関紙『未来へ』を編集。一九四六～四八年には在仏アルメニア人中央委員会の理事を務めた。

4　アルメニアのドゥセグ村生まれ。一八八三年から八七年までトビリシのネルスィスィアン学校で学んだのち、九三年より現地新聞の出版に携わった。この頃から創作活動を始め、以後、『サスーンのダヴィト』（アラブ支配に抵抗した英雄伝説を基にした作品）など傑作を世に送り、アルメニアを代表する作家となった。一方で、社会奉仕活動にも積極的に取り組み、第一次ロシア革命時のアルメニア・タタール（アゼルバイジャン）紛争の調停をロシア政府に働きかけ、第一次世界大戦による孤児を救援した。さらに、アルメニア救援委員会の理事として各地を遊説したが、その最中にモスクワで死去した。

5　アルメニア語で「ヌバルの居住区」という意味で、ボゴス・ヌバルの資金援助を記念してつけられた。なお、一九三七年にアルメニア救援委員会が解散されるとヌバラシェンはソヴェタシェン（ソヴィエト居住区）に変えられていたが、独立後旧称に戻された。

6　詳細は、［吉村 2005:173–190］を参照のこと。

7　海峡問題ほどの影響はなかったとはいえ、同時期にソ連邦とトルコの関係が悪化する外交懸案が、一八七一年から第一次世界大戦までロシア領であったトルコ東部のカルス、アルダハン地方の領有権問題である。一九四五年三月十九日にモロトフ外相は、モスクワ駐在トルコ大使に、二五年の友好条約を破棄し、新たな条約を締結することを求めると同時に、トルコ東部の旧ロシア領の返還を要求した［Deringil 1989:179–183］。これは、ソヴィエト・アルメニア内でもトルコ東部の併合要求があがる余波も生み、一九四五年十一月二十七日にはカトリコス（アルメニア教会の首長）のゲヴォルク六世が、連合国にセーヴル条約で与えられたアルメニアの領土の回収を求める書簡をモスクワに送ることになった。

8　本名はアルテュニアン。アルメニアのアレクサンドロポリ（ソヴィエト期はレニナカン、現在はギュムリ）生まれ。月刊誌の編集をおこないながら創作やロシア文学の翻訳に取り組んだ。故郷レニナカンの労農作家の組織化を図り、一九三四年にはソ連作家同盟に加入したものの、三七年から数年間、人民の敵として投獄された経験がある。

9　アルメニア人虐殺の犠牲者の数に関しては未だに論争がある。その詳細は［吉村 2011］を参照のこと。ここでは、アルメニア人の庶民のあいだで一般的に流布している二百万人という数が横断幕に掲げられている。

10　アルメニア近代音楽の父コミタス（一八六九～一九三五）は、アルメニア人虐殺で知人を多く亡くしたことが原因で精神のバランスを崩し、最終的にはパリの精神病院で没した。

11　カプティキアン（一九一九～二〇〇六）は、のちに起こったナゴルノ・カラバフ紛争で愛国的な詩を読んだり演説をおこなったりして、アルメニア人の士気を高めたことで有名。

参考文献

地田徹朗（二〇〇四）「ソ連邦中央＝カザフスタン関係の変遷（一九八〇～一九九一）――党エリート人事動向を素材として」『スラヴ研究』第五一号。

半谷史郎（二〇一〇）「ツェリノグラード事件再考――「停滞の時代」のソ連民族政策」『アジア経済』第五一巻第六号。

吉村貴之（二〇〇五）「アルメニア民族政党とソヴィエト・アルメニア（一九二〇～一九二三年）」『日本中東学会年報』第二一巻第一号。

――（二〇〇九）『アルメニア近現代史――民族自決の果てに』東洋書店。

――（二〇一一）「ジェノサイドの事例研究「アルメニア人虐殺」をめぐる一考察」石田勇治・武内進一編『ジェノサイドと現代世界』勉誠出版。

――（二〇一三）「連邦解体から地域紛争へ――ナゴルノ・カラバフ紛争を事例として」月村太郎編『地域紛争の構図』晃洋書房。

AGBU Central board of directors (2007). *The Armenian General Benevolent Union: one hundered years of history*, vol. II, 1941–2006, Paris/New York: Armenian General Benevolent Union.

Atamian, S.（1955）. *The Armenian Community; the Historical Development of a Social and Ideological Conflict*, New York: Philosophical Library.

Bjorklund, U.（1993）. Armenia Remembered and Remade – Evolving Issues in a Diaspora, *Ethnos*, 58.

Dallak'yan, K.（1999）. *Ramkavar azatakan kusakts'ut'yan patmut'yunə 1893–1924*, Yerevan: ‹Mughni› hratarakch'ut'yun.〔ダッラキアン『民主自由党の歴史　一八九三～一九二四』〕

———（2004）. *Hay sp'yurrk'i patmut'yun*, Yerevan.〔ダッラキアン『離散アルメニア人の歴史』〕

Deringil, S.（1989）. *Turkish Foreign Policy during the Second World War*, Cambridge: Cambridge University Press.

Dudwick, N. C.（1994）. *Memory, Identity and Politics in Armenia*, Ann Arbor.

Ghazakhets'yan,V.（2006）. *Hayastanə 1920–1940t't'.*, Yerevan: HH gitut'yunneri azagayin akademia Patmut'yan institut.〔ガザヘツィアン『アルメニア　一九二〇～一九四〇年』〕

Harut'yunyan, A.（ed.）（2005）. Hayots' ts'eghaspanut'yan 50-amyakə yev Khorhrdayin Hayastanə, Yerevan: HH GAA ‹Gitut'yun› hratarakch'ut'yun.〔ハルテュニアン編『アルメニア人ジェノサイド五十周年とソヴィエト・アルメニア』〕

Haykakan SSH gitut'yunneri akademia Patmut'yan institut,（1970）. *Hay zhoghovrdi patmut'yun*, Yerevan: Haykakan SSH gitut'yunneri akademiayi hratarakch'ut'yun.〔アルメニア・ソヴィエト社会主義共和国科学アカデミー歴史学研究所『アルメニア人民の歴史』〕

Hovannisian, R. G.（ed.）（2004）. *The Armenian People from Ancient to Modern Times*, Vol. II, Basingstoke/New York: Palgrave Macmillan.

Matossian, M. K.（1962）. *The Impact of Soviet Policies in Armenia*, Leiden: E. J. Brill.

Melik'set'yan, H. U.（1985）. *Hayrenik'-sp'yurrk' arrnch'ut'yunnerə yev hayrenadardzut'yunə（1920–1980 t't'.）*, Yerevan: Yerevani petakan hamalsarani hratarakch'ut'yun.〔メリクセティアン『本国・離散民関係と本国帰還――一九二〇～一九八〇年』〕

Mouradian, C.（1979）. L'immigration des Arméniens de la diaspora vers la RSS d'Arménie, 1946–1962, *Cahiers du monde russe et soviétique*, 20/1.

———（1990）. *De Staline à Gorbatchev: Histoire d'une république soviétique: l'Arménie*, Paris: Ramsay.

Panossian, R.（2006）. *The Armenians: From Kings and Priests to Merchants and Commissars*, New York: Columbia University Press.

Papazian, LA.（2001）. A People's Will: Armenian Irredentism over Nagorno-Karabagh, in Chorbajian, L.（ed.）, *The Making of Nagorno-Karabagh: from Secession to Republic,* Basingstoke/New York: Palgrave Macmillan.

Simonian, H.（ed.）（2000）. *Hayots' patmut'yun*, Yerevan: ‹Zangak-97› hratarakch'ut'yun.〔シモニアン編『アルメニア史』〕

Suny, R. G.（1993）. *Looking toward Ararat*, Bloomington/Indianapolis: Indiana University Press.

Ter Minassian, T.（2007）. *Erevan: La Construction d'une capitale à l'Époque soviétique*, Rennes: Presses universitaires de Rennes.

Tölölyan, K.（1996）. Rethinking Diaspora（s）: Stateless Power in the Transnational Moment, *Diaspora*, 5:1.

Vardapetyan, A. V.（1966）. *Hayastani ognut'yan komiten（1921–1937）*, Yerevan: Hayastan.〔ヴァルタペティアン『アルメニア援助委員会（一九二一～一九三七年）』〕

Virabyan, A. S.（2001）. *Hayastani hasarakakan-k'aghak'akan kyank'ə hetpaterazmyan zhamanakashrjanum（1945–1957t't'.）*, Yerevan: HH gitut'yunneri azgayin akademia Patmut'yan institut.〔ヴィラビアン『戦後におけるアルメニアの社会政治生活――一九四五～一九五七年』〕

Мелконян Э. Л.（2010）. Армянский всеобщий благотворительный союз - неоконченная история. Ереван: Тигран Мец.〔メルコニアン『アルメニア慈善協会――未完の歴史』〕

第Ⅵ部 新しい研究視角

地域環境史研究の可能性

ソ連時代のバルハシ湖流域での水利開発と史資料

地田徹朗

地域環境史研究の現状と可能性

環境の歴史、あるいは、環境と人間活動の相互関係の歴史は、ブローデルやル＝ロワ＝ラデュリらフランスのアナール学派の歴史家が中心となって発展してきた［ブローデル 1991；ル＝ロワ＝ラデュリ 2000］。これに対し、日本では、日本史研究者が中心となって、古文書や遺跡を手がかりに「ヒトと自然の距離を測る歴史学」が「環境歴史学」だとされてきた［飯沼 2004:4］。だが、近現代をターゲットとし、かつ、世界史の文脈を念頭に入れながら人間と環境との関係に切り込んだ環境史研究の歴史は浅い。とくに、「二〇世紀は環境変化をもたらすさまざまなプロセスが急加速した特別な世紀」［マクニール 2011:1］だった。大規模な環境破壊や生態危機はそれが人為的に引き起こされるかぎりにおいてきわめて二十世紀的な現象だった。二十世紀の国家は中央集権制と画一的な制度に基づいて右肩あがりの経済成長をつねにめざしてきた。そのための経済開発や産業化によって、環境はほとんどの場合において負の影響をこうむってきたわけだが、為政者の側がそれにようやく気づいたのは二十世紀も後半のことだった。また、国家による開発理念や制度・政策がいかに画一的であっても、地域ごとの環境はきわめて多様であることにかわりはない。したがって、二十世紀の環境史を研究する場合、国家による開発政策や環境へのアプローチの仕方と地域ごとの政策実践や環境変化の双方に目を配る必要がある。ソ連のような巨大で地理的・文化的にきわめて多様な国家を扱う場合、環境史研究はより難しくなる。同時に、「短い二十世紀」の主役であり、アラル海危機にみられるように人間・環境関係の矛盾が如実にあらわれたソ連の環境史を研究することは、「二十世紀とは何だったのか」を考えることにもつながる。

先行研究についてであるが、欧米では、ゴールドマンのソ連における環境汚染に関する同時代的研究が先駆的である［ゴールドマン 1973］。今日では、ウェイナーやブレインがロシア・ソ連における環境主義思想とその実践について豊かな研究成果を残している［Weiner 2002; Brain 2011］。わが国では伊藤美和や野村政修がソ連時代の開発と環境の問題を検討した［伊藤 1993; 野村 1998 など］。しかし、これらの先行研究は、野村のものを例外として、視点がロシア・ソ連の中央におかれているといわざるをえない。ソ連中央での社会主義イデオロギーに立脚した開発理念・政策と、地域における人間活動と自然環境の関係性、このようなマクロとミクロの視点を接合するような環境史研究が必要である。

本章では、今日のカザフスタンと中国にまたがるバルハシ湖流域における水利開発とその流域環境への影響について論じる。なかでも、流域最大河川であるイリ川中流域に建設されたカプチャガイダムからの放水をめぐる問題、ダム建設や灌漑の実施によるバルハシ湖の湖水位・塩分濃度および流域環境への影響の問題を扱う。本章では、カザフスタンの公文書を一次資料として主に用いた。ソ連中央の公文書と比較して、より具体的な地域の実情がそこには記されている。それに加えて、降水量やバルハシ湖の水収支といった自然科学のデータも一次資料として用いる。これにより、環境変化における、水利開発といった人為的な要因と降水量などの自然要因との関係性が明らかになる。

柳澤雅之が指摘しているように、「現実社会は政治経済や社会文化、自然環境の相互作用の結果として現れる」［柳澤 2012: 116］。地域研究とは、特定の地域の現場から出発し、この「相互作用」を詳《つまび》らかにすることで、研究対象とする地域の全体像を提示することにある。自然環境が個々の地域性・場所性を規定する大きな要素である以上、人文学の研究者といえども自然科学の研究成果を避けて通ることはできない。同時に、地域研究者は、いかなる地域を研究対象として切り取ろうとも、個々の地域や場所の特殊性ばかりに研究成果を収斂《しゅうれん》させずに、一般性・全体性を希求していくことが必要だろう。本章の趣旨に即すならば、バルハシ湖流域における人間活動と自然環境の通時的な変化を分析しながら、そこからソ連とは何だったのかについて考えること、つまり、地域研究とソ連史との架橋が必要なのである。本来であれば、自然科学と人文科学の双方の教育を受けた専門家が環境史研究をおこなうのが望ましいのだが、なかなかそうはいかない。したがって、文理相互の研究者が共同研究をおこない、徹底的に議論し合うことで相互理解を図ることを差し当たり提唱したい。筆者は、二〇〇七年度から一一年度までおこなわれた総合地球環境学研究所の研究プロジェクト「民族／国家の交錯と生業変化を軸とした環境史の解明――中央ユーラシア半乾燥域の変遷」(通称イリプロジェクト)に現状分析班の一員として加わった。同班には、文化人類学、人文地理学、地形学、土壌学、水文学、農業工学、歴史学などの専門家が所属し、社会主義時代のバルハシ湖流域を中心とする環境・生業の変化について各々のディシプリンからの研究をおこない、研究会での議論や個別の話合いを通じて相互理解を図った。本章は、イリプロジェクトでの学際的議論の成果である。[1]

バルハシ湖流域における水利開発

バルハシ湖は今日のカザフスタン東南部に位置する内陸湖であり、バルハシ湖から流出する河川はない。イリ川、カラタル川、アクス川、レプス川、アヤゴズ川の五河川が注ぎ、その流域面積は四一万平方キロメートルにおよぶ(図1)。流域で最大の河川は中国との国際河川であるイリ川であり、バルハシ湖への流入水量の七~八割を占める。イリ川の水源は七割以上が中国から流入する。バルハシ湖は中央部の幅三・五キロメートル(そのときどきの湖水位によって距離は変動する)のウズン・アラル峡を境にして東西に分かれる。イリ川はバルハシ湖の西南部に注ぎ、風に乗って淡水がウズ

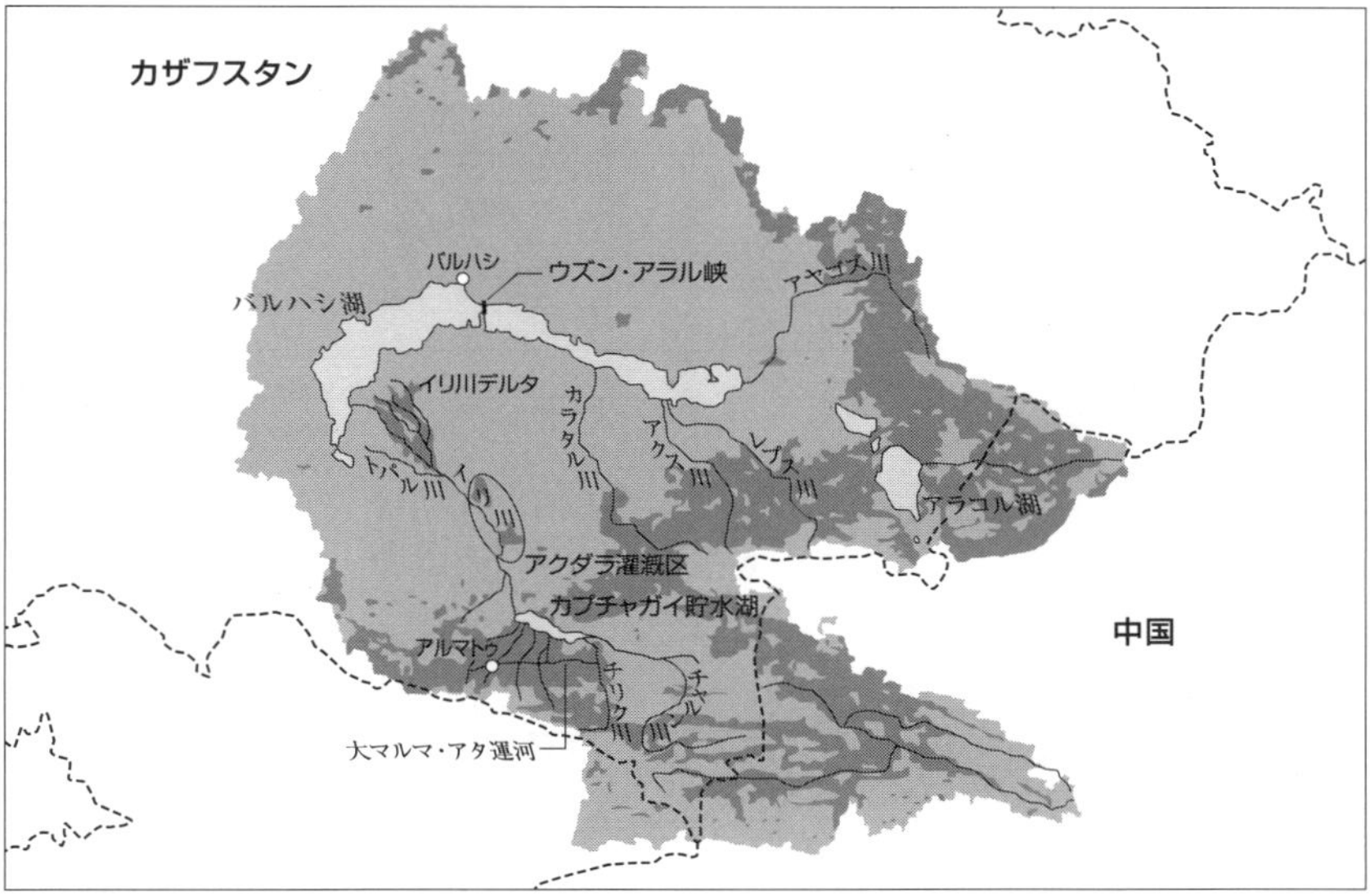

図1　バルハシ湖流域概略図（アラコル湖流域も含む）

ン・アラル峡を通過して西から東へと流れていく。他方、バルハシ湖の東部には流入河川からの淡水の供給量が少ないことから蒸発水量が流入水量を上回る。そして、水分中の塩類は湖内にとどまることから塩水化する。もっとも、渇水期が長く続き、バルハシ湖の表面積が縮小すればそれだけ西部でも塩分濃度は上昇する。

イリ川沿いでは中国領では古くから灌漑農業が発達していたが、ソ連領では渓谷の底を流れるという地形的要因もありイリ川本流沿いでは灌漑が発達しなかった。ソ連領バルハシ湖流域で灌漑がそれなりに発達していたのは、ザイリースキー・アラタウ山脈から流れ出てイリ川本流に合流するチリク、カスケレンといった複数の支流沿いである。一九七九年よりこの南北に走る複数の河川を東から西に横断して灌漑・都市用水を供給する大アルマ・アタ運河（通称コナエフ運河）とこの運河の起点となるチリク川の上流にバルトガイ貯水湖が建設され、八五年に完工している。

ソ連領イリ川流域で最初の大規模な水利開発事業となったのがカプチャガイ水力発電所と貯水湖（ダム）の建設だった。一九五九年、事業計画書（今日の「フィジビリティ・スタディ」に相当)はソ連国家計画委員会(ゴスプラン)技術・経済専門家会議(いわゆる有識者委員会)できわめて肯定的な評価を得た。その後、事業計画書の改訂作業をへて最終的に建設計画がソ連政府で承認されたのが一九六七年二月だった。一九六九年九月にイリ川が堰き止められ、七〇年春にダムへの本格貯水が開始、七一年に最初の発電機が稼働を始めている。

バルハシ湖の北岸には鉱山冶金コンビナートを擁するバルハシ市が位置し、バルハシ湖西部の淡水を生活・工業用水として利用してきた。それ以外の、イリ川下流域での水資源のステークホルダー(利害関係者)として、デルタ部の天然牧草による畜産業を管轄するカザフ共和国農業省、イリ川およびバルハシ湖での内水面漁業を管轄するカザフ共和国漁業省、一九三〇年代初頭にカナダ・イギリス・フィンランドから毛皮目的で移入されたマスクラット猟を管轄するカザフ消費協同組合などをあげることができる。イリ川は中国との国際河川であるが、ソ連領内ではカザフ共和国のみで完結しているため、水資源のステークホルダー間の調整はソ連中央ではなく、カザフ共和国土地改良・水利省がおこなっていた(以下、国家機関名を記す場合、とくに断わりがない場合はカザフ共和国の機関を指す)。

一九五九年、ソ連ゴスプラン技術・経済専門家会議は、カプチャガイ水力発電所建設後のイリ川下流域での総合的水・土地資源利用スキームを早急に策定するよう求めた[PTA3:4372/58/670/70–71]。一九六五年、イリ川下流域での稲作灌漑とマスクラット飼育に関する事業計画書が改めてソ連ゴスプランで審議された。この事業計画では、ほぼ手つかずのイリ川デルタ部で四三万ヘクタールを灌漑開発し、うち一一万ヘクタールで稲作をおこなうとした。四三万ヘクタールでの灌漑とは、イリ川の水資源をバルハシ湖に流入する前にすべて使い切ることを前提とした計画だった。この計画がそのまま実現したならば最終的にはバルハシ湖の死滅へと結びついただろう。ソ連ゴスプラン国家専門家委員会(前述の技術・経済専門家会議が改称)内部では開発推進派と環境保護派で明らかに割れており、最終的には後者が勝利し、事業計画書はきわめて否定的な評価を受けた[PTA3:4372/66/466/133–134,142–144]。それでも、アクダラ灌漑区での四万~五万ヘクタールでの灌漑開発は認め、この分について追加の事業計画書の策定が求められた[РГАЭ:4372/66/466/125]。

一九六六年三月、灌漑開発と土地改良の問題を中心議題としたソ連共産党中央委員会総会が開催された。そこでは、改めて中央アジアおよびカザフスタンでの灌漑農業の発展と農地の拡大が謳われ、バルハシ湖流域でもイリ川、カラタル川、チャルン川（イリ川に注ぐ支流）流域が稲作を中心とする重点灌漑発展地域とされた[РГАНИ:2/3/9/130]。一九六七年、バクバクティ、革命五十周年記念という二つの稲作ソフホーズが組織され、その後の灌漑拡大を見越したうえで六八年より実験的稲作が始まった。この稲作ソフホーズを管轄する新設の機関、ソ連土地改良・水利省イリ川下流域灌漑建設局「ソユズイリヴォドストロイ」が新たにイリ川下流域水資源のステークホルダーとして加わった。カプチャガイ水力発電所の建設も着々と進められ、イリ川水資源の多目的利用が実現されつつあった。

しかし、イリ川水資源の総合的利用方針は、一九七一年にアクダラ灌漑区での五万二〇〇〇ヘクタール規模の開発計画がソ連ゴスプラン専門家委員会で再度否定的評価を受けたことで暗礁に乗り上げた。その大きな理由が、事業計画書が他の経済部門の水需要をまったく勘案しなかったことだった[РГАЭ:4372/66/5058/144]。一九七〇年代初頭、カプチャガイダムからの季節放水量をめぐってステークホルダー間の対立が深刻化しており、奇しくもこの混乱がイリ川下流域の総合的な開発を妨げる結果となったのである。アクダラ灌漑区に引水する幹線水路の頭首工付近に下流域への流量調整のみを目的とするタスムルンダムを建設するという計画も存在した。土地改良・水利省はこのダム建設をさかんにソ連中央に陳情したが、灌漑計画自体が頓挫したことで実現しなかった。次に、一九七二年を事例として、カプチャガイダムからの季節放水計画をめぐる混乱の様相を検討してみたい。

カプチャガイダムからの放水をめぐる問題(1)――ステークホルダー間の対立

バルハシ湖流域での水利開発推進派は、イリ川の計画的な流量調整によって「国民経済に莫大な利益をもたらす」

［Казахстанская правда 1969/11/12/4］と主張していたが、現実にはどうだったのか。一九六五年、イリ川下流域での四〇万ヘクタール規模の灌漑計画がソ連中央で否定的評価を受けた際、ソ連ゴスプラン国家専門家委員会はカプチャガイダムの初期貯水計画と季節放水計画を早急に策定するよう求めた。カプチャガイ水力発電所は一九七〇年十二月に稼働を開始しているが、実際には七二年になっても貯水・放水計画ともに固まっていない状態だった。現に、一九七一年十二月、放水計画案はカザフ共和国閣僚会議幹部会の場で否決されたという［ЦГА РК: 1626/3/1107/45］。イリ川は基本的に春夏季の融雪水と氷河からの融氷水に依存する河川であり、したがって季節ごとの流量差が激しい。そのため、ダムからの季節放水計画が定まらないと貯水計画も立てることができなかった。

カプチャガイ水力発電所を動かしている所轄官庁、つまり、カプチャガイダムの水門を開く権限をもっている機関は発電・電化省だったが、イリ川水資源利用に関する省庁間調整の役割を担ったのは前述のとおり土地改良・水利省だった。そして、カプチャガイへの貯水・放水計画の策定を担っていたのはソ連発電・電化省傘下の水利施設設計・調査・研究局「ギドロプロエクト」カザフ支部（以下、「カズギドロプロエクト」）だった。両省は「開発推進派」という点では一致しており共闘できたが、開発後の水利用のあり方については激しく対立した。

では、なぜ貯水・放水計画が定まらなかったのか。一つには、なるべく早期に満量までダムに貯水をして発電設備をフル稼働させたい発電・電化省側の意向と、ダムへの貯水により自らの経済活動に使える水量が減ることをきらう農業省、「ソユズイリヴォドストロイ」、消費協同組合など下流域での水資源のステークホルダーの意見の溝が埋まらなかったことである。二つ目には、下流域のステークホルダー間でも季節ごとに必要な水量が異なったため、省庁間調整が困難を極めたのである。一九七二年のカザフ共和国土地改良・水利省の公文書から、カプチャガイダムからの季節放水をめぐる混乱の実態と下流域の自然環境への影響を以下にまとめる。以下に述べるような議論がソ連中央ではなく、カザフ共和国の首都アルマ・アタでおこなわれていたことが重要である。

	1月	2月	3月	4月	5月	6月	7月	8月	9月	10月	11月	12月
1911〜54年平均	194	210	303	348	513	767	917	927	528	348	306	250
1911〜54年最多	294	333	466	513	777	1244	1925	1961	736	400	466	392
1911〜54年最少	135	124	217	198	264	314	519	640	381	238	220	171
1972年4月計画	218	206	415	383	594	540	523	523	300	250	250	200
1972年11月実績	218	206	415	414	594	538	434	399	347	434	250	220

表1　自然状態でのカプチャガイ付近でのイリ川月別流量(1911〜54年)**とカプチャガイダムからの月別放水量**(1972年)(単位m^3/sec)　グレイの欄は計画放水量を示す。

［出典］ Беркалиев 1960：98；ЦГА РК：1626/3/1107/60；1623/3/1108/22.

イリ川下流域で灌漑農業が本格的に始まる前から、デルタ部では春季の氾濫により成長する天然牧草に依存した牧畜業が営まれており、複数の牧畜ソフホーズが組織されていた。自然状態では融雪水や融氷水が流下する際にデルタ部で河川氾濫が生じるが、氾濫の規模は各年の流量に依存しており安定しなかった。何よりも、イリ川で最大流量を記録するのは夏季(六〜八月)であり、牧草の生育に最も重要な春季(四〜五月)ではなかった(表1)。

カプチャガイ水力発電所の建設により、貯水湖に一定量以上の水が存在すれば必要な時期に必要な水量を放水することができるようになった。牧畜ソフホーズを管轄する農業省は、四月後半から五月初頭にかけて毎秒一五〇〇〜一八〇〇立方メートルの放水を求めた。これによりデルタ全域で十分な牧草が生育する灌水量が確保されるとした。しかし、この短期間の大量放水によってわずかな氾濫期に魚類がデルタ部の冠水地に迷い込み、その後すぐ放水量が毎秒四〇〇〜五〇〇立方メートルに減らされると、水が急激に冠水地から引いていき、魚は川に戻れなくなることで死んでしまう。その結果、漁業資源の減少が懸念されるため、漁業省は反発した[ЦГА РК:1626/3/1107/109]。

カプチャガイ水力発電所の所轄機関である発電・電化省はダムへの貯水を優先するため、三月に毎秒六〇〇立方メートルの放水をおこなう案を提示した。イリ川下流域は南から北へと流れていき、内陸性気候のため冬季は気温が下がり結氷する。三月は南から氷がとけていくが、デルタ部はより北にあるため、河川表面が凍っているうちにそれなりの量をダムから放水すれば、デルタ部で氷に突き当たって氷を部分的に砕きながら氾濫を誘発することができる。これならば、農業省の案と比較して牧草灌水のための放水量を大幅に抑えることができるため、ダムへの貯水量も増える。イリ川本流を閉じる前の一九六九年春に自然状態でこのようなことが起き、それを参考にしたというが、これは自然状態では百年に一度程度しか起きない。そのため、しかるべきタイミングで氾濫を人為的に引き起こそうではないかというのが発電・電化省のアイディアだった[ЦГА РК: 1626/3/1107/108–109]。

そして、この両案のちょうど中間的な提案をおこなったのが土地改良・水利省だった。農業省案だと魚類の産卵やマスクラットの営巣に悪影響を与える。発電・電化省案は、仮にうまく氾濫を引き起こすことができても、草が生えてくる土壌がまだ凍っているため水分が十分に浸透していかない。また、氾濫とともに氷もあふれ出るため、ソフホーズ内の住居や設備に被害をもたらす可能性がある。したがって、土地改良・水利省は四月後半から五月初旬にかけて毎秒七〇〇立方メートルの放水をおこない、その後、水量を徐々に下げていくという提案をおこなった。しかし、この程度の水量を流しただけでは農業省案ほどの効果は期待できない。そのためには、牧草地を中心に二〇カ所で河岸整備など土木工事をおこない、しかるべき土地にしかるべき量の水が行きわたるようにすべきだとした。土地改良・水利省はこれによって氾濫を人為的に「完全に制御できる」とした[ЦГА РК: 1626/3/1107/110]。

しかし、予算措置をともなう土木工事が一昼夜のうちに完遂するはずがない。さらに、当時、デルタ部で橋梁工事がおこなわれており、仮設の浮き橋を撤去するまでは農業省が要求する水量を受け止められないという。しかも、三月一日までの完成を指示された橋梁の完成と浮き橋の解体は四月末にずれ込んだ[ЦГА РК: 1626/3/1107/94,141]。これを背景に、発電・電化省は三月放水案に固執し、土地改良・水利省も渋々同意した[ЦГА РК: 1626/3/1107/93,106,111]。一九七二年三月十四日より実際にこの量での放水をおこなったが、下流部での砕氷・氾濫はまったく起きなかった[ЦГА РК: 1626/3/1107/101]。実験は失敗だった。惨憺《さんたん》たる結果を目の当たりにした土地改良・水利省は農業省案の部分的採用に切り替える。橋梁工事の完了後、五日間程度のごくわずかな期間、毎秒一五〇〇～一六〇〇立方メートルの放水をおこなうことにした[ЦГА РК: 1626/3/1107/95,102]。

「カズギドロプロエクト」は三月三十一日までに各ステークホルダーの意見を勘案した初期放水計画案の提出を求められていたが、これも守られなかった[ЦГА РК: 1626/3/1107/56]。四月二十五日、「カズギドロプロエクト」による季節放水計画の策定をめぐって省庁間会議が開かれ、イリ川下流域水資源のステークホルダーからの批判と利害表明が噴出した。なかでも、土地改良・水利省総合的水資源利用部長のバイギシエフによる批判は辛辣だった。

> 「カズギドロプロエクト」による設計・調査手法は時代遅れである。彼らによる総合的水資源利用問題の解決アプローチは一九三〇年代の水準にとどまっている。これまでの経験が示しているように、今日の水準で総合的に問題を解決することは「カズギドロプロエクト」にはできないし、彼らはそれを欲してもいない。[ЦГА РК: 1626/3/1107/58]

一九七〇年初頭、「カズギドロプロエクト」所長のセディフは貯水湖満水までの貯水期間を当初予定の四～五年からステークホルダーの利害に配慮して八～九年にすでに改めていたが[Литературная газета 1970/2/11/11]、今回の会議ではその「期間に制限を設けずにバルハシ湖の水量・塩分濃度を維持するという前提に立ってダム貯水案を策定すべきだ」との文言が決議案に盛り込まれた[2][ЦГА РК: 1626/3/1107/43]。

同時期の別の会議の場で、土地改良・水利大臣のサルセンバエフは、「カプチャガイの設計側と水資源のステークホルダーとのあいだで貯水期間について意見の大きな隔たりがあり」、この問題が解決されないのは「「カズギドロプロエクト」に基本的には責任がある」と述べた[ЦГА РК: 1626/3/1107/13]。サルセンバエフは、「今後一～二カ月中に初期貯水計画案の策定作業を終了させるべき」[ЦГА РК: 1626/3/1107/12]としているが、管見のかぎりでは、それはなされていない。四月の会議の場で、「カズギドロプロエクト」側は、「さまざまな放水レジーム案が存在し、その国民経済への効果についての評価がきわめて難しく、〔カプチャガイ〕貯水湖およびバルハシ湖への流入水量予測を勘案して一年ごとに放水計画を立案し、関係機関参画のもとで土地改良・水利省が承認すべき」との見解を示したという[ЦГА РК: 1626/3/1107/46]。

カプチャガイダムからの放水をめぐる問題⑵——人為的な流量調整の難しさ

ダムからの放水量をめぐる混乱はさらに続いた。一九七二年全体でカプチャガイ貯水湖への流入水量を一五立方キロメートルと予測し、当初、カザフ共和国土地改良・水利省は放水計画を立てた[ЦГА РК: 1626/3/1108/60]。四月末、七〜八月の平均放水量を毎秒五二三立方メートルと決めた[ЦГА РК: 1626/3/1107/60]。しかし、夏になっても寒気団の到来による低温が続いたため水源である氷河の融解が進まず、七月中旬に予想年間流入水量を一三・四立方キロメートルへと下方修正した。実際に、一九七二年上半期にはダムの貯水量をほとんど増やすことができなかったという[ЦГА РК: 1626/3/1108/60]。この差一・六立方キロメートルを補うため、土地改良・水利省は七月から八月にかけてのダムからの放水量を月平均で毎秒四五〇立方メートルにまで減らした[ЦГА РК: 1626/3/1108/113]。七月末には八月の平均放水量をさらに毎秒四〇〇立方メートルにまで減らす決断をした[ЦГА РК: 1626/3/1108/96]。これは、自然状態での最少流量にも満たない水量である（三〇五頁表1）。ダムに一刻も早く水を貯めたい発電・電化省は、この放水量すら守らなかった[ЦГА РК: 1626/3/1108/ 101]。他方、アクダラ灌漑区での稲作を管轄する「ソユズイリヴォドストロイ」は、イリ川から灌漑水路へのポンプアップに毎秒四五〇立方メートルの水量がいるとしたが、水利関係者による現地調査の結果、この要求は却下された[ЦГА РК: 1626/3/1108/100]。

この放水量削減により最も大きな被害をこうむったのはマスクラット猟関係者だった。八月上旬、マスクラット猟を管轄するカザフ消費協同組合は、カザフ共和国閣僚会議に対して八月は最低でも毎秒五〇〇立方メートルの放水が必要だと陳情した。消費協同組合によると、放水量の削減の結果、マスクラットが営巣している箇所で水が引いてしまい、マスクラットが川に戻れなくなることで斃死《へいし》が起こっているという[ЦГА РК: 1626/3/1108/54]。しかし、カプチャガイへの貯水計画そのものはカザフ共和国閣僚会議で承認されたもので曲げるわけにはいかなかった。結局、土地改良・水利省は消費協同組合の陳情を「根拠なし」とはねつけた［ЦГА РК：1626/3/1108/53］。

秋になっても問題は続いた。イリ川デルタで本流からトパル川が分流する。春季の中途半端な放水、夏季の渇水による放水量削減の結果、このトパル川からさらに分流するイリ川の二次分流や周辺の湖沼が干上がってしまった。トパル川流域は豊かな牧草地だったが、一九五〇年代末から六〇年代にかけての豊水によりイリ川本流からシルト（土砂）がトパル川に流入して堆積し、河床が埋まってしまったことも乾燥の大きな原因だった。九月のトパル川の流量は毎秒三〇立方メートルと予測していたが、実際の流量は毎秒九立方メートルしかなかった。

九月十三日、カザフスタン共産党アルマ・アタ州委員会と同州ソヴィエト執行委員会は合同決定を採択し、トパル川の河床浚渫《しゅんせつ》と流域住民用に新たに井戸を掘ることを求めた［ЦГА РК：1626/3/1108/47–48］。土地改良・水利省は浚渫船を保有する「ソユズイリヴォドストロイ」に対し、十月十五日までに浚渫作業の準備を終えよとの指示をくだしたが、浚渫船をデルタ部に移送することができず、作業は手つかずのままだった［ЦГА РК：1626/3/1108/17］。アルマ・アタ州ソヴィエト執行委員会は、状況改善のために毎秒二八〇立方メートルから七〇〇立方メートルへの放水量増加を一カ月間続けるよう求めた［ЦГА РК：1626/3/1108/36］。土地改良・水利省は関係者を集めて会議を開き、イリ川伝いに浚渫船を流下させて移送することを第一の目的として十月十九日から一〇日間、この量での放水を認める決定をくだした［ЦГА РК：1626/3/1108/17］。この追加放水によってトパル川および二次分流への流量の増加も期待されたが、現実の水位・流量への影響はほとんどなかったという。毎秒一〇〇〇立方メートルまでのさらなる放水量増加を求める意見もあったが、カプチャガイダムへの貯水量がさらに減ることから却下された。しかも、「ソユズイリヴォドストロイ」は、浚渫船をトパル川分流地点まで移送することはできたが、浚渫設備の組立てを完了しない状態で移送したため、実際の作業開始はさらに遅れることになった［ЦГА РК：1626/3/1108/25–26］。

さらに、「ソユズイリヴォドストロイ」は、灌漑用水の汲上げポンプをバクバクティ付近のイリ河畔に設置するために、十一月になってから二日間、毎秒七〇〇立方メートルへの放水量増加を求めた。これは、十月の追加放水時までにポンプの据付け部分の工事が間に合わなかったからという自己都合による要求だった[ЦГА РК：1626/3/1108/10]。これは、まさに追加放水がおこなわれていた十月二十九日の会議で却下された[ЦГА РК：1626/3/1108/9]。

カプチャガイ水力発電所の設計機関である「カズギドロプロエクト」は、イリ川を堰き止めることで下流域の理想的な流量調整をおこなうことができることをさかんに宣伝してきた。しかし、ステークホルダー間の水資源をめぐる利害を調整し、環境に負荷をかけずして人為的・計画的な流量調整をおこなうことはきわめて難しかったのである。一九七二年の例にみられるように渇水年ではその調整はさらに難しくなる。とくに、一九七〇年代は渇水年が多く、デルタ部の乾燥やバルハシ湖の水位低下が着実に進行していく。次項では、バルハシ湖の水位および塩分濃度の変化とバルハシ湖流域の環境変化の実態をみていきたい。

バルハシ湖の水位低下と塩分濃度の上昇――人的要因に拠るのか、自然要因か

まず、バルハシ湖の湖水位の変化についてみてみよう。図2は、一八八〇年から二〇〇七年までのバルハシ湖の湖水位の変化を示した(降水アノマリーについては後述する)。一八八〇年代に海抜三四〇・五二メートルという最低湖水位を記録しており、カプチャガイ貯水湖建設後も三四〇・五メートルが限界水位ととらえられてきた。イリ川の堰止めは一九六九年に始まっているが、七〇年代半ばから八〇年代前半にかけて急激に水位が低下したことがわかる。一九六九年の湖水位が約三四三メートル、最低湖水位を記録した八六年が約三四〇・七メートルとすると、一七年間に約二・三メートル湖水位が低下したことになる。しかし、翌年から湖水位は上昇していき、二〇〇〇年代になっても上昇傾向は続いている。

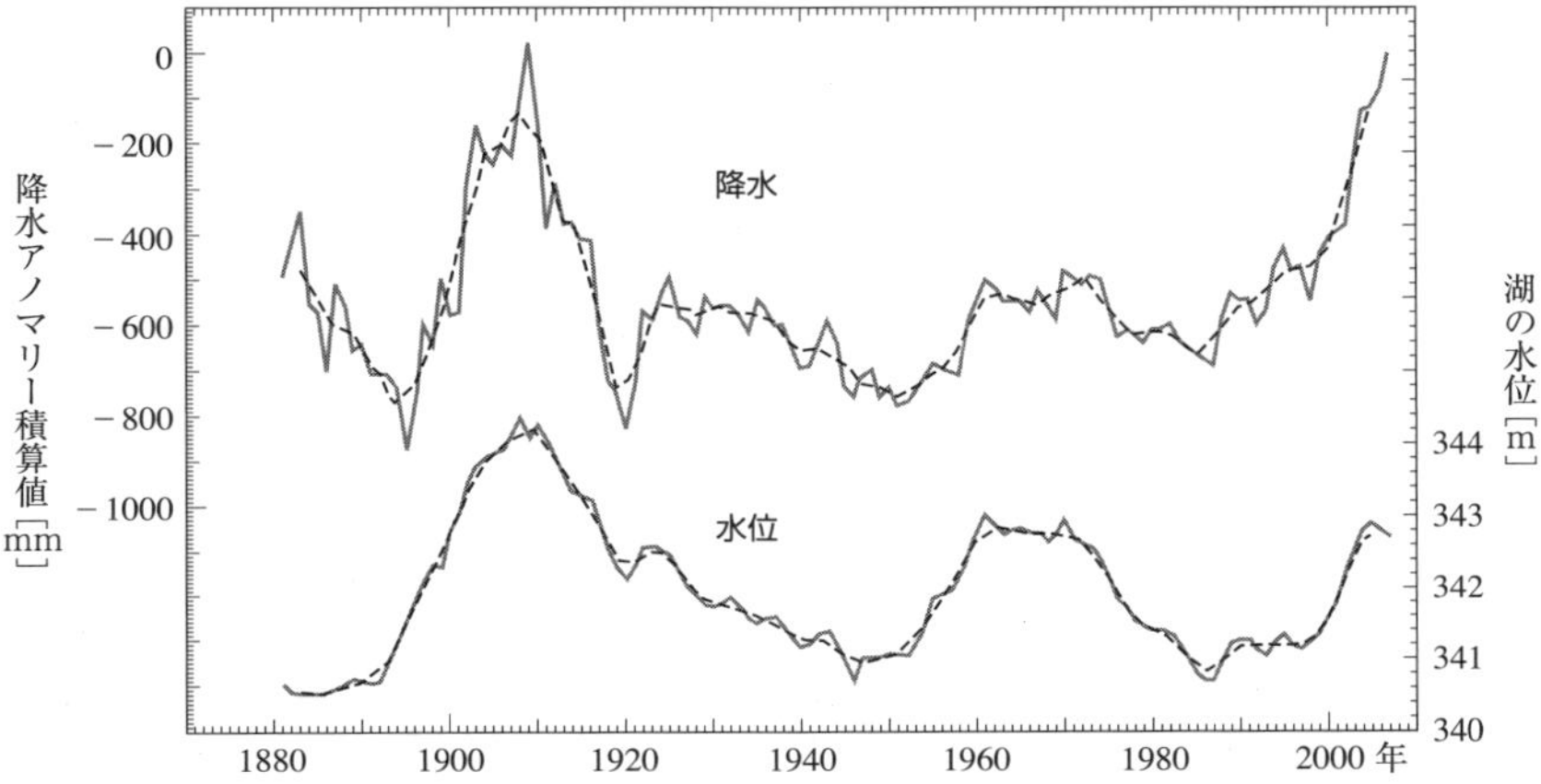

図 2　バルハシ湖流域降水量と湖水位との関係　実線は各年のそれぞれの値を，点線は 5 年間の移動平均を示す。
［出典］大西健夫提供。

次に、バルハシ湖の塩分濃度の変化[3]についてみてみる。西バルハシの湖岸にはバルハシ市を筆頭に、生活・産業用水をバルハシ湖の水資源に依存する居住地が複数存在し、湖水位以上に塩分濃度が市民生活にとって重要だった。一リットル当りの塩分濃度が二グラムを超えると、生活用水としての価値を失うとされた。一九七〇年、西バルハシの塩分濃度は一リットル当り一・二三グラム、東バルハシは三・三二グラムだったのに対し、八三年には西バルハシで一・七九グラム、東バルハシで四・二八グラムだった[Раткобич и др. 1990: 14]。その後、一九八六年まで湖水位の低下、つまり、バルハシ湖の総水量の減少が続いたわけであり、塩分濃度もさらに上昇したものと考えられる。一九八七年初頭には、「[バルハシ湖]東部から塩水が淡水の西部に流れ込んできている。西バルハシの湖水は飲用に適さない水準まで塩水化してしまった」との記述もみられた[Казахстанская правда 1987/2/13/4]。しかし、その後の湖水位の回復で西バルハシの塩分濃度も低下したと思われる。

これまでの議論に従えば、カプチャガイダムへの貯水やイリ川流域での灌漑地の拡大、つまり人的要因によってバルハシ湖への流入水量が減少し、湖水位が低下、塩分濃度が上昇したと結論づけたくなる。しかし、自然科学者はそのようにみていない。水文学者のカ

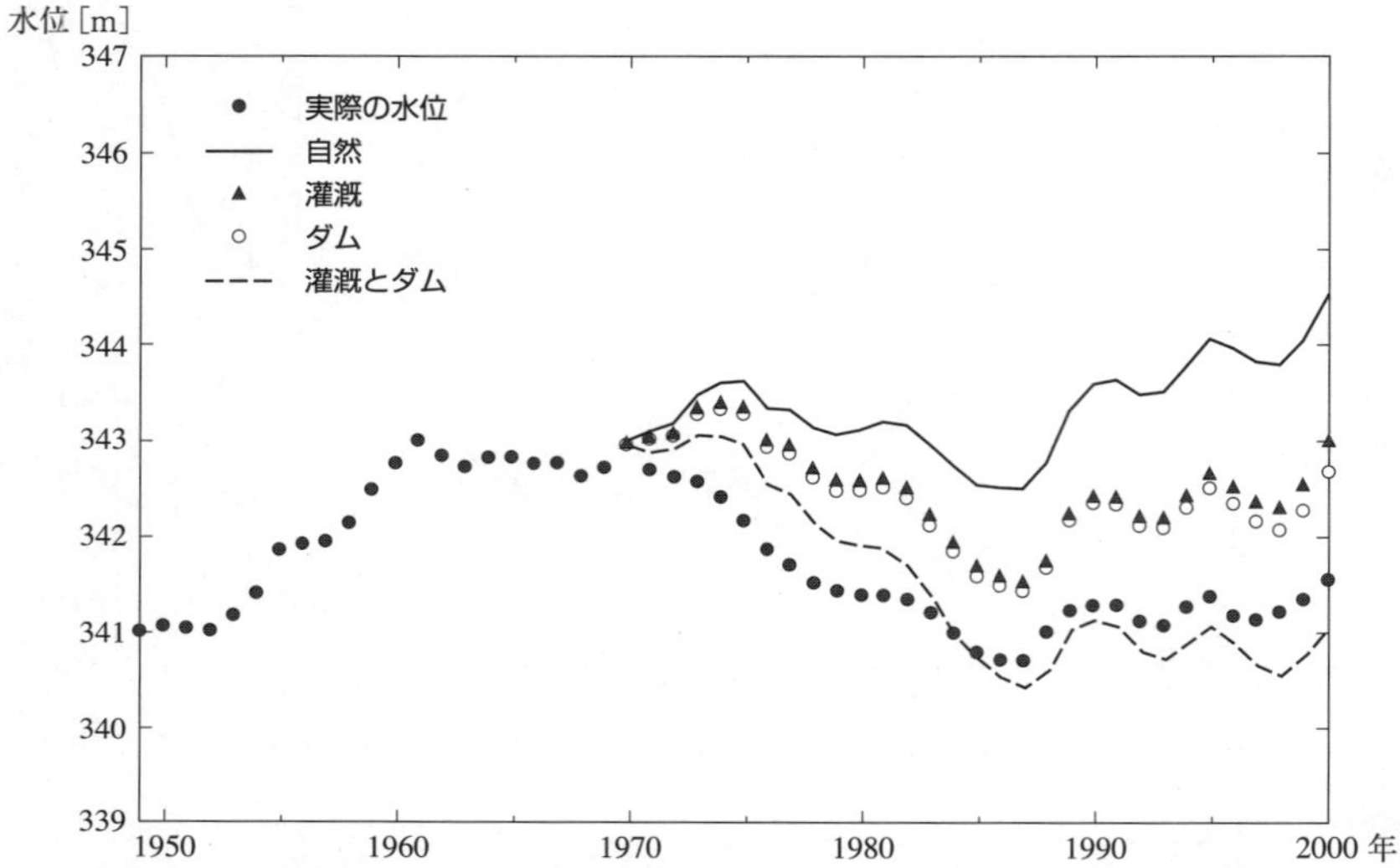

図 3　バルハシ湖の実測水位と人為的な要因を考慮した水文モデルを用いた数値シミュレーションによる計算結果との比較
［出典］大西 2012：265.

ダル・ケーザーと松山洋は、イリ川上中下流の流量の変化と東バルハシに注ぐ各河川の流量の変化といった水文学的データおよび気温と降水量の経年変化といった気象学的データを用いて、バルハシ湖の湖水位の低下の要因を割り出した。それによると、カプチャガイダムへの貯水が始まった一九七〇年から貯水開始以降の最低水位を記録した八六年にかけて、イリ川デルタへの流入水量は年間三・四立方キロメートル減少したが、そのうち流域降水量の減少など自然要因が六二パーセント、灌漑など人的要因が三八パーセント効いている。そして、イリ川からのバルハシ湖への流入水量は一九六九年以前と比較して二三パーセント減少。一九七三年以前との比較であるが、カラタル川など東バルハシへ注ぐ河川からの流入水量は主に自然要因により二五パーセント減少した［Kezer and Matsuyama 2006：1422–23］。

水文学者の大西健夫は、バルハシ湖流域水収支モデルを用いて、ダム建設も灌漑もおこなわない場合の自然状態での湖水位変動、カプチャガイ貯水湖の建設のみおこなった場合の湖水位変動、灌漑のみおこなった場合の湖水位変動、そして、貯水湖建設と灌漑を両方おこなった場合の湖水位変動の予測値を算出し、現実の湖水位変動の実測値と比較している(図3)。ここでいう貯水湖建設の影響は、ダムからの放水量調整による影響ではなく、ダムからの蒸発水量による損失を念頭においている。これをみると、ダム建設と灌漑水利用がほぼ同程度にバルハシ湖の水位に影響をおよぼしていたことがわかる。同時に、一九八〇年代半ばまでは灌漑とダム以外の要因、つまり、降水量の減少といった自然要因がバルハシ湖の水位低下に効いていた。これに対し、降水量の増加がみられたそれ以降についてはむしろダムや灌漑といった人的要因がバルハシ湖の湖水位を規定する要因となったことがわかる[大西 2012:265]。

さらに、大西は、一定期間(一九五一〜七〇年)の平均降水量からの各年の降水量の「ずれ(アノマリー)」を算出し、降水量の値のある初年から毎年のアノマリーを積算した値をグラフ化した。つまり、ある年の降水量が平年よりも多ければグラフはプラスに振れ、平年よりも少なければマイナスに振れる。これは長期的な気候の乾湿のトレンドを表している。これをバルハシ湖の湖水位のトレンドと合わせると、降水アノマリーの積算値のトレンドと概ね符合することがわかる(三一一頁図2)。つまり、一義的にはバルハシ湖の湖水位のトレンドは流域の降水量の増減に規定されるのである[大西・地田 2012:272-276]。

このように、バルハシ湖の水位低下と塩分濃度の上昇は自然要因が主に効いていて、人的要因も無視できない程度の影響をおよぼしていたことがわかった。歴史研究者が環境について論じる場合、文書史料にのみ依拠することで、どうしても人的要因のみですべてを語ってしまいがちだが、バルハシ湖のケースはそれだけだと真実を見誤ることになる。では、植生や動物相などの環境変化の実態はどうだったのか、次に検討してみたい。

バルハシ湖流域での環境変化の実態

バルハシ湖の水位低下および塩分濃度の上昇とカプチャガイダムからの人為的な放水操作により、デルタ部およびバルハシ湖内部の植生に対して明らかな負の影響がもたらされた。バルハシ湖の水位低下によりヨシ原や入り江の浅瀬が干上がった。湖水位低下と塩分濃度の上昇によりバルハシ湖内部の植生も変化し、水鳥やマスクラットの営巣にも適さなくなってきている。カプチャガイ水力発電所の完成により季節放水量の変動幅が抑えられ、デルタ部で冠水する湿生草地の面積が三分の二まで減少した。このような環境変化の実例は他にも数多くあげることができる。

カプチャガイ貯水湖の建設後、一年で最も多くの量が放水されるのは自然状態の夏季ではなく春季となったが、デルタ部の流路浚渫をしかるべくおこなわなければ、ある程度の水量を流しても、真に水が必要な牧草地に必要な量の水が届くとは限らなかった。その結果として、ラトコヴィチらが指摘しているように、「イリ川デルタ部の軽量土壌の条件下では、氾濫による冠水が途絶して一〜二年たつと沙漠型の植物群落の形成が始まってしまう」。つまり、「沙漠化(опустынивание)」が大々的に進行したのである[Раткобич и др. 1990:16]。

漁業やマスクラットへの影響については人為的な要因がより強く効いている。カプチャガイ水力発電所の稼働開始直後に問題となったのは、電力需要のピーク時に集中的に発電をおこなうことによる、月の変り目と日中の時間ごとの放水量の急激な増減だった。とくに、電力需要が高まると同時に月別総放水量が少なく設定されていた冬季にその傾向が高まった。一九七一年十二月、水力発電所の稼働開始から一年とたたずして、カザフ共和国漁業省は日中放水量の急激な変化を原因とする魚の死について報告した。ピーク時に大量の水が放水されることで、イリ川本流に住む魚類が河岸の浅瀬や窪みに迷い込み、水が急激に引くことで魚が河川本流に戻れなくなり死亡してしまう[ЦГА РК: 1626/3/1107/136–137]。また、冬季の流量が自然状態より増え、さらに日中に急激な流量調整をおこなうことで、水面に張った氷の上に水が注いでさらに結氷するという現象(наледь)が起きる。これも魚類やマスクラットには有害だった[Казахстанская правда 1987/1/23/4:4; Раткобич и др. 1990:15]。湖水の塩分濃度の上昇による餌となる生物の減少、サザン(コイ科)などの大型淡水魚の産卵に適する湿地帯の縮小、カプチャガイ建設後のイリ川流況の変化による繁殖・生育条件の変化、これらもバルハシ湖流域の魚類に負の影響をおよぼした[Раткобич и др. 1990:16]。そして、ナマズ、スダク(ザンダー、スズキ科)、ジェレフ(コイ科)、ビョルシ(パーチ科)といった稚魚を捕食する魚類が人為的にバルハシ湖流域に導入されたことは流域の魚種構成に大きな変化をもたらした[Казахстанская правда 1986/11/21/4:中原ほか 1999:182–183]。とくに、大型のサザンはほとんど獲れなくなり、より小振りなブリームが漁獲の中心となった[Казахстанская правда 1987/1/23/4]。サザンの復活には捕食魚を重点的に捕獲することが第一だが、これは漁獲量や労働生産性といった計画指標の達成に資さないため、どうしても及び腰になってしまう[Казахстанская правда 1986/11/21/4]。ただし、アラル海のように魚類がほぼ死滅するような被害は生じなかった。

マスクラットについては、前述のとおり、カプチャガイからの夏季放水量の減少による営巣地の乾燥という被害をこうむった。また、高価な毛皮がとれるマスクラットの密猟が絶えなかったようだ[Некрашевич 1976:50]。一九六〇年代初頭、イリ川流域だけで年間七〇万~八〇万頭のマスクラットが捕獲されていたが、八五年にはカザフ共和国全体で五万四〇〇〇頭にまで落ち込んだ[Казахстанская правда 1987/10/2/4]。

このように、バルハシ湖流域の環境変化も自然要因と人的要因が複雑に重なって生じたことがわかる。とくに、カプチャガイダムからイリ川への人為的な放水調整や外来魚種の流域への人為的導入など、イリ川下流域からバルハシ湖にかけての環境悪化に人的要因が追打ちをかける役割を果たしたことが指摘できる。

バルハシ湖流域の環境史とソ連——地域研究とソ連史の架橋

以上、カプチャガイ水力発電所を筆頭とするイリ川中・下流域開発の概要、カプチャガイダムからのイリ川への放水量調整の問題、そしてそれらの環境変化への影響について論じてきた。水利開発が環境に負荷をかけるというのは至極当たり前の話だが、ソ連のディベロッパーはダムからの計画的な放水量調整によって環境への負荷を軽減し、環境悪化を防げると確信していた。しかし、ダムからの放水レジームをめぐる議論からわかるように、すべてのステークホルダーを満足させる形で、一つのダムだけで河川の流量を人の手で計画的に調整することは現実には不可能だったのである。また、水資源が逼迫していたにもかかわらず、水資源が浪費されていたこともわかっている。一九八五年の実績だが、イリ川下流域で稲作をおこなうためには、単位面積当りでアラル海流域以上の水資源を必要とし、さらには計画水量の一・四六倍の水を取水・配水していた［野村 1998:312; ГААО:553/1пр/3848/64 より筆者計算］。だが、バルハシ湖の水位低下と塩分濃度の上昇が人的要因に起因するかというと、それは部分的でしかなかった。降水量の減少など自然要因にかなりの程度起因することが自然科学者の研究によりわかった。ただし、人的要因はそれに拍車をかける役割を果たした。

　本章からわかる重要な点は、自然現象による影響を考慮しながら経済的利益の最大化をめざす、目的合理的かつ計画的な自然改造がきわめて困難であるにもかかわらず、カザフ共和国を含むソ連の水利当局者はその可能性を確信し続け、実際にそれに固執したということである。バルハシ湖流域は乾燥・半乾燥地に位置するため、それはなおさら難しかった。イリ川下流域の灌漑開発が大規模化しなかったことで、バルハシ湖はアラル海の運命をたどることはなかった。しかし、流域を人の手で科学的・計画的に管理するという発想は根強く生き続け、その綻びが自然環境のなかにそこかしこで露見し出したという点で、バルハシ湖流域の環境史は一九七〇年代ソ連における開発と環境の関係性を典型的に映し出しているといえるだろう。

　近現代の中央集権化された国家の歴史を扱う場合、歴史研究者はどうしても首都からの目線で物事をとらえがちである。しかし、本章が明らかにしたとおり、地域の環境や生業の歴史を考える場合、国家による政策だけを検討しても一面的にならざるをえない。現に、カプチャガイダムからの放水調整はカザフ共和国という一地方でおこなわれていた。水文学者や環境学者など自然科学の研究者や文化人類学者のほうがよほどフィールドと真摯《しんし》に向き合っており、彼らによる研究成果を歴史研究者も咀嚼《そしゃく》すべきである。しかし、彼らは収集したデータや口頭資料を近現代の国家やグローバルな全体性の文脈におくことを必ずしも得意とはしない。それこそが歴史研究者が得意とする分野であり、彼らとの協働の余地が生まれてくる。同時に、歴史研究者もより地域に根差した史資料(地方の公文書や刊行資料)をもっと収集・利用してしかるべきだろう。このようなマクロな視座とミクロな視座を首尾よく組み合わせることができたとき、ソ連史研究も地域研究もより豊かなものとなるだろう。とくに、地域環境史を研究する場合、このようなアプローチが不可欠だといえる。今後のロシア・ソ連史研究と異分野との学際的対話の発展を期待したい。

註

1　本章執筆に際して、渡邊三津子氏よりアルマトゥ州国立公文書館の資料提供を受けた。大西健夫氏には降水アノマリーについての詳しい説明や図2および図3の掲載許可をいただいた。また、イリプロジェクトのプロジェクト・リーダーであった総合地球環境学研究所の窪田順平先生にはひとかたならぬお世話になった。特記して謝意を表したい。

2　一九八七年の段階でカプチャガイ貯水湖の水位は海抜四七五メートル前後で推移しており、当初計画の四八五メートルに達したことはない。カプチャガイダムの貯水量も計画段階での満水量は二八・一立方キロメートルだったが、実際には一三・五〜一五・五立方キロメートル程度しか貯まらなかった[Казахстанская правда 1987/5/29/4]。今日でもカプチャガイダムが満水に達したことはない。

3　バルハシ湖は流出河川をもたないため、河川から運び込まれる各種塩類は湖中に蓄積されるわけだが、現実には自然の除塩メカニズムが働き、流入量にみあう量が除塩される。化学的な除塩、粘着鉱物への吸着、生物への取込みなどさまざまな要因が考えられるが、メカニズムそのものの解明はまだ十分ではないようだ。また、除塩におけるデルタ地帯や湿地の重要性も指摘されている[中原ほか 1999:179]。

参考文献

飯沼賢司(二〇〇四)『環境歴史学とはなにか』〈日本史リブレット 23〉山川出版社。
伊藤美和(一九九三)「旧ソ連におけるエコロジーと政治——河川転流計画争点化の一考察」ソビエト史研究会編『旧ソ連の民

族問題』木鐸社。

大西健夫(二〇一二)「イリ河の水収支」窪田順平監修・奈良間千之編『中央ユーラシア環境史 1 環境変動と人間』臨川書店。

——・地田徹朗(二〇一二)「乾燥・半乾燥地域の水資源開発と環境ガバナンス」窪田順平監修・渡邊三津子編『中央ユーラシア環境史 3 激動の近現代』臨川書店。

ゴールドマン、M・I(一九七三) 都留重人監訳『ソ連における環境汚染——進歩が何を与えたか』岩波書店。

地田徹朗(二〇一二)「社会主義体制下での開発政策とその理念——「近代化」の視角から」窪田順平監修・渡邊三津子編『中央ユーラシア環境史 3 激動の近現代』臨川書店。

中原紘之・石田紀郎・辻村茂男・川端良子(一九九九)「乾燥地における大規模灌漑と河川・湖沼の水質・生態系——中央アジアの河川・湖沼の水質・生物相の特徴と変化」『水文・水資源学会誌』第一二巻第二号。

野村政修(一九九八)「シルダリヤ下流域の自然環境保全と灌漑農業——クズルオルダ州を中心に」『スラヴ研究』第四五号。

ブローデル、フェルナン(一九九一) 浜名優美訳『地中海 I 環境の役割』藤原書店。

マクニール、J・R(二〇一一) 海津正倫・溝口常俊監訳『20世紀環境史』名古屋大学出版会。

柳澤雅之(二〇一二)「自然科学分野の地域研究——地域情報の限定性を克服するために」『地域研究』第一二巻第二号。

ル＝ロワ＝ラデュリ、エマニュエル(二〇〇〇) 稲垣文雄訳『気候の歴史』藤原書店。

Brain, Stephen (2011). *Songs of the Forest: Russian Forestry and Stalinist Environmentalism, 1905–1953,* Pittsburgh: University of Pittsburgh Press.

Kezer, Kadar and Matsuyama, Hiroshi (2006). Decrease of river runoff in the Lake Balkhash basin in Central Asia, *Hydrological Processes*, Vol. 20.

Weiner, Douglas (2002). *A Little Corner of Freedom: Russian Nature Protection from Stalin to Gorbachev,* Berkeley: University of California Press.

Беркалиев (1960). Гидрологические основы водохозяйственного использования бассейна р. Или. Алма-Ата: Казахское государственное издательство〔ベリカリエフ『イリ川水利用の水文学的基礎』〕

ГАAO: Государственный архив Алматинской области.〔アルマトゥ州国立公文書館〕(引用数字は順に фонд/ опись/ дело/ лист を示す)

Казахстанская правда. Алма-Ата.〔『カザフスタンスカヤ・プラウダ（カザフスタンの真実）』〕（引用数字は順に刊行年／月／日／引用頁を示す）
Литературная газета. Москва.〔『文学新聞』〕（引用数字は順に刊行年／月／日／引用頁を示す）
Некрашевич А.（1976）. Беречь обитателей Прибалхашья// Сельское хозяйство Казахстана, No. 4.〔ネクラシェヴィチ「バルハシ湖周辺に棲む動物を護れ」『カザフスタンの農業』誌〕
Раткобич Д. Я., Иванова Л. В., Новикова И. М., Фролов А. В.（1990）. О проблеме озера Балхаш// Водные ресурсы, No. 3.〔ラトコヴィチほか「バルハシ湖問題について」『水資源』誌〕
РГАНИ: Российский государственный архив новейшей истории.〔ロシア国立現代史文書館〕（引用数字は順に фонд/ опись/ дело/ лист を示す）
РГАЭ: Российский государственный архив экономики.〔ロシア国立経済文書館〕（引用数字は順に фонд/ опись/ дело/ лист を示す）
ЦГА РК: Ценральный государственный архив Республики Казахстан.〔カザフスタン共和国中央国立公文書館〕（引用数字は順に фонд/ опись/ дело/ лист を示す）

付記　本章は、二〇一〇年度松下幸之助財団研究助成による研究成果の一部である。

政治学者のインタビュー

松里公孝

チェスとしてのインタビュー

文化人類学、社会学などにおいては、確立されたインタビューの方法があり、現地調査のノウハウに関する文献も多く、また指導的な立場にある研究者と大学院生とが一緒に現地調査をして調査技法を次世代に伝える実践も定着している。これに対して、政治学におけるインタビューは個人技能・職人芸のようなものであり、指導教員から弟子(院生)にそれが伝えられることとすらない。ノウハウものもほぼ皆無である。これは別に政治学の調査方法が文化人類学や社会学よりも未発達だからではなく、そもそもインタビューの性格が異なるからである。文化人類学や社会学の調査対象が、多くの場合、庶民であるのに対し、政治学者のインタビュー対象は大なり小なりエリートである。それにともなって、文化人類学や社会学のインタビューでは質問票が重要な役割を果たし、統一した質問票に基づいて比較的多数の人にインタビューすることが求められる。政治学のインタビューでは質問票は大事な質問項目を忘れないための紙切れ程度の意味しかもたず、先方の最初の回答に対してこちらがどのように切り返すかのほうが重要である。その意味では、政治学のインタビューは面談相手との駆引き、チェスなのである。

面談回数については、私の経験では理想的なのは一日に二回であり、三回だと危険域、四回以上だと記憶の復元が同日中には終わらない(したがって多くの重要内容を忘れる)。このような事情で、政治学のインタビューは、文化人類学や社会学のそれに比して個人技能の性格を帯びざるをえないのだが、本章ではあえて、私のこれまでの調査経験からいえることを公の評価・判断に付したいと思う。

ソ連崩壊後、スラヴ・ユーラシア(旧ソ連東欧)地域研究における最大の変化は、歴史研究においてはアーカイヴ(古文書)が読めるようになったこと、現状分析においてはインタビューができるようになったことである。メドヴェジェフ政権の後期から、ロシアの政治家や官僚にインタビューすることが次第に困難になりつつあるとはいえ、旧ソ連諸国は、依然として現地調査天国であり続けている。中国のような国では、共産党の幹部や国家官僚は、外国人とのインタビューに勝手に応じることを禁止されている。われわれが中国でおこなうインタビューは、現地人脈を活用した非公式・非合法なものであり、そのため面談相手のオフィスではなく近所の喫茶店などでおこなわれ、論文中で面談相手の名前を明かすこともできない。オフィスを見ることができないのは本当に困る。現地調査においては、インタビューの内容よりも、面談相手のオフィスを観察することでわかることが多々あるからである。上級機関の許可を得ない外国人とのインタビューが禁止されたのは今日のロシアの官界でも同じだが、役人の自己顕示欲が強いロシアではこれは笊《ざる》法である。

他方、日本を含む先進国でも政治家や官僚のインタビューのアポ(appointment 面談の約束)をとるのは困難である。民主主義に慣れた国々の政治家や役人は、民主主義下では自分たちにはインタビューを拒否する権利があるということを知っているし、自分に利益にならないインタビューには応じない。これに対し、旧ソ連圏では、よほど西側擦れした政治家・役人以外は、インタビューを拒否することは非民主的なことだと未だに信じ込んでいる(ペレストロイカ・コンプレックスとでも呼ぼうか)。また、遠方から客人が自分の地域を調査に来てくれたのだから助けなければならないという義侠心も強い。概して旧ソ連圏の政治家や役人は、日本の政治家や役人よりも雄弁・俳優的で名誉欲も強いので、インタビューに応じることで欧米の有名学術誌の註に自分の名前が出る(つまり、歴史に名を残す)のは、彼らにとっては大変な魅力である。つまり、旧ソ連圏は、公人の自由な発言が禁止された中国型(ソ連型)政治社会から、公人が冷笑的な西側的政治社会への長い移行過程にあるため、現地調査者にとっては格好の対象なのである。

現地調査のノウハウ

調査に必要な期間

一つの地域を対象として一論文を執筆する場合、標準的には、およそ三週間の調査が必要である。約二週間、最初の出張調査をする。その調査結果に基づいて原稿を書いてみる。書いている段階で曖昧《あいまい》な点、疑問がたくさんでてくるので、それらを克服するためだけの目的で、二度目の出張調査を約一週間おこなう。一回の現地調査で一つの地域を対象とした論文を書くのは難しいということを、研究の財務計画を立てる際に意識しなければならない。対照的に、比較研究または広域研究的な論文は、一つの地域の政治史に関する詳細な知識を必要としないので、一地域に二週間も滞在したり、再訪したりする必要はない。比較または広域研究の場合、いくつかの地域を「転戦」しながら調査をするわけだが、一論文を書くのにかかる調査時間の合計はおよそ三週間で、一地域を対象とした論文と同じである。

予備知識と研究史

私は、現地調査を基盤にした研究においては第一印象が非常に重要だと考える。したがって、当該地域の当該問題について日本で文献に基づく予備調査をしてから現地に行くということはしない。ほとんど無知な状態で現地に行くのが常である。稀な例外は、二〇〇六年夏にアブハジア研究を始めたときであった。それ以前からスタニスラフ・ラコバ[1]の著作を通じてアブハジアの現代史や民族問題について一定の知識をもっていたため、ラコバの研究領域については彼の影響を脱するのに数年かかった。「マッザトの研究はラコバの影響を受けている」と、同僚からたびたび指摘された。

こうしたわけで、私は、「まず先行研究を調べてから現地に行く」というスタイルには批判的である。
もちろん、論文を書く段階では、研究史を知らないことは許されない。効率のためには、調査結果に基づいてまず実証的なストーリー（まだ論文ではない）を書いてみたらいいだろう。そのうえで先行研究を渉猟《しょうりょう》して、自分の新しさがどこにあるかを見定め、論文のコンセプトや筋立てを考え、原稿を根本的に書き直す。すでに研究史で論じられていることについてはあっさり気味に先行研究に言及し、自分の新発見（newness）は強調する。「あっさり気味」とは、「この問題については自分がはじめて分析しました」などと虚勢を張るのではなく、「先行研究からいかに多くのことを学んだか、にもかかわらず先行研究にはどういう不足があるか、自分の調査がいかにそれを克服したか」を、淡々と述べることである。前述のとおり、現地調査には先行研究の影響を受けない白紙の状態で着手したほうがよいので、まるで先行研究を学んだうえで現地調査をおこなったかのような文章の書き方は偽善的である。しかし現地調査に限らず、一次資料に基づく論文とはこのように書くものである。現地調査そのものが約三週間ですむとしても、調査結果を研究史に位置づける作業はそれよりはるかに長い時間を要するので覚悟すること。この覚悟があるかどうかが、調査マンと学者の分水嶺なのである。

　最近、私は、アルメニアとカラバフのコミュニティ建設にアルメニア使徒教会が果たしている役割についての論文を書いたが、雑誌に投稿するまでにアルメニア使徒教会の現代史についての分厚い先行研究を調べず、査読者から厳しいお叱りを受けた。本来ならこれだけで原稿が落とされても文句はいえなかったが、なんとか掲載に漕ぎ着けたのは、実証部分（調査結果）がおもしろいと認められたからであろう。この体験ゆえにいうわけではないが、西側での研究をディアスポラが牛耳っているウクライナ研究、アルメニア研究、ルーマニア研究などに参入しようとする場合は、とくに先行研究に敬意を表したほうがよい。彼らは嫉妬深い。

現地人脈とアポ取り

若い研究者の場合、現地滞在を始めてからアポをとる。アポ取りは若い研究者にとっては大変な作業であり、アポがとれれば仕事の半分は遂行されたと同じである。アポは通常電話で相手の秘書を通じてとるが、相手がのらりくらりはぐらかす場合はオフィスまで押しかけていってとる。必要ならばターゲットに自分の出版物などを謹呈し、ちゃんとした研究者であることを誇示したほうがいいだろう。このような努力にもかかわらずインタビューを拒否された場合は、相手がどういう理由で、またどういう態様で拒否したか(第三者の介入があったかなど)に注意を払うこと。拒否体験はしばしばインタビュー成就の場合よりも勉強になる。

ある程度キャリアのある研究者の場合は、現地の友人・協力者たちが本人の来訪までにいくつかアポをとってくれている。研究者にそれなりの名声があれば、政治的な理由以外ではインタビューを拒否されることはまずない。調査三〜四日目以降のインタビューのアポは自分でとることが望ましいが、その場合でも、現地の友人・協力者には、誰と会うことになったか緊密に報告する。

文献資料と口述資料

人間の記憶はあやふやなものであり、面談相手は、日付、人名、人間関係などについて無数の誤りを犯す。ソ連が崩壊して二十余年たち、たとえばアルメニアのような国ではロシア語の忘却が進み、現地語会話能力なしで調査をすることが難しくなっている。現地語を知っていてもあまり慣れていない国では、たとえ相手が正確に喋っていても、固有名詞を正確に書き取るのはほぼ不可能である。こうしたわけで、口述情報は、印刷資料やインターネットで正誤確認しないかぎり使えない。前述のとおり、そもそも一日におこなえるインタビュー数は二〜三本なので、現地調査といっても昼間の大半は図書館で新聞・文献を読むことになる。これによって、それまでのインタビュー内容を点検すると同時に、その後の面談の相手を幻滅させるような無知な質問をすることを避けることができる。以上から明らかなように、旧ソ連圏における現地調査においては、たとえ研究者に現地語の会話能力がなくロシア語でインタビューせざるをえないとしても、現地語が読めることが非常に重要なのである。

レコーダーの使用と記憶の復元

レコーダーを使うかどうかは、研究テーマによるだろう。私は権力闘争を研究する古典的政治学者なので、レコーダーは使わない。レコーダーを前にして政治家が平気で喋る情報には価値がない。それ以外でも、「あなたは自分の民族帰属を理由とした差別を受けたことがありますか」などの質問を、レコーダーを回しながらするのは奇妙なことである。レコーダーを使わない以上、インタビュー内容を書きとめること、記憶することが重要となる。私は、インタビューの最中は黒インクで相手が口述する内容を必死で書きとめる。相手が早口な場合、キーワードしか書きとめられない場合も多い。その直後か少なくとも夜ホテルに帰ってから、筆が追いつかなかった部分を青インクでノートに書き足し、相手が口述した内容をできるだけ復元する。インタビュー内容の復元にはさまざまな方法があり、現地調査者のなかでは、私のように色違いで書き足すのではなく、携帯ワープロなどで相手の口述を文章にして、自分以外の者も共有できる調査ノートにする人のほうが多数派だと思う。

政治学のインタビューはチェス

文化人類学者や社会学者が、面談相手に圧力をかけず、素直に話してもらうことを信条とするとすれば、政治学者は、相手の最初の回答の矛盾点を突き、意味のある第二の回答を聞き出そうとする。最初の質問はあらかじめ用意されたプログラムに基づいてなされるが、政治学者は相手の回答を注意深く聞き、「ここはおかしい」と思う点をポンと叩かなければならないのである。それができないと、面談相手は面前の調査者をなめて、気持ちよく演説を始め、あっというまに時間切れになる。これは最悪の展開である。

最初の回答の問題点を突いたことで、より重要な発言を引き出した例を私の過去の経験から二つ紹介しよう。一九九六年、当時はロシア共産党が牛耳っていたタンボーフ州のウヴァーロヴォ市で、共産党内異論派の市長候補にインタビューした。この候補は、自分はまだ党籍を剝奪されていないし、共産党の社会政策は支持していると述べた。しかし共産党は、「自分たちは市場経済には反対しない」と抽象的に唱えるだけで、市場経済下でどのように発展するかの戦略を欠いている。前年(一九九五年)の州知事選挙で共産党系の州知事候補が勝ったが、その後のあまりの無策ぶりにかつての共産党の友が敵に移りつつある。この回答は自己正当化がすぎるように感じたので、私は、「それでも、昨年、共産党系知事候補に投票した人が共産党主流派の市長候補に投票し、そうでなかった人があなたに投票するとすれば、あなたは負けるのではありませんか」と聞いた。この候補は、「目前の市長選挙ではそうかもしれない。しかし、二〇〇〇年の市長選挙では私が勝つ。いずれにせよ、ロシア共産党が、現存の条件下で発展するのだと明言しないかぎり、ロシア共産党に未来はない」と答えた[Matsuzato 1999:1389]。

グルジアから独立したが国際的に承認されていないアブハジアには多くのアルメニア人がいるが、アルメニア使徒教会は彼らの面倒をみる宗教指導者を派遣することを長くためらっていた。アルメニアがトルコとアゼルバイジャンから国境封鎖されている以上、アルメニアの海へのアクセスを保障するのはグルジアしかないので、アルメニアはグルジアを怒らせることを恐れるのである。にもかかわらず、二〇〇六年、アルメニア使徒教会は、アブハジアに同教会の宗教指導者を常駐させることを決めた。二〇一〇年、私がアルメニア使徒教会の教会間関係局長(世俗国家でいえば外務大臣にあたる)と面談した際、彼は、「私たちがアルメニア人の精神的リーダーをアブハジアに派遣したことについて第三国(グルジア)がどう反応しようと知ったことではない」と私に言った。これはあまりにも勇ましい回答だと思ったので、私は、「アルメニア世俗政府はアブハジアを承認していないのに、グルジアを第三国と呼べるのか」と尋ねた。彼は、「アルメニアがアブハジアを承認できないのは、そうするや否やグルジアがアルメニアの海へのルートを塞いでしまうからだということを、アブハジア人はわかってくれている」と答えた[Matsuzato 2011:821]。以上の二例に示されたように、最初の回答に矛盾を感じた私が再度質問したことによって、より引用価値のある発言を引き出している。

必ず対立陣営の両方にインタビューしてから論文を書くこと

いうまでもないことだが、社会科学に不可欠なのは客観性であり、政治的な対立が存在する際にその一方の側の主張のみを紹介するような論文は学術的な論文としては認められない。これは、政治学者が中立的でなければならないということではない。対立する陣営の主張を冷静に紹介したあと、「A陣営の主張のほうが正当だと認めざるをえない」と結論することは、学術論文でもまったく許される。肝心なことは、さまざまな党派と人間的に良い関係を築くことである。グルジアと南オセチアの関係について論文を書きたいのなら、サアカシヴィリ派、グルジアの野党、南オセチアの政権派、野党、南オセチアに影響甚大なロシアや北オセチアの関係者のいずれとも友好的な関係を築かなければならない。ここにこそ、政治学が本質的に平和構築的な学問だといえる根拠があるのである。

事実再構築の例——「ダゴムィス陰謀」論の検証

以下、インタビューを通じて歴史事実を再構築する手順を「ダゴムィス陰謀」論を事例に紹介しよう。近年、私は、南オセチア、アブハジア、プリドニエストルにおける内戦後の紛争管理システムを比較研究している。南オセチア戦争後期(一九九二年前半)、ロシア、グルジア、北・南オセチアの指導者間の活発な電話交渉によって合同統制委員会システムが形成され、一九九二年六月二十四日、ダゴムィス(ソチ)で締結された南オセチア停戦協定によって定式化された。その内容は、(1)戦線を挟んで一定の幅をもった中立地帯を設定し、そこにおける武装解除、武装勢力の排除、治安維持などを、ロシア、旧宗主国(グルジア、モルドヴァ)、非承認国家(南オセチア、プリドニエストル)の三者代表から構成される合同統制委員会に任せる。(2)合同統制委員会を助けるため三者の将兵から構成される合同平和維持軍を形成する。この平和維持軍は、母体である三軍の指揮系統からは離れ、合同統制委員会の指揮下で働く、というものであった。

ダゴムィス協定が締結される五日前にはニストル川右岸のベンデリ市でのモルドヴァ・プリドニエストル間の戦闘が始まっており、同地の紛争もピークを迎えていた。合同統制委員会システムはロシアによって直ちにプリドニエストル紛争にも適用(強制)され、七月二十一日には、ダゴムィス協定とそっくりの内容の停戦協定が、スミルノフ・プリドニエストル指導者の立会いのもと、ロシア・モルドヴァ両大統領によって調印された。しかし、南オセチアの停戦協定と比べれば、プリドニエストルの停戦協定のほうが非承認国家側に有利なものとなっていた。たとえば、南オセチア首都のツヒンヴァルは中立地帯に編入されたため、ツヒンヴァル市民は自分の武器で自分を護る権利を奪われた(その悲痛な結果を彼らは二〇〇八年に知ることになる)。プリドニエストル首都のチラスポリは中立地帯に含まれていないので、プリドニエストル軍自身による首都防衛が可能であるばかりではなく、平和維持軍のローテーション(兵士交替)のためと称して、合同平和維持軍に含まれないロシアの将兵が駐屯することもできる(もちろんこれは国際的に物議を醸している)。南オセチアの合同統制委員会が、グルジア・南オセチア関係が相対的に良好だったサアカシヴィリ以前の時期でさえ年二〜三回しか招集されなかったのに対し、プリドニエストルのそれは停戦後二〇年間一貫して週一回招集され、紛争犠牲者ゼロの記録を伸ばし続けている(ただし、事故死はある)。[2] このような差が生まれたのは、プリドニエストル指導部のほうが南オセチア指導部よりも外交に長けていたからではなく、グルジア政府よりもモルドヴァ政府のほうが、非戦志向がはるかに強かったからである。

内戦時の南オセチアとプリドニエストルは、旧宗主国に比べて軍事的に劣勢にあったので、ロシアの提案に従って合同統制委員会システムを受け容れた。しかし、アブハジア最高会議は、一九九二年八月十四日のグルジア武装勢力の侵攻後、一時的に劣勢に立たされたとはいえ、自力でグルジア武装勢力をアブハジアから放逐する自信があったため、合同統制委員会システムを植えつけようとするロシアに対し面従腹背《めんじゅうふくはい》の態度をとり続けた[Лакоба 2001]。結局、スフムを中心とした中立地帯を導入しようとするロシアの思惑は外れ、一九九三年九月、スフムが陥落した時点でグルジア軍は瓦解した。平和構築者としての面子を何度も潰されたエリツィン大統領は、自分の任期の最後までアブハジア制裁を執拗に繰り返すことになる。

停戦後にアブハジア・グルジア国境地帯のガリ郡に導入された国連軍中心の平和維持システムは劣悪で、プリドニエストルの合同統制委員会システムが紛争犠牲者ゼロの記録を今日も伸ばし続けており、南オセチアの合同統制委員会システムが少なくともサアカシヴィリが大統領に就任するまでは一人も平和維持軍兵士を死なせなかったのに対し、[3]一九九三年から二〇〇六年七月までに、一〇一名の平和維持軍兵士と三一一人のアブハジア住民がグルジアから川を越えてやってくるパルチザンの犠牲になった。[4]二〇〇八年の戦争ののち、アブハジア政府は国連軍をアブハジアから退去させた。

南オセチア戦争がダゴムィス協定で収束してからアブハジア戦争が始まるまでに二カ月もなかった。このため、ダゴムィスにおいて、エリツィン大統領がシェヴァルドナゼ国家評議会議長のアブハジア侵攻計画を了承したとする「ダゴムィス陰謀」論が、アブハジア戦争開戦時、ロシアの最高会議議員や愛国的(反欧米的)ジャーナリストによって喧伝《けんでん》された。「ダゴムィス陰謀」論によれば、エリツィンはシェヴァルドナゼに対し、南オセチアにおけるグルジアの妥協の代償として、旧ソ連軍の武器を継承諸国に分配するタシケント合意(五月)の実施を加速する、グルジアの国連加盟を促進する、[5]グルジアがアブハジアに武力侵攻した際にアブハジアに駐留するロシア軍が不干渉の立場を貫くことを約束し、それに加えて、おそらく戦争初期の両国の軍事行動の調整までしたといわれている。

私の調査は、「ダゴムィス陰謀」およびアブハジア戦争開戦前夜の外交に詳しいと思われるターゲットをリストアップすることから始まった。前述のとおり、意見において多様なターゲットを選ばなければならない(表1参照)。これらのターゲットのうち、ダウール・バルガンジヤとタイムラズ・クーソフは、現地協力者の紹介で面談した。セルゲイ・バブーリンとボリス・パストゥホーフは、現代ロシア政治史における著名人であるので、自分でアポをとった。

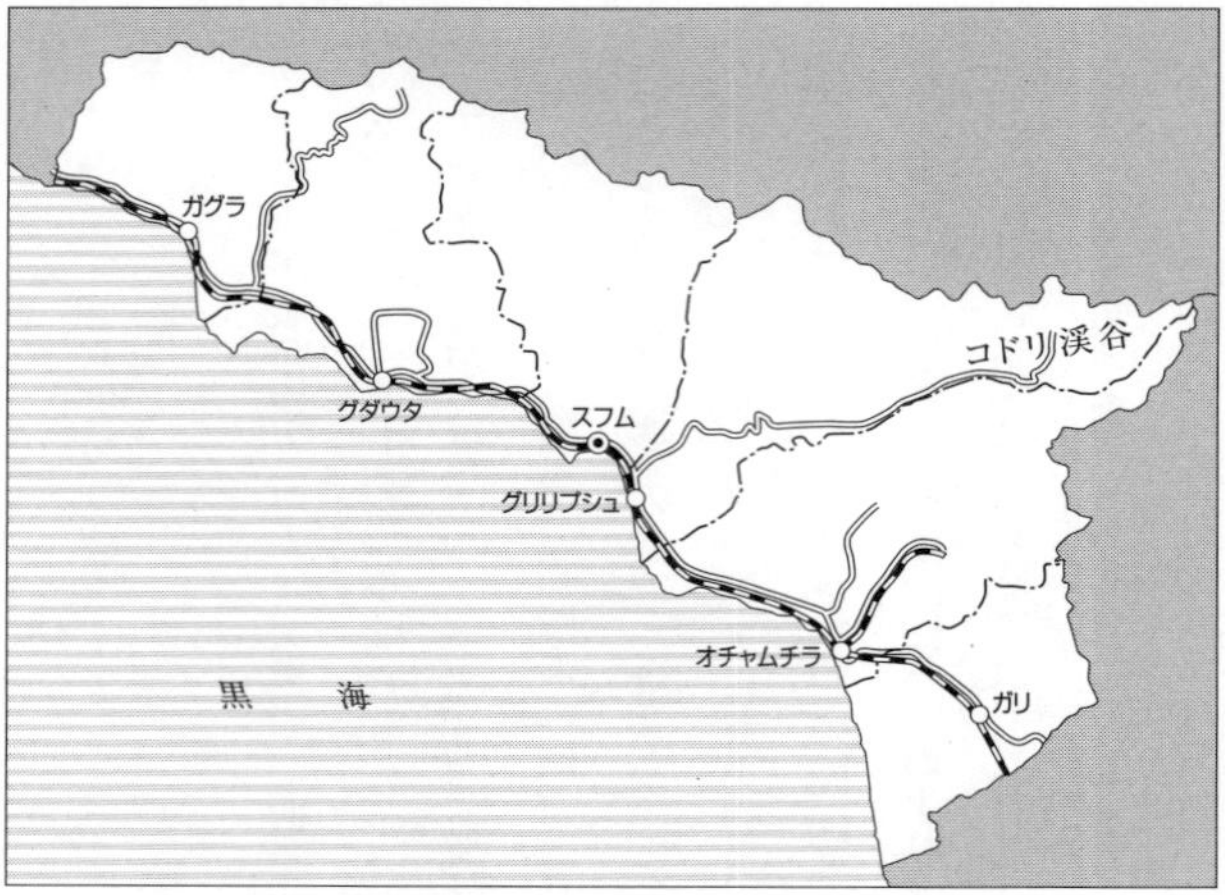

図１　アブハジアの行政区分（1998年以前）

傾向	氏名	背　景	面談実施日
「ダゴムィス陰謀」説支持が予想される人々	セルゲイ・バブーリン（1959– ）	著名なロシアの右翼政治家。ロシア最高会議の青年議員として活躍していた1990年代初頭からオセチア，アブハジア，プリドニエストル問題に深くコミットしていた。2007年議会選挙で議席を失い，モスクワのある大学の学長となるが，政治活動は継続している。	2010年８月24日，モスクワ
	ダウール・バルガンジヤ（1958– ）	内戦時のアブハジア最高会議議員。当時は経済問題小委員会副議長。グルジアとの和平交渉にたびたび参加。1996–98年，アブハジア国立銀行総裁。アルジンバ最高会議議長の縁故主義と衝突してモスクワに移住，市中銀行幹部となる。	2010年８月17日，モスクワ 2011年９月19日，モスクワ
上記説不支持が予想される人	ボリス・パストゥホーフ（1933– ）	1977–82年，全ソ青年共産主義者同盟第一書記。1986年以降，外交に身を転ず。ソ連軍アフガニスタン撤退時（1989年）の同国大使。1992年２月–1998年，ロシア外務次官。1998–99年CIS担当大臣。1999年から「祖国・全ロシア」党の解党にいたるまで，プリマコフの片腕として同党の指導者の一人であった。2011年現在，ロシア商工会議所国際貿易センター長補佐。	2010年８月25日，モスクワ
上記説への中立が予想される人	タイムラズ・クーソフ（1947– ）	1991–95年，1998–2005年，ロシア連邦北オセチア民族共和国の民族問題相。2005年，おそらくベスラン学校占拠事件の責任をとり辞任，北オセチア教育相となる。2007年にはその職も辞し，現在，ウラジカフカス市で大学教授。2006年まで合同統制委員会北オセチア代表。	2011年９月18日，ウラジカフカス

表１　インタビューのターゲット

「ダゴムィス陰謀」論についてのインタビューと論文執筆

バブーリンとは、二〇〇九年一月にウラジカフカースで開催されたセミナーで知り合っていた。彼は「ダゴムィス陰謀」論の根拠として、アブハジア戦争の初期、ロシア軍最高司令官であるエリツィンが軍に不介入命令を出していたことをあげた（ただし、これは当時のロシア将兵の口頭での証言であり、命令文書が公表されたわけではない）。バブーリンの回答でおもしろかったのは次の点である。⑴一九九三年には、ロシア最高会議との死活の闘争のためにエリツィン自身が忙しかったという点でアブハジアは幸運だった。もしそうでなかったら、エリツィンはアブハジア軍にスフムを奪回することを絶対に許さなかっただろう。アブハジア軍がスフムを奪回したのが一九九三年九月二十七日だが、これは、エリツィンと最高会議の闘争が絶頂に達した時期であり、エリツィンはアブハジアどころではなかった。十月三〜四日、最高会議を物理的に粉砕すると、エリツィンは直ちに西グルジアに派兵、メグレリ反乱を鎮圧してシェヴァルドナゼとグルジア国家そのものを救った。[6] ⑵バブーリンが二〇〇七年九月にプーチン大統領と会った際、プーチンは、グルジアのNATO加盟を阻止するために、南オセチアとアブハジアを交渉カードとして使っていたことを認めた。[7] つまり、ロシア指導部はグルジア指導部に対して、「もしグルジアがNATOに入らず、米軍基地をグルジア領内につくらないならば、われわれが南オセチアとアブハジアを説得してグルジアに戻す」と申し出ていたのである。[8]

バルガンジヤはラコバから強く推薦された面談相手であり、実際、アブハジア現代史やアブハジア戦史（一九九二〜九三年）を、アブハジア弁護論抜きで客観的に語る人物であった。二〇一〇年と一一年に二度にわたってかなり長時間の聞取りをしたが、本章に関連するのは次の点である。⑴シェヴァルドナゼが、エリツィン、ジョージ・ブッシュ・シニア、スレイマン・デミレル（当時のトルコ首相）に事前に連絡することなく、大量の大型兵器を西北に向かって移動するなどということはありえない。⑵アブハジア戦争開戦時は、ソ連から引き継がれたカフカース軍管区が新独立国の軍隊へと再編される過程にあったので、ロシア人兵士がグルジア人とともに戦車に乗っていたのは当然である。彼らの多くは戦闘が始まると脱走してしまった。(3)グルジア軍はスフム占領の直後、ガグラ(ロシア国境に近い有名な保養地)に移動するにあたって、グダウタのロシア空軍基地を封鎖したが(三三〇頁図1参照)、ロシア側からの抵抗をいっさい受けなかった。ロシア・グルジア間の事前の合意なしにこのようなことはありえない。

二〇一〇年の夏、バルガンジヤ、バブーリンのあとに、当時はロシア商工会議所副会頭であったパストゥホーフと面談することができたのは、今にして思えば奇跡に近い。外務次官としてコズィレフ外相のもとで苦しんだのち、プリマコフ外相下で働くようになり、その後、今日にいたるまでプリマコフの副官であり続けている。二〇一〇年の面談ではアブハジア問題について聞いたが、翌年、南オセチア問題について面談しようとしても、頑強に拒否された。私は、第三者の介入があったと感じた。パストゥホーフは南オセチア、アブハジア戦争におけるキーパーソンであるばかりではなく、ソ連軍のアフガニスタン撤退時の同国大使でもあった。まだバリバリの現役で頭もしっかりしているが、二〇一二年時点で七十九歳の高齢である。現代史の貴重な秘密を墓にもっていくつもりだろうか。

パストゥホーフは、クーデタの結果、政権についたシェヴァルドナゼが自らの正統性を高めるために「確実に勝てる小戦争」を欲していたことは認めるが、「ダゴムィス陰謀」論はラコバの創作だと言い切った。ラコバは思い込みが激しい人で、そのため自ら参加したバガプシュ政権からも追ん出てしまった。[9] パストゥホーフによれば、エリツィンは、一九八八年にモスクワ党第一書記から解任された際に、シェヴァルドナゼがゴルバチョフを支持して自分を非難したことへの恨みを死ぬまで忘れなかった(これについてはバルガンジヤも同意見である)。つまり、一九九二年六月、シェヴァルドナゼがアブハジアに対する開戦準備などという枢要な問題をエリツィンと腹を割って話し合うような人間関係に両者はなかったのである。同時に、パストゥホーフは、「ガムサフルディア残党がメグレリア(西グルジア)やアブハジアで鉄道強盗するのを防止するため」(言い換えれば、アブハジア分離主義者を懲罰するためではない)というグルジアの公式の開戦理由は、当時のロシアの指導者たちには「愚かなカモフラージュ」としか受け止められなかったと述べた。

北オセチアの民族問題相として合同統制委員会の創立に関与したクーソフとは、以上のインタビューの翌年、ウラジカフカースで会った。彼が述べたことは次のとおりである。(1)半独立状態であったロシア政府は、一九九一年の後半から南オセチア紛争に真剣な関心を寄せるようになった。のちに非常事態相となるセルゲイ・ショイグが責任者となった。[10] (2)合同統制委員会システムは、ショイグ、テンギス・キトヴァニ、パストゥホーフなどの電話会談のなかで考案されたものであり、歴史上の前例をなぞったものではない。(3)一九九二年前半の交渉のなかで、シェヴァルドナゼとキトヴァニは、南オセチアで展開しているグルジア人武装勢力はグルジア国家評議会の統制外にある、事態を収拾するためにはロシア軍を導入するしかないと率直に認めた。私は、「ダゴムィス陰謀」はあったのかと率直にクーソフに尋ねた。クーソフは、「もちろん、いかなる国も二つの戦線で戦争をおこなおうとは考えない〔対アブハジア戦争を始めるためには、対オセチア戦争を終わらせなければならない〕。しかし、私は、交渉の過程で、シェヴァルドナゼやキトヴァニが、別の目的〔アブハジアへの武力侵攻〕のために南オセチア戦争の終結を急いでいるとは感じなかった」と答えた。

以上のインタビューに加え、シェヴァルドナゼ、キトヴァニと面談できればパーフェクトであるが、二〇一〇年の時点でどこに行けば彼らに会えるのかわからなかった。文献のなかでは、「ダゴムィス陰謀」論に反対する論者としてグルジアの著名な政治学者ギア・ノディア[Нодиа 1998:47–48]を参照し、支持する論者としてスタニスラフ・ラコバ[Лакоба 2001:23–27]とオクサナ・アントネンコ[Antonenko 2005:211]を参照した。以上の調査結果をまとめ、次のような文章にした。

ダゴムィス協定の調印から八月十四日のアブハジア戦争の開戦まで二カ月足らずであったため、当時のロシアのマスメディアにおいては「ダゴムィスの陰謀」説が広がった。これによれば、ダゴムィスにおいて、エリツィンは、南オセチア問題でシェヴァルドナゼが妥協した代償として、シェヴァルドナゼがアブハジア問題を「解決する」ことに協力を約束したというのである。

……実際、こうした密約は、ダゴムィスに集ったすべてのアクターを満足させるものだった。南オセチアは国家滅亡から救われた。ロシアは紛争仲裁者としての国際的名声をあげると同時に、南カフカースにおけるヘゲモニーを確保した。グルジアは武器を入手し、国連に加盟し、きたるべきアブハジアとの戦争へのロシアの暗黙の賛同を得た。これらすべてに対し、アブハジアが泥をかぶることになるのである。「ダゴムィス陰謀」説を体系的に主張したのはスタニスラフ・ラコバである。より近年の研究のなかでは、オクサナ・アントネンコが、パーヴェル・グラチョフ・ロシア国防相とテンギス・キトヴァニ・グルジア国防相の個人的友情を強調することで、ラコバの説を事実上支持している。

しかし、当時のロシアの外務次官として一九九二年九月三日にモスクワで調印された最初の停戦協定を準備したボリス・パストゥホーフは、「ダゴムィス陰謀」論はラコバの創作であるという。なぜなら、シェヴァルドナゼとエリツィンの関係は、シェヴァルドナゼがエリツィンに自分の戦争計画を明かせるような誠実で心の開かれたものではなかったからである。エリツィンは、モスクワ党第一書記を解任された際、シェヴァルドナゼがゴルバチョフを支持したことへの恨みを忘れていなかった。反面、パストゥホーフは、当時のロシアの政治家は、アブハジアに派兵したのはガムサフルディア残党の鉄道強盗を防止するためであるなどというグルジアの口実を「愚かなカモフラージュ」として信用しなかったという。ロシアの右翼政治家であり、当時は若き最高会議議員として非承認国家をめぐる紛争に深くかかわっていたセルゲイ・バブーリンは、ダゴムィスでエリツィンはシェヴァルドナゼの対アブハジア戦争計画を了承したと考える。まさにこのため、アブハジアに駐屯していたロシア軍は不介入命令を受けたのである。グルジアの政治学者ギア・ノディアは、中立的であろうとする彼の努力にもかかわらず、キトヴァニら武装勢力のリーダーたちがシェヴァルドナゼを騙し、シェヴァルドナゼは不本意なままアブハジア戦争を始めたという、あまりありそうにない説を唱えている。より説得的な「ダゴムィス陰謀」論への批判は、意外なことに北オセチアから聞こえる。当時の北オセチア民族問題担当相として、シェヴァルドナゼやキトヴァニと南オセチア紛争について交渉する権限を与えられていたタイムラズ・クーソフは、「もちろん誰も、二つの戦線で戦争をしたいとは思わない。しかし私は、シェヴァルドナゼやキトヴァニが何か別の目的〔対アブハジア戦争準備〕のために南オセチアにおける平和回復を急いでいたとは感じなかった」と証言する。おそらく、当時のリモートセンシング・テクノロジーのもとでも、二〇〇両の戦車を大国に探知されないで長距離移動させるなどということは不可能であっただろう。これは、シェヴァルドナゼが事前にブッシュ大統領、デミレル・トルコ首相、エリツィンに電話して行軍意図を説明しなければならなかったということを意味している。そして、ロシアの政治家が、グルジアの「愚かなカモフラージュ」を信用しなかったとすれば、シェヴァルドナゼがダゴムィスでエリツィンに開戦意図を明かしたかどうかという問題には二義的な意味しかない。バブーリンが指摘したように、ロシア軍の不介入方針は「ダゴムィス陰謀」論に根拠を与えている。これは、ロシア軍兵士にとっては苦痛に満ちた命令であった。民間人に対して目前でおこなわれる残虐行為を傍観していなければならなかったからである。しかし、これはエリツィンがシェヴァルドナゼを堅く支持していたということではない。エリツィンは、シェヴァルドナゼの電撃戦が成功するかどうか観察していたのである。電撃戦が失敗するや否や、ロシア指導部は方針を急速に変え、南オセチア方式(合同統制委員会システム)をグルジアとアブハジアに押しつけることに躍起になるのである。

ノウハウと実践

本章の現地調査の実例において、「ダゴムィス陰謀」説を支持する者、反対する者、中立的な者のバランスに気を遣ったことは読者に理解していただけたと思う。「ダゴムィス陰謀」という切り口自体がグルジアを蚊帳の外におくものなので[11]、ここではグルジアでの現地調査が反映されていないが、通常の争点の場合は、非承認国家、旧宗主国、ロシアのいずれでも現地調査をおこなって、引用の分量もなるべく均等になるよう努力したほうがいい[12]。その意味では、旧宗主国(アゼルバイジャンとグルジア)が、非承認国家に入った者は、次の入国時にバクーまたはトビリシの空港で直ちに逮捕すると言明していることは、研究にとっては著しい障害である。アゼルバイジャンはもともとこういう政策だが、二〇一〇年にグルジアがそれにならったことは、突然犯罪者扱いされた世界中の専門家を嘆かせ、怒らせた。「グルジアよ、お前もか」というわけである。

オセチア人のシェヴァルドナゼやキトヴァニに対する評価が案外高いのに読者は驚いたかもしれない。実際、グルジアとロシアの政治家・外交官に対する評価は、アブハジアとオセチアで正反対なのである。これは、当時のグルジアが二正面戦争を全力で避けたことから生まれている。南オセチアにとっては、ガムサフルディアが始めた戦争をシェヴァルドナゼとキトヴァニがやめたのである。アブハジアにとっては、ガムサフルディア時代は宥和《ゆうわ》政策がとられていたのに、シェヴァルドナゼとキトヴァニが戦争を始めたのである。パストゥホーフ・ロシア外務次官(当時)は、南オセチアにとっては同国を滅亡から救った恩人であるが、アブハジアにとっては人工的な中立地帯をスフム周辺につくろうとした「危険人物」にほかならない。

現地調査は肉体的な苦痛をともない、文書館での仕事などとは違って、年寄りが若者に張り合うのは難しい。逆にいえば、若いくせに年寄りに現地調査で勝てないようでは、将来は暗いといわざるをえない。

註

1 アブハジアの著名な歴史家で、グルジアとの戦争時はアブハジア最高会議副議長であった。親日家で、北海道大学スラブ研究センターに二回滞在している。とくに注目すべき著作は、グルジア・アブハジア戦争時のロシアの対カフカース政策を扱った著作[Лакоба 2001]であり、この本はプーチンやシェヴァルドナゼも読んだ。

2 合同統制委員会プリドニエストル代表オレグ・ベリャコフとの面談、二〇一二年八月十五日、チラスポリ市。

3 http://cominf.org/node/1166493848(二〇一二年九月二十四日アクセス)

4 ルスラン・クシュナリヤ・ガリ郡議会議長との面談、二〇〇六年八月六日、ガリ。

5 七月三十一日、つまりグルジアがアブハジアに武力侵攻する二週間前にグルジアは国連に加盟した。

6 グルジア西部に住むメグレリ人は、その言語もグルジア語とは相当に遠く、はたしてグルジア民族の支族であるかどうかは論争点となっている。苗字の末尾が「アゼ」「ヴィリ」であれば(東)グルジア人であり、「イヤ」であればメグレリ人(およびメグレリ化されたアブハジア人)である。ソ連の大テロルの立役者であるベリヤ、グルジア独立運動の指導者ガムサフルディアはメグレリ人である。ガムサフルディアの地元であったメグレリア(西グルジア)は彼を放逐した一九九二年一月クーデタの正当性を認めず、九三年まで同地の情勢は不安定であった。

7　反乱指導者であったガムサフルディアは、一九九三年十二月三十一日、シェヴァルドナゼの工作により暗殺された。

8　さまざまな証拠から、ロシア・グルジア指導部が八月戦争直前まで、南オセチアやアブハジアの頭越しに両国の「分割」交渉をしていたことは広く知られているが、プーチン自身がその交渉の存在を認めたというバブーリンの証言には価値がある。ただし、グルジアがＮＡＴＯに加盟しない代償としてアブハジア全土をグルジアに「戻す」とプーチンが言明したとは考えられない。ロシア指導部は、少なくともオチャムチーラ（ロシア海軍にとっては、当時二〇一七年には追い出される予定だったセヴァストーポリの代替軍港候補）までは、ロシア庇護下の独立アブハジアの領内におきたいと考えていた。

9　ラコバは二〇〇五年にアブハジアでバガプシュ政権が成立した際に安全保障会議議長として政権に参加したが［Matsuzato 2008］、〇九年夏のメグレリ人パスポート問題を機にバガプシュと袂を分かった［Matsuzato 2011］。

10　ショイグは、アブハジア戦争収拾の過程でも重要な役割を果たす。

11　シェヴァルドナゼ支持者は、衝突がエスカレートして戦争になったのであって、シェヴァルドナゼに開戦意図などなかったと主張するだろうし、サアカシヴィリ支持者は、アブハジア戦争時はエリツィン政権がグルジアを支援していたことを隠そうとするから、いずれにせよ、「ダゴムィス陰謀」論に賛否表明する前提がない。

12　雑誌の査読者は、自分のことは棚にあげて、「バランスがとれていない」という理由で、自分が政治的嫌悪感を感じる投稿原稿を落とそうとする。これは一種の検閲であるから、侮らないほうがいい。

参考文献

Antonenko, O.（2005）. Frozen Uncertainty: Russia and the Conflict over Abkhazia, in B. Coppieters and R. Legvold（eds.）, *Statehood and Security: Georgia after the Rose Revolution*, Cambridge, Mass./London: American Academy of Arts and Sciences.

Matsuzato K.（1999）. Local Elites Under Transition: County and City Politics in Russia 1985–1996, *Europe-Asia Studies*, Vol. 51, No. 8.

——（2008）. From Belligerent to Multi-ethnic Democracy: Domestic Politics in Unrecognized States after the Ceasefires, *Eurasian Review*, Vol. 1, pp. 95–119.

——（2011）. Transnational Minorities Challenging the Interstate System: Mingrelians, Armenians, and Muslims in and around Abkhazia, *Nationalities Papers*, Vol. 39, No. 5.

Лакоба С. (2001). Абхазия де-факто или Грузия де-юре? (О политике России в Абхазии в постсоветский период. 1991–2000 гг.). Sapporo: Slavic Research Center〔ラコバ『事実上存在するアブハジアか、法律上存在するグルジアか？（脱共産主義期、一九九一～二〇〇〇年のアブハジアにおけるロシアの政策）』〕
Нодиа Г. (1998). Конфликт в Абхазии: Национальные проекты и политические обстоятельства//Б. Коппитерс, Г. Нодиа, Ю. Анчабадзе. Грузины и абхазы: Путь к примирению. Москва: Весь мир.〔ノディア「アブハジアにおける紛争、民族プロジェクトと政治状況」コピテルス／ノディア／アンチャバゼ『グルジア人とアブハズ人、和解への道』〕

あとがき

今から四半世紀前の一九八六年、和田春樹編『ロシア史の新しい世界——書物と史料の読み方』という論文集が本書肆から刊行されている。同書は、「一冊の書物、一つの史料、一シリーズの文献」を読み込むことを通じて、ロシア史のさまざまな問題について新たな歴史像を打ち出そうと試みた興味深い論文集であった。文書館史料の利用が著しく制限されていたソ連時代に、日本のロシア史研究者がどのような史料を素材にどのような手法で歴史像を構成していたのかを、私たちは同書から知ることができる。

右の書物が刊行されてわずか数年後に、ペレストロイカとソ連の解体によってロシア史研究をとりまく状況は文字通り激変した。利用可能となった膨大な史料に直面した今日のロシア史研究者が、どのような問題意識をもってどのような視角から新史料を読み込んで従来の歴史像を再検討しているのか、四半世紀前の書物と比較するのも意味のあることではないか、と私は考えるようになった。

そこで、研究の過程で自身が面白さを感じている問題を新史料や新たな研究視角を用いて解明することを通じて、ロシア史研究の現在を広く伝えてみようと呼びかけたところ、これに応じて多くの執筆者が力作を寄せてくれた。こうしてできあがったのが本書である。編者としては、本書が歴史に関心をもつ多くの読者に迎えられることを願っている。

本書は、東京大学において長年にわたって教鞭をとられた人文社会系研究科・文学部教授の石井規衛先生、法学政治学研究科・法学部教授の塩川伸明先生、総合文化研究科・教養学部教授の中井和夫先生が、二〇一三年三月末をもって定年退職を迎えられることを記念して刊行される。本書の執筆者はすべて、三先生のいずれか（ないし複数）の演習に参加して、ロシア近現代史や旧ソ連圏地域研究の領域でご指導を仰いできた。東京大学の同期生でもある石井先生、塩川先生、中井先生のご退職にあたって、執筆者一同は本書を三先生に献呈し、これまでのご指導に深甚の謝意を表す次第である。

編者の特権を利用して自らの思い出を振り返れば、私はちょうど三〇年前の一九八三年四月に大学院に進学して、同年七月のソビエト史研究会の席で初めて塩川先生にお目にかかり、先生が東京大学法学部大学院の演習を担当されてからはその末席に加えていただいた。制度上は所属を異にしていた私は、駒場の大学院の先輩であるという心安さから授業の場以外では一度も「先生」と呼んだことはなかったが、塩川先生のお仕事に導かれながら本格的な研究を始めたのである。大学院に進学してからは、同じく和田春樹先生の演習の先輩であった石井先生や中井先生にも親しくおつきあいいただくようになり、折々にさまざまなご教示・ご指導を忝くしてきた。先生方のご退職にあたって本書を献呈できることを喜ばしく思うとともに、益々のご健勝とご健筆を祈念したい。

本書の出版にあたっては、山川出版社編集部の山岸美智子さんに一方ならぬお世話になった。山岸さんは本書の企画に快く応じてくださっただけでなく、的確な編集作業で本書の作成に尽力してくださった。本書が少しでも読みやすいものになっているとすれば、山岸さんのおかげである。山川出版社と山岸さんに、改めて厚くお礼を申し上げる。

二〇一三年一月

中嶋　毅

立石洋子　たていし ようこ

1980年生まれ。東京大学大学院法学政治学研究科博士課程修了。博士(法学)
日本学術振興会特別研究員(首都大学東京人文科学研究科)

半谷史郎　はんや しろう

1968年生まれ。東京大学大学院総合文化研究科博士課程修了。博士(学術)
愛知県立大学外国語学部准教授

松戸清裕　まつど きよひろ

1967年生まれ。東京大学大学院人文社会系研究科博士課程単位取得退学
北海学園大学法学部教授

河本和子　かわもと かずこ

1971年生まれ。東京大学大学院法学政治学研究科博士課程修了。博士(法学)
早稲田大学政治経済学部・中央大学法学部非常勤講師

吉村貴之　よしむら たかゆき

1969年生まれ。東京大学大学院総合文化研究科博士課程修了。博士(学術)
早稲田大学イスラーム地域研究機構研究院准教授

地田徹朗　ちだ てつろう

1977年生まれ。東京大学大学院総合文化研究科博士課程単位取得退学
北海道大学スラブ・ユーラシア研究センター助教，ユーラシア研究所研究員

松里公孝　まつざと きみたか

1960年生まれ。東京大学大学院法学政治学研究科博士課程修了。法学博士
東京大学大学院法学政治学研究科教授

執筆者紹介（執筆順）

中嶋　毅　なかしま たけし（編者）
1960年生まれ。東京大学大学院総合文化研究科博士課程単位取得退学。博士（学術）
首都大学東京大学院人文科学研究科教授

田中良英　たなか よしひで
1970年生まれ。東京大学大学院人文社会系研究科博士課程修了。博士（文学）
宮城教育大学教育学部准教授

青島陽子　あおしま ようこ
1973年生まれ。東京大学大学院人文社会系研究科博士課程修了。博士（文学）
愛知大学文学部助教

巽由樹子　たつみ ゆきこ
1978年生まれ。東京大学大学院人文社会系研究科博士課程修了。博士（文学）
東京外国語大学国際社会学部専任講師

宇山智彦　うやま ともひこ
1967年生まれ。東京大学大学院総合文化研究科博士課程中退。博士（学術）
北海道大学スラブ・ユーラシア研究センター教授

長縄宣博　ながなわ のりひろ
1977年生まれ。東京大学大学院総合文化研究科博士課程修了。博士（学術）
北海道大学スラブ・ユーラシア研究センター准教授

佐藤正則　さとう まさのり
1970年生まれ。東京大学大学院総合文化研究科博士課程修了。博士（学術）
九州大学大学院言語文化研究院准教授

池田嘉郎　いけだ よしろう
1971年生まれ。東京大学大学院人文社会系研究科博士課程修了。博士（文学）
東京大学大学院人文社会系研究科准教授

神長英輔　かみなが えいすけ
1975年生まれ。東京大学大学院総合文化研究科博士課程修了。博士（学術）
新潟国際情報大学国際学部准教授

長尾広視　ながお ひろし
1972年生まれ。東京大学大学院総合文化研究科博士課程修了。博士（学術）
在トルクメニスタン日本大使館専門調査員

新《しん》史《し》料《りょう》で読《よ》むロシア史《し》

2013年3月30日　1版1刷　発行
2014年6月30日　1版1刷　発行

編　者　中嶋毅《なかしまたけし》

発行者　野澤伸平

発行所　株式会社　山川出版社
〒101-0047　東京都千代田区内神田1-13-13
電話　03(3293)8131(営業)　8134(編集)
http://www.yamakawa.co.jp/
振替　00120-9-43993

印刷所　株式会社　シナノパブリッシングプレス

製本所　株式会社　ブロケード

装　幀　菊地信義

Printed in Japan　ISBN978-4-634-67227-7